D1702532

V&R

Hans Lieb

Werkzeug Sprache in Therapie, Beratung und Supervision

Das Grundlagenbuch

Mit 8 Abbildungen und 3 Tabellen

Vandenhoeck & Ruprecht

Bibliografische Information der Deutschen Nationalbibliothek:
Die Deutsche Nationalbibliothek verzeichnet diese Publikation in der
Deutschen Nationalbibliografie; detaillierte bibliografische Daten sind
im Internet über https://dnb.de abrufbar.

Umschlagabbildung: MvanCaspel/Shutterstock.com

Satz: SchwabScantechnik, Göttingen
Druck und Bindung: ⊕ Hubert & Co. BuchPartner, Göttingen
Printed in the EU

Vandenhoeck & Ruprecht Verlage | www.vandenhoeck-ruprecht-verlage.com

ISBN 978-3-525-45385-8

Inhalt

Teil I: Praxisorientierte Theorie

Teil II: Theoriegeleitete Praxis

Vorbemerkung

Die Darstellung allgemeiner und spezifischer Regeln zum Werkzeug Sprache ist für sich allein genommen kein hinreichender therapeutischer Ansatz. Sprachkompetenz ist ein entscheidender Teil therapeutisch-beraterisch-supervisorischer Fertigkeiten, allein aber noch keine umfassende therapeutische Kompetenz.

Umgekehrt gilt aber auch: Ohne Sprachkompetenz bleiben sonstige therapeutische und beraterische Fähigkeiten wirkungslos. Es gibt nur wenig therapeutische Interventionen, die nicht sprachlich verfasst und transportiert werden müssen, und ein genaues Hinhören auf das, was Klienten und Klientinnen berichten, ist für jede Therapieschule unerlässlich.

Dieses Buch richtet sich primär an drei Professionen: Therapeuten, Beraterinnen und Supervisoren. Sie gehören zu den *Sprechberufen*. Zuhören und Reden ist ihre primäre Tätigkeit. Vieles, was in diesem Buch präsentiert wird, gilt auch für andere Sprechberufe – Lehrer, Seelsorgerinnen, Anwälte, Ärztinnen usw. Ich spreche diese drei Professionen in diesem Buch immer wieder direkt oder indirekt an. Auch wenn manchmal nur eine genannt wird, sind immer alle gemeint. Ebenso wird mal die männliche, mal die weibliche Form verwendet, jede Nennung aber schließt beide Geschlechter ein.

Grundlagenbuch und Arbeitsbuch

Will man das Thema »Sprache in Therapie, Beratung und Supervision« fundiert angehen, sollte man das zweifach tun: mit wissenschaftlicher Theorie und mit sprachbezogener Praxis. Das eine ergibt sich dabei nicht von selbst aus dem anderen. Nach Kant ist Praxis ohne Theorie blind und Theorie ohne Praxis leer (Kant, 1787, Band 2, S. 101). Sich nach beidem auszurichten, gilt aber nicht für jeden. Manche bevorzugen die Theorie und andere wiederum praktische Tools und Tipps. Mein Ziel, allen drei Gruppen gerecht zu werden – den Theoretikern, den Praktikern und jenen, die die Verbindung beider Seiten interessieren –, führte zu dem Ergebnis, zu diesem Thema ein Grundlagenbuch und ein Arbeitsbuch zu schreiben.

Das vorliegende Grundlagenbuch stellt die sprachlichen und sprachphilosophischen Hintergründe dar, integriert viele pragmatische Hinweise mit Fallbeispielen und gibt schließlich in den praktischen Kapiteln explizite Tipps, wie das Ganze umgesetzt werden kann.

Im Arbeitsbuch liegt der Schwerpunkt ganz auf der Praxis mit konkreten Anregungen, Hinweisen und expliziten Übungen sowohl zum konkreten Sprechen und Hören als auch zur metaperspektivischen Beobachtung von Gesprächen in Therapie, Beratung und Supervision.

Beide Bücher können unabhängig voneinander gelesen und genutzt werden.

1 Einleitung

1.1 Meine persönlichen Erfahrungen zum Thema Sprache in Therapie und Supervision

Ich habe oft die Rückmeldung bekommen, ich käme schnell *auf den Punkt*. Gemeint ist, dass Dinge rasch klar angesprochen werden. Das hat wesentlich mit einer Sprachsensibilität zu tun, die ich mir für das Hören und Sprechen im Verlauf meines beruflichen Lebens erworben habe. Oft ist in einigen zentralen Sätzen einer Klientin oder eines Supervisanden alles enthalten, was für Veränderungsprozesse wesentlich ist. Man muss es nur hören und dann darauf bezogen spezifische Fragen stellen. Man kann an der von Klienten gesprochenen Sprache ansetzen und so bald *auf den Punkt* kommen.

Jeder Therapeut, Berater und Supervisor hat seinen eigenen Sprachstil, seine Sprachsensibilität und seine spezifischen Hör- und Redegewohnheiten entwickelt. Ich habe in der Verhaltenstherapie gelernt, was man die individuelle Konkretisierung oder Operationalisierung von Konstrukten wie Selbstsicherheit nennt. In der Gesprächspsychotherapie habe ich gelernt, von den Äußerungen meiner Klientinnen auf ihr emotionales Innenleben zu schließen und das zu artikulieren, und in der Systemtherapie, dass Sprache die Welt nicht abbildet, sondern erzeugt, und dass es einengende und öffnende Sprachspiele gibt. Von meiner sprachsensiblen Lehrerin der Systemtherapie, Ulla Tröscher-Hüfner, habe ich gelernt, auf jedes einzelne von Klienten und von uns selbst gesprochene Wort zu achten.

Eine mich manchmal ebenso nervende wie wertvolle Herausforderung war die Frage, was genau ich mit einer Äußerung meine. Ich musste dann oft erforschen, was ich *eigentlich* sagen wollte oder manchmal auch sagen musste. Umgekehrt werde ich ungeduldig, wenn jemand vage und zwei- oder vieldeutig redet.

Dies geht mit einer deutlichen Wertung einher: Klartext reden ist besser als Nebeltext, Metaphorik, Zweideutigkeit, Vagheit. Natürlich ist diese Wertung undifferenziert. Klartext kann auch schaden. Oft sind ironische, prosaische oder metaphorische Texte lebendiger und in ihrer Wirkung effektiver als Klartext. In vielen Situationen ist es sinnvoll, vage zu bleiben. Ich werde im Verlauf des Buches darstellen, was ich mit »Klartext« meine und welchen Regeln er folgt.

Ich habe die Erfahrung gemacht, dass von mir gesprochener Klartext manchmal als Provokation, Konfrontation oder sogar als *Grenzüberschreitung* erlebt wird. Heute weiß ich, dass das auf dem Gebiet von Therapie, Beratung und Supervision meistens auf eine ungeklärte Auftragslage hinweist oder dass Klartext mit bestimmten Erwartungen und Rollen in Konflikt kommt. Das lässt sich dann meistens mit Klartext klären.

Ich habe Freude daran entwickelt, mit Sprache zu spielen. Dadurch bleibt jede einzelne Therapie- und Supervisionsstunde energetisch und so kommt eigentlich immer etwas Relevantes dabei heraus.

Zur Entstehungsgeschichte des Buches: Ich habe im Laufe der Zeit Vorträge und Seminare zum Thema Klartext gehalten mit praktischen Übungen. So ist peu à peu mein persönliches Material dazu entstanden. Ich habe dann mehr und mehr einen tieferen Einblick in die Geschichte der Sprachphilosophie und der Sprachwissenschaften genommen und so besser verstanden, was Sprache *eigentlich* ist. Schließlich wurde ich von Sandra Englisch vom Verlag Vandenhoeck & Ruprecht gefragt, ob ich dazu nicht ein Buch schreiben wolle. Diese Anregung habe ich dankbar angenommen.

Bei jedem Gedanken, den ich über Sprache gelesen habe, habe ich mich gefragt: Was bedeutet das für Therapie, Beratung und Supervision? Ein sprachphilosophischer Gedanke, den ich in dieser Weise nicht in eine Praxis übersetzen konnte, ist mir nicht viel wert. Umgekehrt ist eine praktische Anweisung, Anleitung oder Erfahrung, die ich nicht theoretisch mit Sprachphilosophie oder sprachtheoretisch verstehen und reflektieren kann, noch nicht Bestandteil meines beruflichen Wissens und Könnens geworden. Natürlich ist man mit solchen Dingen nie fertig. Ich habe mich aber schließlich entschieden, die mir bis heute zugänglichen Erfahrungen und Wissensbestandteile darzulegen, und freue mich, wenn ich mit diesem Buch sprachbezogenes Wissen, Freude an Sprache und Sprechen mit den darin jeweils verborgenen energetisierenden Komponenten an die Leser weitergeben kann.

1.2 Sprache als zentrales Element in Therapie, Beratung und Supervision

> Reden ist nicht alles – aber ohne kompetentes Reden ist alles nichts.

2014 fand in Heidelberg ein großer Kongress zum Thema »Reden reicht nicht?!« statt – mit bewusster Formulierung des Titels sowohl als Frage wie auch als Aussage. Der Kongress war zur Überraschung der Kongressorganisatoren sofort ausgebucht, wurde ein großer Erfolg und mit demselben Thema später wiederholt.[1] Das belegt wohl, dass Sprache und Kommunikation oft an Grenzen kommen und dann Lösungen in nichtsprachlichen Interventionen gesucht und gefunden werden (vgl. den Band zum Kongress: Bohne, Ohler, Schmidt u. Trenkle, 2016).

Ich möchte mich dem mit diesem Buch provokativ gegenüberstellen: Vielleicht ist der Boom nichtsprachlicher Interventionen auch Resultat davon, dass der gesamte

---

1   Informationen dazu siehe https://carl-auer-akademie.com/wp-content/uploads/2017/07/web_1.-Programm_Reden-reicht-nicht-2019_8.2.19.pdf

Möglichkeitsraum effektiven Sprechens und Hörens in Therapie und Beratung viel zu wenig erkannt und ausgeschöpft wurde. Dann lautet die Antwort auf den fragenden Teil des Kongresstitels: »Doch – reden reicht«, aber dann muss man mehr von Sprache, Sprechen und Hören verstehen – in Therapie und Praxis.

Man könnte in Analogie zum Slogan »Geld ist nicht alles – aber ohne Geld ist alles nichts!« sagen: »Reden ist nicht alles – aber ohne angemessenes Reden und Hören ist alles nichts!« Denn eines ist sicher: Auch wenn in Therapie, Beratung und Supervision nonverbale Komponenten eingesetzt werden – deren Notwendigkeit, Indikation und Erfolge mit diesem Buch an keiner Stelle bestritten werden –, muss das stets angemessen mit Sprache eingeführt, durch Sprache begleitet und mit Sprache ausgewertet werden.

»Man kann sich nicht entscheiden, keine Sprache zu sprechen oder nicht zu sprechen« (Flatschner u. Posselt, 2016, S. 210). Nur mit Sprache kann man Sprache beschreiben. Alles, was man dazu sagt, bleibt innerhalb von Sprache. Das gilt auch für dieses Buch. Wir kommen aus Sprache nicht heraus.

In Therapie, Beratung und Supervision wird die meiste Zeit geredet. Sigmund Freud hat Sprache als Therapie eingeführt: Er hat die Hypnosetechnik von Josef Breuer durch Reden und Zuhören ersetzt. Damit wird Therapie in der Sprache bzw. Sprache in der Therapie fundiert. Verhaltenstherapeuten haben damit angefangen, sich mit Klienten in deren reale Lebenswelten zu begeben, z. B. in Angstsituationen. Dabei verbringen sie die meiste Zeit damit, mit ihren Klienten zu reden. Das gilt auch dann, wenn andere Methoden eingesetzt werden wie Visualisierungen, Körperübungen usw. Auch diese werden sprachlich eingeführt und erläutert.

Mit dem Begriff der Sprache ist es wie mit dem der Zeit: Wenn man nicht darüber nachdenkt, ist alles klar. Wenn man nachdenkt, fangen die Unklarheiten an. Zum Beispiel dürften folgende Sätze für die meisten zunächst ganz selbstverständlich sein: »Sprache ist ein Mittel, etwas mitzuteilen«, »Einzelne Wörter bezeichnen etwas«, »Beim Sprechen gibt es einen Sender, eine gesendete Information und einen Empfänger«, »Wir führen Gespräche. Und was gesagt wird, hängt davon ab, was die Sprecher sagen wollen«, »Wir drücken unsere Gedanken in Sprache aus«. Ein Streifzug durch die Sprachphilosophie wird zeigen, dass all das keineswegs klar ist und dass solche Sätze nur für bestimmte Kontexte gelten, auf bestimmten Prämissen ruhen und manchmal in Sackgassen führen.

Es wird gerade dann spannend, wenn man diese Sätze und die ihnen zugrunde liegenden Annahmen aufgibt und von ganz neuen und anderen ausgeht, wie das in der Sprachphilosophie immer wieder geschieht. Wie uns diese und die Sprachwissenschaft zeigen, sind die genannten Selbstverständlichkeiten keineswegs selbstverständlich. Manche haben sich sogar als unbrauchbar und falsch erwiesen. Dann tauchen plötzlich ganz andere Sätze auf wie diese: »Nicht wir führen das Gespräch, sondern das Gespräch führt uns« (Gadamer, 1960), »Wir können Sprache nicht ›benutzen‹, weil wir immer schon ›in Sprache sind‹« oder »Die Eigenlogik der Sprache bestimmt, wer wir sind«. Das geht mit jeweils spezifischen Konsequenzen für die Praxis der sprechenden Berufe einher, und genau dies soll in diesem Buch gezeigt werden.

Wenn Klienten über ihre Probleme berichten, betrifft das immer mehr oder weniger vier Bereiche: (1) das dabei berichtete reale Leben und Erleben; (2) das Bild des berichtenden Klienten darüber; (3) Klienten und Therapeuten befinden sich zusammen in einem gemeinsamen Sprachraum; (4) während sie miteinander reden und sich zuhören, ereignet sich parallel viel in ihrem jeweiligen intrapsychischen Raum und nur ein Teil davon kann in Sprache gefasst und mitgeteilt werden. Das Zusammenwirken dieser Bereiche ist hochkomplex und *hat es in sich*. Wenn man diese Bereiche nicht verwechselt, kann man das Wissen um ihre Unterschiede therapeutisch nutzen.

Damit sind wir mitten in der Sprachphilosophie und ihren zentralen Fragen gelandet: Was ist eigentlich ein Zeichen (z. B. ein Wort)? Was bezeichnet es und was nicht? Was geschieht, wenn Menschen bzw. hier Therapeut und Klient miteinander reden und solche *Zeichenwörter* austauschen? In welcher Weise ist dann die Welt im Raum, von der der Klient berichtet? In welcher sprachlichen Welt befinden sich beide? Welcher Logik folgt diese »Sprachwelt«, wie prägt sie das Leben und Erleben von Therapeuten/Beraterinnen/Supervisoren ebenso wie Klientinnen/Supervisanden? Mit solchen Fragen sind wir sprachlich auf einer Metaebene – aus der heraus wir etwas sehen können, wofür wir im Alltagsgeschehen notgedrungen blind sind.

1.3 Zu Inhalt und Aufbau des Buches

1.3.1 Kerninhalt

In dem Titel »Werkzeug Sprache in Therapie, Beratung und Supervision« spiegelt sich meine Erfahrung und meine berufliche Geschichte und meine Absicht wider, Anregungen für die Tätigkeit sprechender Berufe zu geben. Dabei bringt der Begriff »Klartext« eine meiner Hauptintentionen zum Ausdruck: im Sprechen auf den Punkt zu kommen, bei der Beobachtung des eigenen Sprechens und des Sprechens anderer genau zu hören, was gesagt und was (noch) nicht gesagt wird, um dann dazu gezielt und effektiv Fragen zu stellen und relevante Informationen zu generieren.

Als ich mich zur Untermauerung dessen mit Sprachphilosophie und Sprachwissenschaften beschäftigte, wurde mir immer deutlicher, dass diese Ziele nur eine Perspektive von Sprache und Sprechen zum Ausdruck bringen und das Konzept von Klartext keineswegs beanspruchen kann, generell besser zu sein als andere Varianten des Sprechens. Ich will daher beides präsentieren: die Pragmatik des Klartexts und die sprachphilosophische Reflexion über Klartext bzw. über Sprache insgesamt. Ich nenne das eine das *Sprachspiel von Klartext* und das andere die *Meta-Klartext-Klarheit*. Dieser sperrige Begriff soll die reflexive Metaperspektive zum Ausdruck bringen.

Im Folgenden werden zuerst theoretische Reflexionen zur Sprache vorgestellt (Teil I) und anschließend die dazugehörige Praxis (Teil II). Da die Vermittlung der Klartextpragmatik ein Kernanliegen ist, wird bereits im theoretischen Teil gelegentlich Bezug darauf genommen, was das für Klartext bedeutet.

Was in diesem Buch nicht behandelt wird: Den Schwerpunkt auf Sprache zu legen heißt nicht, zu verkennen, wie viele außer- oder nichtsprachliche Phänomene, Momente und Interventionen es in Psychotherapie und Beratung gibt. Auf diese wird nicht eingegangen, die Bedeutung dieser Ebenen aber keineswegs verkannt – wenn z. B. Klienten angeregt werden, die Augen zu schließen und sich etwas vorzustellen, sich dabei auf ihr Körpererleben zu konzentrieren oder wenn sie bestimmte Körperübungen durchführen (vgl. dazu Langlotz-Weis, 2019).

➡ Fallbeispiel[2] »Imagination statt Reden«: Eine Klientin fühlte sich nach einem schweren Schicksal depressiv und hoffnungslos (Autounfall, bei dem ihr Mann starb, mit einer kompletten Veränderung ihres körperlichen, psychischen und sozialen Lebens). Sie verwendete in der Beschreibung dieser Situation die Metapher eines *sich drehenden Karussells*. Ich ließ sie dieses Bild genauer ansehen, sich darin erleben und vorstellen, wie es sich mit ihr darin von allein weiterentwickelte. Sie berichtete von sich einstellenden Veränderungen, die ihr am Ende ein Gefühl von Distanz und Freiheit gaben. Irgendwann ließ sie sich vom Karussell schleudern, landete auf der Erde und fühlte sich plötzlich neu und kräftig. Diese kraftvollen imaginativen Bilder haben eine eigene Energie und folgen nicht oder auf eine ganz eigene Weise der Logik der Sprache. Man kann sie gezielt einsetzen, was wiederum durch eine sprachliche Anleitung erfolgen muss. Später berichten Klienten sprachlich davon.

Es geht in diesem Buch nicht um Erklärungen, wie und warum es zum Leiden von Klienten kommt. Eine wissenschaftlich fundierte Psychotherapie, Beratung oder Supervision kommt ohne solche Erklärungskonzepte nicht aus. Umgekehrt gilt: Allgemeine und therapieschulenspezifische Beschreibungen und Erklärungen von Problemen äußern sich nur gelegentlich zur Rolle der Sprache bei Genese und Lösung von Problemen. Auch wird – mit Ausnahme der Systemtherapie – nicht allzu oft die Rolle der Sprache bei der Formulierung der Grundlagen der jeweiligen Schule reflektiert.

Sprachphilosophie, Sprachsensibilität und Sprachkompetenzen können die Rolle von Soziologie, Politik und sozialpsychologischen Perspektiven bei der Erklärung und der Lösung von Leiden, Problemen und Missständen nicht ersetzen. Wer arm oder den oft quälenden Arbeitsbedingungen des neoliberalen Kapitalismus ausgeliefert ist oder wer Schicksalsschläge verkraften muss, dem hilft keine Sprachsensibilität. Es wäre Unsinn anzunehmen, dass, wer *richtig* oder *besser* spricht, damit sein Leben

---

2   Alle Fallbeispiele in diesem Buch entstammen der therapeutischen bzw. supervisorischen Praxis des Autors und wurden anonymisiert.

besser leben oder gestalten könne. Aber auch daran kann die sprachliche Metaklarheit sehen, auf welcher Ebene ein sprachlich präsentiertes und diskutiertes Problem gerade unterwegs ist: Individualpsychologisch? Soziologisch? Philosophisch?
Problemstabilisierend oder problemlösend?

Im Buch wird unter Sprache stets vokales oder schriftliches Sprechen verstanden.
Auf die *Gebärdensprache* wird nicht eingegangen, da ich nicht zu den diesbezüg-
lichen Experten gehöre. Diese können darüber befinden, welche der hier dargelegten
Aspekte auch für die Gebärdensprache gelten und welche nicht.

1.3.2 Aufbau des Buches

Das Buch ist in Teil I (praxisorientierte Theorie) und Teil II (theoriegeleitete Praxis)
gegliedert. Der theoretische Teil enthält drei Stränge: Kapitel 3 präsentiert eine Reise
durch die Geschichte der Sprachphilosophie von der Antike bis heute. Die dabei markanten und in der Literatur auch so genannten »Wenden« der Sprachphilosophie
(»linguistic turns«) werden dem vorangestellt.

Kapitel 3 enthält auch die systemtheoretische Sicht auf Sprache. Das liegt daran,
dass ich selbst philosophisch in der systemischen Sichtweise verankert bin. Alle in
über 2000 Jahren Sprachphilosophie enthaltenen Sichtweisen prägen unser heutiges
Denken bis hinein in jede Therapie- und Beratungsstunde. Mit diesem Kapitel können wir uns sozusagen historisch in diesen Traditionen verorten.

Kapitel 4 bleibt auf der theoretischen Ebene, folgt in der Logik aber einer praxis-
orientierten Gliederung: Es werden vier Varianten vorgestellt, wie man für Therapie,
Beratung und Supervision Sprache verstehen, interpretieren und nutzen kann. Diese
ergeben sich aus der Sprachphilosophie, aus einigen systemtheoretischen Ansätzen.
Deren Darstellung wird immer wieder mit Hinweisen verbunden, was das für pro-
fessionelles Hören und Sprechen bedeutet. Zwischen Kapitel 3 und 4 gibt es Über-
lappungen.

Da alles, was uns Klienten aus ihrem sozialen Leben berichten, den Ebenen des
psychischen Lebens, der sozialen Welt und den biologisch-körperlichen Komponenten zugeschrieben werden kann und muss und sich diese drei Ebenen auch im jeweiligen Sprechen und Fragen darüber zeigen, ist diesem sogenannten »Drei-Welten-
Modell« ein eigenes Kapitel, das fünfte, gewidmet. Aus diesem lassen sich spezifische
Konsequenzen ziehen für diesbezügliches Hinhören und Sprechen und für einige
zentrale Begriffe für diese Welten.

Teil II widmet sich der theoriegeleiteten Praxis mit praktischen Anregungen zu
Klartext in Kapitel 6 und zum Werkzeug Sprache generell in Kapitel 7. Um eine musi-
kalische Metapher zu verwenden: Kapitel 6 stellt eine bestimmte Musikrichtung vor
wie Rock oder Pop. Kapitel 7 macht dann Aussagen zur Musik generell und präsentiert einen sprachbezogenen Werkzeugkasten mit Denk-, Hör- und Sprechwerkzeugen.
Am Schluss greife ich noch einmal einige in Kapitel 2 vorgestellte Sätze, *die es in sich*

haben, auf und wende bis dahin Erläutertes darauf an bzw. lade die Leserin und den Leser ein, Gleiches zu tun.

1.4 Vorabbestimmung: Klartext und Meta-Klartext-Klarheit

»Theorie ohne Praxis ist leer, Praxis ohne Theorie ist blind« (Kant, 1787/1995). Diese Aussage Kants ist zentral für dieses Buch, so dass im theoretischen Teil I immer wieder angegeben wird, was das für die Praxis bedeutet: für Klartext sprechen und für den bewussten reflexiven Umgang mit jeder Art von Sprechen. Das eine nenne ich Klartext (Sprachpragmatik), das andere die Meta-Klartext-Klarheit (reflexive Ebene). Im Folgenden vorab eine Kurzbeschreibung beider.

Klartextmerkmale:
- möglichst eindeutige Nennung von Subjekt, Prädikat und Objekt,
- möglichst klare Adressierung von Sätzen im Hinblick darauf, wer gemeint ist,
- möglichst weitgehende Übereinstimmung zwischen dem, was gemeint ist, und dem, was gesagt wird.

Klartext enthält Regeln zum Hören und Sprechen. Hörregeln sind:
- genaues Hinhören und Nachfragen, was gemeint ist, statt voreiliger Interpretationen,
- registrieren, was gesagt wird und was demzufolge nicht gesagt, getilgt oder nur angedeutet wird mit der Option, das zu erfragen.

Meta-Klartext-Klarheit:
Diese beinhaltet die bewusste Erfassung kennzeichnender sprachlicher Merkmale eines realen Dialogs aus einer Metaperspektive ohne Bewertung dessen und ohne Veränderungsintentionen – auch nicht in Richtung Klartext. Dienlich dafür sind Kenntnisse der Sprachphilosophie und der Sprachwissenschaften, wie sie in Teil I präsentiert werden.

2 Klienten- und Therapeutenaussagen, die es in sich haben

Im Folgenden gebe ich eine Auswahl an Sätzen wieder, die ich in meiner therapeutisch-supervisorischen Praxis *gehört* habe bzw. so ausgesprochen wurden. Sie sollen noch nicht theoretisch bearbeitet und schon gar nicht bewertet werden. Der Leser, die Leserin sei aber eingeladen, sich zu fragen: Wer wird hier wohl gerade direkt oder indirekt angesprochen? Welche Beziehung zu anderen oder zu sich selbst wird mit dieser Aussage konstruiert? Was wird gesagt, was nur angedeutet, welcher Teil der Botschaft getilgt? Wo wird direkt oder indirekt gesagt, dass etwas nicht gesagt wird? Was wäre eine erste Frage dazu?

»So weit kommt's noch!«
»Ich will ja bloß sagen …«
»Ich mein ja nur!«
»Ich habe eine Depression.«
»Sie haben eine Depression.«
»Er ist da nicht schuld. Er ist doch krank.«
»Sie sind da nicht schuld. Sie sind doch krank.«
»Ich kann mir das nicht mehr vorstellen.«
»Wie ist das jetzt für Sie?«
»Dazu sage ich jetzt nichts!«
»Ich bin einfach nicht glücklich!«
»Ich muss dazu ehrlich sagen …«
»So kann das nicht weitergehen!«
»Da hat sich ein Fehler eingeschlichen.«
»Das geht definitiv nicht!«
»Ich würde mich vielleicht mit diesem Thema beschäftigen.«
»Ich kann bald nicht mehr!«
»Ich frage mich …«
»Ich entschuldige mich für …«
»Ich würde mir da … wünschen.«
»Das raubt mir die ganze Kraft!«
»Also, wenn das hier so weitergeht, dann weiß ich nicht …«
»Vielleicht könnten Sie mal …«
»Ich will ja nichts sagen, aber …«
»Ich dreh noch durch!«
»Na ja!«
»Die entscheidende Frage ist doch …«

»Mein Körper sagt mir …!«
»Ich kann mir das nicht vorstellen!«
»Das geht gar nicht!«
»Mir geht es so weit ganz gut …«
»Das … könnte ich ihr nie sagen!«
»So habe ich mir ein Zusammenleben nicht vorgestellt.«
»Ich weiß nicht …«

Teil I PRAXISORIENTIERTE THEORIE

3 Sprachphilosophie: Historie und sprachphilosophische Wenden

3.1 Wenden in der Sprachphilosophie I: Historischer Überblick

Alle Epochen des menschlichen Denkens sind von spezifischen Grundannahmen geprägt, derer sich die jeweiligen Zeitgenossen selbst kaum bewusst sind und die erst spätere Generationen formulieren können. Das gilt auch für das Verständnis von Sprache und Kommunikation. Zu den zentralen Fragen gehören die nach dem Verhältnis von Sprache und Wirklichkeit, Sprache und Denken und die danach, inwiefern unser »In-der-Welt-Sein« auf Sprache aufbaut. Reden über Sprache wird dann zur Epistemologie (Erkenntnistheorie).

Vereinfacht gibt es historisch folgende Linien im Sprachverständnis: Eine alte und nichtsdestotrotz heute noch gebräuchliche Annahme sieht in Wörtern Zeichen für Dinge, innere Bilder oder Vorstellungen. Dazu gehört auch die Idee, dass Sprache dazu da ist, gegenüber anderen *etwas* auszudrücken (Sprache als Informationsübertragung). Ein anderer Blick richtet sich weniger auf Sprache als auf konkretes Sprechen im Sinne sprachlicher Handlungen. Dann steht das Sprechen als Interaktion, als interaktionelles Handeln oder auch als Interaktionssteuerung im Mittelpunkt.

An einigen traditionellen sprachphilosophischen Annahmen wird kritisiert, dass sie zwischen »Person« und »Sprache« trennen und annehmen, es gäbe zuerst eine Person mit Gedanken, die dann mit dem Instrument der Sprache mitgeteilt würden. Andere Ansätze trennen nicht zwischen dem Person- und dem In-der-Welt-Sein. Der Psychoanalytiker Jacques Lacan geht sogar davon aus, dass auch unser Unbewusstes sprachlich verfasst sei.

Im 20. Jahrhundert wurde im »linguistic turn« die Sprachphilosophie ein Zentrum der Philosophie. Alle philosophischen und auch lebenspraktischen Fragen und Antworten wurden unter den Blickpunkt der Sprache gestellt und mit ganz neuen und für Therapie und Beratung besonders relevanten Resultaten beantwortet.

Vor diesem Hintergrund lassen sich mit Flatschner und Posselt (2016) sowie mit Krämer (2017) folgende »Wenden der Sprachphilosophie« markieren:

In der antiken Philosophie und lange danach war ein Sprachverständnis vorherrschend, das in der Sprache ein Abbild der Welt sah: Sprache besteht so gesehen aus sprachlichen Zeichen und diese verweisen auf etwas in der Welt oder auf etwas in uns selbst: *Sprache als Repräsentation.*

Nach der »*analytischen Wende zur Sprache*« (Flatschner u. Posselt, 2016, S. 258) blickt man auf diese epistemologisch-erkenntnistheoretisch mit dem Ergebnis, dass die Sprache selbst für jede Form der Erkenntnis als fundamental angesehen wird –

und nicht nur für die Mitteilung von etwas. Es sollte zwischen sinnvollen und nicht-sinnvollen Sätzen unterschieden und Bedingungen für Ersteres angegeben werden im Sinne einer Explikation von Wahrheitsbedingungen. Dem liegt das Ideal einer klaren Sprache zugrunde, die frei von Mehrdeutigkeiten ist.

Mit der »*hermeneutisch-phänomenologischen Wende*« (Flatschner u. Posselt, 2016, S. 259), deren Repräsentanten Heidegger (1889–1976) und Gadamer (1900–2002) mit Bezug auf Herder (1744–1803) und von Humboldt (1767–1835) sind, wird die Idee abgelehnt, Sprache bilde etwas ab und sei eine Methode zur Informationsvermittlung. Sprache wird stattdessen als »spezifische Seinsweise des Menschen« angesehen. Sprache komme nicht nachträglich zum Menschen dazu, sondern sei selbst ein *In-der-Welt-Sein* bzw. umgekehrt: Sprache und Bewusstsein *und* Sprache und Leben seien gleichursprünglich. Ich, Du, Subjekt, Objekt, Individuum und Gesellschaft gehen der Sprache und dem Sprechen nicht voraus, sondern entstehen in und mit diesen und vice versa.

Die »*strukturalistische Wende*« (Flatschner u. Posselt, 2016, S. 261) bringt wieder eine ganz neue Sicht auf die Sprache. Diese steht zwar nicht im Gegensatz zur hermeneutisch-phänomenologischen, versteht Sprache aber als ein eigenes System. Der Hauptvertreter dieser Wende, auf den noch heute Bezug genommen wird, ist Ferdinand de Saussure. Zugespitzt formuliert gibt es bei ihm eine eigene Welt der Sprache. Diese ist vom Willen Einzelner unabhängig. Sprache folgt ihrer eigenen Logik. Einzelne Wörter und andere in der Sprache enthaltene Zeichen oder Laute erhalten ihre Bedeutung nicht durch einen Bezug auf *etwas* (repräsentationistisches Sprachverständnis), sondern durch ihren Bezug zu anderen bzw. weiteren Sprach-komponenten im System Sprache selbst. Die Bedeutung eines Wortes kann so gesehen nur durch den Kontext verstanden werden, in dem es im Land der Sprache oder von Sprachäußerungen selbst steht.

Die *pragmatische Wende* der Sprachphilosophie wendet sich vom Fokus auf die Sprache ab (ideale Sprache, Sprache als Informationsvermittlung oder als Art, in der Welt zu sein) und dem konkreten Sprechen bzw. den Sprechakten in bestimmten Situationen zu. Mit ihrem Hauptvertreter Austin (1911–1960) formuliert: Sprechen ist Handeln – wer redet, der handelt (vgl. Austin, 1955). Die wichtigen Fragen lauten dann: Wie definieren Sprechakte Beziehungen? Wann gelingen oder misslingen Sprechakte? Dabei kommen genuin soziologische Aspekte ins Spiel – etwa sprechen in sozialen Rollen und die Relevanz von Macht und Machtbeziehungen bei Sprech-handlungen.

 Vertiefende Literatur zu philosophischen Wenden aus Sicht der Sprachphilosophie

Rorty, R. (Hrsg.) (1967). The linguistic turn. Essays in philosophical method. With two retrospective essays. Chicago/London: University of Chicago Press.

3.2 Geschichte der Sprachphilosophie

Im Folgenden werden die zentralen Aussagen der verschiedenen sprachphilosophischen bzw. sprachrelevanten Schulen und Ansätze vorgestellt – mit der stets mitlaufenden Frage: Was bedeutet das für die therapeutische, beraterische, supervisorische Praxis? In der Darstellung und Gewichtung der jeweiligen Epochen und Autoren wird Flatschner und Posselt (2016) gefolgt – ergänzt mit Abschnitten zu Habermas, zur Systemtheorie und zur Rolle des Kontexts bei der Generierung von Bedeutungen.

Im nächsten Teil gilt unsere Aufmerksamkeit folgenden sprachphilosophischen bzw. sprachrelevanten Schulen und Ansätzen:

- Antike griechische und frühe Abbildtheorie: Aristoteles und Platon;
- Empiristische und rationalistische Sprachauffassung: Locke und Leibniz;
- Sprache als Medium der Welterschließung: Herder und von Humboldt;
- Die Rhetorizität der Sprache: Nietzsche;
- Logische Analyse der Sprache: Frege;
- Sprachspiele und Lebenswelt: Wittgenstein;
- Der Handlungscharakter der Sprache: Austin;
- Die hermeneutisch-phänomenologische Wende: Heidegger;
- Sprache als Struktur: de Saussure und die strukturalistische Wende;
- Differenz, Wiederholung und Dekonstruktion: Derrida;
- Universalpragmatik: Habermas;
- Sprache und Macht: Butler;
- Sprache und Macht – die soziohistorische Perspektive: Bourdieu;
- Sprache in der Systemtheorie;
- System und Umwelt: Die Rolle des Kontexts für Sprache und Sprechen.

📖 **Vertiefende Literatur zum Überblick über die Sprachphilosophie**

Bermes, C. (1997). Philosophie der Bedeutung. Bedeutung als Bestimmung und Bestimmbarkeit. Eine Studie zu Frege, Husserl, Cassirer und Hönigswald. Würzburg: Königshausen & Neumann.

Bertram, G. W. (2010). Sprachphilosophie zur Einführung. Hamburg: Junius.

Borsche, T. (Hrsg.) (1996). Klassiker der Sprachphilosophie. Von Platon bis Noam Chomsky. München: Beck.

Flatschner, M., Posselt, G. (2016). Sprachphilosophie. Eine Einführung. Facultas: Wien.

Trabant, J. (2006). Europäisches Sprachdenken von Platon bis Wittgenstein. München: Beck.

3.2.1 Antike griechische und frühe Abbildtheorie: Aristoteles und Platon

Für Aristoteles ist Sprache ein Instrument des Geistes, die Welt zu erkennen und zu beschreiben. Sprache und Welt haben ein Korrespondenzverhältnis: Wörter verweisen auf Dinge. Man nennt das die »Etikettentheorie der Bedeutung«: Die Bedeutung eines Wortes (Etikette) ist das, worauf es klebt, was es benennt. Die Bedeutung des Wortes »Hund« ist der reale Hund. Diese Konzeption kommt schnell an ihre Grenzen, wenn man das auf abstrakte Begriffe wie Freiheit oder Liebe anwendet. Natürlich war sich Aristoteles bewusst, dass Sprache nicht nur *reale Dinge* bezeichnet, sondern auch innere Vorstellungen und Konzepte. In seinem *semiotischen Dreieck* wird Sprache deshalb auf den Bereich der Dinge und den Bereich der seelischen Vorstellungen bezogen. Sie verwendet als Zeichen Laute oder Buchstaben.

Platon stellt das Erkenntnispotenzial von Sprache infrage. Er bevorzugt einen sprachfreien Zugang zum Wesen der Dinge. Sprache sei wohl ein wichtiges, aber existenziell sekundäres menschliches Phänomen. Für ihn hat der Mensch einen Zugang zu Erkenntnis jenseits von Sprache.

Wenn in Therapie, Beratung oder Supervision eine Diagnose vergeben und dabei angenommen wird, diese bezeichne eine *real existierende Krankheit,* folgt das der Etikettentheorie von Sprache.

Vertiefende Literatur zur Antike

Aristoteles (2000). Peri Hermeneias (2., veränderte Aufl.). Berlin: Akademie/Berlin: de Gruyter.
Hennigfeld, J. (1994). Geschichte der Sprachphilosophie. Antike und Mittelalter. Berlin/ New York: de Gruyter.
Platon (2005). Kratylos. In Platon. Werke in acht Bänden. Bd. 3 (5. Aufl., S. 383a–391a; 427d–440e). Hrsg. v. G. Eigler. Darmstadt: Wissenschaftliche Buchgesellschaft.

3.2.2 Empiristische und rationalistische Sprachauffassung: John Locke und Gottfried Wilhelm Leibniz

John Locke (1632–1704) und Gottfried Wilhelm Leibniz (1646–1716) stehen für Versuche, die ideale Sprache von Unvollkommenheiten und Missbräuchen zu reinigen, etwa durch die Vermeidung bedeutungsloser Wörter. Das Ziel ist eine möglichst korrekte Sprache (Locke, 1690). Leibniz orientiert sich an der Logik und der Rationalität guten Sprechens (Leibniz, 1677). Beide unterscheiden zwischen alltäglichem und logisch klarem Sprechen. Die Reflexion der Bedeutung von Sprache für unser Denken nimmt hier mehr Raum als bisher ein. Locke und Leibniz gelten daher als Vorbereiter des späteren linguistic turn, nach dem Sprache im Mittelpunkt des philosophischen Erkennens steht.

Wenn für Therapie und Beratung Normen für angemessenes Sprechen mit implizit enthaltener negativer Wertung davon abweichenden Sprechens formuliert werden, steht das in der Tradition von Locke und Leibniz. Das gilt für die Definition von lösungsorientiertem vs. problemorientiertem und konkretem vs. abstraktem Sprechen ebenso wie für die von Klartextnormen.

Vertiefende Literatur zu Locke und Leibniz

Heinekamp, A. (1992). Gottfried Wilhelm Leibniz (1646-1716). In M. Dascal (Hrsg.), Sprachphilosophie. Ein internationales Handbuch zeitgenössischer Forschung (S. 320-330). Berlin/New York: de Gruyter.

Leibniz, G. W. (1677/ 1996). Dialog. In G. W. Leibniz (Hrsg.), Schriften zur Logik und zur philosophischen Grundlegung von Mathematik und Naturwissenschaft. Philosophische Schriften, Bd. 4 (S. 23-37). Hrsg. v. H. Herrig. Frankfurt a. M.: Suhrkamp.

Locke, J. (1690/2000). Versuch über den menschlichen Verstand (5. Aufl., S. II.xxxiii.19, III.i-ii; III.iii.1-15, ergänzend v.1-10; vi.26-27, 43; x; xi.1-6.). Hamburg: Meiner.

Poser, H. (1996). Gottfried Wilhelm Leibniz (1646-1716). In T. Borsche (Hrsg.), Klassiker der Sprachphilosophie. Von Platon bis Noam Chomsky (S. 147-160). München: Beck.

3.2.3 Sprache als Medium der Welterschließung: Johann Gottfried Herder und Wilhelm von Humboldt

Wie kommt der Mensch überhaupt zur Sprache und wie die Sprache zum Menschen? Was kommt zuerst: sprechen oder denken? Schien die Antwort darauf vor dieser expliziten Fragestellung durch Johann Gottfried Herder (1744–1803) oder Wilhelm von Humboldt (1767–1835) klar (Mensch denken und erleben zuerst und dann kommt die Sprache hinzu), kommt man nun zu einem ganz anderen Ergebnis: Beides sei *gleichursprünglich* und darin von Gott gegeben (vgl. Herder, 1772; von Humboldt, 1995).

Mit dieser Antwort verabschiedet man sich von der im Alltag oft unhinterfragtselbstverständlich unterstellten Annahme, dass wir zuerst einen Zugang zur Welt und uns selbst haben, den wir dann sprachlich verfassen und anderen mitteilen. Diese philosophiegeschichtlich-traditionelle und unser Denken bis heute prägende Idee geht von einer Differenz zwischen der *Welterfahrung* und *Darüber-Sprechen* aus. Sie aufzugeben ist ebenso radikal wie tiefgreifend. Denn nun gibt es mit Herder und von Humboldt keinen Standpunkt außerhalb der Sprache mehr. Auch alles, was über sie gedacht und gesagt wird, findet in Sprache statt.

Dass und wie Sprache selbst Fundament unserer Welterfahrung ist und nicht erst später hinzukommt, greifen die hermeneutischen Philosophen Heidegger und Gadamer wieder auf.

Berichtet ein Klient über seine Probleme mit anderen und verwendet Formulierungen wie »Problem mit anderen«, »anderen gegenüber« oder »von anderen im Regen stehen gelassen«, dann ist man unreflektiert geneigt zu glauben, dass er damit eine zwischenmenschliche Erfahrung nachträglich in Worte fasst. Mit der Aufhebung der genannten Unterscheidung gilt aber auch umgekehrt: Diese Worte und das mit ihnen verbundene In-der-Sprache-Sein erzeugen auch sein diesbezügliches Erleben: Erleben erzeugt Sprechen und Sprechen erzeugt Erleben. Damit wird die bereits erwähnte Etikettentheorie von Sprache aufgegeben.

Das kann man sich auch therapeutisch zunutze machen – etwa beim Reframing oder Umdeuten: Wenn für einen Sachverhalt, einen Vorgang oder ein Verhalten neue Wörter oder Formulierungen verwendet und unterlegt werden, ändert sich das Erleben dessen: »Ich bin dick und übergewichtig« vs. »Ich habe eine mich schützende Ummantelung« – »A ist hysterisch und zickig« oder »A lässt uns wissen, was sie fühlt und was sie will«.

Wann immer Sprache als Mittel verstanden wird, etwas mitzuteilen, wird diese Trennung (wieder) eingeführt. Das geschieht im Therapiealltag permanent. Man kann dort keinen Dialog führen, der diesem Modell nicht immer wieder folgt. Wenn ein Therapeut berichtet, er habe dem Klienten etwas »psychoedukativ« vermittelt, verführt das zur Annahme, dass es zuerst etwas (womöglich sogar *Wahres*) zu vermitteln gibt, was dann mit »Psychoedukation« präsentiert wird. Diese Sichtweise ist so nützlich, dass man darauf weder in der Lebenspraxis noch in Therapie und Beratung verzichten kann. Wir können uns aber bewusst sein, dass und wann wir diese Unterscheidung verwenden oder aufgeben.

Vertiefende Literatur zu Herder und von Humboldt

Borsche, T. (1990). Wilhelm von Humboldt. München: Beck.
Borsche, T. (Hrsg.) (2006). Herder im Spiegel der Zeiten. Verwerfungen der Rezeptionsgeschichte und Chancen einer Relektüre. München: Fink.
Herder, J. G. (1772/2012). Abhandlung über den Ursprung der Sprache. Hrsg. von H. D. Irmscher (S. 24–43). Stuttgart: Reclam.
Humboldt, W. von (1995). Einleitung zum Kawi-Werk. Über die Verschiedenheit des menschlichen Sprachbaues und ihren Einfluß auf die geistige Entwicklung des Menschengeschlechts. In B. Michael (Hrsg.), Wilhelm von Humboldt. Schriften zur Sprache (S. 30–207) Stuttgart: Reclam.

3.2.4 Die Rhetorizität der Sprache: Friedrich Nietzsche

Friedrich Nietzsche (1844–1900) achtet auf die soziale Wirksamkeit von Sprache bzw. auf deren Rolle für die Beziehung zwischen den Teilnehmern der Sprachgemeinschaften. »Sprache ist nach Nietzsche ein relationales Phänomen, eine Kraft, ein Handeln, ein Tun.« Bei Nietzsche sei es das »Ziel der Sprache […], eine Meinung und eine Wirkung, und nicht eine Wahrheit oder ein bestimmtes Wissen zu übertragen« (Flatschner u. Posselt, 2016, S. 86). Das sei eben das rhetorische Moment von Sprache. Nietzsche berührt damit einen für die Psychotherapie entscheidenden Aspekt: das Verhältnis von Psyche, seelischen Vorgängen, psychischem Innenleben einerseits und Kommunikation mit Sprechen und Hören andererseits. Wie zuvor und später viele stellt Nietzsche die übliche Trennung beider Bereiche infrage. Bei ihm ist das psychische Geschehen nicht unabhängig von Sprache. Es geht ihm vielmehr um die Koevolution von Sprache und Psyche mit Bewusstsein.

Sprache ist ein genuin soziales Phänomen: Sie entwickelt sich mit der Notwendigkeit, sich in Beziehungen zu koordinieren, abzustimmen, sich *etwas mitzuteilen*. Gleichzeitig entwickelt sich damit erst das Ich, das Subjekt, das Selbstbewusstsein in, durch und mit diesen sozialen sprachlichen Koordinationen. Das subjektive Bewusstsein ist damit immer auch ein gesellschaftlich-soziales. Und umgekehrt ist das sozialinteraktive, die Gesellschaft, immer auch Produkt der daran teilnehmenden Subjekte.

Für Flatschner und Posselt stehen die Wirkung und der Handlungscharakter der Sprache im Zentrum von Nietzsches Sprachphilosophie. Das wird später von den Sprachphilosophen der pragmatischen Wende aufgegriffen, die sich statt der Sprache an sich den konkreten Sprechakten zuwenden.

Die Konsequenzen für Therapie und Beratung liegen auf der Hand: Ein therapeutisches Gespräch ist dann nicht nur ein solches über Probleme oder Problemlösungen. Jedes Gespräch definiert auch die Beziehung zwischen Therapeutinnen/Beratern und Klientinnen. Therapeutische Gespräche erzeugen »Therapeutensubjekte« und »Klientensubjekte«. Und jeder spezifische Dialog generiert spezifische Varianten der Subjekterfahrung. Umgekehrt prägt die persönliche Verfasstheit von Therapeutinnen/Beratern bzw. Klientinnen, wie über Probleme und Problemlösungen gesprochen wird – in ständiger Wechselwirkung.

Vertiefende Literatur zu Nietzsche

Kopperschmidt, J., Schanze, H. (Hrsg.) (1994). Nietzsche oder »Die Sprache ist Rhetorik«. München: Fink.

Nietzsche, F. (1882/1887/1988). Die fröhliche Wissenschaft. In F. Nietzsche, Sämtliche Werke. Kritische Studienausgabe, Bd. 3 (S. 590–593). Hrsg. v. G. Colli u. M. Montinari. München u. a.: dtv/de Gruyter.

Posselt, G. (2010). Nietzsche – Sprache, Rhetorik, Gewalt. In H. Kuch, S. K. Herrmann, (Hrsg.), Philosophien sprachlicher Gewalt. 21 Grundpositionen von Platon bis Butler (S. 95–119). Weilerswist: Velbrück Wissenschaft.

3.2.5 Logische Analyse der Sprache: Gottlob Frege

Gottlob Frege (1848–1925) geht es in Fortsetzung der Arbeiten von Locke und Leibniz um Sprache als Bedingung der Möglichkeit zu Erkenntnissen und darum, diese korrekt zu formulieren. Auch er strebt nach einer korrekten und idealen, bei ihm wissenschaftlichen, Sprache. Auch er unterscheidet zwischen Sprache als Ausdruck von Erkenntnissen mit Wahrheitswert und dem pragmatischen Sprechen im Alltag.

Freges Ziel einer perfekten wissenschaftlichen Sprache wurde philosophiegeschichtlich aus guten Gründen aufgegeben. Dennoch sind seine Hinweise auf die Konstruktion guter Sätze und die von ihm dazu eingeführten Kriterien und Unterscheidungen Hilfen, wenn es darum geht, *auf den Punkt zu kommen*. Was sind für ihn Merkmale eines korrekten aussagekräftigen Sprechens?

Um das zu bestimmen, unterscheidet er zwischen

- dem Zeichen (Laut, Wort),
- dem Sinn einer Aussage,
- der Bedeutung einer Aussage,
- der dabei relevanten inneren Vorstellung des Sprechers (Frege, 1892).

Als *Sinn* eines Satzes bestimmte Frege den sprachlich ausgedrückten Gedanken. Jedem Behauptungssatz unterliegt nach dieser Logik ein Gedanke (näher bei Flatschner u. Posselt, 2016, S. 111). Frege bezieht das nicht auf das individuelle Denken, sondern auf dessen objektiven Inhalt. Der Inhalt sei »gemeinsames Eigentum von vielen« (S. 111).

Die *Bedeutung* einer Aussage ist der in der Sprache bezeichnete Gegenstand, z. B. am Sternenhimmel der Morgenstern und der Abendstern. Beide haben für den Sprecher einen unterschiedlichen Sinn, objektiv aber dieselbe Bedeutung, da es sich um denselben Stern handelt. Wenn etwas objektiv dasselbe ist, ist es auch die Bedeutung darauf bezogener Wörter. Diese kann subjektiv aber verschieden sein: Für den Menschen hat der Morgenstern einen anderen Sinn als der Abendstern. Eine wissenschaftlich klare Sprache sollte anders als die Alltagssprache von solchen Mehrdeutigkeiten und den Mängeln der alltäglichen Kommunikation befreit werden. Dazu muss Sprache möglichst unabhängig vom Kontext des jeweiligen Sprechens sein. Ein in der Psychotherapie geäußerter Satz (»Ich habe eine Depression« – »Herr X hat eine Depression«) sollte im Sinne Freges also in jedem Kontext dasselbe bedeuten, egal ob Herr X das zu sich, seine Frau zu ihm oder der Therapeut es über ihn sagt.

Manchmal ist ein Wort sinnvoll, aber die Bedeutung, was es eigentlich bezeichnet, bleibt im Dunkeln – wie etwa das Wort »eigentlich« in einem Satz oder die Aussage »Na ja!« in einem Gespräch. Insofern gibt es nach Frege bedeutungslose, aber durchaus sinnvolle Zeichen oder Sätze.

Eine Aussage kann nach Frege dahingehend beurteilt werden, ob sie *wahr* oder *falsch* ist. Ihr kann ein Wahrheitswert zugeordnet werden. Für viele in Kapitel 2 zitierten Sätze käme Frege wohl zum Ergebnis: Sie haben keinen Wahrheitswert, sind aber in der Kommunikation dennoch sinnvoll.

Wenn in Psychotherapie, Beratung und Supervision getroffene Aussagen im Sinne von Frege korrekt sein sollten, müssten sie seinen diesbezüglichen Kriterien entsprechen. Bei der Mitteilung einer Diagnose etwa müsste deren Bedeutung im Hinblick auf den damit bezeichneten Gegenstand der damit bezeichneten Störung klar definiert sein.

Das genau ist der Anspruch von ICD- oder DSM-Diagnosen. Diese definieren, wer was tun, denken oder fühlen muss, damit die gewählte diagnostische Kategorie zutrifft. Alle Therapeuten könnten und müssten dann zur gleichen Diagnose kommen, unabhängig vom Kontext, in dem sie gestellt werden. Aber: Wie oft ist das der Fall?

Unbenommen dieses hohen Ziels einer »wissenschaftlichen Sprache« leben Psychotherapie, Beratung und Supervision davon, dass die sprachlichen Berichte von Klienten oder Supervisandinnen über ihr Problemerleben und die sprachliche Reformulierung durch Therapeutinnen oder Supervisoren oft nicht in *wahren eindeutigen Sätzen* formuliert werden können, sondern eher vage, metaphorisch und mehrdeutig bleiben. Man kann dann fragen: Wann soll sich die Sprache in der Therapie logischen Prinzipien anpassen und wann geht es um die Anpassung der sprachlichen Logiken an die gelebte und oft mehrdeutige Sprache des Lebens? Darauf geben die im Folgenden dargestellten anderen Varianten der Sprachphilosophie eine Antwort. Hierzu meinte Frege (1882) selbst, dass der kommunikative Sinn der Sprache in Literatur und Alltagssprache oft wichtiger ist als das Streben nach universeller wissenschaftlich korrekter Bedeutung. Insofern kann die Sprache in der Therapie entweder *wissenschaftlich wahrheitsorientiert korrekt* sein oder literarisch-prosaisch nützlich.

Zu diesen Überlegungen passt die Unterscheidung Freges zwischen *geradem und ungeradem Reden. Gerade* bedeutet, eine Aussage *über* etwas zu machen (»Ich bin depressiv«), *ungerade* bedeutet zu sagen, *dass* jemand eine Aussage über etwas macht (»Mein Partner sagt, ich sei depressiv«). Der Sinn beider Aussagen ist unterschiedlich und diese Unterscheidung für Therapie und Beratung relevant: Macht jemand z. B. eine Aussage über sich oder darüber, dass über ihn eine Aussage gemacht wird?

Außerdem verweist Frege darauf, dass viele Aussagen implizite weitere Aussagen enthalten. Ein Klient sagt z. B. über seine Partnerschaft: »Die Liebe zwischen uns ist *verschwunden.*« Mit Frege hört man hier diese Implikationen und kann nachfragen: »Heißt das, Sie haben sich einmal geliebt?« Nach Frege hat ein Satz immer Voraussetzungen, ohne die er bedeutungslos wäre. Man kann sich für solche Prämissen sensibilisieren und ggf. danach fragen bzw. Mutmaßungen darüber in die Interpretation einer Aussage einbeziehen.

📖 **Vertiefende Literatur zu Frege**

Frege, G. (1882/2008). Über die wissenschaftliche Berechtigung einer Begriffsschrift. In
G. Frege. Funktion, Begriff, Bedeutung: Fünf logische Studien (S. 70–76). Göttingen:
Vandenhoeck & Ruprecht.
Frege, G. (1892/2008). Über Sinn und Bedeutung. In G. Patzig (Hrsg.), Gottlob Frege.
Funktion, Begriff, Bedeutung: Fünf logische Studien (S. 23–46). Göttingen: Vanden-
hoeck & Ruprecht.
Mayer, V. (1996). Gottlob Frege. München: Beck.

3.2.6 Sprachspiele: Ludwig Wittgenstein

Ludwig Wittgenstein (1989–1951) hielt in der ersten Phase seines Werkes wie Frege,
Locke und Leibniz am Leitbild einer logisch korrekten Sprache fest. In seiner die
Sprachphilosophie prägenden späteren Phase wandte er sich dem normalen Sprechen im Alltag zu und kam zu dem Schluss, dass es keine eindeutige Zuordnung von
Zeichen bzw. Wörtern zu Gegenständen oder Tatbeständen gebe. Vielmehr sei Sprache eingebettet in die jeweiligen konkreten Lebenskontexte – in diesen gebe es dann
jeweils spezifische »Sprachspiele«. Die Bedeutung eines Wortes sei in diesem Kontext
immer »sein Gebrauch in der Sprache« (PU – Philosophische Untersuchungen, 43).
Das rückt nun deutlich von Frege ab, der einem Wort ja noch einen subjektiven Sinn
und eine objektive Bedeutung zugesprochen hatte.

Sprachspiele sind bei Wittgenstein in konkrete Lebensformen eingebaut und
können nicht unabhängig davon gewählt werden. Er verwirft damit manche traditionellen Sprachkonzepte: Auch er sieht nun, dass Sprache nicht hinzukommt, nachdem man sich eine Vorstellung von sich und der Welt gemacht hat, die man dann
sprachlich zu beschreiben beabsichtigt. An der Idee einer sicheren Verbindung zwischen einem Wort und seinem Gegenstand (Referenztheorie der Sprache) könne
man nicht mehr festhalten. Die Bedeutung eines Wortes sei eben nicht der von ihm
gezeigte oder bezeichnete Gegenstand. Sprache ist bei Wittgenstein kein Werkzeug,
das man einsetzt, um etwas von Sprache Unabhängiges mitzuteilen. Wie bei anderen
(etwa Heidegger) bedingen sich auch bei ihm Weltverstehen und Sprache gegenseitig.

Mit seinem Begriff des Sprachspiels (der in Kapitel 4.1 wieder aufgegriffen wird)
verweist er darauf, dass Sprache bzw. Sprechen Teil des Lebens selbst ist (Wittgenstein,
1984, zit. nach Flatschner u. Posselt, 2016, S. 144). Wittgenstein schlägt eine Brücke
zwischen der Psyche des Einzelnen bzw. ihrem Sprechen und der sozialen Welt. Sprache könne nicht auf ein Individuum zurückgeführt werden, sondern ist in sozialen
Gebräuchen, institutionellen Regeln, sozialen Praktiken verwurzelt: »Diese Regeln
werden gleichsam blind übernommen« (Wittgenstein, 1984, zit. nach Flatschner
u. Posselt, 2016, S. 149). Es geht Wittgenstein schließlich nicht darum, Sprache zu
erklären, sondern das Sprechen zu *beschreiben.*

Überträgt man diese Gedanken auf die Psychotherapie, gelangt man zu interessanten Schlussfolgerungen. Dann treffen nicht zuerst Klient und Therapeut aufeinander, die dann die Sprache nutzen, um sich gegenseitig etwas mitzuteilen. Psychotherapie wird nach Wittgenstein vielmehr selbst zu einem Sprachspiel – wenngleich einem räumlich und zeitlich umgrenzten. Darin verwendete Wörter wie Unbewusstes, Selbstwert, Vermeidungsverhalten, Schema, Ambivalenzkonflikt oder Respekt haben dann keine Bedeutung *an sich* mit Bezug auf reale Aspekte des Lebens, sondern erlangen diese erst durch ihren Gebrauch in dieser therapeutischen Sprachwelt. Kraft ihrer Autorität führen Therapeuten ihre Klienten in die von ihnen hoheitlich besetzte Sprachwelt ein.

📖 Vertiefende Literatur zu Wittgenstein

Majetschak, S. (2000). Wittgensteins Denkweg. Freiburg/München: Alber.
Wittgenstein, L. (1984). Tractatus logico-philosophicus. In L. Wittgenstein, Werkausgabe, Bd. 1 (Vorwort, Sätze 1–2.011, 2.11–2.225, 4–4.121 [zitiert nach Satznummern]). Hrsg. v. J. Schulte. Frankfurt a. M.: Suhrkamp.
Wittgenstein, L. (1984). Philosophische Untersuchungen. In L. Wittgenstein, Werkausgabe, Bd. 1. Hrsg. v. J. Schulte. Frankfurt a. M.: Suhrkamp.

3.2.7 Sprache als Handlung: John L. Austin

Mit Wittgenstein hat John L. Austin (1911–1960) den Blick auf das Sprechen statt auf die Sprache gemein. Bei Austin wird Sprache zum Sprechen, Sprechen zur Handlung. Man spricht hier von der »pragmatischen Wende der Sprachphilosophie«. Sprechen hat dabei nicht die Funktion, Wahres auszudrücken, und es geht auch nicht darum, unwahres von wahrem, sinnloses von sinnvollem Sprechen zu unterscheiden. Wir sprechen nicht immer, um etwas zu sagen. Sprechen ist vielmehr interaktionelles Handeln. Ob eine Aussage klar oder nebelig ist, sie ist stets wichtiger Teil einer Interaktion.

Im Unterschied zu Wittgenstein hat Austin eine Typologie von Sprechakten bzw. Sprachspielen entworfen. Er unterscheidet zuerst »konstative« und »performative«, später »lokutionäre«, »illokutionäre« und »perlokutionäre« Sprechakte. Eine konstative Äußerung macht eine Aussage über einen Sachverhalt oder eine Tatsache – diese kann wahr oder falsch sein (»Der Mond ist blau«, »Das Essen ist kalt«).

Der für die Sprachphilosophie wichtigere performative Sprechakt ist eine Handlung. Ein prototypisches Beispiel: »Ich erkläre euch hiermit zu Mann und Frau«, »Hiermit sind Sie Mitarbeiter dieser Einrichtung« usw. Performative Äußerungen sind Handlungsvollzüge. Die Unterscheidung konstativ – performativ kann sich für die Psychotherapie nützlich erweisen, wenn man eine Klientenäußerung oder auch die eigenen Aussagen daraufhin beleuchtet, ob sie primär etwas mitteilen (»Ich habe eine Depression«) oder mit einer Äußerung eine Handlung vollziehen (»Ich erkläre mich depressiv hilflos und Sie hiermit zu meinem Therapeuten, der mich aus der Depression herausholen möge«).

Die Unterscheidung zwischen konstativen und performativen Sprechakten hat Austin später durch die zwischen lokutionären, illokutionären und perlokutionären ersetzt. Der lokutionäre ist der des *Bloß-etwas-Sagens* (in der Psychotherapie:»Ich bin unglücklich«). Der illokutionäre ist die Handlung, die man dabei mitvollzieht (es wird also nicht mehr strikt getrennt zwischen Sachäußerung und Handlung, vielmehr verbinden sich beide). Indem man etwas sagt, handelt man auch.

Ein Klient sagt:»Ich bin unglücklich.« Das ist einerseits eine Sachaussage (lokutionär). Er präsentiert sich dabei andererseits als Hilfesuchender und appelliert an den Therapeuten, ihm irgendwie beizustehen (illokutionär).

Der perlokutionäre Akt bezieht sich auf die Auswirkung des Sprechens: Der Therapeut wendet sich ihm zu und fragt empathisch weiter nach. Für Klartext können wir beim Zuhören also unterscheiden: Was wird mir in der Therapie gerade mitgeteilt oder was teile ich mit? Welche implizite Handlung in der Beziehung wird damit ausgeführt? Welche Wirkung hat das auf mich, auf mein Gegenüber oder auf uns beide?

Die Unterscheidung zwischen Sach- und Appellebene im bekannten Vier-Ohren-Modell von Schulz von Thun (1981) findet sich also schon bei Austin. Der Gehalt der jeweiligen Akte liegt nicht allein in diesen selbst (z. B. in einem gesprochenen Satz), sondern hängt vom Kontext ab, in dem er gesprochen wird. Wenn ein Supervisand sehr lange sehr viele lokutionäre Sachaussagen macht und dabei viele Informationen über einen Klienten gibt, weiß man als Supervisor oft nicht so recht, was damit intendiert wird. Dann bleibt der illokutionäre Aspekt im Dunkeln. Man kann das mit Klartext aber gezielt erfragen:»Was wollen Sie mit Ihren Berichten wem mit welcher Absicht mitteilen?«

Auch wenn in der Therapie selten performative Sätze im Duktus des »Hiermit erkläre ich …« gesprochen werden, kann man doch viele Äußerungen als Sprechhandlungen ansehen. »Sie haben eine Depression« (oder noch stärker: »… eine Persönlichkeitsstörung«) kann als konstative bzw. lokutionäre Aussage und ebenso als performative bzw. illokutionäre angesehen werden, mit erheblicher perlokutionärer Wirkung, denn ab diesem Moment ändert sich für einen Klienten ggf. viel – zum Positiven oder zum Negativen.

Von der Grundstruktur von Therapie und Beratung her sind sehr viele darin gesprochener Sätze performative bzw. illokutionäre und Sprechhandlungen mit perlokutionärer Wirkung. Der Sinn von Psychotherapie/Beratung besteht ja darin, dass Worte etwas bewirken. Damit werden sie automatisch zu Handlungen im Sinne von Austin. Er führt auch an, dass dafür jeweils bestimmte Rahmenbedingungen gegeben sein müssen (Austin, 1970). In der Therapie sind das z. B. die, dass der Klient dem Therapeuten und den von diesem gesprochenen Sätzen eine gute und helfende Absicht unterstellt und die Rahmendefinition von Therapie als Hilfssystem für den Klienten von beiden Seiten akzeptiert wird (was nicht immer der Fall sein muss).

Klartext kann das Gelingen der therapeutischen Performanz nicht garantieren, wohl aber bei erkennbarem Nichtgelingen (will heißen: Therapie hat keine hinreichenden positiven Effekte) herausarbeiten, warum das nicht gelingt, z. B. durch Fragen danach, wie eine Botschaft verstanden, welches Motiv unterstellt wird oder wie man sich gegenseitig in der Beziehung definiert hat (explizite und implizite Beziehungsdefinitionen). Insofern performative Sprechakte immer eine Adresse und eine Handlungsaufforderung enthalten, im Unterschied zu rein konstativen bzw. rein lokutionären, kann man therapeutisch nachfragen: »Wollen Sie nur mitteilen, dass Ihre Frau Sie anlügt oder wollen Sie mit diesem Hinweis etwas erreichen – wenn ja, bei wem was?«

Im Resümee zu Austin kommt die spätere Sprachphilosophie nach Flatschner und Posselt zum Ergebnis, dass sich die Unterscheidungen konstativ und performativ bzw. lokutionär, illokutionär und perlokutionär so eindeutig nicht halten lassen. Dennoch können Therapeuten, Beraterinnen und Supervisoren diese Unterscheidungen nutzen, um eigene Aussagen ebenso wie solche von Klienten daraufhin zu betrachten, welchen Aspekt der Austin'schen Unterscheidungen sie jeweils wie zum Ausdruck bringen oder bringen wollen.

📖 Vertiefende Literatur zu Austin

Austin, J. L. (1955). Zur Theorie der Sprechakte (How to do things with words) (2. Aufl.). Stuttgart: Reclam.

Austin, J. L. (1956). Performative Äußerungen. In J. L. Austin. Gesammelte philosophische Aufsätze (S. 305–327). Hrsg. v. J. Schulte. Stuttgart: Reclam.

Austin, J. L. (1958). Performative und konstatierende Äußerungen. In R. Bubner (Hrsg.), Sprache und Analysis. Texte zur englischen Philosophie der Gegenwart (S. 140–153). Göttingen: Vandenhoeck & Ruprecht.

Austin, J. L. (1970). Philosophical papers. Ed. by J. O. Urmson and G. J. Warnock (2nd ed.). Oxford: Clarendon Press.

Linke, A., Nussbaumer, M., Portmann, P. R. (1994). Studienbuch Linguistik (2. Aufl.). Tübingen: Niemeyer.

3.2.8 Die hermeneutisch-phänomenologische Wende: Martin Heidegger

Wir kommen nun zu Fragestellungen, die der Philosoph Martin Heidegger (1898–1976) aufgeworfen und in seinen Theorien beantwortet hat: Wie erlebt eine Hauskatze, die ihre Umgebung mit ihren menschlichen Mitbewohnern teilt, die Welt? Wie ihre Mitbewohner? Wie wäre unsere Welterfahrung, wenn wir keine Sprache und auch keine anderen Varianten von *Zeichen für etwas* zur Verfügung hätten – keine

Wörter, keine Symbole, keine Namen, weder in uns selbst noch im Austausch mit anderen? Gäbe es dann auch keine Kommunikation mit anderen *über etwas*? Das Nachdenken über solche Fragen kreiert jene Perspektiven, die im Mittelpunkt der hermeneutischen Sprachphilosophie stehen. Dazu gehört erneut die Frage, was zuerst kam: sprechen oder denken?

In die Sprachphilosophie eingegangen ist dazu Heideggers Metapher vom »Haus der Sprache«, in dem wir leben. Demnach »gewährt« uns die Sprache selbst unser Welt- und auch unser Selbstverständnis. Bei Heidegger führt das wie bei etlichen früheren Philosophen dazu, dass wir viele vertraute und durch die Sprache selbst vermittelte Grundannahmen aufgeben müssen. Dazu gehört die klassische Gegen-überstellung von Subjekt und Objekt, Mensch und Welt. Zum Leben gehört nach Heidegger demgegenüber ein immer schon vorhandenes praktisches Zu-tun-Haben mit der Welt. Sprache tritt hier nicht später hinzu, sondern ist mit der Welterfahrung gleichursprünglich. »Den Bedeutungen wachsen Worte zu. Nicht aber werden Worte mit Bedeutungen versehen« (Heidegger, 1927, S. 161, zit. nach Flatschner u. Posselt, 2016, S. 184).

Sprache ist mehr als ein Mittel, etwas zu benennen und mitzuteilen. Für den Blick des Therapeuten auf einen über seine Probleme – z. B. über einen Schmerz – spre-chenden Klienten bedeutet das: Da ist nicht ein Mensch, der zuerst etwas erfährt und das dann mit seinen Worten mitteilt. Die von ihm in seinem Bericht verwendeten, oder besser, in ihm lebenden Worte sind bereits Bestandteil seines Daseins und seines Schmerzerlebens. Und alles Nachfragen und Reden des Therapeuten sind ebensolcher Bestandteil seines therapeutischen und darüber hinausgehenden Seins.

Mit dieser hermeneutisch-phänomenologischen Sicht auf die Sprache folgt Heidegger geistesgeschichtlich Herder und von Humboldt: Auch bei ihnen gehörte Sprache zur Seinsweise des Menschen.

Wenn wir im Haus der Sprache leben, könnten wir aus systemischer Sicht auch sagen, dass es verschiedene Häuser gibt, z. B. Banken, Kneipen und Therapieräume, und dass sich die Seins- und Redeweisen dieser Sprachhäuser bei aller Gemeinsamkeit auch unterscheiden. Sprache und In-Sprache-Sein ist im Therapieraum etwas anderes als in anderen Sprachhäusern. Dort ist man im Sprachraum »Problemerleben, Problembeschrei-ben, Problemdiagnostizieren, Problemlösen« mit den dazugehörenden Rollen. Im Sprach-raum des Gerichtes ginge es um Paragraphen, Beweise, Schuld und Unschuld.

Das wissend, können wir diese Sprachhäuser als solche beobachten: Wie sind und werden Therapeuten und Klientinnen durch die Sprachen zu solchen, die sie in diesem Haus sprechen? Und wie wirken verschiedene Sprachhäuser aufeinander ein, z. B. wenn das Haus der Rechtsprechung durch eine Therapie als Zwangsauflage in das Sprach-haus der Therapie hereinkommt? So kann man z. B. beobachten, wie das Reden im Alltag manchmal durch das im Therapieraum geprägt wird, wenn z. B. die therapeutische *Psychosprache* in den Alltag übernommen wird.

 Vertiefende Literatur zu Heidegger und zur Hermeneutik

Gadamer, H. G. (1960/1990). Wahrheit und Methode. Grundzüge einer philosophischen Hermeneutik (6. Aufl.). Tübingen: Mohr Siebeck.

Heidegger, M. (1927/1986). Sein und Zeit (16. Aufl., S. 160–167). Tübingen: Niemeyer.

Heidegger, M. (1934). Logik als die Frage nach dem Wesen der Sprache (Sommersemester 1934). In M. Heidegger. Gesamtausgabe, Bd. 38 (S. 13–28; 167–170). Hrsg. v. G. Seubold. Frankfurt a. M.: Klostermann.

Heidegger, M. (1959). Unterwegs zur Sprache. In F. W. von Herrmann, Martin Heidegger, Gesamtausgabe, Bd. 12 (S. 245–257). Frankfurt a. M.: Klostermann.

Vetter, H. (2014). Grundriss Heidegger. Ein Handbuch zu Leben und Werk. Hamburg: Meiner.

Zaborowski, H. (2010). »Eine Frage von Irre und Schuld?«. Martin Heidegger und der Nationalsozialismus. Frankfurt a. M.: Fischer.

3.2.9 Sprache als System: Ferdinand de Saussure und die strukturalistische Wende in der Sprachphilosophie

Alle bisher genannten Autoren haben als Philosophen auf Sprache und Sprechen geblickt. Ferdinand de Saussure (1857–1911) tat dies als Sprachwissenschaftler. Die Sprachwissenschaft beschäftigt sich mit den Eigenschaften der Sprache und vergleicht verschiedene Sprachen. Für de Saussure ist Sprache ein eigenes System. Zu diesem gehören wie bei früheren Philosophen Worte als *Zeichen* und das damit *Bezeichnete* in der äußeren Welt oder im Inneren psychischen Geschehens.

Anders als in der »Etikettentheorie« erlangt bei de Saussure das einzelne Wort seine Bedeutung aber nicht durch seinen Bezug zu dem, was es in der Welt bezeichnet, sondern primär durch seine Beziehung zu anderen Wörtern innerhalb desselben Sprachsystems. Dass etwas seine Bedeutung durch die Beziehung zu anderen Elementen innerhalb desselben Systems erlangt, ist kennzeichnend für den Strukturalismus.

Entscheidend ist immer die Differenz eines Elements zu anderen Elementen im jeweils selben System, hier also im System der Sprache. *Reden* erhält seine Bedeutung z. B. durch die Differenz *Schweigen*. Dazu gehört auch die Differenz zwischen dem, was gesagt wird, und dem, was damit alles nicht gesagt wird, wohl aber gesagt werden könnte. Oder durch die Differenz zu dem, wie das Gleiche anders gesagt werden könnte. Das gilt auch für den Kontext einer Aussage innerhalb der Abfolge von Aussagen: Eine Aussage erhält ihre Bedeutung durch das, was vorher gesagt wurde und was anschließend gesagt wird. Die Frage eines Therapeuten »Wann hat das mit Ihrer

Einsamkeit angefangen?« erhält seinen Sinn und Gehalt durch das, was der Klient vorher erzählt hat und was er darauf antworten wird.

Das reale Miteinanderkommunizieren ist aber nur ein Teil des Sprachsystems. Dieses gibt es bei de Saussure als System auch unabhängig von konkreten Sprechakten. Zu de Saussures zentralen Begriffen gehören »Signifikant« (das Zeichen, das Symbol, das Wort) und »Signifikat« (das, worauf das Zeichen verweist, sozusagen die Inhaltsseite eines Zeichens). Das Signifikat ist bei de Saussure primär die (innere) Vorstellung von etwas im Sinne der subjektiven Bedeutung eines Signifikanten (Wort) und weniger das, was damit in einer *realen Welt* gemeint ist. Die Aussage »Mein Kind ist krank« bezieht sich als Signifikant hier auf die Vorstellung vom kranken Kind und nicht auf das *kranke Kind in der realen Welt*. Gleiches gilt für April, Regenwetter oder »Meine Depression«: Diese Wörter beziehen sich auf die beim Sprecher oder Hörer dabei aktivierte Vorstellung.

Eine andere oft aufgegriffene Unterscheidung de Saussures betrifft die zwischen *Langue* und *Parole*. Langue ist der Bereich der sozialen Sprache als System, Parole ist das jeweilige individuelle Sprechen (wobei Letzteres in diesem Ansatz nur gemäß den Gesetzen von Ersterem möglich ist). Den Bezug zum konkreten Leben (in der Sprache anderer Philosophen zu Sprechakt, Sprachspiel oder Lebenswelt) stellt hier erst der individuelle Sprecher in seiner Sprachengemeinschaft her. De Saussure konstituiert damit eine Trennung, die andere oder spätere Philosophen wieder aufheben: Sprache vs. Reden mit der Idee einer »Sprache hinter dem Sprechen« (vgl. dazu Krämer in Kapitel 3.3).

Für Therapie und Beratung wichtig ist der Zusammenhang zwischen einem Wort als Zeichen für etwas (also als Signifikat) und dem, was es innerhalb der Psyche selbst bezeichnet – als der inneren Vorstellung von etwas (dem Signifikanten, das damit etwas Inneres ist). Gemeint ist also der Zusammenhang zwischen dem Wort »Hund« (Signifikat) und der damit bezeichneten inneren Vorstellung vom Hund (was hier das Signifikat ist). Bezeichnendes und Bezeichnetes bedingen sich hier gegenseitig und gehören in der Sprachwelt nach de Saussure zusammen. Dieses Zusammengehören oder Zusammenfallen *ereignet* sich beim Sprecher intrapsychisch, denn Zeichenverwendung und die dazugehörige Vorstellung sind beides zunächst intrapsychische Vorgänge – auch wenn das später in die Kommunikation mit anderen Eingang findet. Die interne Verwendung von Sprachsymbolen und deren Verwendung in der sozialen Kommunikation sind natürlich untrennbar miteinander verbunden, weil es unsere inneren Wörter ja nur gibt, weil wir dies im sprachlichen Austausch mit anderen gelernt haben und wir diese Wörter fortwährend im Kontakt mit anderen gebrauchen.

Übertragen wir das auf die Welt von Psychotherapie und Beratung: Aus dieser Sicht bezieht sich das, was Klienten wie Therapeuten jeweils sagen, zuerst immer auf etwas Intrapsychisches. Der Satz »Ich bekomme dann eine Panikattacke« verweist auf die dazugehörigen inneren Vorstellungen und Erfahrungen des Sprechers. Durch diese Aussage in einer Therapiesitzung wird sie Teil von Parole, d. h. einem konkreten Zueinander-sprechen.

Wenn wir hier de Saussure folgen, unterscheiden wir beides und fragen genau genom-men nicht danach, auf was sich *in der Welt da draußen* Wörter wie Angst, Glück usw. beziehen, sondern darauf, was eine Person innerlich damit verbindet und als solche bezeichnet. Ein Bezug auf etwas Reales, Objektives wird damit notgedrungen unter-legt, gehört aber streng genommen nicht zu dem mit diesen Wörtern als Signifikanten Bezeichnetem (dem Signifikaten).

Als Therapieanweisung könnte man hier formulieren: Wenn ein Klient einen relevan-ten Begriff verwendet, suche nach seinen diesbezüglichen inneren Vorstellungen oder Bildern und unterscheide das anhand von Fragen danach, was sich *wirklich* im Leben des Klienten dabei abspielt. Diesen Gedanken greift später die Schule der Idiolektik auf, die in Kapitel 7.4.1 näher behandelt wird.

 Vertiefende Literatur zu de Saussure

Jäger, L. (2010). Ferdinand de Saussure. Zur Einführung. Hamburg: Junius.
Saussure, F. de (1916). Grundfragen der allgemeinen Sprachwissenschaft (3. Aufl.). Ber-
lin: de Gruyter.
Saussure, F. de (2003). Wissenschaft der Sprache. Frankfurt a. M.: Suhrkamp.

3.2.10 Differenz, Wiederholung und Dekonstruktion: Jacques Derrida

Jacques Derrida (1930–2004) greift alle wesentlichen philosophischen Strömungen auf und führt weiter in eine Richtung, die man mit dem zentralen Begriff der *Diffe-renz* kennzeichnen kann. Alles, was wir denken, sehen, hören und tun, erlangt seine Bedeutung durch deren Kennzeichen als Unterscheidung von etwas. Es geht um damit erzeugte Differenzen. Sehen, Hören, Meinen, Sprechen, Handeln sind nicht nur Ergeb-nis einer solchen Differenzbildung, sondern permanentes Unterscheiden. Damit das Sinn ergibt, bedarf es eines weiteren zentralen Elementes: das der Wiederholung, der *Iterabilität*. Ein Wort kann nur deshalb ein nützliches Wort sein, weil es wiederholbar oder, »zitierbar« ist (Derrida, 1977; Posselt u. Flatschner, 2016, S. 230; Butler, 1997).

Derrida gibt wie andere zuvor die gebräuchliche Unterscheidung zwischen einer Intention oder einem außersprachlichen Bewusstsein auf, die irgendwie *da* sind und sich in Sprache äußern. Beides geht bei ihm ineinander über. Er führt das konse-quent zu Ende und zeigt, dass auch viele jener Philosophen, die diese Unterscheidung aufgegeben haben, sie explizit oder implizit doch wieder einführen und ihr weitere Gedanken unterlegen (näher dargestellt in Flatschner u. Posselt, 2016, S. 216).

Sprechen – Sprache, Handeln – Leben: Diese Bereiche der Existenz sind nicht von-einander zu trennen. In ihnen geht es um permanentes Unterscheiden und Wieder-holen. Leben ist Leben in der Differenz, Reden und Handeln ist permanentes Wiederholen – bei Derrida ein permanentes »Zitieren«, dessen Wesen ja die Wiederholung ist. Was bedeutet dieses zunächst abstrakte Gebilde praktisch für Psychotherapie, Beratung und Supervision?

Wenden wir das auf das Diagnostizieren und dessen Produkte, die Diagnosen, an: Der Klient Herr Müller hat eine »generalisierte Angststörung« – dauernd Angst, ständig Sorgen, er ist immer auf der Suche nach Gewissheit, dass nichts passiert ist oder passieren wird. In der einfacheren Version heißt Differenz hier: Die Vergabe der Diagnose »GAS« (generalisierte Angststörung) beruht auf der Unterscheidung dessen von allen sorgenfreien Lebenszuständen oder von allen anderen möglichen psychiatrischen Diagnosen. Die Selbstbeschreibung von Herrn Müller beruht ebenso wie die diesbezügliche Diagnose durch einen Therapeuten auf einem Vergleich, einer Unterscheidung von etwas anderem.

Das hat zwei Konsequenzen. Die eine ist, dass es immer eines in der Theorie sogenannten *Beobachters* bedarf, der solche Unterscheidungen oder Differenzbildungen vollzieht. Die von einem Beobachter getroffenen Unterscheidungen und folglich auch Benennungen (»Angststörung«) könnten von einem anderen immer auch anders vollzogen werden. Man einigt sich in der therapeutischen Gemeinschaft daher, bestimmte Phänomene oder Problemerzählungen in bestimmte Kategorien einzuteilen – die man mit Differenzierungsakten gebildet hat und die man mit bestimmten Wörtern bezeichnet (Angst, Depression, Selbstwert, Schemata usw.). Das damit Bezeichnete gibt es in der Philosophie Derridas nicht *an sich* – das würde man eine *Ontologisierung* nennen. Es wird vielmehr durch Beobachtung und Unterscheidung erzeugt. Das ist identisch mit dem, was der Konstruktivismus über das Erkennen sagt (vgl. Kapitel 3.2.14; Simon, 1993, 2006; Fuchs, 2015; Pörksen, 2015).

Die andere und radikalere Konsequenz ist, dass schließlich auch der Beobachter, das Subjekt, die Person, der Sprecher selbst, Ergebnis einer Unterscheidung ist. Dass ich mich als *Ich,* einen anderen als *Klienten* wahrnehme, festlege, *begreife,* ist ebenfalls ein Produkt einer dahinterliegenden Differenzbildung, einer Unterscheidung. Das wird deutlich, wenn man Kulturen beobachtet, die solche Einheiten nicht oder ganz anders konstruieren – die z. B. keine autonomen Subjekte im Sinne unserer westlichen Kultur und dafür auch keine Begriffe kennen (Haag, 2011; Alsheimer, 1968). Der Systemtheoretiker Peter Fuchs hat das radikal zu Ende gedacht, indem er von der »Existenz« von Subjekten und von diesem Begriff abrückt und bewusst durch den Begriff des »Unjekts« ersetzt (Fuchs, 2010).

Worauf läuft das praktisch hinaus? Inwiefern ist das für Psychotherapie und Beratung relevant? Die Antwort ist nicht, dass wir nicht mehr von Personen, von Subjekten, vom Ich, vom Du oder vom »Klienten Müller« sprechen. Diese Sprachfiguren sind unverzichtbar. Die Antwort heißt vielmehr: Die durch Differenzbildungen generierten und sprachlich so benannten Instanzen sind keine (ontologischen, also *an sich seienden*) »Letzt-Instanzen«, auf die wir Handlungen, Denken, Fühlen usw. zurückführen oder denen wir sie zuschreiben können. Alles wird zirkulär: Menschen sprechen und handeln ebenso wie sie sich selbst durch ihr eigenes Sprechen und Handeln bzw. durch das anderer erzeugen und erzeugt werden. Man kann, darf und muss weiterhin von Personen mit ihren persönlichen Eigenschaften, von Dingen und anderen Einheiten sprechen. Man kann und sollte sich manchmal aber die Frage stellen, durch welche Unterscheidungs- oder Differenzierungsakte auf der Basis welcher »Leitunterscheidungen« das alles konstruiert wird (zum Begriff der Leitunterscheidung und seiner praktischen Bedeutung siehe Kapitel 4.3.3).

Zur Differenz gesellt sich bei Derrida die »Iterabilität« genannte Wiederholung (Derrida, 1971). Was als »generalisierte Angststörung« identifiziert wird, ist Resultat von Wiederholungen auf vielen Ebenen. Dazu gehören Handlungen: Wer Angst hat, verhält sich ängstlich (ruft z. B. immer wieder an, ob der Partner nach einer Autofahrt gut angekommen ist) und erzeugt durch diese Handlungen wiederum Angst.

Damit Wörter nützlich sind, müssen sie wiederholbar sein und dabei Gleiches meinen. Wenn der Klient öfter über seine »schlimme Kindheitserfahrung« spricht, bekommt diese Wiederholung Bedeutung und kann nicht in jeder Stunde eine andere sein.

Dennoch bleibt keine Bedeutung per se konstant, sondern muss immer wieder neu hergestellt werden – bei Wittgenstein erhält eine Aussage seine Bedeutung durch ihren Gebrauch. Und der kann sich im Verlauf einer Therapie ändern. Kritik kann z. B. zuerst die Bedeutung einer Entwertung und später die einer Hilfe haben. Außerdem kann ein Satz in verschiedenen Kontexten Verschiedenes bedeuten, z. B. der Satz »Ich bin okay!« in einem Ehekonflikt, nach einem Unfall oder im Beichtstuhl.

Wenn in einem Rollenspiel eine Situation nachgespielt wird, liegt aus der Perspektive Derridas eine »Zitierung« vor: Was im Rollenspiel gesagt wird, wurde im echten Leben schon einmal gesagt oder soll später im Leben wieder gesagt werden. Das Rollenspiel ist eine Zitierung des Lebens – das Leben kann zu einer Zitierung des Rollenspiels werden.

Zitierungen sind wesentliche Teile unseres Miteinandersprechens und zentraler Teil jeder Therapie: A zitiert, was andere über ihn gesagt haben; jemand wiederholt den Satz eines anderen in einer ironischen Weise; der Therapeut erzählt in der Supervision, was sein Klient berichtet hat. Man kann zwischen Spiel und Original unterscheiden und genau diese Unterscheidung kann einer Therapie (etwa im Rollenspiel) Kraft geben. Dieses Spiel mit potenziell wiederholbaren Zitierungen wird etwa in der Systemtherapie in Form der sogenannten hypothetischen Fragen genutzt: »Nehmen wir mal an, Sie sagen Ihrer Frau …«, »Was würde Ihr Chef denken, wenn Sie mal …«. Aus Sicht Derridas sind das Einladungen zum zunächst ungefährlichen Gedankenspiel mit etwas, das im realen Leben wiederholt werden könnte.

Aus dieser Sicht wird auch die sogenannte »Symptomverschreibung« (der Klient soll genau das bewusst tun, was er eigentlich nicht mehr tun will) zum iterativen Spiel oder zur Zitierung des Originals: Das Original (Symptom) wird bewusst inszeniert (Symptomerzeugung) und erzeugt durch diese bewusste Zitierung eine Wirkung. Wenn ich etwas im Original für problematisch halte (mein Problem) und das bewusst wiederhole (Wiederholungsspiel), hebe ich die Identität meines Problems als schwer und unveränderbar auf. Das stellt – wie Derrida es tut – die strenge Hierarchie zwischen Ernst und Unernst, Normal und Unnormal infrage. Beides wird gleichwertig.

Der Begriff *Dekonstruktion* drückt eine philosophische Konzeption, eine Haltung und auch eine Methode aus. Wenn alles durch Differenzbildung und Wiederholung erzeugt wird, kann auch alles dekonstruiert werden. Konstruktion und vor allem Dekonstruktion beziehen sich in erster Linie auf die Sprache. Alles, was sprachlich als selbstverständlich formuliert wird, kann hinterfragt und auf die zur Konstruktion führenden Unterscheidungen hin überprüft und rekonstruiert, dekonstruiert und neu konstruiert werden. Dafür werden von Derrida auch Methoden zur Verfügung gestellt – etwa die, zu jedem Begriff den Gegenbegriff zu finden (z. B. Unschuld zu Schuld, Leben zu Tod usw.). Wenn es z. B. in einem familiären Konflikt um die Frage geht, wer wen wofür schuldig erklärt, kann an die Stelle der binnenfamiliären Differenz Schuldige – Unschuldige die von Leidende – Nichtleidende eingeführt werden mit dem Resultat, dass z. B. mit Blick auf den Tod eines Familienmitglieds alle gleichermaßen trauern und leiden (binnenfamiliäre Gleichheit statt Differenz). Ein anderer Weg besteht darin, das Ausgeschlossene einzuschließen, wie bspw. bei einem Bericht über erlebtes Versagen die dabei nicht berücksichtigten Erfolgserfahrungen.

Das hat auch eine politische Seite, wenn bei familiär oder sozial dominierenden Diskursen die dort vorgegebenen *Selbstverständlichkeiten* hinterfragt und so dekonstruiert werden – z. B. der Begriff der »psychischen Krankheit« auf dem Gebiet der Psychotherapie. Wenn man der Geschichte eines Klienten zuhört, kann die Dekonstruktion beginnen, wenn man fast nebenbei erwähnte Metaphern oder andere angebliche Nebensächlichkeiten im Erzähltext hört und aufgreift wie z. B. den in einem Satz eingebauten Begriff »eigentlich«. Der Unterschied zwischen der Dekonstruktion einer Erzählung oder eines Textes und der Hermeneutik als einem Verfahren zum Textverstehen und zur Textauslegung besteht darin, dass die Hermeneutik noch an eine Art richtiger Textauslegung glaubt, während die Dekonstruktion im Sinne Derridas davon ausgeht, dass ein Text keinen an sich *richtigen* oder *eigentlichen* Gehalt hat.

Beispiel der Dekonstruktion einer Klientenäußerung: »Mein Arzt meint, ich hätte eine Depression. Das hat mich tief erschüttert!« Die Dekonstruktion beginnt damit, den Klienten in eine Distanz zu dieser Aussage bzw. zu einer diesbezüglichen Selbstbeobachtung einzuladen. Dabei können Fragen wie diese verhelfen: »Was meint Ihr Arzt wohl mit ›Depression‹?«, »Was haben Sie ihm erzählt, dass er auf eine solche Idee kommt?«, »Und was ist hier mit ›haben‹ (eine Depression haben) gemeint?« Wenn sich ein Klient auf solche Fragen einlässt, beginnt der Prozess der Dekonstruktion.

Vertiefende Literatur zu Derrida

Culler, J. (1982). Dekonstruktion. Derrida und die poststrukturalistische Literaturtheorie. Reinbek: Rowohlt.

Derrida, J. (1971/2001). Signatur, Ereignis, Kontext. In J. Derrida, Limited Inc. Aus dem Französ. v. W. Rappl unter Mitarbeit von D. Travner (S. 15–45). Wien: Passagen.

Derrida, J. (1977/2001). »Limited Inc. a b c …«. In J. Derrida, Limited Inc. Aus dem Französ. v. W. Rappl unter Mitarbeit von D. Travner (S. 53–168). Wien: Passagen.

3.2.11 Universalpragmatik: Jürgen Habermas

Jürgen Habermas (* 1929) ist einer der renommiertesten Philosophen und Soziologen der Gegenwart. Er hat sich in seinen Werken explizit zu Sprache und Kommunikation geäußert und dazu die von ihm sogenannten »universalpragmatischen Grundlagen« formuliert. Er unterscheidet zwischen täglichem Sprechen und der Möglichkeit, darüber auf einer Metaebene zu reflektieren. So kann man sich aus Verstrickungen befreien, die normale Bestandteile sozialer Kommunikationen sind. In seiner Theorie des kommunikativen Handelns stellt er eine universalpragmatische Vernunft den realen gesellschaftlichen Mächten gegenüber (Habermas, 1981). Sonst durch Machtverhältnisse bedingte Konflikte und diesbezügliche Kommunikationen können mit einer vernunftorientierten Perspektive beobachtet werden. Er ist damit Vertreter einer übergeordneten, hier vernunftorientierten, Sprachlogik, die man als Regelwerk auf reales Sprechen anwenden kann.

Er identifiziert vier Merkmale einer vernunftorientierten Sprachreflexion:

1. Die Tiefenstruktur der Sprache: Sprache folgt grundlegenden universellen Regeln.
2. Kompetenzorientierung: Man muss diese Regeln beherrschen, um kommunizieren zu können.
3. Erworbene Sprachkompetenz: Diese lernt man durch soziale Lernprozesse.
4. Universalismusanspruch: Das Sprachwissen und die Sprachkompetenz drücken ein universelles Können aus, das nicht einer Gruppe oder einem Individuum zukommt, sondern einer Art sprachbezogener »Gattungskompetenz« entspricht (Habermas, 1984).

Unabhängig von einzelnen konkreten Sprechakten erhebt jede sprachliche Äußerung nach Habermas vier Geltungsansprüche: den Anspruch auf (1) Verständlichkeit, (2) Wahrheit, (3) Aufrichtigkeit und (4) Wahrhaftigkeit. Wenn wir privat oder beruflich in einen Dialog eintreten, vertreten wir nach Habermas a priori diese Geltungsansprüche. Über diesen liegt das Telos einer vernunftorientierten Verständigung (Habermas, 1984, S. 161, zit. nach Krämer, 2017, S. 85).

Damit konstruiert Habermas etwas, das seine philosophisch-soziologischen Antipoden Bourdieu (Kapitel 3.2.13) und Luhmann (siehe Kapitel 3.2.14) bestreiten werden: eine vom konkreten Sprechen unabhängige Sprache oder Sprachlogik, an der jeder Sprechakt gemessen werden kann. Das gilt auch für Klartext als Sprachlogik.

Unabhängig von diesen Disputen kann man solche Logiken – hier die vernunftorientierten von Habermas – nutzen, um aus einer Metaperspektive im Sinne der Meta-Klartext-Klarheit hinsichtlich realer Sprechakte zu fragen: Was bedeutet sein gesprochener Satz (Verständlichkeit)? Verhält es sich wirklich so (Wahrheit)? Ist das wirklich so gemeint oder wird hier getäuscht (Wahrhaftigkeit)? Tritt man mit solchen Fragen in einen Diskurs ein, unterbricht man »den normalen Interaktionszusammenhang«, kann der Diskurs aber auch zum »Gerichtshof der Kommunikation« (Krämer, 2017, S. 83) werden.

Manche Therapieansätze, vor allem die kognitive Verhaltenstherapie, entsprechen der Logik von Habermas, wenn sie Berichte von Klienten ganz im Sinne einer Universalpragmatik anhand bestimmter Logiken beleuchten und bewerten: Wie logisch ist das, was ein Klient äußert, wenn er sich selbst entwertet oder anderen die Schuld an seinen Problemen gibt? Kann sich ein Klient mithilfe universalpragmatischer Aspekte von seinen eigenen sogenannten dysfunktionalen und damit belastenden Grundannahmen (z. B. »Ich bin schuld«) befreien? Im Lichte der Meta-Klartext-Klarheit lässt sich beobachten, wann ein Therapeut explizit oder implizit Äußerungen eines Klienten anhand universalpragmatischer Normen infrage zu stellen versucht und wann das für einen Klienten nützlich ist und wann nicht.

Vertiefende Literatur zu Habermas

Habermas, J. (1981). Theorie des kommunikativen Handelns. 2 Bde. Frankfurt a. M.: Suhrkamp.
Habermas, J. (1988). Handlungen, Sprechakte, sprachlich vermittelte Interaktionen und Lebenswelt. In J. Habermas, Nachmetaphysisches Denken. Philosophische Aufsätze (S. 63–104). Frankfurt a. M.: Suhrkamp.

3.2.12 Sprache und Macht: Judith Butler

Ich sag ja nur
Ist eine Sprachfigur
Ohne Blick auf ihre Spur
Der Sprecher hält sich für distanziert
von dem, was danach passiert

Bei der amerikanischen Philosophin Judith Butler (* 1956) geht es um das Normative, das Ethische und das Politische beim Reden. Sie führt den Ansatz, Sprache als Handeln (Sprechakt) zu sehen, gesellschaftspolitisch erheblich weiter und zeigt, welche Bedeutung das z. B. auf der Genderebene oder im Umgang mit sozial Benachteiligten und Minderheiten hat (Butler, 1997).

Vereinfacht könnte man sagen: Wer redet, hat dafür die Verantwortung und kann sich schuldig machen. Das sagt sie aber nicht mit einem moralischen Zeigefinger, sondern im Sinne der Bewusstheit und der Reflexion darüber, dass und wie Sprache zur Macht wird oder Macht zum Ausdruck bringt. Bspw. können sich durch Sprache Verletzungen, Beleidigungen oder Aussonderungen ereignen. Die Perspektive »Sprache als Macht« ist für Therapie und Beratung deshalb so wichtig, weil diese Systeme oft als Raum explizit machtfreier Dialoge postuliert werden.

Butler käme hier zu einem ganz anderen Schluss: Therapeuten und Supervisoren haben kraft ihrer gesellschaftlich definierten Rolle bei der Vergabe von Diagnosen oder anderen Varianten der Problemdefinition und bei der Bewertung von Klienten Macht über diese. Auch die Befreiung eines Klienten von bisher ihm zugesprochenen pathologischen Zuschreibungen in einer Therapie ist ein Ausdruck der Therapeutenmacht.

Therapeuten, Berater oder Supervisorinnen wollen sicher nicht oder nur selten bewusst Macht über Klientinnen ausüben. Sie alle wollen die therapeutische oder beraterische Beziehung möglichst machtfrei gestalten. Butler hilft hier zu sehen, dass und unter welchen Bedingungen das gar nicht geht bzw. wo es gerade dann stattfindet, wenn man versucht oder vorgibt, machtfrei zu sprechen. Ihr Ziel ist daher nicht eine machtfreie (unschuldige) Sprache, sondern in einer von ihr sogenannten »resignifikativen Praxis« ungute Macht-Sprechakte zu erkennen und sie im Sinne Derridas zu dekonstruieren.

Im Folgenden werden die zentralen Komponenten des Ansatzes von Butler vorgestellt.

Der Körper beim Sprechen: Diesem Thema hatte in der gesamten Sprachphilosophie kaum jemand Bedeutung geschenkt. Wer spricht, adressiert damit *jemanden.* Und diese Adresse hat in der Regel einen Körper, der immer geschlechtlich und in der Regel ethisch bestimmt (codiert) ist. Weitergehend gedacht werden die so adressierten Subjekte durch dieses Ansprechen auch konstituiert, generiert und das eben nicht körperlos bzw. geschlechts-, ethnisch oder politisch neutral.

Gesellschaftliche Strukturen und die Relativierung der Intention: Viele Konzepte unterlegen Sprechakten von ihren Sprechern intendierte Intentionen (*etwas* soll oder will von einem Subjekt gesagt werden). Viele Sprachphilosophen waren davon abgerückt, dass zur Sprache immer Intentionen gehören. Butler knüpft an diese an und verweist auf oft nichtintendierte und dennoch relevante Wirkungen von Sprechakten in bestimmten gesellschaftlichen Kontexten. Sprache kann bspw. kränken oder verletzen, auch und gerade wenn der Sprecher das nicht will. Das ist für Therapie, Beratung und Supervision besonders wichtig: Weil hier sehr persönliche Dinge angesprochen, beschrieben und offen oder verdeckt auch bewertet werden, können sich hier nichtintendierte Kränkungen und Verletzungen ereignen.

Das sprechende Subjekt – Konstituierung und Dekonstituierung von Subjekten: Für Butler gibt es kein außerhalb des Sprechens gegebenes souveränes Subjekt. Mit Sprechen meint sie nicht nur das verbale Sprechen. Das Subjekt wird im gegenseitigen Ansprechen immer auch erzeugt. Diese Idee ist für die Systemtheorie zentral und wir werden darauf immer wieder zurückkommen.

Das führt z. B. zur Frage, wie Therapeut und Klient sich gegenseitig im Reden erst als das erzeugen, was sie füreinander und auch für sich selbst sind. Butler hat der Frage, ob, wie und mit welchen Folgen Subjekte konstituiert und auch dekonstituiert werden, besondere Aufmerksamkeit gewidmet. Wenn die Aussagen eines als schizophren diagnostizierten Klienten nicht als kommunikatives sinnvolles Produkt des so Sprechenden, sondern als Ausdruck einer Krankheit angesehen werden und dies dem Klienten oder seinen Angehörigen auch zum Ausdruck gebracht wird, wird er nicht als Subjekt seines Sprechens konstruiert bzw. als solcher dekonstruiert.

Man kann in der Therapie Formen der gezielten Konstituierung und der gezielten Dekonstituierung von Subjekten unterscheiden. Manche Sätze bringen beides gleichzeitig zum Ausdruck. Der Satz »Dazu würde ich … sagen« kann sowohl als Subjektkonstituierung gedeutet werden (es sagt jemand was) als auch als Dekonstituierung (es *würde* ja nur gesagt werden). Wenn A zu B über C sagt »Das meint er nicht so, das ist ihm nur so rausgerutscht …«, wird C von A als intentionaler Sprecher dekonstituiert. Dabei können nonverbale Gesten eine besondere Rolle spielen.

Es gibt Gesten der Unterstreichung des Gesagten und damit der Festigung sprechender Subjekte und Gesten der Ab- oder Entwertung des Sprechers. Mit Klartext kann man das erkennen, erkunden und ggf. markieren. Eine Subjektdekonstituierung kann vom Adressaten einer entsprechenden Botschaft bemerkt, zumindest *verspürt* werden. Dieser kann sich fügen, dagegen protestieren oder diesen Vorgang selbst kommentieren: »Wenn Sie sagen, ich hätte das von mir Gesagte wohl nicht so gemeint, sehen Sie mich dann als Subjekt, das eigentlich nicht sagt, was es sagt?«

Auf dem Gebiet der Psychotherapie sind Subjektkonstituierungen und -adressierungen im Kontext der Verwendung der Diagnose einer *Persönlichkeitsstörung* von besonderem Interesse. Denn bei bestimmter Lesart dekonstituiert diese Diagnose zum einen ein *gesundes* autonom-souveränes Subjekt, da die so diagnostizierte Person ja selbst gestört ist. Zum anderen wird diese Person als Subjekt konstituiert, wenn in der Therapie mit ihr geredet, sie adressiert und ihr zugehört wird. Das ist paradoxerweise gerade dann der Fall, wenn ihr diese Diagnose transparent mitgeteilt wird, denn mit einer *Störung* kann man ja reden (zur Ausarbeitung dieser Paradoxie siehe Lieb, 2014a, 2014b, 2015).

Ebenso wie eine Person durch Interaktion und Sprechakte konstituiert oder dekonstituiert wird, lassen sich auch Varianten der »Nichtkonstituierung« beschreiben. Das lässt sich beobachten, wenn in einer Gesprächsrunde eine Person nicht angesprochen, vielleicht nicht einmal angesehen oder wenn an ihre Beiträge kommunikativ gar nicht angeschlossen wird. Wenn in einer Gesprächsrunde (Team, Supervision, Familientherapie, Freundeskreis) eine Person (vielleicht aus Schüchternheit) wenig spricht und dann umgekehrt auch von den anderen wenig oder gar nicht angesprochen wird, könnte das auch als »Subjektnegierung« beschrieben werden. Diese Person wird gar nicht oder wenig adressiert bzw. an das Wenige von der Person Gesagte wird kommunikativ kaum angeschlossen. Das ist der Grund, warum man manchmal vielleicht lieber kritisiert als ignoriert oder gar nicht angesprochen wird.

Dieses »Ignorieren« kann auch nonverbale Formen annehmen, wenn bei Kommentaren einer Person andere den Blick von ihr abwenden. Aus derartigen »Nichtkonstituierungen« lässt sich – wenngleich manchmal konfliktträchtig – rasch eine Konstituierung dieser Person machen, wenn eben dieser Vorgang als solcher beschrieben und den Varianten der Subjektignorierung z. B. Motive oder Botschaften unterstellt werden wie durch die hypothetische Frage: »Wenn Sie wegsehen, wenn A spricht, und das eine Botschaft an A wäre, was wäre diese? Wenn andere wegsehen, wenn Sie sprechen, was würden Sie ihnen dann gern dazu sagen?«

Sprachliche Gewalt, sprachliches Verletzen: Butler hat diese Sprachfiguren analysiert und beschrieben (Butler, 1997). Davon gibt es viele offene und verdeckte Varianten: Beleidigungen, Drohungen, Diskriminierungen, Missachtung und sozialer Ausschluss, Hetze und Hassprache. Im Folgenden sollen ihre Gedanken dazu direkt auf Therapie und Beratung übertragen werden.

Was sind die Bedingungen dafür – wie kann man sprachlich zum Täter werden? Wie kann der Versuch in Therapie und Beratung, kein sprachlicher *Täter* zu sein und nicht zu kränken, zu beleidigen oder zu verletzen, genau dazu führen? Wie kann der Versuch, eben das zu vermeiden, paradoxerweise therapeutische Ineffektivität oder Lähmung im Therapieprozess bewirken? Dabei sind nicht die offensichtlichen und gewollten Beleidigungen und Verletzungen von Interesse, die z. B. anonym in öffentlichen Chatrooms geäußert werden. Sie kommen in Therapie und Beratung nicht vor. Interessanter sind hier die stillen Varianten potenzieller sprachlicher Gewalt, Verletzung und Kränkung, die erst auf den zweiten Blick als solche erkennbar sind.

Dazu kann die bereits geschilderte Variante einer *Verletzung durch Nichtadressierung* gehören: Man sagt jemandem etwas Wichtiges nicht, weil man sich selbst oder den anderen als eigentlich zu adressierendes Subjekt schützen will, und dekonstruiert ihn damit als adressables oder zur Adressierung fähiges Subjekt. Mitleid oder paternalistische Fürsorge können dazu gehören.

Diese hier von mir unterstellten Varianten der Kränkung und Verletzung erfolgen in Therapie und Beratung sicher entgegen entsprechender Intentionen des Sprechers. Wenn wir mit Austin die perlokutionären Komponenten des Sprechens als die Folgen einer Aussage losgelöst von der Intention des Sprechers betrachten, kommt man zum Ergebnis: Wer spricht, kann immer auch verletzen oder kränken. Beim Sprechen kann man also immer die Unschuld verlieren. Wenn man eine bestimmte

Aussage oder ein bestimmtes Wort zu jemanden oder über jemanden sagt, weiß man nicht zwangsläufig, welche Geschichte die betreffende Person hinter sich hat, vor deren Hintergrund Wörter oder Sätze eine ggf. aversive Wirkung haben. Butler zieht daraus explizit nicht den Schluss, sich um ein unschuldiges Sprechen zu bemühen, sondern den, in einer von ihr sogenannten »resignifikativen Praxis« offen für solche Vorgänge zu sein und sie dann im weiteren Dialog zu dekonstruieren und zu korrigieren.

Ein zu starker Versuch, in Therapie und Beratung auf keinen Fall zu kränken oder zu verletzen, kann zu einer therapeutischen Lähmung führen. Der krampfhafte Versuch, so zu sprechen, dass dem anderen nicht *weh* getan wird, kann die Kreativität und auch die Effektivität des therapeutisch-beraterisch-supervisorischen Sprechens vermindern. Sprechen und vor allem Klartext sprechen (siehe Kapitel 6) kann von jemandem als kränkend oder verletzend erlebt werden. Genau das lässt sich aber bei entsprechender Sprachsensibilität und Sprachklarheit in der Regel erkennen, reflektieren, ggf. auch korrigieren.

Das hat dann eine erleichternde Seite: Wenn es in Therapie und Beratung Anzeichen gibt, dass sich eine Klientin entsprechend fühlt oder das sogar äußert, muss man nicht auf eigene, therapeutische oder sprachliche, Fehler schließen, sondern kann die weitere Kommunikation konstruktiv darauf aufbauen: Was wurde wie mitgeteilt, wie aufgenommen und wie kann das für das weitere Miteinandersprechen verwendet werden?

Starkes Konzept von Verantwortlichkeit: Traditionell werden Subjekte für ihre Handlungen und Sprechakte verantwortlich gemacht bzw. ihnen die Urheberschaft für die Folgen ihres Tuns zugesprochen, wenn bei ihnen entsprechende Intentionen oder vermeidbare Fahrlässigkeiten vorliegen. Butler kommt zu einer anderen und viel radikaleren Konzeption von Verantwortung. Das soll am Beispiel der bereits beschriebenen »Wiederholungen« oder »Iterabilitäten« im Sinne von Derrida aufgezeigt werden.

Die Vergangenheit ist immer ein relevanter Kontext der Gegenwart. In der Gegenwart ereignen sich Dinge, die in bestimmter Weise und zumindest im subjektiven Erleben einer Person immer auch als eine Wiederholung (Zitierung) von etwas Vergangenem erlebt werden – bewusst oder unbewusst. Wörter und Sätze können insofern vergangene Verletzungen oder auch Traumata wieder aktualisieren. Butler entwickelt daraus einen starken Begriff von Verantwortung: Weil (1) Sprechen und Hören so gesehen immer ein Zitieren ist – irgendeine Wiederholung gibt es immer –, weil man (2) auf das, was sich wiederholt, keinen Einfluss hat und weil sich daher (3) die Wirkung unseres Sprechens unserer gezielten Kontrolle entzieht, können wir durch jede Teilnahme an Sprechakten bei anderen ebenso Gutes wie Schmerzliches auslösen (vgl. Flatschner u. Posselt, 2016, S. 247 f. mit Bezug auf Butler, 1997). Wir sind also auch und gerade für das, was in diesem Sinne nichtintendiert geschieht, und damit für die Folgen aller unserer Sprechakte verantwortlich. Man könnte das auch das »unvermeidliche Zitieren« nennen. Butler entwickelt also ein nicht an Intentionen gebundenes Konzept von Verantwortung. Für Therapeuten und Beraterinnen, die unentwegt mit persönlich und geschichtsträchtig geladenen Themen zu tun haben, gilt das in besonderer Weise.

Für Klartext und Meta-Klartext-Klarheit lässt sich das so formulieren: Statt der Illusion zu verfallen, durch achtsames Sprechen nichts Unangenehmes beim anderen auszulösen, kann man sensibel beobachten und nachfragen, wenn sich entsprechende Zeichen zeigen: »Wenn Sie so darauf reagieren: Was von dem, was ich eben gesagt habe, hat Sie wie berührt oder getroffen? Wer hat Ihnen solches oder Ähnliches schon einmal gesagt? Welches Thema aus Ihrer Vergangenheit klingt hier an? Wie möchten Sie nicht angesprochen oder wie soll nicht über Sie gesprochen werden?«

📖 Vertiefende Literatur zu Butler

Butler, J. (1997). Haß spricht. Zur Politik des Performativen. Frankfurt a. M.: Suhrkamp.
Butler, J. (2004). Gefährdetes Leben. Politische Essays. Frankfurt a. M.: Suhrkamp.

📖 Vertiefende Literatur »Gewalt und Sprache«

Erzgräber, U., Hirsch, A. (Hrsg.) (2001). Sprache und Gewalt. Berlin: Berlin Verlag.
Herrmann, S. K., Kuch, H. (2007). Verletzende Worte. Eine Einleitung. In S. K. Herrmann, S. Krämer, H. Kuch (Hrsg.), Verletzende Worte. Die Grammatik sprachlicher Missachtung (S. 7–30). Bielefeld: Transcript.
Herrmann, S. K., Kuch, H. (2010). Philosophien sprachlicher Gewalt – Eine Einleitung. In H. Kuch, S. K. Herrmann (Hrsg.), Philosophien sprachlicher Gewalt. 21 Grundpositionen von Platon bis Butler (S. 7–31). Weilerswist: Velbrück Wissenschaft.
Krämer, S., Koch, E. (Hrsg.) (2010). Gewalt in der Sprache. Rhetoriken verletzenden Sprechens. München: Fink.
Kuch, H., Herrmann, S. K. (Hrsg.) (2010). Philosophien sprachlicher Gewalt. 21 Grundpositionen von Platon bis Butler (S. 95–119). Weilerswist: Velbrück Wissenschaft.
Liebsch, B. (2007). Subtile Gewalt. Spielräume sprachlicher Verletzbarkeit. Weilerswist: Velbrück Wissenschaft.

3.2.13 Sprache und Macht – die soziohistorische Perspektive: Pierre Félix Bourdieu

Der französische Soziologe Pierre Félix Bourdieu (1930–2002) verweist pointiert und konzeptuell unterlegt auf die Rolle gesellschaftlicher Machtverhältnisse für Sprache und Sprechen (Bourdieu, 2015). Butler zeigt, welche Macht Sprache und Sprechen innewohnt, Bourdieu, dass und wie Sprache und Sprechen von gesellschaftlichen Machtverhältnissen geprägt bis determiniert sind. Er hält vielen Sprachwissenschaftlern bzw. Sprachphilosophen vor, dass sie durch einen einseitigen Blick auf Sprache als eigenes System mit eigenen Regeln und Rollen blind für diese Machtverhältnisse sind.

Sprachwissenschaftler wie de Saussure und Chomsky haben aus Sicht Bourdieus bei aller sonstiger Unterschiedlichkeit eines gemein: Sie konstruieren Sprache als autonomes und homogenes Gebiet, das sich rein sprachanalytisch erfassen lasse. De Saussure sieht in der Sprache (Langue) eine eigene Welt, das konkrete Sprechen (Parole) wird zu deren Realisierung. Auch bei Chomsky ist Sprechen die Realisierung einer angeborenen oder erworbenen allgemeinen Sprachkompetenz. Das Problem sei, dass solche Perspektiven etwas, hier die Sprache, als gegeben voraussetzen, was tatsächlich Produkt eines historischen, gesellschaftlichen und auf Machtverhältnissen ruhenden gesellschaftlichen Prozesses ist. Aus der zur legitimen und richtigen Sprache erklärten Sprechweise machen solche Modelle ein normatives Modell, als sei dieses der Sprache selbst inhärent. Sie übersehen, dass sie dabei *nur* mit der gesellschaftlich jeweils siegreichen Variante von vielfach möglichen anderen Varianten zu tun haben. Demgegenüber sieht Bourdieu jeden Sprecher stets mit einer praktischen Kompetenz ausgestattet, sein Sprechen als Teil seines Handelns, auch dann, wenn es vom legitimierten Standard abweicht.

Bei Bourdieu sind es immer die gesellschaftlichen Umstände, die bestimmen, wer wann, wie und was mit welcher Auswirkung spricht. Und er zeigt umgekehrt, wie Sprechakte ihrerseits die sozialen Verhältnisse und Ungleichheiten bestätigen und reproduzieren. Da dies subtil und unbemerkt geschieht, wird Sprache bei ihm zu einer »symbolischen Macht«, die diese nicht aus ihr selbst, sondern ausschließlich aus den sozialen Verhältnissen erlangt. Seine Sicht auf Sprache ist Teil seiner gesellschaftskritischen Soziologie. Seine Perspektiven sind für Psychotherapie, Beratung und Supervision unverzichtbar.

Bourdieus Soziologie der Gesellschaft: Zu zentralen Begriffen seiner Theorie gehören »Kapital« und »Tausch« (beide nicht nur ökonomisch), »Habitus« und »symbolische Macht«. Er überträgt ökonomische Gedanken und Theorien auf soziale Verhältnisse, leitet aber nicht wie Marx und Engels alle Aspekte des gesellschaftlichen Lebens aus den ökonomischen Produktionsverhältnissen ab. Kapital ist bei ihm die grundlegende Kompetenz und Position, die den Status einer Person in der Gesellschaft definiert.

Dieses Kapital ist notgedrungen unterschiedlich verteilt. Dazu gehört einerseits ökonomisches Kapital (Besitz und Geld) und andererseits kulturelles und soziales wie Bildung, Titel und im Besonderen auch die Kompetenz, jene Sprache zu sprechen, die gesellschaftlich vorherrschend ist (z. B. Hochdeutsch statt [nur] Dialekt). Zum institutionalisierten Kulturkapital gehören Zeugnisse und professionelle oder andere Titel. Die Position einer Person im sozialen Raum hängt von der Menge seines erworbenen bzw. ihm zugesprochenen oder auch vererbten Kapitals ab.

Die Akkumulation von Kapital ist aber weniger eine individuelle Leistung, sondern mehr Resultat der Zugehörigkeit zu einer sozialen Gruppe. Der Bourdieus Denken kennzeichnende Begriff des Habitus fasst all das zusammen, was eine Person im sozialen Raum (und nicht als individuelle Figur) ausmacht: Erworbene und ansozialisierte Denk- und Verhaltensweisen, Gepflogenheiten, Kleidung, kennzeichnende Sprechweisen und Sprechakte bis hin zu minimalistischen Sprechkomponenten wie die Artikulation von Lauten und die Gesichtsmimik. Habitus ist bei ihm »ein Ensemble von Dispositionen«, die die handelnden Individuen auf bestimmte Weise reagieren lassen. Der Habitus ist zeitlich überdauert, durch soziale Lernprozesse erwerbbar und an andere übertragbar sowie tief im Körper eingeschrieben und darin verwurzelt. Diese körperliche Verankerung des Habitus nennt Bourdieu »Hexis« (2005, S. 14 und S. 42 f.).

Bourdieu versteht seinen sprachtheoretischen Ansatz explizit nicht als Entwertung oder gar Ersatz für die Analyse der Sprache selbst mit ihrer Zentrierung auf Zeichenlehre, Syntax, Grammatik usw. Er deckt aber jene blinde Flecken auf, die damit einhergehen, wenn man Herkunft und die Einbettung der Sprache in sozialhistorische Zusammenhänge außer Acht lässt. Sprechakte sind vor diesem Hintergrund immer soziale Aktionen. Sie dienen in der Theorie Bourdieus auch, aber nicht primär der kommunikativen Verständigung, sondern der Absicherung oder Verbesserung sozialer Positionen und der damit verbundenen sozialen Ungleichheiten. Das kann und mag mit jeweiligen persönlichen Intentionen einhergehen, ist von diesen aber unabhängig. Sprache wird so Teil der Machtausübung der bessergestellten Schicht oder Klasse über die anderen.

Es kommt aber nicht zu *Machtkämpfen,* weil die Teilhabe aller am gesellschaftlichen Leben mit jeweiligem Habitus und jeweiliger Sprechweise die Machtverhältnisse von allein bestätigen und reproduzieren. Wer mitspielt, bestätigt die Machtverhältnisse. Wer dagegen protestiert, ebenso. Wie Austin und der späte Wittgenstein verortet Bourdieu die Bedeutung eines Wortes oder einer Aussage nicht in diesen selbst und auch nicht im System Sprache wie de Saussure, sondern allein darin, wie damit soziale Beziehungen organisiert, reorganisiert und strukturiert werden. Bei Austin geht es demzufolge nicht mehr, wie zuvor bei Frege und anderen, um wahre oder falsche Sätze, sondern um geglückte oder nicht geglückte Aussagen. Letzteres hängt von sozialen Umständen ab, auf die Bourdieu ganz besonders hinweist: Es ist immer das »Ensemble von sozialen Bedingungen, das Individuen Macht, Status und Ressourcen verschiedenster Art verleiht« (Thompson, 2015, S. 10). Deshalb hängt die Bedeutung der Aussage (»Sie sehen heute gut aus!«) davon ab, wer sie in welcher Position in welchem sozialen Kontext wem gegenüber macht.

Auf dem »Markt der Sprache« zirkuliert nicht die Sprache selbst, sondern immer nur die je aktualisierten Diskurse, die Sprechakte: »In der Praxis existiert [das Wort] […] immer nur eingebettet in entsprechende Situationen« (Bourdieu, 2005, S. 43). Das gleiche Wort hat in verschiedenen Kontexten unterschiedliche Bedeutung, weshalb die Äußerung eines Therapeuten, der Klient befinde sich vielleicht in einer »Krise«, beim Klienten ggf. eine ganz andere Bedeutung hat als für den Therapeuten. Für den einen ist Krise eine Übergangsphase mit der Chance zum Lernen und für den anderen so etwas wie eine persönliche Schwäche.

Nach Bourdieu gibt es keine *unschuldigen Worte*. Eine rein sachlich gemeinte Aussage im Sinne von Austins konstativen Äußerungen wird aus einer bestimmten sozialen Position heraus gesprochen zu einer performativen bzw. illokutionären Aufforderung. Wenn in der Therapie eine Therapeutin eine Äußerung zum Gefühl des Klienten macht (»Sie wirken traurig bei dem, was Sie sagen«), kann das für diesen wie eine Aufforderung wirken: »Lassen Sie Ihre Trauer zu!« oder »Das müssen wir näher beleuchten!« Wenn ein Taxifahrer das zu einem Fahrgast sagt, hat das eine andere Wirkung. Bestimmte Aussagen in bestimmten sozialen Positionen proklamieren performativ, dass das, was gesagt wird, als wahr anerkannt werden soll. Angesichts des sozialen Gefälles in den Positionen von Therapeuten, Beraterinnen und Supervisorinnen gegenüber Klienten und Supervisanden kann jede sachliche Äußerung performativ wirken: »Wenn und weil ich es so sage, ist es so. Ihnen bleibt nichts anderes übrig, als das zu teilen oder den Mut zu haben, dem zu widersprechen.«

Mit dem Begriff des Tauschs erfasst Bourdieu die Beziehung der Positionsträger in einem sozialen Gefüge: Man bietet an und sucht einen Gewinn zu erzielen. Indem er das auch auf das Sprechen anwendet, radikalisiert er den politischen Blick auf die Sprache. Sprechakte werden nun zu Tauschakten auf dem Markt der Sprache. Manche haben einen höheren Wert als andere. In bestimmten gesellschaftlichen Beziehungen führen bestimmte Sprechakte zu hohem und andere zu keinem Gewinn oder zu Verlusten. Sprechakte definieren oder redefinieren Beziehungen, und dies umso mehr, als sie im Sinne von Austin performativen oder illokutionären Charakter haben und nicht nur eine Aussage *über etwas* machen. Sie werden dann – und das eigentlich fast immer – zu sozialem Handeln.

Sogenanntes *elaboriertes* und die offizielle Grammatik berücksichtigendes Sprechen erzielt auf vielen sozial relevanten Gebieten einen höheren Gewinn als davon abweichende Sprachfiguren.

Hier würde die Blindheit mancher Sozialwissenschaftler besonders deutlich: Wenn man ein Modell einer perfekten und vollständigen Sprache hat, ist man verführt zu glauben, es sei die Sprache selbst, die die dazugehörenden Normen vorgibt. Dann erscheint es als vom System Sprache vorgegeben, dass ein guter Satz erst vollständig ist, wenn er Subjekt, Prädikat und Objekt nennt. Dies ist zu berücksichtigen, wenn in diesem Buch mit dem Begriff Klartext eine solche Sprachnorm definiert wird.

Klartext kann in der Hand von Therapeuten, Beratern und Supervisoren ein Machtmittel sein, wenn die sozialen Umstände die Sprecher dieser Norm mit hohem sozialen Kapital ausstatten bzw. wenn umgekehrt Klartextsprechakte diese Position bestätigen oder reproduzieren. Bourdieu beschreibt, wie Vertreter der einen Klasse direkt und indirekt markieren oder sanktionieren, wenn von der legitimen herrschenden Sprache abgewichen wird. Umgekehrt zeigt er, wie diese davon abhängig sind, sich bei Versuchen, sich soziales Kapital zu erwerben, an den Normen der herrschenden Schicht und ihrer Sprachgewohnheiten auszurichten und dadurch Machtverhältnisse bestätigen.

Sprache und symbolische Macht: Sprechen und Sprechakte sind Komponenten der Ausübung von Macht, die bei Bourdieu im Unterschied zu anderen Theorien explizit nicht gegen Widerstände anderer durchgesetzt werden muss. Soziale Ungleichheit und Macht werden als Teil der sozialen Verhältnisse bewusst und unbewusst von allen, die daran teilnehmen, akzeptiert und bestätigt. Im Unterschied zur Machtausübung durch Gewalt und Unterdrückung bezeichnet Bourdieu das als »symbolische Macht«, die sich in Kleidung, Bildungstitel, Besitzverhältnissen und auch in Sprechweisen ausdrückt. Solche drücken die Macht gleichermaßen aus, wie sie und die damit korrespondierende Ohnmacht anderer wiederherstellen.

Zur symbolischen Macht gehört, dass diese gleichzeitig wirksam ist und die dahinterliegenden Unterschiede und Kräfteverhältnisse verschleiert bleiben. Ein Klient, der seinem Therapeuten zuhört, kann diesen in seiner Rolle so als Helfenden und sich selbst als Hilfsbedürftigen bestätigen und ebenso der Therapeut mit seinen Befragungen des Klienten. Tritt Psychotherapie als Krankenbehandlung auf, können sich diese symbolträchtigen Machtstrukturen unbemerkt umdrehen: Wenn Sprechakte die Macht des Arztes/Therapeuten als Heiler bestätigen und reproduzieren, kann dieser, wenn ihm die Heilung nicht gelingt (weil Verhaltensänderungen eines Klienten von diesem und nicht vom Therapeuten generiert werden), in die Position des ohnmächtigen Mächtigen und der Klient ggf. sogar in die des mächtigen Ohnmächtigen geraten.

Sichtbar wird die subtile, symbolische Machtstruktur dann, wenn sie von einer Seite nicht bestätigt wird: wenn ein Richter bei der Urteilsverkündung vom Angeklagten gefragt wird, woher er sich das Recht nehme, zu verurteilen, oder wenn in einer Therapie die für eine Therapie typische Frage eines Therapeuten »Wie fühlen Sie sich in dieser Situation?« vom Klienten mit einer Infragestellung der Frage beantwortet wird: »Was reden Sie denn da über Gefühle? Ich habe doch gesagt, es ist eine missliche, eine ungerechte Situation!« Hier stehen sich offenbar zwei Positionen und zwei Sprachwelten gegenüber – eine emotional orientierte psychotherapeutisch-individualpsychologische und eine vielleicht mehr soziologisch-politisch ausgerichtete Sozialkonzeption.

Macht bzw. symbolische Macht ist nur möglich, wenn und weil es Unterschiede in Sprachkompetenzen und sozialen Positionen gibt. Ohne Differenz keine Macht. Der Bestand der symbolischen still akzeptierten Macht gründet darauf, dass nur wenige die Kompetenz und die soziale Position zur legitimen Sprache haben, während die Anerkenntnis der Sprachnorm und die damit verbundenen sozialen Positionen aber alle geben.

Legitime Sprache und ihre Begegnung mit nichtlegitimierter Sprache: Jede Gesellschaft definiert, was als legitime und was als davon abweichende Sprache oder Sprechweise gilt. Das wird in der Schule gelehrt und gelernt, Abweichungen werden sanktioniert, manchmal auch bewusst inszeniert. Alle Professionen sprechen ihre legitimierte offizielle Sprache. Das gilt auch für Psychotherapeutinnen, Berater und Supervisoren mit ihren schulenübergreifenden Begriffen und Sprachwendungen und dazugehörigen zentralen Begriffen für psychisches Geschehen wie z. B. Selbstwert oder Verdrängung und mit spezifischen Sprachspielen wie emotions- oder lösungsorientierten. Therapieschulen haben ebenfalls ihre spezifischen Begriffe wie Schema, Stuhldialoge, Übertragung, Affektbrücke, Vermeidungsverhalten, Kongruenz usw.

Bourdieu nennt das die normierten oder legitimierten Sprachen, an denen Teilnehmer gemessen werden oder die zu übernehmen oder zumindest zu akzeptieren sie offen oder verdeckt aufgefordert werden. Wenn eine Klientin viel über sich selbst und dabei auch über ihre Gefühle spricht, entspricht das der offiziellen Therapiesprache ggf. mehr, als wenn sie ohne »Introspektion« über »Sachlagen« und mehr über andere als über sich selbst spricht. Wenn diese Art zu sprechen nun von einem Vertreter der therapeutischen Community als Defizit im Sinne einer fehlenden emotionsbezogenen introspektiven Sprache gewertet wird, geschieht genau das, was Bourdieu als Machtstruktur beschreibt: Vertreter der legitimen Sprache können nun offen oder verdeckt – versehen mit entsprechendem Habitus und sozialem Kapital – die andere Sprache als solche markieren und bewerten.

In fast lerntheoretischer Weise zeigt Bourdieu, wie eine bestimmte Sprachgemeinde passendes Sprechverhalten verstärkt und negatives durch missbilligende Blicke, Korrekturen, subtile Aufforderungen zur Veränderung sanktioniert oder auch anerkennend bestätigt, wenn *richtig* gesprochen wird. So werden Unterschiede im Sprachstil jeweils registriert und die legitime Sprache offen oder subtil verstärkt bzw. Verstöße sanktioniert – was die Sprecher aber oft gar nicht als solches bemerken und sich dem dann umso deutlicher anpassen.

Auf der größeren Ebene nationaler Sprachen laufen Sprachwissenschaftler nach Bourdieu Gefahr, die jeweils offizielle Sprache für die normale, vorgegebene oder gar für eine Repräsentation *der* Sprache an sich anzusehen. Ein vollständiger Satz mit Subjekt, Prädikat und Objekt ist dann einfach richtig: Ein vollständiger Satz in einer Ärgersituation (»Auf deine Art, mich so anzusprechen, reagiere ich mit Angst und Wut!«) ist dann *korrekter* als ein mit Vehemenz vorgetragener unvollständiger (»Also hör mal!«).

Der Vorgang der Vermittlung oder auch der Dominanz bestimmter Sprachen in einem Bereich wie der Psychotherapie muss keineswegs negativ gewertet werden, schon gar nicht mit einer moralischen Attitüde. Wenn Therapeuten und Beraterinnen ihren Klientinnen ein anderes Sprechen über sich selbst bzw. zu anderen nahebringen oder aufzeigen, kann das für diese ausgesprochen hilfreich sein. Das ist auch empirisch nachgewiesen. Der jeweilige Nutzen oder Schaden solcher Vorgänge ändert nichts an der sich darin zeigenden und rekonstruierbaren zugrunde liegenden sozialen Struktur.

Was geschieht, wenn eine offizielle legitime Sprache auf eine nichtoffizielle und nichtlegitimierte Sprache trifft, nennt Bourdieu eine »Distinktionspraxis«. Die Beteiligten sind sich dann mehr oder weniger des Unterschiedes bewusst und müssen damit umgehen. Sanktionierung der einen durch die andere ist ein Umgang damit. Eine andere ist die bewusste und ggf. auch provokante Nutzung der nichtlegitimen Sprache, um die legitime herauszufordern oder ihre Macht zu demaskieren. Dann trifft bspw. ganz bewusst die Sprache einer jungen Generation auf die der alten.

Eltern kennen diese Provokation, wenn ihre Jugendlichen die kindliche Anpassung hinter sich lassend den Eltern mit sprachlichen Provokationen (Fäkal- oder Vulgärsprache) begegnen. Auch Klienten oder die nichttherapeutischen Mitarbeiter eines klinischen Teams können die Therapeuten mit einer antipsychotherapeutischen Sprache herausfordern. So kann ein Pfleger auf einer therapeutisch ausgerichteten Station äußern: »In dieser Situation hilft jetzt kein Psychogeschwätz – es ist egal, ob der Klient traumatisiert ist oder nicht: So geht es hier nicht weiter!« Man kann solche Aussagen als bewusst in Szene gesetzte Distinktionspraxis verstehen.

Die Kehrseite ist die manchmal hilfreiche und manchmal überzogene Anpassung der Sprache von Klienten an die ihrer Therapeuten, wenn sie etwa bei der Darstellung ihrer Probleme bereits klassische psychologische Fachtermini verwenden.

Sprechen – Tausch oder Verständigung: Man darf diese beiden Perspektiven nicht gegenüberstellen, kann und sollte sie aber mithilfe Bourdieus voneinander unterscheiden: Zum einen ist Sprechen in konkreten Situationen der Versuch, sich mittels Sprache zu verständigen oder zu koordinieren: etwas mitteilen, verstanden werden, verstehen, sich austauschen, abstimmen. Zum anderen markieren und reproduzieren Sprechakte die Unterschiede der sozialen Positionen oder Gruppen im Sozialgefüge.

Nach Schröer (2002, S. 38) gibt es Sprechakte, die allein diese soziale Funktion haben ohne jede Verständigungsrelevanz. Ein Beispiel ist die liturgische Messe, bei der das ritualisierte vom Priester Vorgetragene keine Übermittlung einer neuen Information ist. Im politischen Raum dienen viele Reden der Positionierung von Personen und Parteien und nicht dem gegenseitigen kommunikativen Austausch. Sie haben dabei das Ziel, einen Profit für sich oder die eigene Gruppe einzufahren, womit wir beim Tausch sind. Aus dieser Sicht wollen die Sprecher einen außerhalb der Sprache liegenden Gewinn erzielen: Prestige, Wählerstimmen, einen finanziellen oder sonstigen Vorteil, Zuwendung von anderen oder Nachgeben in einem Streitfall. Angesichts einer Diskurssituation kann man diese aus beiden Perspektiven betrachten und kommt dann zu verschiedenen Resultaten – gerade auch in Therapie, Beratung und Supervision. Eine Diskurssequenz kann mit Blick auf kommunikative Verständigung als wenig erfolgreich oder gescheitert angesehen werden, aber sehr erfolgreich auf dem Tauschmarkt, und vice versa kann jemand auf diesem Markt einen Verlust einfahren und es hat – vielleicht gerade deshalb – doch ein hohes Maß an Verständigung stattgefunden.

Macht oder Verständigung in Therapie, Beratung und Supervision – vom Entweder-oder zum Sowohl-als-auch: Der Beschreibung therapeutischer, beraterischer und supervisorischer Gespräche mit den Kategorien der symbolischen Macht, des sozialen Kapitals, der legitimen Sprache und des Tauschs steht die gegenüber, in der es um sprachliche Verständigung, um die Gestaltung einer guten Beziehung, um die Abstimmung zweier Personen über Problembeschreibung und Problemlösung und um den sprachlichen Zugang zum Innenleben einer Person geht. Psychotherapie und Beratung sind jenseits der von Bourdieu aufgezeigten Aspekte und mehr als andere Professionen primär auf Verständigung ausgerichtet. Ob dieses System sein Ziel erreicht, hängt davon ab, dass neben oder trotz oder gerade mit den beschriebenen Machtstrukturen ein Dialog, ein Verstehen, ein empathisches Einlassen gelingt. Und das geht nicht nur, aber zu einem besonderen Teil über Sprache, Sprechakte, Wörter, Zeichen und deren Decodierung. Man sollte daher gerade bei diesen Professionen die beiden Perspektiven – Sprache als Macht und Sprache als Verständigung – nicht gegenüberstellen.

Im Gegenteil: Wenn man sie konstruktiv kombiniert, ergeben sich synergetisch Steigerungseffekte für das Erreichen der Therapie- und Beratungsziele. Wenn ein für beide Aspekte sensibler und beide Seiten reflektierender Therapeut/Berater mit seinem Klienten (oder eine entsprechende Supervisorin mit seinem Supervisanden) die Bedeutung der sozialen Macht, des sozialen Kapitals, der Rollenverteilung, der Unterschiede zwischen offiziell legitimer und anderer Sprachen nicht nur abstrakt anerkennt, sondern ihre Bedeutung in der aktuellen Sprechsituation registriert und das in seinen Äußerungen berücksichtigt bis hin zu der Möglichkeit, das selbst zum Gegenstand des Dialoges und der Verständigung zu machen, kann das die Beziehung festigen, weitere Verständigungsprozesse vertiefen oder aus solchen Aspekten stammende Blockaden für Verständigungen reduzieren.

➡ Fallbeispiel »symbolische Macht und Verständigung«: In einem Seminar »Systemtherapie für Verhaltenstherapeuten« ging es um eine systemtheoretische Kernaussage, wonach kein System aus sich heraus etwas Dysfunktionales oder Pathologisches produziert und stattdessen alle Operationen des Systems als sinnvoller Teil seines Überlebens angesehen werden können. Alle anderen Wertungen wie »dysfunktional« gehörten zum »Operationsbereich« der Beobachter dieses Systems. Der Großteil der Teilnehmer stimmte zu und ebenso den damit verbundenen Konsequenzen für die Therapie. Ein Teilnehmer war skeptisch und meinte, dass es doch sehr wohl funktionales und dysfunktionales Verhalten gebe, z. B. könne Suizidalität oder Suizid nicht als funktional angesehen werden. Ich ging kurz darauf ein und der Teilnehmer zog sich sofort sichtlich und hörbar zurück. Ich hatte den Eindruck, dass er zwar äußerlich zustimmt, innerlich aber nicht. Mir war klar, dass es hier auch um soziale Macht in einem Seminar ging:

Was die Präsentation von Ideen und Meinungen betrifft, hatte ich als Dozent – gerade angesichts der Zustimmung vieler anderer Teilnehmer zu der von mir vorgetragenen Position – mehr soziales Kapital auf meiner Seite als dieser Teilnehmer.

In der Pause ging ich auf ihn zu und sagte: »Ich glaube, ich bin Ihnen da etwas über den Mund gefahren, und Ihre Sichtweise ist gar nicht richtig zu Wort gekommen.« Es ergab sich ein interessanter Disput zwischen uns, der in meinem Vorschlag endete, dass er nach der Pause seine Sicht mit meiner Unterstützung noch einmal vortragen könne – vielleicht spreche er da ja auch für einige andere. Wir kamen im Plenum dann gemeinsam zu dem Ergebnis, dass es in unserer Welt sehr wohl Funktionales und Dysfunktionales, Richtiges und Falsches gebe und geben müsse. Verhaltensweisen, die die Umwelt nachhaltig schädigen, seien z. B. dysfunktional.

Das Ergebnis war nicht nur, dass ich mich als Dozent im Sozialgefühl wohler fühlte, sondern sichtlich auch dieser Teilnehmer und vermutlich etliche, die ähnlich dachten wie er. Formal hätte dieser wie jeder andere Teilnehmer das Recht, einem Dozenten wiederholt zu widersprechen, und viele tun das auch. In diesem Fall war es aber meine Verantwortung in meiner Position, diese Machtverhältnisse zu sehen, anzusprechen und darauf aufbauend neue und in diesem Fall konstruktive Verständigungsprozesse zu initiieren. Wer meint, Widersprüche zu formulieren, sei immer und allein Verantwortung der Seminarteilnehmer, würde im Sinne von Bourdieu fälschlich von der prinzipiellen Gleichheit aller in einem Sozialsystem ausgehen und damit die Bedeutung der symbolischen Macht verkennen.

 Fazit für die therapeutische, beraterische und auch supervisorische Praxis

Sprachliche Verständigungsprozesse sind auch in diesen Systemen in Machtstrukturen eingebettet. Therapeuten, Beraterinnen und Supervisorinnen haben einen persönlichen und einen professionstypischen Habitus. Sie können sich dessen bewusst sein oder werden. Es lässt sich beobachten und ggf. reflektieren und ansprechen, ob und welche Auswirkungen das auf sie selbst, auf Klienten und auf den gemeinsamen Prozess hat. Auch in diesen Systemen wird eine legitime Sprache gesprochen. Expertinnen sprechen sie. Klienten werden eingeladen, sie nicht nur zu akzeptieren, sondern z. T. auch zu übernehmen. Jede Therapieschule hat ihre eigene legitime Sprache mit einem dazu ausgearbeiteten Code. Offen oder verdeckt treffen in Therapie und Beratung immer Sprechweisen von Klienten und Expertinnen aufeinander. Diese Begegnung lässt sich in ihrer Distinktionspraxis beobachten, beschreiben und ggf. selbst zum Gegenstand eines verständigungsorientierten Diskurses machen.

Wenn man die Professionen Therapie und Beratung und die dazugehörigen Sprechakte und Diskurse sowohl als Akte der Verständigung als auch als Tauschakte auf dem Markt der Sprache ansieht und die therapeutischen Sprachen nicht als gegenstandsbezogen *naturgegeben,* sondern als historisches Produkt sozialer Verhältnisse, dann kann man diese Sprachen gleichermaßen nutzen und in ihnen sprechen wie aus einer Metaperspektive wieder in eine Distanz zu ihnen gehen. Dann lassen sich (nichtintendierte) offene oder subtile Entwertungen anderer Sprechweisen über Probleme oder Problemlösungen erkennen und vermeiden. Über Aspekte des Habitus innerhalb der Therapie, damit verbundener Rollen und auch Rollenprobleme (auf beiden Seiten!) und über damit ggf. einhergehende Blockaden für die therapeutische Beziehung oder den therapeutischen Prozess lässt sich dann im Sinne einer permanenten Möglichkeit (keinesfalls als permanente Notwendigkeit!) sprechen. Das wird nicht immer, kann aber zu synergetisch positiven Effekten führen, wenn und weil auf Verständigung ausgerichtete Systeme oft besser gelingen, wenn die damit verbundenen Sozialstrukturen explizit markiert, anerkannt und ggf. auch als verhandelbar markiert werden, »um die jeweilige feldspezifische Handlungslogik und die sie tragende Sozialstruktur [...] kommunikative Verständigungsprozesse verstehbar« zu machen (Schröer, 2002, S. 49).

Ein Therapeut kann – ohne eine diesbezüglich klientenfern elaborierte und als legitimierte Norm auftretende Sprechweise – Fragen stellen, wie es dem Klienten mit seiner Rolle oder mit der Rolle des Therapeuten gehe, wie er mit der Sprechweise oder den Begriffen und Worten des Therapeuten bzw. Beraters zurechtkomme. Er kann sich offen dazu bekennen, dass er seine Rolle und in weiten Teilen auch seinen Habitus und seine Sprache nicht verlassen kann (z. B. im Bereich der Krankenbehandlung im Gesundheitswesen, dass er dem Klienten eine Diagnose gibt und nicht umgekehrt).

Das gilt auch für Klartext: Man kann in Therapie und Beratung auch über Klartext sprechen, über die im Rahmen dieser Systeme damit verbundenen sozialen Rollen und Positionen, über Akzeptanz und Nichtakzeptanz, Nutzen und Nichtnutzen dessen und darüber, was geschieht, wenn Klartext als legitime Sprache definiert wird. Dann lässt sich – ohne dabei die jeweiligen Sozialstrukturen dieser Systeme je zu verlassen – verhandeln, ob und wann ein therapeutisches Sprachspiel wie Klartext nützlich ist und wann nicht.

 Vertiefende Literatur zu Bourdieu

Bourdieu, P. (1992). Von den Regeln zu den Strategien. In P. Bourdieu, Rede und Antwort (S. 99–110). Frankfurt a. M.: Suhrkamp.
Bourdieu, P. (2005). Was heißt sprechen? Zur Ökonomie des sprachlichen Tausches (2., erw. und überarb. Aufl.). Wien: Braumüller.
Bourdieu, P. (2017). Sprache. Schriften zur Kultursoziologie 1. Frankfurt a. M.: Suhrkamp.

3.2.14 Sprache in der Systemtheorie

Therapeutische Schulen sind keine Produkte sprachphilosophischer Schulen. Aber jede Schule hat ihre Verwandtschaft mit bestimmten sprachphilosophischen Schulen. Manchmal machen sie direkt oder indirekt Aussagen zur Sprache und zu ihrem Gebrauch (vgl. zur Psychoanalyse: Hamburger, 2014; Anzieu, 1982; Lacan, 1956; Lang, 1986; Jappe, 1971; Rosen, 1972; Lorenzer, 1973; Lorenzer u. Prokop, 2002; Goeppert u. Goeppert, 1973; Edelson, 1975; Gauger, 1979; zur Verhaltenstherapie: Skinner, 1957;

Leibetseder, 2018; zur Körperpsychotherapie Geuter, 2019, S. 375 f.). Bei der Systemtherapie ist das ganz explizit und mit explizit therapeutischen Konsequenzen der Fall,
worauf in diesem Kapitel eingegangen wird.

Niemand hat die Hoheit, allgemeingültig zu definieren, was Systemtheorie ist.
Das ist immer Ergebnis einer Selektion. Wenn in diesem Buch von der Systemtheorie
gesprochen wird, ist damit stets die »konstruktivistisch-differenztheoretische Systemtheorie« gemeint, wie sie von Niklas Luhmann und auf ihm aufbauenden Autoren
formuliert wurde (Luhmann, 1984, 1988b, 2002; Fuchs, 2015; mit explizitem Bezug
auf Psychiatrie und Psychotherapie: Levold u. Wirsching, 2014; Simon, 1987, 1988,
1990, 1993, 2012 sowie Schleiffer, 2012; zur Seelsorge: Emlein, 2017; zur Auseinandersetzung verschiedener Definitionen von Systemtheorie: Kriz, 2006, 2014; Loth, 2014;
von Schlippe u. Schweitzer, 2012). Für die hier gewählte Form der Systemtheorie und
die daraus abgeleitete Systemtherapie sind der Konstruktivismus und die Rolle der
Sprache darin ein Kernthema.

Zur Rolle der Sprache kennzeichnende Aspekte der Systemtheorie sind:
– *Von der Sprache zur Kommunikation:* In der Praxis gilt dem kommunikativen
  Geschehen bei Klientensystemen und in der Therapie eine besondere Aufmerk-
  samkeit.
– *Vom Beobachteten zum Beobachter:* Alles über irgendetwas oder irgendwen
  Gesagte wird als Produkt eines Beobachters verstanden, dessen Konstruktio-
  nen von seiner Kultur und seiner Herkunft geprägt sind. Es gibt keine objektive
  Weltbeschreibung.
– *Sinn, Sinngebung, Sinnstiftung:* Wahrnehmen, Erleben und Sprechen sind Formen,
  Sinn zu erzeugen. Wir können nicht nicht Sinn erzeugen. Jeder generierte Sinn
  ist eine Auswahl aus immer anders möglichen Sinnzuschreibungen – immer eine
  Aktualisierung von etwas, das grundsätzlich auch anders möglich wäre –; es geht
  also um die Relation von Aktualität und Potenzialität.

Wir benutzen zur Artikulation von Sinn für uns selbst und andere *Sinn-Landkarten.*
Diese dürfen nicht mit dem Land selbst verwechselt werden. In Therapie, Beratung
und Supervision werden spezifische Landkarten benutzt mit spezifischen Begriffen wie
z. B. Trauerarbeit, Selbstwert, Achtsamkeit, Schema, Unbewusstes, Aktualisierungs-
tendenz, Modelllernen u. v. a.

Sprache aus soziologischer Sicht: Niklas Luhmann vs. Pierre Félix Bourdieu

Was Sprache betrifft, kommen Soziologen manchmal zu ganz anderen Ergebnissen
als Sprachphilosophen und Sprachwissenschaftler. Sie verorten Sprache in der
Gesellschaft. Für sie gibt es kein eigenes Reich der Sprache, derer sich Individuen
oder Gesellschaften bedienen. Sprache ist soziologisch gesehen selbst Produkt
gesellschaftlicher Systeme und darin Teil ihres Überlebens. Darin sind sich der

französische Soziologe Pierre Félix Bourdieu und der deutsche Niklas Luhmann (1927–1998) einig.

Sie unterscheiden sich aber in einem wesentlichen Aspekt: Bourdieu denkt sozialkritisch und betrachtet Sprechakte aus sozialpolitischer Perspektive. Sprechakte werden bei ihm von Mitgliedern einer Gesellschaft vollzogen im Rahmen ihrer sozialen Positionierung in verschiedenen Klassen. Sprache ist Teil von Macht und Ohnmacht. Luhmann geht es nicht um soziale Ungleichheiten und schon gar nicht um eine Kritik an gesellschaftlichen Verhältnissen, sondern um Kommunikation als System innerhalb der Gesellschaft mit seiner Logik und seinen Gesetzmäßigkeiten. Dieses System ist nicht wie bei de Saussure das »System Sprache«, sondern das der in der Gesellschaft stattfindenden Kommunikation. Dessen Funktionieren ist unabhängig von Sprachnormen, sozialen Positionen und sozialer Gleichheit vs. Ungleichheit. Einer allein kann nach Luhmann nicht kommunizieren. Es ist immer ein Akt zwischen Sender und Empfänger. Bei Luhmann geht es um Kommunikation als Verständigung, was Bourdieu per se zwar nicht bestreitet, für seine Soziologie aber wenig relevant ist.

Für Psychotherapie, Beratung und Supervision sind beide Soziologien von Bedeutung. Es geht sowohl um kommunikative Verständigung als auch um soziale Positionierungen und offen oder verdeckt auch um Machtverhältnisse. Luhmanns ist vorrangig, wenn es um Fragen der Nützlichkeit der Therapie und um das Werkzeug Sprache in den Händen von Therapeutinnen, Beraterinnen und Supervisoren geht. Das ist der Grund, warum in diesem Buch öfter auf Luhmann als auf Bourdieu Bezug genommen wird. Die Ausarbeitung des Ansatzes von Bourdieu für Psychotherapie und Beratung wäre eine eigene Arbeit wert.

Zentrale Aussagen der Systemtheorie zur Sprache

Die wohl zentralste Aussage der Systemtheorie zu Kommunikation ist diese: Kommunikation ist nicht die Mitteilung einer Botschaft im Sinne der »Röhrentheorie der Information« (A sendet durch die Kommunikationsröhre eine Botschaft an B). Kommunikation ist vielmehr die Einheit aus der »Dreiheit« Information, Mitteilung und Verstehen. Man kann Kommunikation selbst nicht beobachten, sondern erschließen, dass und wann diese Dreiheit stattgefunden hat.

Was die in einer Kommunikation mitgeteilte Information betrifft, muss sie als mitteilungsbedürftig ausgewählt (selegiert) werden. Und es muss die Intention zur Mitteilung vorliegen. Was mitgeteilt wird, muss vom Empfänger auf seine Weise dekoriert und aufgenommen werden. Im Unterschied zu traditionellen Modellen gibt es hier keine eigene »Einheit Information« mehr, die von A nach B gelangt. Vielmehr versteht B das Mitgeteilte immer im Sinne seiner eigenen Logik. Daher gibt es auch kein richtiges oder falsches Verstehen, sondern nur Arten, zu verstehen. Luhmann nennt das die Umstellung von Sprachtheorie auf Kommunikationstheorie (zit. nach Krämer, 2017, S. 155).

Beispiel: Am Flughafen begegnen sich Vertreter verschiedener Kulturen. Fluggast A blickt eine offenbar aus einer anderen Kultur stammende und entsprechend gekleidete Person B neugierig an. Diese bemerkt das und wendet sich irritiert bis aggressiv an A: »Wollen Sie etwas von mir?« A wendet seinen Blick ab. Ob hier nun Kommunikation stattgefunden hat oder nicht, entscheidet in der Theorie Luhmanns der Beobachter. Deutet er das Wegblicken als Antwort auf die Frage und als »Nein, ich will nichts von Ihnen«, dann hat Kommunikation stattgefunden. Deutet man das so, dass A die Person B nur wahrgenommen hat und sich nun etwas anderem zuwendet, hat keine Kommunikation stattgefunden. Auch Person B kann entscheiden: War das Wegblicken eine Antwort auf seine Frage (»Mit dir rede ich nicht!«), hat aus seiner Sicht Kommunikation stattgefunden.

Die von Alfred H. S. Korzybski (1879–1950) zum ersten Mal eingeführte Unterscheidung zwischen *Land* und *Landkarte* ist die wohl am häufigsten verwendete Metapher, wenn es um den Unterschied zwischen Sprache und dem geht, was diese beschreibt oder »wiedergibt«. Er war Ingenieur und beschäftigte sich therapeutisch und philosophisch mit der Semantik. Sein bekanntestes Zitat lautet: »Die Landkarte ist nicht die Landschaft, aber wenn die Landkarte der Struktur der Landschaft ähnlich ist, ist sie brauchbar« (Korzybski,1933, S. 58). Er unterscheidet zwischen zwei Welten, der Welt der Sprache und der Welt der Erfahrung, und weist auf Probleme hin, wenn Struktur und Logik der Landkarte (hier: der Sprache) nicht zur damit beschriebenen Welt passen. Dann leitet man aus für das reale Leben nicht geeigneten Landkarten Regeln für dieses ab.

Schilderungen von Problemen und vor allem Formulierungen von Problemlösungen folgen explizit oder implizit einer dabei verwendeten Landkarte. Ein Beispiel dafür ist die Beschreibung oder Erklärung einer Symptomatik nach einem Todesfall als »unvollständige Trauerarbeit«. Landkarten können immer etwas suggerieren, was nur partiell oder gar nicht zum realen psychisch-sozialen Leben passt. Sprache ist bereits eine Landkarte der Wirklichkeit. Man kann und muss das nicht permanent reflektieren. Land und Landkarte werden im alltäglichen Denken und Sprechen *eins*. Die Landkarte »Ich habe eine Borderline-Störung« und das damit beschriebene Verhalten erscheinen dann ebenso identisch wie die Aussage »Wir sind ein Erfolgsteam« und das alltägliche Teamgeschehen selbst. Sprache und Leben werden im Alltag *eine Welt*.

Manche Auslegungen sprachphilosophischer Schulen legen nahe, dieser »Eine-Welt-Theorie« zu folgen, wonach das In-der-Sprache-Sein und das In-der-Welt-Sein identisch sind. Dazu gehört z. B. die hermeneutische Sprachphilosophie Heideggers, der zufolge wir ja im »Haus der Sprache« leben. Korzybski argumentiert demgegenüber, wir sollten nicht leichtfertig auf die Logik der Landkarte, der Sprache, »hereinfallen« (1933).

Den Unterschied zwischen einer Erfahrung und ihrer Versprachlichung beschrieb Wittgenstein in seiner berühmten Metapher eines Käfers in einer Schachtel (Wittgenstein, 1984, § 293): Ein Käfer befindet sich in einer Schachtel. Er steht hier für das unmittelbar Erlebte (Gefühle, Gedanken usw.) und die Schachtel, in der er verborgen ist, für die Wörter, die wir zur Beschreibung des Käfers benutzen. Gesprächspartner hören voneinander immer nur verbale Beschreibungen ihrer Erfahrungen – sie zeigen sich in der Metapher Wittgensteins nur ihre Schachteln, zu den Käfern selbst haben sie keinen Zugang. Jeder spricht von seinem Käfer. Die Gesprächspartner meinen vielleicht, sie redeten vom gleichen, wissen aber im Grunde nichts vom realen Käfer des anderen: »Niemand kann je in die Schachtel des anderen schauen; und jeder sagt, er wisse nur vom Anblick seines Käfers, was ein Käfer ist. Da könnte es ja sein, dass jeder ein anderes Ding in seiner Schachtel hätte. Ja man könnte sich vorstellen, dass sich ein solches Ding fortlaufend veränderte« (zit. nach Palmowski, 2018, S. 90).

Wittgenstein folgt nicht der Idee, es gebe eine Sprache, mit der wir unsere und die Käfer der anderen real darstellen könnten. Das geht nicht und daher brauchen wir Schachteln: »Aber wenn nun das Wort Käfer dieser Leute doch einen Gebrauch hätte? So wäre er nicht der der Bezeichnung eines Dings. Das Ding in der Schachtel gehört überhaupt nicht zum Sprachspiel; auch nicht einmal als ein etwas: denn die Schachtel könnte auch leer sein. Nein, durch dieses Ding in der Schachtel kann ›gekürzt werden‹; es hebt sich weg, was immer es ist« (zit. nach Palmowski, 2018, S. 90).

An anderer Stelle erläutert Wittgenstein das am Beispiel einer Schmerzerfahrung und des Begriffs »Schmerz«. Wir alle haben gelernt, diesen Begriff für bestimmte Körperzustände zu verwenden, wissen aber im Grunde nie, was der andere empfindet, wenn er sagt, er habe Schmerzen – auch wenn er sein Gesicht noch so *schmerzhaft* verzieht.

Wenden wir Korzybski und Wittgenstein auf Psychotherapie und Beratung an, dann entsprechen die Beschreibungen der Klienten von sich und ihren Problemen der Schachtel oder mit Korzybski den Landkarten über ihre Probleme. Das gilt unabhängig davon, ob ihre Sprache eher ideografisch-persönlich geprägt ist oder Fachtermini benutzt werden, die sie von Experten übernommen haben. Therapeuten reagieren nicht auf den Käfer, das Problem, das Land, sondern auf die präsentierte Schachtel oder die Landkarte. Wenn ein Klient von sich sagt, er sei »selbstunsicher« und die Therapeutin schließt daraus, hier helfe wohl ein Selbstsicherheitstraining, dann hat sie ausschließlich auf die Schachtel (Landkarte) des Klienten reagiert. Wenn sie erforscht, was ein Klient erlebt und erfahren hat und wie er dann zu diesem »Label« gekommen ist, dann reagiert sie auf den Klienten als Landkartenkonstrukteur und fragt genauer nach dem Land. Wenn Therapeuten die Landkarten ihrer Klienten beschreiben (»Herr Münster stellt sich als Opfer dar und gibt stets anderen die Schuld für sein Leid«), dann erstellen sie eine therapeutische Landkarte über die Landkarte des Klienten.

Wie wichtig es sein kann, zwischen Schachtel und Käfer bzw. Land und Landkarte zu unterscheiden, sei anhand des vertrauten, auf eine Existenz verweisenden Prädikates »sein« gezeigt – hier in der Version, dass etwas *ist*: Der Satz »Die Suppe *ist* versalzen« suggeriert die Existenz einer versalzenen Suppe. Wenn man aus dieser Sprachfigur (Landkarte) auf die Realität (Land) schließt und so Landkarte und Land verwechselt, verkennt man, dass das ja die Einschätzung einer die Suppe verkostenden Person ist. Das Gleiche geschieht, wenn man von problembeschreibenden Wörtern wie »geringer Selbstwert« auf etwas real Existierendes schließt.

Aus der Sprache gibt es kein Entrinnen: Wenn man diesen Gedanken konsequent zu Ende führt, wird klar, dass auch die Unterscheidung zwischen Land und Landkarte eine Landkarte ist. Sie ist ebenso wie die Trennung zwischen Erfahrung und Sprache eine Fiktion. Es lässt sich nichts über die Sprache sagen, ohne sie dafür zu nutzen. Uns bleibt nur die grundsätzliche Anerkennung dieser sprachlichen Prämisse – und dann die Erfahrung, dass diese Anerkennung zweifachen Wert hat: Sie befreit von ontologischem Streiten über Wahrheiten und sie macht den Sprecher bzw. Konstrukteur einer Weltbeschreibung für seine Konstruktionen und dessen Folgen verantwortlich.

Sprache, Medium, Sinn und Selektion

Sprache und Kommunikation brauchen etwas, aus dem sie geformt werden bzw. dessen sie sich bedienen. Dazu gehören Wörter, Sätze und nonverbale Gesten. In der Systemtheorie werden sie das »Medium« genannt, aus dem sich Sätze, Aussagen und Texte bilden lassen. Und diese wiederum geben Sinn wieder (»Aktualität«), der aus dem Universum von möglichen Sinnen (Potenzialität) geformt wird.

Therapeut A und Klient B kommunizieren miteinander. In beiden ereignen sich parallel eine Fülle intrapsychischer Ereignisse bzw. Erlebnisse. Was davon dem anderen mitgeteilt wird, ist Resultat einer Auswahl, einer Selektion. Die andere Seite *hört* zunächst nur Schallwellen und macht daraus etwas für sie Sinnvolles. Niemand kann objektiv prüfen, inwiefern diese beiden Seiten – das, was vom Sender inhaltlich gesagt werden wollte, und das, was beim Hören daraus gemacht wurde – gleich oder verschieden sind. Das lässt sich auch durch Metakommunikation nicht entscheiden.

Wer spricht, wählt also aus. Aber woraus? Die Antwort der Systemtheorie mit Luhmann (1985, 1988b), Fuchs (2003, 2005), Emlein (2012) und anderen lautet: aus dem Medium von potenziellem Sinn. Der Sprecher formt diesen in einem Wort, einem Satz, Luhmann spricht daher von der Form. Die Formen – die gesprochenen Sätze, die gedachten Gedanken – sind zeitlich umgrenzt, instabil, flüchtig. Das Medium Sinn selbst bleibt. Die Termini »Medium« und »Form« für die Relation von potenziell vielfältigen Inhalten und der Auswahl und Darstellung eines bestimmten Inhaltes stammen von Fritz Heider (1927/2005, 1944).

Sinn und Sprache sind untrennbar: Sinn artikuliert sich in Sprache – Sprache ist eine Figur oder Form, die aus dem Sinn gebildet wird. In der Therapie erzeugen Therapeut und Klient gemeinsam jeweils bestimmte aktuelle Formen von Sinn, wenn sie sich etwa auf eine Sicht der Dinge oder auf eine bestimmte Problemlösung einigen. Aus dieser Sicht können Therapeuten in dem, was Klienten erzählen, nicht den *eigentlichen* Sinn heraushören oder hineindeuten. Wenn man das einmal sprachlich getan hat, wird es wiederholbar oder abrufbar. Emlein sieht in der Sprache daher die »Zitierfähigkeit von Sinn« (2017, S. 184), was nur eine andere Form für die Aussage ist, dass man sich stabile und je nachdem mehr oder weniger nützliche Landkarten gebildet hat.

Ist Sprechen eine Handlung?

Luhmann nimmt Abstand von all jenen Sprachphilosophen, die in der Folgschaft von Austin in der Kommunikation Handlungen bzw. Sprechakte sehen. Er unterscheidet zwischen Kommunikation (zu der die bereits erwähnten drei Komponenten Information, Mitteilung und Verstehen gehören) und Sprechakten, die einem der sprechenden Akteure zugesprochen werden können. Sprechakte sind Individualakte; Kommunikation kann keiner allein betreiben.

Übertragen auf Therapie/Beratung: Auch wenn die Kommunikation zwischen Therapeut und Klient beide als jeweils aktiv Handelnden braucht, ist deren Kommunikation miteinander etwas anderes, etwas Eigenes. Entscheidend für Kommunikation ist die Dreiheit von Information, Mitteilen und Verstehen und diese kann ein Einzelner nicht herstellen.

Als sprachbeobachtender Therapeut oder Beraterin muss man sich nicht für eine der beiden Theorien entscheiden (individuelle Sprechakte *oder* Kommunikation). Man kann immer beide Perspektiven einnehmen, das allerdings nicht gleichzeitig.

Nach Luhmann fehlt bei Austins und anderen Sprechakttheorien die Komponente des Verstehens (2002, S. 280). Wenn man die Seite des Verstehens konzeptuell schon in den Sprechakt oder die Sprache selbst integriert, muss man Normen guten und verstehbaren Sprechens einbauen, wie das neben vielen anderen Philosophen auch Habermas getan hat (vgl. Kapitel 3.2.11) und wie das viele Psychotherapeuten und Kommunikationstrainer tun. Sie stellen Regeln guter oder gar richtiger Kommunikation für das Sprechen und Hören auf.

Das Problem ist, dass man dann rasch bei der Bewertung von kommunikativen Äußerungen etwa im Hinblick auf Logik, Verstehbarkeit oder Beziehungstauglichkeit von Äußerungen landet (»Sag nicht *man*, sondern *ich* …«).

Luhmann geht anders und einfacher heran: Für ihn findet Kommunikation statt oder sie findet nicht statt. Alle Bewertungen dafür kommen von außen. Das gilt auch für die Bewertung von Sprache anhand von Klartextregeln (Kapitel 6). Kommunikationstheorien werden mit Luhmanns Ansatz von kommunikativen

Normen und Werten entlastet. Mit Klartext-Meta-Klarheit geht es nicht darum, ob *besser* oder *schlechter* gesprochen wird, sondern um die Beobachtung, was wie kommuniziert wird und mit welchen Folgen. Man muss das therapeutisch dann nicht bewerten.

Für die Praxis ist es sinnvoll, beide Perspektiven einnehmen zu können: die Sprechakttheorie und die Luhmann'sche Kommunikationstheorie. In ersterer kann man untersuchen: Was wollen beide im Sinne der Sprechhandlung sagen? Was wird vom anderen wie decodiert? Man kann aber mit Luhmann auch die Kommunikation zwischen beiden selbst beobachten: Wie schließen beide Seiten kommunikativ aneinander an? Welchen Regeln folgen, welche Muster bilden sie dabei? Wie bringen sie sich gegenseitig als Kommunikationsteilnehmer durch diese Kommunikation erst hervor?

Sprache als soziale Koordination

Es gibt keine bessere Art, sich sozial miteinander abzustimmen, als über Sprache. Viele Systemtheoretiker beziehen sich in ihren Arbeiten auf die Neurologen und Biologen Maturana und Varela und ihr Werk »Der Baum der Erkenntnis« (Maturana u. Varela, 1985). Aus ihrer Sicht dient Sprache der sozialen Koordination. Warum sagen wir, wenn ein Herr Müller ins Telefon spricht, nicht, dass er *mit* dem Telefon spricht? Warum sprechen wir demgegenüber von einer kommunikativen Mitteilung, wenn das Kind »Mama« ruft und Mama kommt? Maturana und Varela (1985, S. 224) definieren Kommunikation so: Wenn zwischen zwei Einheiten etwas stattfindet (Telefon – Herr Müller; Kind – Mama) und wenn ein Beobachter das so beschreibt, als habe die Aktion des einen eine Bedeutung für den anderen, dann liegt eine »semantische Beschreibung« (Semantik = Bedeutung) vor. Wenn ein Klient nach einer Äußerung seines Therapeuten leicht den Kopf schüttelt und ein Therapeut, der das bemerkt, das von ihm Gesagte daraufhin verändert, dann schreibt der Beobachter dem Kopfschütteln des Klienten eine Bedeutung für den Therapeuten zu und damit auch der Kommunikation. Wenn diese Bedeutungsvermittlung mit Worten stattfindet, nennen sie das eine »sprachliche Mitteilung«.

Wie in der modernen Sprachphilosophie haben Wörter und Zeichen auch bei Maturana und Varela nicht die Funktion, reale oder fantasierte Dinge zu bezeichnen. Sie koordinieren vielmehr Interaktionen. Koordiniert werden aber nicht nur motorische Handlungen (»Reich mir bitte die Marmelade«), sondern vor allem Sprachhandlungen: »Wir müssen den Klimawandel stoppen!« – »Und was soll ich dafür tun?« – »Denk doch mal selbst darüber nach!« Das sind sprachliche Handlungen als Antwort auf sprachliche Handlungen. Unter Machtgesichtspunkten koordiniert Sprache auch, was nicht getan werden darf oder getan werden soll, und auch, wie gedacht und gefühlt werden soll und wie nicht. Diese Rolle der Sprache als Koordination ist für Klartext in der Therapie und Beratung ein zentraler Aspekt, wenn ein Klient etwa gefragt wird: »An wen ist Ihre Äußerung primär gerichtet und was soll dieser tun oder nicht mehr tun?«

Generalisierte Kommunikationsmedien

Mit diesem sperrig-abstrakten Begriff beschreibt Luhmann etwas für die Kommunikation in der Gesellschaft Essenzielles. Es geht dabei um die automatisierte Wirkung, die bestimmte Begriffe und Aussagen in bestimmten Kontexten haben. Gesellschaftliche Titel wie der des »approbierten Psychotherapeuten«, Kleidungssymbole (weiße Kittel beim Arzt, Robe beim Richter) und bestimmte Worte in bestimmten Kontexten (»Ich bekenne ...« in der Kirche, »Hiermit ergeht folgendes Urteil ...« bei Gericht oder »Ich fühle ...« in der Psychotherapie) haben unhinterfragt bestimmte Wirkungen. Wer bspw. im psychotherapeutischen Kontext als Begründung für ein Verhalten auf ein starkes Gefühl verweist und damit eine bestimmte Handlung begründet, kann damit rechnen, dass das als Legitimation akzeptiert wird. Der Begriff des generalisierten Kommunikationsmediums verweist auf dieses in jeweiligen gesellschaftlichen Kontexten *Selbstverständliche*. Das ist notwendig, weil man sonst permanent über Begriffe, Rollen und Ansprüche reden und verhandeln müsste, was das Gelingen von Kommunikation unwahrscheinlich machte. Generalisierte Kommunikationsmedien reduzieren diese Unwahrscheinlichkeiten. Sie machen das Reagieren aufeinander kontextspezifisch vorhersagbar.

Semiotik zweiter Ordnung

Semiotik als Wissenschaft beschäftigt sich mit den Zeichen (den Signifikanten) von etwas für etwas (den Signifikaten), z. B. Wörter als Zeichen für etwas. Dazu gibt es drei Perspektiven. In der alten und bis heute traditionellen steht das Zeichen, bspw. das Wort »Apfel«, für etwas, hier für den realen Apfel. Bei de Saussure verweist das Zeichen (Apfel) auf das, was damit gemeint oder gedacht ist – dann sind das Zeichen und Bezeichnetes psychisch intern. Nach der pragmatischen Wende in der Sprachphilosophie und auch in der Kommunikationstheorie der Systemtheorie geht es dann primär um die Sprache als Handlungen zwischen Menschen und deren Rolle darin.

Luhmann nimmt dazu eine nochmals abstraktere Ebene ein, wenn er das Miteinandersprechen »von ganz oben« mit einer »Semiotik zweiter Ordnung« betrachtet. Wie in der Systemtheorie üblich, nimmt er dabei den Beobachter, der die Sprachspiele beobachtet, ins Visier und damit genau das, was wir hier in diesem Buch tun: Es wird über Reden geredet und das beschrieben und bezeichnet, was jemand tut, der beschreibt und bezeichnet. Wir sehen und bezeichnen als das Bezeichnen. Wir entwickeln eine Semiotik über die Semiotik. Und aus dieser Metaebene können wir mit Luhmann jene Unterscheidungen sehen, die dem zugrunde liegen, was die von uns beobachteten Sprachakteure sagen und hören, und die von diesen selbst auf deren Beobachtungsebene gar nicht gesehen werden können (außer sie gehen zu sich selbst in diese metaperspektivische Ebene). Man sieht dann, wie ein Zeichen (das Wort »Apfel«) und das damit Bezeichnete (der gemeinte Apfel) im Sprachgebrauch *wie eins* werden, obwohl sie es nicht sind (ausführlicher siehe Luhmann, 2002, S. 284 f.). Oder wir sehen, dass ein Familiengespräch sich permanent um die Frage dreht, wer sich um wen zu viel oder zu wenig kümmert, und können mit der Semiotik zweiter Ordnung sagen, dass sie sich dabei von der Leitunterscheidung »Fremdfürsorge – Eigenfürsorge« und der Bewertung dieser beiden Positionen leiten lassen.

Die Semiotik zweiter Ordnung hat daher praktische Relevanz für Therapie, Beratung und Supervision: Eine Mutter erzählt, dass sie zwischen sich und ihrer Tochter immer eine »belastende Distanz« erlebe. Der Therapeut fragt nach, was genau sie mit »Distanz« meine und was eine »Nichtdistanz« wäre. Er versucht so, das Land zu der Landkarte »Distanz – Nichtdistanz« zu erkunden. Er benutzt dabei die Semiotik-zweiter-Ordnung-Landkarte »Unterscheide zwischen Land und Landkarte«. Damit könnte man nun auch weiter beobachten, wie der Therapeut mittels dieser Metalandkarte mit der Klientin weiterarbeitet, wie sich dabei das Klima zwischen beiden entwickelt und vor allem, ob für die Klientin dabei etwas Fruchtbares herauskommt. Im alltäglichen Leben würde diese reflexive Metaebene ziemlich stören. In Therapie und Beratung, wo nicht *gelebt,* sondern über das Leben geredet wird, ist diese sprachtheoretische Metaebene ein wertvolles Navigationsinstrument.

Wenn man das radikal weiterdenkt, wird das natürlich endlos. Man kann ja nun (1) sprechen, (2) das Sprechen beobachten, (3) das »Beobachten der Beobachtung des Sprechens« beobachten, dann (4) auch das wieder beobachten usw. Irgendwann muss man allerdings mit diesen geistigen Höhenflügen aufhören, weil sie für die Praxis irrelevant werden.

Vertiefende Literatur zu Systemtheorie und Sprache

Emlein, G. (2012). Sinn. In J. V. Wirth, H. Kleve (Hrsg.), Lexikon des systemischen Arbeitens. Grundbegriffe der systemischen Praxis, Methodik und Theorie (S. 372–374). Heidelberg: Carl-Auer Verlag.

Fuchs, P. (2015). DAS Sinnsystem. Prospekt einer allgemeinen Theorie. Weilerswist: Velbrück Wissenschaft.

Hoegl, F. (2012). Sprache. In J. V. Wirth, H. Kleve (Hrsg.), Lexikon des systemischen Arbeitens. Grundbegriffe der systemischen Praxis, Methodik und Theorie (S. 396–399). Heidelberg: Carl-Auer Verlag.

Levold, T., Wirsching, M. (Hrsg.) (2014). Systemische Therapie und Beratung – das große Lehrbuch. Heidelberg: Carl-Auer Verlag.

Luhmann, N. (1988b). Soziale Systeme. Grundriß einer allgemeinen Theorie. Frank-
    furt a. M.: Suhrkamp.
Luhmann, N. (2002). Einführung in die Systemtheorie. Heidelberg: Carl-Auer Verlag.
Maturana, H. R., Varela, F. J. (1985). Der Baum der Erkenntnis. München/Bern/Wien:
    Scherz.
Simon, F. B. (2006). Einführung in Systemtheorie und Konstruktivismus. Heidelberg:
    Carl-Auer Verlag.

3.2.15 System und Umwelt: Die Rolle des Kontexts für Sprache und Sprechen

In der Etiketten- oder Abbildtheorie der Sprache gilt die Bedeutung eines Wortes immer und überall gleich – unabhängig vom Kontext. In allen anderen sprachphilosophischen Schulen hängt die Bedeutung eines Wortes von dem Kontext (lat. contexere = zusammenweben) ab, in dem es verwendet wird. Die Gestaltpsychologie hat gezeigt, dass und wie die Bedeutung eines Ereignisses oder eines Wortes immer nur von dessen Kontext her verstanden werden kann, was in dieser Theorie als das Figur-Grund-Verhältnis bezeichnet wird (zusammenfassend Metz-Göckel, 2014). Das Wort »Urteil« hat während eines partnerschaftlichen Streits eine andere Bedeutung als am Ende eines Gerichtsprozesses.

Sprachspiele im Sinne von Wittgenstein sind selbst Kontexte für Worte und haben ihrerseits ihre jeweiligen Kontexte. Wenn man Klartext als Sprachspiel bezeichnet, hat er bei der Klärung eines Problems in der Psychotherapie eine andere Bedeutung als im Kontext einer Liebeserklärung, bei der die Frage »Was genau meinst du mit ›Liebe‹?« die Stimmung verderben dürfte.

Fischer (1990) zeigt mit Verweis auf Gregory Bateson, dass und wie bestimmte Verhaltens- und Sprechweisen, die in einem Kontext als verrückt und unverständlich erscheinen, in einem anderen sinn- und bedeutungsvoll sein können. Das gilt für Worte ebenso wie für Handlungen. Ein hochgradig misstrauisch-vorsichtiges Verhalten gehört im Kontext einer Diktatur zum Überleben und kann in einer Partnerschaft die Beziehung ruinieren. Angesichts der Bedeutung des Kontexts für die Sprache wird ihm deshalb ein eigenes Kapitel gewidmet. Es werden zuerst Varianten von Kontexten vorgestellt und dann beleuchtet, welche Rolle das für Sprache und Sprechen in Therapie und Beratung hat.

Simon (2018, S. 110 f.) verweist auf verschiedene Kontexte einer kommunikativen Interaktion, darunter:

Zeit und Interaktionsepisoden: Die Bedeutung eines aktuell gesprochenen Satzes hängt davon ab, was in einem Gespräch vorher gesagt wurde, und von dem, was später dazu gesagt oder wie es aufgegriffen wird. Derrida und Butler haben herausgearbeitet, dass und wie frühere Ereignisse und Sprechakte die Bedeutung eines aktuell gesprochenen bzw. gehörten Satzes mitbestimmen.

Rollen und Beziehungsdefinitionen als Kontext: Die Rollen von Sprecher und Hörer prädefinieren die Bedeutung eines Satzes. Wenn ich zu meinem Taxifahrer sage, mir gehe es heute schlecht, hat das eine andere Bedeutung und Auswirkung, als wenn ich das am Beginn einer Sitzung zu meinem Psychotherapeuten sage.

Kontexte von Kontexten: Simon (2018, S. 111, Figur 42) formuliert eine Hierarchie von Kontexten, innerhalb derer eine Bedeutungsebene ihre Bedeutung durch die jeweils höhere Stufe erhält: Formulierung (ein Satz) – Sprechakt – Sprechepisode – Beziehung – Spiel, Geschichte – Kultur. Was ich jetzt gerade sage, hat vor dem Hintergrund dessen Bedeutung, was der andere zuvor gesagt hat. »Das sehe ich anders« wird nur in Bezug auf etwas zuvor Gesagtes sinnvoll. Die Bedeutung aller Sprechepisoden ist wiederum prädeterminiert durch die privaten und gesellschaftlichen Rollen, in denen sie stattfinden (Partnerschaft, Freundschaft, gesellschaftliche Rollen wie Lehrer – Schüler, Richter – Angeklagter, Jobsuchender – Jobvermittler, Therapeut – Klient usw.). Und *über alledem* steht die jeweilige *Kultur* mit ihren Werten, Geboten und Verboten. Dass und wie eine Frau einen Mann anspricht und vielleicht dabei berührt, hat in islamischen Kulturen eine andere Bedeutung als in traditionell westlichen. Eine Bemerkung zum körperlichen Aussehen hat in einer privaten Beziehung eine andere Bedeutung als in professionellen Beziehungen, in denen das als sexueller Übergriff definiert werden kann.

Grammatische, informelle und technische Regeln: Zum kulturellen Kontext gehören nebst anderem dessen Regeln. Sie beziehen sich auf soziale Ge- und Verbote und definieren damit explizit oder implizit, welche Bedeutung eine Aussage vor allem dahingehend hat, ob sie sozial akzeptabel ist oder nicht. Simon (2018, S. 169 f.) unterscheidet drei »grammatische Regeln« (hier nicht im Sinne der Sprachgrammatik, sondern des sozialen Zusammenlebens); diese beinhalten »Gebote und Verbote, deren Befolgung oder Zuwiderhandlung über die Zugehörigkeit bzw. Ausgrenzung aus einem sozialen System entscheiden« (Simon, 2018, S. 171). Sie sind nicht bewusst und werden daher umso stärker befolgt. Informelle Regeln geben für Subgruppen oder Lebensbereiche Besonderheiten vor, deren Nichtbefolgung aber nicht sanktioniert wird. Beispiele sind die manchmal identitätsstiftenden Mode- oder Sprachstile von Subgruppen. Technische Regeln sind gesellschaftlich explizit formuliert wie z. B. Verkehrsregeln oder Regeln zur Bezahlung von Waren. All diese Regeln legen direkt oder indirekt auch die Bedeutung von Begriffen und Aussagen fest. Die Aussage »Ich mache krank« (statt »ich bin krank«) hat in einem psychosozialen Fürsorgekontext und seinem Regelwerk eine ganz andere Bedeutung als im Bereich der Wirtschaft. Im Therapiesystem (das ja auch seine eigenen Regeln hat) geht es nicht nur darum, das zu berücksichtigen, sondern auch darum, sonst geltende Regeln in der Sprache explizit nicht zu befolgen.

➡️ Beispiel für einen sprachlichen Regelbruch: In einem Seminar gehe es um die Frage, welche Werte den jeweiligen Therapeuten wichtig sind und welche Verhaltensweisen von Klienten dagegen verstoßen. Eine Teilnehmerin berichtet, ihr sei die Unabhängigkeit einer Frau ein hoher Wert und Klientinnen, die sich von Männern abhängig machen, stellten für sie eine große Herausforderung dar. Zu ihrem eigenen biografischen Hintergrund erzählt sie von ihren geschiedenen Eltern und besonders von der Tapferkeit und Fürsorge ihrer Mutter, die nach der Scheidung die Kinder allein und ohne (finanzielle) Unterstützung des Vaters aufgezogen hat. Ihre Mutter wird dabei als herausragend fürsorglich dargestellt. Die supervisorische Frage bzw. geäußerte Mutmaßung, dass bei der Mutter neben der »Kinderfürsorge« vielleicht auch andere und mehr »selbstbezogene« Werte eine Rolle gespielt haben könnten, löst bei ihr Ärger und vor allem das schmerzliche Gefühl aus, die Mutter gegen eine solche »Abwertung« verteidigen zu müssen. Die Äußerung dieser Sicht hat offenbar gegen eine Systemregel verstoßen. Später gibt sie an, dadurch zu fruchtbarem weiterem Nachdenken angeregt worden zu sein.

Das Innenleben als Kontext des Gesprochenen: In Therapie und Beratung geht es in hohem Maße um das individuelle Problemerleben von Klienten. Um dieses zu beschreiben und mitzuteilen, müssen Wörter ausgewählt und Sätze gebildet werden. Therapeutinnen und Berater haben keinen direkten Zugang zum Erleben des Klienten. Ihnen sind nur die dieses Erleben beschreibenden Wörter zugänglich. Die Bedeutung von Wörtern wie »zweifelnd«, »unsicher«, »glücklich« und was damit zum Ausdruck gebracht werden soll, hängt für den, der sie ausspricht, vom inneren psychischen Zustand ab. Auch wenn man dazu nur einen indirekt-sprachlichen Zugang hat, kann man diesen inneren Kontext doch immer erfassen bzw. erfragen, um die einzelnen vom Klienten ausgesprochenen Wörter und Sätze angemessen zu decodieren oder zu verstehen. Dazu gehören Standardfragen wie diese: »Was meinen Sie mit … (Zweifel, Unsicherheit, Glück)? Was geht in Ihnen vor, wenn Sie dieses Wort aussprechen?« In wohl keiner anderen Profession hat das Innenleben als Kontext für gesprochene Sätze eine so große Bedeutung wie in Psychotherapie und Beratung.

High- vs. Low-Kontextkulturen: Mit diesen Begriffen weist der amerikanische Anthropologe und Ethnologe E. T. Hall (1914–2009) darauf hin, dass der Kontext eines gesprochenen Satzes in verschiedenen Kulturen eine ganz unterschiedliche Bedeutung für dessen Verstehen hat. In Low-Kontextkulturen enthält der Satz selbst die vermittelte Botschaft. In der Wirtschaft beinhaltet z. B. der Text eines schriftlichen Vertrages alle relevanten Informationen. In diesen Kulturen sind Teams aufgabenbezogen und zielorientiert. Klare und in sich aussagekräftige Texte und Aussagen genügen dafür (siehe Hall 1959, 1966, 1976; Hall u. Hall, 1990).

In High-Kontextkulturen erschließt man den Sinn einer Aussage mehr oder sogar vorwiegend aus dem Kontext, in dem sie gesprochen wird. Dazu gehören nonverbale Aspekte wie der Gesichtsausdruck oder der Tonfall sowie die Umstände der

Gesprächssituation (Anlass, Ort, Rollen), in denen man sich begegnet. Man muss die Regeln der Kultur kennen, um bestimmte und oft indirekte, metaphorische oder vage Äußerungen zu verstehen – bspw. die Regel, dass ein Nein in einer Beziehung nicht offen ausgesprochen wird.

Diese Unterschiede zu kennen und zu berücksichtigen, kann z. B. bei Wirtschaftsbeziehungen oder Verhandlungen wichtig sein. Wenn ein deutscher Manager seinen chinesischen Geschäftspartner offen fragt, ob er einem Kauf nun zustimme oder ablehne (Regel: Man sagt in einer Beziehung klar ja oder nein) und der chinesische Partner antwortet»Oh, das wird aber schwierig – es ist Zeit für eine Essenspause!«, weiß der Kenner der chinesischen Kultur, was das heißt: Es ist wohl ein verschlüsseltes Nein.

Als Low-Kontextkulturen gelten Deutschland, die Niederlande, das Vereinigte Königreich, die skandinavischen Länder, Kanada und in gewisser Weise die Vereinigten Staaten, als High-Kontextkulturen Asien, manche arabische Länder, Lateinamerika, Südeuropa und etliche afrikanische Länder.

Diese Unterscheidung kann man auch in Therapie und Beratung nutzen. Es gibt Personen oder berufliche bzw. private Systeme, die eher zur einen oder zur anderen Kultur tendieren. Die Regeln des Klartexts (siehe Kapitel 6) folgen weitgehend der Low-Kontextsprache, in der ein gesprochener Satz selbst alle relevanten Informationen enthält. Wenn ein Therapeut einen Klienten fragt: »Heißt das, dass Sie das Verhalten Ihres Sohnes missbilligen?«, und der Angesprochene mit einem Lächeln, einem Blick aus dem Fenster und dann mit dem Satz antwortet: »Naja, Vater und Sohn – Sie wissen ja, es kommt ja immer darauf an!«, dann treffen hier wohl eine Low- und eine High-Kontextsprache aufeinander. Eine Variante von therapeutisch vertretenem Klartext würde dann versuchen, den Klienten durch entsprechende Fragen und Interventionen zu Klartext zu bewegen. Das könnte aber auch zu einer symmetrischen Eskalation zwischen Klartext und vagem Text führen. Die Variante der Meta-Klartext-Klarheit würde das erkennen und zu einer Intervention nutzen. Man könnte die Begegnung zweier Sprachstile als solche benennen. Man könnte auch ganz bewusst den Klartext verlassen und selbst vage sprechen: »Oh ja! Es gibt ja immer viele Seiten – viele Blumen in einem Garten …!«

Soziale Macht: Wie in Kapitel 3.2.13 mit Bourdieu dargestellt, kann die Bedeutung einer Aussage weniger die einer Verständigung, sondern die einer Positionierung auf dem sozialen Tauschmarkt als entscheidender Kontext des gesprochenen Satzes sein. Wenn der Firmeninhaber einen Mitarbeiter lobt, hat das eine andere Bedeutung, als wenn er selbst von diesem gelobt wird. Sprachtheoretisch gesehen wird Sprechen hier zur symbolischen Macht. Die Bedeutung hängt dabei ganz von den sozialen Rollen von Sender und Empfänger ab.

Gesellschaftliche Funktionsbereiche: Im Mittelpunkt dieser Kontextvariable steht die Funktion, die gesellschaftliche Bereiche wie Gesundheitswesen, Justiz, Wirtschaft oder Wissenschaft für die Arbeitsteilung in der gesamten Gesellschaft haben, wie sie zur Erfüllung ihrer Aufgabe organisiert sind und wie sich das auch und gerade in der Sprache und dort zentralen Begriffen und Leitunterscheidungen zeigt. Es geht hier nicht um soziale Positionen, sondern um die inhaltliche Bedeutung von Begriffen für den jeweiligen Bereich. Das Wort »krank« hat im Funktionsbereich Gesundheitswesen womöglich eine andere Bedeutung als in einer intrafamiliären Kommunikation. »Du bist krank!« kann in der Familie eine Sorge oder eine Abwertung im Rahmen eines Konfliktes bedeuten. Aus dem Munde eines Arztes im Kontext Gesundheitswesen ist es eine Diagnose mit entsprechenden Konsequenzen für Kassen und Behandler. Der Begriff »Schuld« ist in der Justiz anders definiert als in der Wirtschaft und dort wieder anders als in privaten Beziehungen, wenn es um die Frage geht, ob jemand jemandem *etwas schuldig geblieben* ist.

Interessant wird es, wenn die in einem Sprachraum miteinander Sprechenden gleiche Begriffe verwenden, aber aufgrund ihrer (inneren) Zugehörigkeit zu verschiedenen gesellschaftlichen Funktionsbereichen oder Systemen darunter Verschiedenes verstehen und sich dieser Unterschiede nicht bewusst sind. Nehmen wir das Wortpaar »Therapie« und »Heilung« im Sprachraum »Psychotherapie«. Der Psychotherapeut versteht darunter vielleicht »Hilfe zur Selbsthilfe« und meint, dass der Klient die entscheidenden Veränderungen beim »Heilungsvorgang« selbst vornehmen muss. Der Klient versteht im Sinne des traditionellen Gesundheitswesens darunter möglicherweise, dass der Therapeut etwas tut, was ihm sein Symptom oder Problem *wegmacht,* und wartet auf diesen Effekt. Wenn die beiden sich dieses Unterschiedes nicht bewusst werden, kann es zu Missverständnissen und schwierigen Dynamiken kommen.

3.3 Wenden in der Sprachphilosophie II: Zwei-Welten- und Performanzmodell

In Kapitel 3.2 wurden die wichtigsten sprachphilosophischen Konzepte und Ansätze der bisherigen Philosophiegeschichte dargestellt und ihre Relevanz für Psychotherapie, Beratung und Supervision. Mit Blick darauf kann und muss man ordnen und systematisieren, welche Quintessenzen wir aus dieser sprachphilosophischen Geschichte mit ihren Einzelansätzen für die diesbezügliche Praxis ziehen können.

In Kapitel 3.1 wurden Wenden der Sprachphilosophie vorgestellt, die jeweils neue Antworten und Sichteisen eingeführt haben. Zu den damit markierten Phasen der Sprachphilosophie gehören das frühe repräsentationistische Sprachverständnis (»Wörter sind Etiketten für dadurch bezeichnete Dinge«). Nach der analytischen Wende waren in einem normativen Sinn Regeln und Prinzipien für ein möglichst genaues, wahrheitsorientiertes Sprechen dem Ideal einer klaren Sprache folgend definiert worden. Nach der hermeneutisch-phänomenologischen Wende wird Sprache zu einer Seinsweise des Menschen. Die Trennung zwischen Geist, Bewusstsein auf der einen Seite und Sprechen und Sprache auf der anderen wurde aufgehoben.

Die pragmatische Wende stellt die konkreten Sprechakte und Sprachspiele in bestimmten Kontexten in das Zentrum mit Berücksichtigung von politischen Machtverhältnissen. In den Streifzügen durch die sprachphilosophische Geschichte wurden in Kapitel 3.2 immer wieder Hinweise gegeben, was das jeweils für die therapeutische, beraterische und supervisorische Praxis bedeutet.

Nun soll mit Sybille Krämer (2017) eine weitere übergeordnete Strukturierung bzw. Phaseneinteilung der Sprachphilosophie vorgenommen werden – wieder mit Relevanz für die Praxis der therapeutisch-beraterischen Tätigkeit. Krämer teilt das sprachphilosophische Denken in zwei grundlegend verschiedene Modelle oder Perspektiven ein. Die eine – sie spricht von einer intellektualisierenden Sprachkonzeption – ruht auf einem von ihr sogenannten »Zwei-Welten-Modell«. Die Logik der Sprache und das konkrete Sprechen gehören zwei verschiedenen Welten an. Wer in der einen Welt spricht, bedient sich der Logik der Sprache aus der anderen Welt. Das folgt der Logik, dass man in einem bestimmten (aktuellen) Spiel (Welt 2) Spielregeln der anderen Welt (Welt 1) anwendet. Nach Krämer folgen viele Sprachschulen bis in die Neuzeit immer wieder explizit oder implizit dieser Trennung. Andere philosophische Richtungen geben diese Trennung explizit und mehr oder weniger konsequent auf – Sprache und Sprechen (Sprechakte) werden und sind dann eins. Dieses Modell nennt sie das »Performanzmodell«. In der Psychologie bedeutet Performanz das konkret gezeigte Verhalten in einer Situation im Unterschied zu psychologischen Gesetzen und Regeln, denen es folgt.

Abbildung 1 gibt das Zwei-Welten-Modell der Sprache wieder. Es geht Krämer explizit nicht darum, die zwei Welten dieses Modells gegenüberzustellen, sondern beide zu nutzen und zu würdigen (zur Möglichkeit, beide zu nutzen, siehe Kapitel 3.2.14). Diese Position des Sowohl-als-auch beider Modelle erweist sich für Therapie und Beratung als besonders nützlich. Beide Welten sollen daher mit Krämer nochmals zentriert beleuchtet werden – auch wenn es dabei zu einer partiellen Wiederholung bereits erwähnter sprachphilosophischer Positionen kommt. Man kann das reale Sprechen als Anwendung von Sprachregeln mit ihren Normen sehen oder die Sprache und ihre Regeln als Erfassung und Beschreibung realer gesellschaftlicher Sprechakte.

Im Zwei-Welten-Modell steht die Sprache mit ihrer Logik, ihrer Grammatik und ihren Regeln dem alltäglichen Sprechen (Sprachperformanz) gegenüber. De Saussure sprach von Langue (Sprache) vs. Parole (individuelles Sprechen), Noam Chomsky von Sprachkompetenz vs. Sprachperformanz (siehe Krämer, 2017, S. 37 f.; Chomsky, 1968, 1986, 1999). Das Verhältnis von Sprache zum Sprechen ist das von Regel und Regelanwendung.

Kritiker des Zwei-Welten-Modells, z. B. Bourdieu (Kapitel 3.2.13), unterstellen ihm einen »dualistischen Fehlschluss« (Krämer, 2017, S. 103) mit einem problematischen Dualismus zwischen Sprachideal und Sprechrealität.

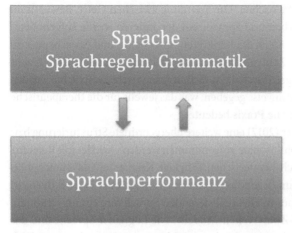

Abbildung 1:
Sprache und Sprachperformanz:
Das Zwei-Welten-Modell nach
Krämer (2017)

Krämer kommt hier zur einer Konsequenz, die der in diesem Buch immer wieder erwähnten Meta-Klartext-Klarheit entspricht: Wer erkennt, dass in Theorie oder Praxis von diesen zwei Welten (Norm und Realität) ausgegangen wird und daraus nicht normativ ableitet, dass in der Praxis ein bestimmtes Sprachideal realisiert werden solle, der unterliegt keinem Fehlschluss. Man hat dann eine metaperspektivische Klarheit in der Theorie und für die damit beobachtete und beschriebene Praxis. Es gibt dann kein gutes oder schlechtes Sprechen, auch Klartext ist dann nicht besser als andere Texte. Es gibt aber sehr wohl Kriterien und Normen, mit denen sich das reale Sprechen in konkreten Situationen beobachten und, wenn es nützlich ist, auch bewerten lässt (z. B. Klartextregeln).

Da jede Therapierichtung explizit oder implizit ihr therapeutisches Sprach- oder Sprechideal hat, ist es mit dieser reflexiven Metaebene möglich, eben diese Prinzipien und Ideale sprachphilosophisch zu orten und zu beschreiben ohne Apriori-Bewertung dessen und ohne Anspruch, dass diese Beschreibung in eine bestimmte Sprachpraxis münden müsse. Man kann bestimmte Modelle oder Sprachspiele/Sprechregeln in bestimmten Kontexten gezielt verwenden. Kein Sprachspiel, keine Sprachtheorie und keine Sprachregel würde aber kontextlos zu einem immer geltenden Ideal erklärt werden. Kein Gesprächstherapeut muss dann z. B. permanent den expliziten oder impliziten Regeln des klientenorientierten Sprechens genügen, kein kognitiver Therapeut denen des geleiteten Entdeckens, kein Systemtherapeut permanent lösungsorientiert sprechen. Umgekehrt heißt das nun aber gerade nicht, diese Ideale oder Regeln aufzugeben.

Gibt man mit Krämer (2017, S. 261 f.) das dualistische Modell zugunsten des *Performanzmodells* auf, wird nicht mehr zwischen Ideal, Muster, Regel und der entsprechenden Anwendung unterschieden. Das ist ein gedanklich und praktisch radikaler Vorgang. Diesen Weg sind etliche Philosophen nach der pragmatischen Wende gegangen: Wittgenstein, Austin und in der Systemtheorie auch die Soziologen Luhmann und Bourdieu.

Bei Wittgenstein gibt es keine Sprachkonzeption hinter Sprachspielen. Es gibt kein Muster hinter dem Handeln, sondern nur dieses selbst. Austin konzentriert sich auf Akte des Sprechens und ihre Wirkung. Sprechakte sind in konkrete Lebensformen eingebettet. Man kann ihnen als Theoretiker oder Beobachter Regeln oder Muster unterstellen. Das ist aber nicht dem Sprechen inhärent, sondern nur dessen theoretischer Beschreibung mit dem Bemühen, eine Sprache hinter dem Sprechen zu entdecken.

Bei Luhmann ist konkretes Sprechen immer die gerade aktuelle Aktualisierung aus einem Meer von Potenzialen – theoretisch beschrieben als Relation von konkreter Form aus dem Reich des Mediums. Sprache ist bei Luhmann eben keine Ansammlung von Regeln, keine ideale Vorgabe, sondern ein Medium von Lauten, Wörtern, Sätzen, die verschieden komponiert werden können. Dass das aus Sicht von manchen Sprachwissenschaftlern bestimmten Regeln folgt – z. B. durch Formulierung von Prädikat, Subjekt und Objekt – ist nicht Bestandteil des Sprechaktes selbst, sondern nur dessen theoretischer Beschreibung. Der Sprechakt wird einfach vollzogen. Autoren, die diesem Denken folgen, ist gemein, dass sie auf jede Apriori-Wertung von Sprechakten verzichten: Es gibt dann kein gutes vs. schlechtes Sprechen und kein richtiges oder falsches Verstehen.

Der Verzicht auf eine Apriori-Bewertung des Sprechens von Therapeuten, Beraterinnen, Klienten und Supervisandinnen anhand von Sprachkriterien hat für die Praxis einen hohen Gewinn. Vermutlich bilden manche Therapeuten mit ihren Klienten eigene Varianten an Sprachspielen bzw. laden manche Klienten ihre Therapeuten zu bestimmten Sprachspielen ein – zu Klartexten, metaphorischen Texten oder zu ontologisch orientierten (etwa diagnostischen) »Feststellungstexten«. Das von vielen Therapeuten bevorzugte Sprachspiel, in dem Klienten sich Ziele setzen und für deren Erreichung Verantwortung übernehmen (was sich ja auch sprachlich ausdrückt), ist dann nicht a priori besser als das ganz andere Sprachspiel eines Klienten oder Therapeuten, in dem der Klient Opfer einer Krankheit ist und der Therapeut die Erlösung generieren soll. Man kann aber nun solche Sprechakte, Sprachspiele bzw. das Aufeinandertreffen verschiedener Sprechstile »gegenbeobachten«. Und man kann, wenn hilfreich, metaperspektivisch über diese Sprachspiele sprechen. Das wäre dann wiederum ein eigenes Sprachspiel »Sprechen über Sprechen« – z. B. in einer sogenannten Metakommunikation.

Mit dieser Gegenbeobachtung und der Beschreibung verschiedener Sprachspiele und ihrer Chancen und Probleme unterlegt man automatisch das Zwei-Welten-Modell: Man formuliert Sprachregeln und beobachtet die Sprachperformanz. Die Unterscheidung zwischen (idealem) Muster (Klartext, sokratischer Dialog, einfühlendes Verstehen) und Aktualisierung kann so genutzt werden. So lässt sich das tägliche und das professionelle Sprechen beobachten und beschreiben: Welches Sprachspiel spiele, welchen Sprachtanz tanze und welchen Regeln folge ich gerade mit meinen Klienten? Welchen Effekt hat das auf den Klienten, auf mich selbst und auf unsere Beziehung? Will ich das fortsetzen? Unterbrechen? Metaperspektivisch zum Thema machen? Oder entscheide ich mich dafür, ganz auf Performanz umzuschalten: Dann verzichte ich einfach auf jegliches »Sprachphilosophieren« – dann wird einfach weitergeatmet und weitergesprochen.

4 Vier Sprachperspektiven für die Praxis

In Kapitel 3 wurden die Hauptströmungen der Sprachphilosophie vorgestellt. In Kapitel 4 wird nun eine andere Metaperspektive zu Sprache mit einem praxisbezogenen Schwerpunkt eingenommen. Die Gliederung folgt nicht mehr sprachhistorischen Aspekten. Maßgeblich für das nun Folgende ist die Frage: Welche Perspektiven ergeben sich aus Sprachphilosophie und Sprachsoziologie für die therapeutische, beraterische und supervisorische Praxis? Auch wenn sich zu jeder der von mir hierzu identifizierten vier Perspektiven jeweils praktische Regeln und Hinweise formulieren lassen, basieren diese auf theoretischen Prämissen. Beides soll nun für die einzelnen Perspektiven Sprache als Sprechakt, als Bedeutungsträger, als Basis der Weltkonstruktion und als eigenes System dargelegt werden. Insofern hier die in Kapitel 3 dargelegten Aspekte wieder aufgegriffen werden, kommt es naturgemäß zu (gewollten) Wiederholungen.

Sprache als Sprechakte: Wie sonst im sozialen Leben wird auch in Therapie, Beratung und Supervision durch Sprechen gehandelt. Für den Lerntheoretiker B. F. Skinner bestand Sprache aus gelernten Sprechakten, sogenannten »Mands« (Skinner, 1957). Für Bourdieu (siehe Kapitel 3.2.13) sind Sprechakte Aktionen auf dem Gebiet des sprachlichen Marktes mit sozialen Ungleichheiten mit einem Beitrag zur Organisation von Machtverhältnissen. Aus kommunikativer Sicht sind individuelle Sprechakte Versuche, sich zu verständigen, bzw. aus systemischer Sicht Komponenten des auf Verständigung ausgerichteten Kommunikationssystems.

Sprache als Bedeutungsträger: Wenn jemand zu jemandem spricht oder jemandem zuhört, geht es immer um *etwas,* das mitgeteilt wird. Dann dient Sprache der Weitergabe von Informationen. Sprache enthält sie, trägt sie, verweist auf sie oder ist die Landkarte, die auf das bezeichnete Land verweist. Sprache ist insofern Sinntransporteur.

Sprache als Basis der Weltkonstruktion: Aus dieser Sicht ist dieser eben genannte in Sprache enthaltene, getragene oder vermittelte Inhalt selbst immer schon sprachlich verfasst – noch bevor etwas gesagt wird. Das gilt auch für das Hören: Wie wir etwas hören, ist durch die von Sprecher und Hörer gemeinsam geteilte Welt sprachlich verfasst. Wir sind und leben schon Sprache. Die diesbezügliche entwicklungspsychologische Perspektive beantwortet die Frage, wie uns die Welt durch die Sprache (vor)gegeben wird.

Sprache als eigenes System: Sprache hat sowohl in ihrer Performanz (reales Reden und Hören) als auch in der in ihr enthaltenen Weltkonstruktion ihre eigenen Gesetze.

Sprache ist ein eigenes System mit Syntax, Grammatik, vollständigen und unvoll-
ständigen Sätzen. Dann geht es um die Frage, wie die jeweils verwendeten Sätze aufgebaut sind, wie das unser Leben und unsere Beziehungen bestimmt und was man
mit Blick darauf sehen und dadurch verändern kann.

4.1 Sprechakt und Sprachspiel

4.1.1 Was ist ein Sprechakt und wer spricht dabei?

Sprechakte sind zunächst individuelle Verhaltensweisen. Mit dem Behavioristen
Skinner kann man sie lerntheoretisch als Produkt sozialen Lernens sehen. Er nannte
die einzelnen Sprechakte »Mands« und teilte sie ein in Forderungen, Bezeichnungen
und Behauptungen, Fragen, Wiederholungen, Beziehungsaussagen und Reaktionen
auf Symbole. Wie alle Verhaltensweisen müssen diese verstärkt werden, damit sie
wieder gezeigt werden (Skinner, 1957; siehe Leibetseder, 2018, S. 24 f.). Die Relation
von Sprechen und Bedeutung des Gesagten wurde in der Tradition der Behavioristen weniger analysiert (Skinner, 1957). Die jeweiligen Mands treten öfter auf, wenn
sie verstärkt werden – Fragen werden z. B. durch Antworten verstärkt (vgl. Leibetseder, 2018, S. 23 f.).

Aus sozialkritisch-soziologischer Sicht sind Sprechakte Handlungen, mit denen
sich die Inhaber einer sozialen Position präsentieren, damit ihre Beziehung zu anderen definieren und potenziellen Gewinn einfahren im Sinne des Erlangens von sozialem Kapital. Die wechselseitigen aufeinander bezogenen Sprechakte werden dabei
zur latenten Bestätigung sozialer Machtverhältnisse, was Bourdieu (2005) die symbolische Macht der Sprache nennt.

Aus anderer Sicht sind Sprechakte Operationen, die der (sprachlichen) Verständigung dienen. Hier sind sie nicht Komponente der sozialen Positionierung, sondern
der Verständigung – entweder als individuelle Sprechhandlung oder als Teilelement
des unabhängig vom Individuum sich organisierenden Kommunikationssystems.

In diesem Kapitel geht es primär um Sprechakte als Komponenten der Verständigung, weil das in Therapie, Beratung und Supervision die primäre Funktion
von Sprache ist.

Sprechakt und Macht – die sozialkritische Perspektive: Der Ansatz, Sprache als Verständigung zu sehen, ist umso ergiebiger und weitsichtiger, je mehr man auch die
sozialpolitischen Komponenten von Sprechakten im Sinne von Bourdieu im Blick
hat (siehe Kapitel 3.2.13). Auf Sprechakte als Komponenten der Herstellung oder
Bestätigung sozialer Machtverhältnisse sei hier deshalb vorab kurz eingegangen.

Nehmen wir an, eine in einer Organisation hierarchisch übergeordnete Person
lobt eine hierarchisch weiter unten positionierte und diese bedankt sich dafür. Man

kann diese beiden Akte mit Bourdieu so interpretieren, dass mit dem Verteilen von Lob der hier aus einer höheren sozialen Position heraus Agierende damit seine Macht (symbolisch-sprachlich) präsentiert. Wenn der andere das Lob annimmt (»Danke! Freut mich!«), akzeptiert und bestätigt er diese soziale Struktur. Vielleicht versucht er auch, sich soziales Kapital zu erwerben, indem er zurücklobt. Man kann ein solches Hin und Her von Sprechakten als ein permanent ablaufendes soziales Sprachspiel zur sprachlich symbolischen Organisation von Machtverhältnissen rekonstituieren, was sich auf allen Feldern sozialer Ungleichheiten abspielt: Fragende Lehrer – antwortende Schüler – wieder bewertende Lehrer – erfreute oder enttäuschte Schüler; Anweisungen gebende Vorgesetzte – dies sprachlich akzeptierende Mitarbeiter usw. Bourdieu verwendet für solche sozialen Interaktionen den Begriff des Sprachspiels: »Der gute Spieler, gewissermaßen das Mensch gewordene Spiel, tut in jedem Augenblick das, was zu tun ist, was das Spiel verlangt und erfordert« (Bourdieu, 1992, S. 83, zit. nach Schröer, 2002, S. 43).

Das kann und sollte man auch auf das Gebiet von Psychotherapie und Beratung übertragen: Wenn eine Therapeutin zum vom Klienten geschilderten Problem eine Äußerung im Sinne einer diagnostischen Einschätzung macht, einer lösungsorientierten Deutung oder aufgrund seiner lerntheoretischen Auswertung eine Übung dazu vorschlägt und der Klient das nicht akzeptiert oder gar widerspricht, kann man das, wie wir es nachfolgend tun werden, als Teil gelingender oder nicht gelingender Verständigungsprozesse sehen. Man kann es aber auch als Sprechakte im Rahmen der (Re-)Organisation sozialer Positionen mit unterschiedlichem Sozialkapital verstehen. Die Tatsache, dass die Therapeutin dem Klienten Deutungen oder Vorschläge vorträgt und nicht umgekehrt, bestätigt die soziale Position beider im Therapiesystem. Wenn sie nach einem Widerspruch ihres Klienten direkt oder indirekt seine Aussage wiederholt oder weiter vertritt, kann das jenseits aller inhaltlich-sachlichen Komponenten auch als Aktion verstanden werden, ihre soziale Position als Therapeutin zu retten oder wiederherzustellen. Die alternative Äußerung »Wenn Sie jetzt meine Idee nicht annehmen, weiß ich im Moment als Therapeutin nicht weiter« könnte als Verlust von sozialem Kapital und Ansehen erlebt werden oder auch als besondere Variante der Steigerung derselben. Kurz gesagt: Mit der sozialkritischen Brille können und sollten Sprechakte jenseits ihrer Inhalte und ihres Ziels einer inhaltlichen Verständigung immer auch als Akte der Bestätigung oder des Bestreitens sozialer Positionen, als Gewinn oder Verlust von sozialem Kapital angesehen werden.

So wichtig diese Perspektive ist, wir verlassen sie nun und betrachten Sprechakte als Komponenten der Verständigung.

Verständigungsperspektiven – Kommunizierende Personen oder Kommunikation als System: Mit Verweis auf Luhmann wurde bereits (siehe Kapitel 3.2.14, Abschnitt »Ist sprechen eine Handlung?«) dargelegt, dass es dazu stets zwei Sprechaktperspektiven gibt, die in diesem Buch immer wieder aufgegriffen werden. Die erste steht unserem

Alltagsverständnis näher: Nach ihr *reden* Personen in einem Sprechakt bzw. hören in ihm zu. Sprecher und Hörer als aktiver Rezipient sind dabei jeweils handelnde Einheiten. Zu diesem Verständnis von Sprache passt die Idee, dass Sprache eine Art Transportmittel ist, mit dem wir etwas mitteilen. Das ist untrennbar verbunden mit der Unterstellung von Intentionen des Sprechers darüber, was und warum er wem etwas mitteilen will. Manchmal kann man auch Hörern Intentionen unterstellen, warum sie etwas so und nicht anders auffassen. Dafür lassen sich viele Versionen anführen: Der Sprecher will etwas behaupten, etwas beantworten, etwas festlegen, jemanden bestärken oder entwerten, etwas rechtfertigen, einen Vorwurf machen usw. Genauso kann man über die Motive des (Nicht-)Verstehens beim Hörer spekulieren.

Der andere, von Niklas Luhmann ausgearbeitete, Ansatz widerspricht diesem Alltagsverständnis, wenn er darlegt, dass nur Kommunikation kommunizieren, nur das System Kommunikation Kommunikation beeinflussen kann (Luhmann, 1988a, S. 24). Dann ist Kommunikation ein System, in dem Kommunikation geschieht, ohne dass das ein einzelnes handelndes Subjekt in Gang setzt. Einer allein könne nur *vor sich hinreden,* was für Luhmann keine Kommunikation wäre. Zur Kommunikation gehört: etwas auswählen, das mitgeteilt werden soll, die Mitteilung dessen und die Art anderer, das aufzunehmen (zu verstehen). Für unser intuitives Verständnis von Sprache und Sprechen noch radikaler ist die in diesem Ansatz bereits angelegte Konzeption, wonach die Kommunikation als System die daran beteiligten Sprecher und Hörer erst *hervorbringt:* Weil Kommunikation stattfindet, werden die daran Teilnehmenden zu kommunizierenden Einheiten. Mit einer Metapher gesprochen: Nicht die Fußballspieler erzeugen das Spiel Fußball, sondern das Spiel Fußball erzeugt die Fußballspieler.

Schleiffer (2012) wendet diesen Gedanken auf die Sozialisation des Säuglings an. Demzufolge wird der Säugling dadurch Subjekt in der sozialen Welt, dass er von anderen in Interaktion oder Kommunikation adressiert und damit als Teilnehmer an Kommunikation erst hervorgebracht wird. Er erfährt in der Interaktion zwischen ihm und Mutter oder Vater, dass die Äußerungen seiner Eltern an ihn gerichtet sind (Adressat) und diese umgekehrt auch auf ihn reagieren, sie sich also als von ihm Adressierte zu erkennen geben. Erst so »sichert die Kommunikation dem psychischen System des Kindes seine autopoietische Reproduktion« (S. 87). Das ist ein komplexer Vorgang, bei dem der Säugling beobachtet, dass er beobachtet wird, was zu neuen Formen der Selbstbeobachtung führt. Mit Beobachtung ist hier kein bewusster Akt, sondern ein Vorgang gemeint, bei dem ein System seine Umwelt wahrnimmt und etwas daraus macht. So wird das Kind soziale Adresse und selbst Adressierer.

Für die Praxis können und müssen wir beide hier dargelegte Perspektiven zum Sprechakt einnehmen: Personen generieren die Kommunikation und Kommunikation generiert Personen (nähere Ausführungen dazu vgl. Simon, 2018, S. 58 f.).

In Perspektive eins – Personen kommunizieren – besteht Kommunikation aus der Interaktion zuvor existierender Einheiten: zuerst die Personen, dann die Kommunikation, zuerst die Spieler, dann das Spiel. Die andere Perspektive sieht das umgekehrt: zuerst Kommunikation und dann die dadurch erzeugten Kommunikationsteilnehmer – zuerst das Spiel, dann die Spieler. Das ist nicht nur Theorie, das hat für Therapie und Beratung erhebliche praktische Konsequenzen. Hier sehen wir Therapeuten, die Fragen stellen und Mitteilungen machen, sowie Klientinnen, die Mitteilungen machen und manchmal fragen. In der anderen Perspektive sehen wir das System bzw. das Spiel »Psychotherapie – Beratung« mit seiner Logik, seinen Regeln und Rollen. Das dadurch bedingte Geschehen bringt die Mitspieler –Therapeuten und Klientinnen – in ihren jeweiligen Rollen *hervor*. Ich bin dann nicht zuerst Klient, der etwas mitteilt, sondern ich werde Klient, weil ich mit einem Therapeuten in eine therapeutische Kommunikation eintrete.

In Variante eins – handelnde Personen – sind die beteiligten Komponenten (Personen) zeitlich konstante Größen, während die Art ihrer Interaktion und Kommunikation variabel ist. Dann besteht das Therapeutensystem aus den daran teilnehmenden konstant bleibenden Personen, deren Kommunikation sich verändert.

In der zweiten Variante – Kommunikation als eigenes System – ist das zeitlich umgekehrt: Hier sind die kommunikativen Muster und Spielregeln über alle Therapiestunden oder sogar alle Therapien hinweg konstant, während die Mitspieler oder Teilnehmer an diesem Kommunikationssystem bzw. deren Themen variabel, also austauschbar sind (vgl. Simon, 2018).

Beide Perspektiven haben Vor- und Nachteile. Im einen Fall fragen wir die Personen: Was denken Sie? Was wollten Sie eigentlich mitteilen? Was vom anderen kommt wie bei Ihnen an? In der anderen Variante beobachte ich nicht Personen, sondern das Spiel selbst: Welche Rollen werden gesellschaftlich für Therapie und Beratung vorgegeben? Welche Interaktionsspiele ergeben sich daraus mit welchen allgemeinen und in manchen Therapien spezifischen Mustern und Rollen? Z. B. erzählt immer einer etwas über seine Probleme und der andere deutet das alles, findet Lösungen oder sieht in allem sogleich eine Ressource.

Mit Meta-Klartext-Klarheit lässt sich entscheiden, mit welcher von beiden Perspektiven man auf ein bestimmtes therapeutisches Gespräch und sich selbst darin blicken will. Der Vorteil der zweiten Version (Kommunikation kommuniziert) liegt darin, dass man, wenn etwas einmal *nicht gut* läuft, keine Schuldigen suchen muss. Es sind ja nicht Personen, die gut oder schlecht handeln, sondern Muster und Spiele, die sich gewissermaßen selbst spielen. Man kann statt nach Schuldigen nach jenen Mustern und Spielregeln suchen, die zum jeweiligen Problem beigetragen haben – z. B. zu dem, dass ein Therapeut in die Rolle des für Veränderung zuständigen und der Klient in die des Passiven geraten ist.

Ein Vorteil von Variante zwei liegt darin, dass man mit ihr mehr Distanz zum Sprechaktgeschehen bekommt. Sie enthält oft dadurch eine Leichtigkeit, weil Probleme nicht auf Handlungen, Versäumnisse oder Motive einzelner Personen zurückgeführt werden (wofür sich Personen dann wieder rechtfertigen müssen), sondern auf Spiele und Spielregeln, die man ggf. ändern kann. Mit den Erkenntnissen der Variante zwei kann man dann wieder zu Variante eins wechseln, sich selbst als aktiven Sprechhandler sehen und neu und das bisherige Sprachspiel unterbrechend oder verstörend in die Kommunikation einsteigen. Man wird sich später notgedrungen in einem neuen Spiel mit neuen von selbst entstandenen Spielregeln und Mustern wiederfinden, die man dann wieder mit Variante zwei gegenbeobachten kann usw. (vgl. zur zeitlichen Abfolge beider Perspektiven Lieb, 2018).

➡ Fallbeispiel mit beiden Perspektiven: Ein besorgter Vater berichtet, dass seine 25-jährige Tochter nach einem abgebrochenen Studium ein zweites begonnen habe. Während des Erststudiums sei sie in eine depressive Phase gerutscht und habe, wie die Eltern über die damalige Therapeutin der Tochter erfahren haben, auch suizidale Gedanken gehabt. Jetzt kümmere sie sich aus Sicht der Eltern zu wenig um ihr Studium und um damit zusammenhängende Verpflichtungen. Deshalb ließen sie, die Eltern und vor allem der Vater, ihr viele als Förderung gedachte Anregungen, Aufmunterungen und auch Kritik zukommen. Die Tochter beantworte das mit Abwehr, Rückzug und dem wiederholten Hinweis, die Eltern machten sich viel zu viele Sorgen und sie bedürfe keiner Ratschläge. Dies wiederum verstärke die Sorge der Eltern, auch wenn die Tochter sich in einer aus ihrer Sicht hilfreichen Therapie befinde.

Im Gespräch mit dem Vater werden beide genannten Sprechaktperspektiven eingenommen. In der einen wird er gefragt: Was bewegt ihn als kommunizierend Handelnden? Worin besteht seine primäre Angst in welchem Zusammenhang zu seiner eigenen Lebensgeschichte? Was will er der Tochter mitteilen? Und was bewege vermutlich die Tochter? Der Vater spekuliert hinsichtlich der Tochter, sie habe viele Ängste, vielleicht auch wieder depressive Zustände und verharre zu sehr in einer passiven Lebenshaltung, vielleicht auch als eine Art Widerstand gegen die Eltern. Auf dieser Basis ließ sich therapeutisch schlussfolgern, dass und wie er seine positiven Intentionen und seine Sorgen gegenüber der Tochter einmal anders als durch Ratschläge und Kritik vermitteln könne.

Die zweite und für den Vater am Ende hilfreichere Sprechaktperspektive sieht seine Sprechhandlungen ebenso wie die der Tochter als Elemente eines »Spiels«, das beide spielen, das sie verbindet und das durch folgende Merkmale gekennzeichnet ist: Beide wollen vom anderen genau das, was die andere Seite nicht geben kann. Beide setzen dafür ihre jeweiligen »Sprechaktzüge« ein, worauf der andere mit einer Verstärkung seiner Züge reagiert – woraus sich ein interaktionelles symmetrisches Muster ergibt: Der Vater will von der Tochter Zeichen eines beruflichen Engagements, was ihn beruhigen und von seinen Sorgen und Ängsten erlösen würde. Die Tochter will vom Vater vermutlich ein Vertrauen in sie als Person und ihre Art der beruflichen Entwicklung und diesbezüglichen Entscheidungen, was für sie eine elterliche Anerkennung sein dürfte. Als Hypothese formuliert: Die Ermunterungen des Vaters werden in diesem Spiel für die Tochter zu Misstrauensbekundungen. Deren Zurückweisungen durch die Tochter und ihre Art des Studienverhaltens werden für den Vater zur Bestätigung seines Misstrauens und der Notwendigkeit, weiter erzieherisch tätig zu sein.

Es wurden schließlich mit dem Vater Varianten entwickelt, wie er aus diesem Spiel aussteigen könne. Dabei ergab sich am Ende aus beiden Sprachperspektiven die gleiche Idee: dass er seiner Tochter einmal mehr von sich selbst, seinen eigenen Sorgen und Ängsten mitteile mit der expliziten Botschaft: Meine Anregungen und Erziehungsversuche entstammen meinen Ängsten und beinhalten keine Aussage über dich.

Der Vater berichtet einen Monat später, das Gespräch habe ihm sehr gut getan und auch der Mutter, die das mitbekommen hat. Dadurch habe sich die Beziehung zwischen Vater und Tochter entspannt.

4.1.2 Sprechakte als Elemente von Sprachspielen

Eine Klientin sagt über sich: »Ich kann mich gegen Vorwürfe einfach nicht wehren!« Man kann auf einen solchen Sprechakt als isolierte Einheit blicken. Dann teilt die Klientin damit mehr oder weniger erfolgreich etwas über sich mit. Die andere Perspektive sieht einzelne Sprechakte immer als Teile eines Gesprächs und dieses als Exemplar von in einer bestimmten Gemeinschaft immer wieder realisierten Sprachspielen. Dann gibt die Logik dieser Sprachspiele vor, welche Bedeutung ein einzelner Satz darin hat und wie daran üblicherweise angeschlossen wird. Man kann mit Wittgenstein sagen: »Die Bedeutung eines Wortes ist sein Gebrauch in der Sprache« (zit. nach Fischer, 1990, S. 196). Und noch weitergehend: Die Bedeutung einzelner Beiträge in einem Dialog hängt von der Logik und den Regeln jenes Sprachspiels ab, innerhalb dessen er geführt wird.

Wenn ein Klient äußert »Ich glaube, ich habe da als Vater versagt« dürfte das im Rahmen therapeutischer Sprachspiele (Klienten äußern Probleme – Therapeuten helfen Klienten, ihre Probleme zu lösen) eine andere Bedeutung haben, als sagte er das seinem Sohn.

Der Begriff »Sprachspiel« stammt von Wittgenstein. Demnach ist jede einzelne sprachliche Äußerung Teil einer dazugehörigen »Lebenswelt«: »Ich werde auch das ganze: der Sprache und der Tätigkeiten, mit denen sie verwoben ist, das ›Sprachspiel‹ nennen« (Wittgenstein, 2001, PU § 7). Mit diesem Begriff nimmt Wittgenstein Bezug auf die jeweilige Lebenspraxis und die Lebenskontexte, in denen Sätze gesprochen werden.

Hört man einem Gespräch zu, kann man z. B. erkennen, dass es gerade um das Sprachspiel »Anklage und Verteidigung« geht, vielleicht sogar in einem Gerichtsverfahren mit einem explizit juristischen Kontext. Es könnte sich aber auch um das Gespräch eines Paares handeln, bei dem eine Seite Vorwürfe macht und die andere sich rechtfertigt. Wenn ein Verkäufer einen potenziellen Kunden zum Kauf eines Produktes überreden will, ist das ein Sprachspiel im Kontext Marktwirtschaft. Es gibt Sätze, die in vielen Kontexten gesprochen werden können, z. B. »Wie meinen Sie das?« oder »Das sehe ich anders!«

Konzentriert man sich auf einen einzelnen Satz, kann man das Spiel, zu dem er gehört, nicht erkennen. Dazu bedarf es einer distanzierten Betrachtung über eine längere Phase und in der Regel auch einer Kenntnis um den Kontext und dessen Regeln, in dem gesprochen wird.

In Sprachspielen kann man auch gefangen sein, wenn man ihre Logiken befolgt, sich dessen aber nicht bewusst ist. Das gilt auch für psychotherapeutische Sprachspiele. Äußert dort z. B. ein Klient wiederholt Selbstvorwürfe, dürfte es zu den Regeln dieses Systems gehören, dass Therapeuten ihn von diesen Selbstvorwürfen zu entlasten suchen. Das kann dann zu guten Lösungen führen oder auch dazu, dass die Teilnehmer in der Logik dieses Spiels gefangen sind: Selbstanklagen seitens der Klienten und therapeutische Anklageentlastungen können sich dann gegenseitig verstärken – je mehr das eine, desto mehr das andere. Welche Arten von Sprachspielen und Sprachspielkontexten lassen sich nun identifizieren?

4.1.3 Sprachspiele – Sprachspielebenen

Sozialen Kontexten geben die darin realisierten Sprachspiele Regeln vor: wie gesprochen wird, wer was zu wem sagen kann und was nicht, welche Begriffe verwendet werden und welche auf keinen Fall, welche Argumente gelten und welche nicht. So gelten moralische und emotionale Argumente vor Gericht wenig, in der Psychotherapie viel. Nach der Erläuterung der Rolle von Kontexten für Sprache und Sprechen in Kapitel 3.2.15 werden im Folgenden drei Kontextebenen in Abhängigkeit von ihrer jeweiligen *Nähe* zu einer konkreten Sprechsituation vorgestellt. Die logisch höchste Ebene prägt und vereinheitlicht einen gesellschaftlich großen Sprachbereich und erreicht so viele Einzeldialoge und Gespräche. Die mittlere und die untere Ebene gelten für umgrenzte Systeme bis hin zu den Sprachspielen *vor Ort*.

Gesellschaftlich-kulturelle Sprachspielebenen

Zu den gesellschaftlich-kulturellen Metakontexten gehören zum einen die in Kapitel 3.2.15 vorgestellten High- vs. Low-Kontextkulturen. In Low-Kontextkulturen werden andere Sprachspiele gespielt als in High-Kontextkulturen. In ersterer sind sie aufgaben- und zielorientiert; die vermittelte Botschaft ist weitgehend im gesprochenen Satz selbst enthalten. In zweiterer sind sie vage und andeutend, sodass die *eigentliche* Botschaft erst aus den nonverbalen Aspekten oder aus dem Kontext, in dem gesprochen wird, erschlossen werden kann.

Zum anderen gehören die jeweiligen Funktionsbereiche einer Gesellschaft dazu mit ihren spezifischen Logiken und ihren und von den anderen Bereichen oft nicht nachvollziehbaren Sprachspielen: die des Justizwesens, der Politik, der Religion, des Gesundheitswesens, der Kunst oder der Medien. Das lässt sich beobachten, wenn ein Satz aus einem Bereich (etwa einer aus dem Comedy-Medienbereich) in einem anderen eine andere Bedeutung mit anderen Konsequenzen hat (und etwa vor Gericht als Beleidigung gewertet wird) oder wenn eine als wissenschaftliche Aussage gemeinte

Äußerung über Geschlechterunterschiede von den Medien als Beleidigung eines Geschlechtes aufgegriffen und porträtiert wird. Auf diese hohe Metaebene hinsichtlich ihrer Vorgaben für Sprachspiele wird hier jedoch nicht weiter eingegangen.

Mittlere Sprachspielebenen

Zur mittleren Sprachspielebene gehören Therapie- und Beratersysteme. Unabhängig von dort besprochenen Problemen haben diese ihre zentralen Logiken, zentralen Begriffe mit dazugehörigen Sprachspielen. Sie unterscheiden sich dadurch von anderen Dialogen auf anderen Feldern, auch wenn dort über die gleichen Probleme gesprochen wird. Das liegt u. a. an der binnentherapeutischen Rollenverteilung Therapeut – Klient. Erstere fragen mehr als Zweitere, Klienten erzählen etwas über sich, was Therapeuten deuten oder interpretieren, und nicht umgekehrt.

Nach Austin hängt das Gelingen von Sprechakten von bestimmten Bedingungen ab (siehe Kapitel 3.2.7). Das gilt auch für Psychotherapie und Beratung. Wenn in einer Therapie erwünschte positive Effekte ausbleiben, kann man mit Austin die Frage stellen, welche sonst geltenden Sprachspielbedingungen nicht erfüllt sind, ob sie erfüllbar sind und wenn nicht, wie man das Spiel beenden kann, für dessen Gelingen die Voraussetzungen fehlen. Dazu gehört z. B., dass ein Klient die Rolle des Klienten so, wie die Therapeutin das definiert, nicht annehmen will oder kann – und die Therapeutin das so nicht bemerkt. Ein anderes Beispiel liegt vor, wenn der Klient einem medizinischen Behandlungsmodell folgend von der Therapeutin erwartet, dass diese seine Symptome beseitigt, und die Therapeutin demgegenüber die Logik der »Hilfe zur Selbsthilfe« verfolgt, beide sich aber dieser Divergenz nicht bewusst sind.

Die in Therapie und Beratung realisierten Sprachspiele sind für Therapeuten und nach wenigen Sitzungen auch für Klienten so selbstverständlich und vertraut, dass man sich ihrer oft nur im Fall des Misslingens bewusst wird. Das Phänomen der Inszenierung bestimmter Sprachspiele, dem sich die Beteiligten gar nicht entziehen können, durch vorgegebene Rollen, symbolisch generalisierte Kommunikationsmedien (bestimmte Symbole, Titel oder zentrale Begriffe entfalten von allein ihre Wirkung; siehe dazu 3.2.14), wird von Soziologen unterschiedlich beschrieben und erklärt. Zur Selbstorganisation eines Sprachspiels durch bestimmte Begriffe in bestimmten Kontexten – hier etwa der Psychotherapie – führt Luhmann aus: »Wenn einmal Kommunikation in Gang gebracht und in Gang gehalten worden ist, ist die Bildung eines sie begrenzenden Sozialsystems unvermeidlich« (Luhmann, 1988b, S. 223). Buchholz (2014, S. 121) spricht von »Diskursformaten«, die in der Psychotherapie eine andere Figur haben als z. B. im Beichtstuhl oder beim Friseur – selbst wenn es inhaltlich um gleiche Themen ginge.

Heiko Kleve (2014, S. 235 f.) verweist hierzu auf das Konzept der Habitusformation bei Bourdieu (siehe Kapitel 3.2.13). In unserem Kontext sind therapietypische sprachliche Äußerungen gemeint. Dieser wird durch charakteristische Symbole markiert: der auf der Couch liegende Klient in der Psychoanalyse, die beim Bericht ihres Klienten mitschreibende Verhaltenstherapeutin, der berufliche Titel des Behandlers an der Eingangstür zu seinem Therapiezimmer. Psychotherapeuten und Beraterinnen können ihre Habitusformationen nicht nicht markieren, sie ist hier eine andere als bei einer Party oder einem polizeilichen Verhör. Mit solchen soziologischen Perspektiven lässt sich in der Praxis manchmal der Wald angesichts vieler einzelner Bäume bzw. das jeweils gelingende oder eben nichtgelingende therapietypische Sprachspiel als solches sehen. Das eröffnet verschiedene Möglichkeiten: das Spiel einmal bewusst nicht spielen, gegen die sonst üblichen Spielregeln verstoßen und nicht die erwarteten Fragen stellen oder Äußerungen tätigen. Oder man findet Wege – etwa durch eine diesbezügliche Metakommunikation – zur Einhaltung der Sprachspielregeln beizutragen.

➡ Fallbeispiel »motivierte und nichtmotivierte Klienten«: In der Supervision berichtet ein Therapeut, er stehe kurz davor, die Zusammenarbeit mit einem Klienten zu beenden. Aus Sprachspielsicht berichtet er, dass dieses im vorliegenden Fall nicht gelinge, weil alle auf das Ziel dieses Spiels hinauslaufenden Sprechakte nicht zu diesem Ziel führen. Der Klient, so schließt der Therapeut daraus, sei offensichtlich nicht zu Veränderungen motiviert, was bedeute, dass man mit ihm in der Psychotherapie nicht viel erreichen könne. Damit definiert er implizit seine Spielregeln gelingender Therapiesprachspiele. Auf die Frage, wie er zu diesen Regeln gekommen sei, verweist er auf seine psychotherapeutische Sozialisation in seinen Ausbildungen, wo ihm das so erklärt worden sei. Diese Regeln und das Registrieren, dass sie nicht eingehalten werden, können zu wichtigen Entscheidungen und Lösungen führen:

Vielleicht ist es besser, wenn sich Therapeut und Klient trennen, als sich dem traditionellen Spiel folgend um Veränderungen zu bemühen, die dann nicht stattfinden und in beidseitigen Frustrationen und gegenseitigen Schuldzuschreibungen münden. Man könnte bei Kenntnis dieser für selbstverständlich gehaltenen Regeln aber auch einen anderen Weg einschlagen und folgende damit implizierten Prämissen infrage stellen: Veränderung = gut und Nichtveränderung = schlecht; motiviert = gut und nichtmotiviert = schlecht; Therapie mit Motivierten = effektiv und Therapie mit Unmotivierten = weniger effizient. Man könnte dann andere Bewertungen und Spielregeln einführen, z. B. Nichtveränderung = Bewahrung = gut und dann ggf. metaperspektivisch beleuchten: Wer will hier eigentlich eine Veränderung und wer nicht? Wer misst die Veränderung oder Nichtveränderung an welchem Kriterium? Statt einer Beendigung der therapeutischen Beziehung könnte das zu einer Intensivierung derselben führen.

➡ Fallbeispiel »Rollenumkehr«: Als ich bei einer Klientin einmal den Eindruck hatte, dass ich mich mit ihr im sich wiederholenden therapeutischen Dialog im Kreis drehe, bat ich sie, unser übliches Sprachspiel einmal zu ändern. Bisher hatte sie immer von ihren Problemen berichtet und ich nachgefragt. Die Klientin solle heute doch mal dem Therapeuten Fragen stellen und dieser sie beantworten. Sie zögerte nicht lange mit ihrer ersten Frage: »Bin ich für Sie in der Therapie eine erfolgreiche Klientin?« Meine ebenso rasche Antwort lautete: »Nein.« Das eröffnete einen fruchtbaren Dialog zwischen uns, an dessen Ende die Entscheidung der Klientin stand, aus ihrer Rolle als »Dauerklientin« auszusteigen mit Konsequenzen für viele ihrer sozialen Beziehungen und Rollen.

Beobachterunabhängig- vs. beobachterabhängig-reflexive Sprachspiele

Eine weitere Unterscheidung ist die zwischen beobachterunabhängig- und beobachterabhängig-reflexiven Sprachspielen und ein spezifischer Bestandteil der Systemtheorie. Ob ein therapeutisches Gespräch der einen oder anderen Seite folgt, hat Auswirkungen auf Denken, Fühlen und Verhalten von Therapeutinnen, Beratern, Supervisorinnen ebenso wie von Klienten und am Ende auch auf das, was dabei herauskommt.

Mit einer beobachterunabhängig-ontologischen Sprache in der Therapie gehen folgende Annahmen einher: Es gibt eine vom Beobachter unabhängige reale Welt. Es kommt darauf an, diese angemessen zu erkennen, zu benennen und zu erklären. Also gibt es richtiges und falsches Erkennen. Daraus können bzw. müssen die richtigen Konsequenzen für die Therapie gezogen werden. Dafür liefern die hierzu entwickelten therapeutischen Konzepte mit ihren zentralen Begriffen das sprachliche Rüstzeug.

Die Basis der beobachterabhängig-reflexiven Denk- und Sprechweise ist der Konstruktivismus (vgl. Simon, 1993, 2006; Fuchs, 2015; Pörksen, 2015). Dieser geht von der Annahme aus, dass alles, was über die sogenannte Realität gesagt wird – z.B. über die Problemrealitäten von Klienten –, die Konstruktion eines Beobachters ist. Das können die Klienten mit ihren Selbstbeobachtungen oder andere sein. Das betrifft die Beschreibung und Benennung, die Bewertung und auch die Erklärung von Problemen. Davon hängt ab, was man als Lösung eines Problems tun oder lassen sollte und wer dafür zuständig ist. Aus dieser Sicht gibt es keine Wahrheit, sondern nur Perspektiven, Sichtweisen, Realitätskonstruktionen.

Die Unterscheidung zwischen beiden Ansätzen ist heute Allgemeingut. Alle Psychotherapieschulen haben konstruktivistische Annahmen übernommen.

Dieser Konsens ist die eine Seite. Die andere und für die vor Ort realisierten Sprachspiele viel interessantere Seite ist, dass die in der Welt der Ontologie beheimateten Begriffe und Sprachwendungen so tief in unserem Denken und in unserer Alltagssprache (oft auch von Therapeuten, die sich selbst konstruktivistisch nennen) verankert sind, dass sie immer wieder unbemerkt Eingang in die Erzählungen in Therapie, Beratung und Supervision finden. Auch in Kontexten, in denen man sich darauf geeinigt hat, die Dinge »konstruktivistisch« zu sehen, finden sich ontologisch ausgerichtete Sprachfiguren. Ein Beispiel ist die Verwendung des Verbmodus des Indikativs, wenn damit suggeriert wird, dass etwas so oder so *ist* (»Paul ist traurig«). Statt sich also verkrampft um eine konstruktivistische beobachterabhängige reflexive Sprechweise zu bemühen, ist es meistens lebendiger, wirksamer und effektiver, die konstruktivistische *Sprachpolizei* erst mal außen vor und der Sprache freien Lauf zu lassen, um dann gelegentlich die real gesprochenen Wörter und Sätze bei sich selbst und anderen daraufhin zu beobachten, wann dem einen (ontologischen) und wann dem anderen (konstruktivistischen) Sprachspiel gefolgt wird und mit welchen Effekten auf alle daran Beteiligten und davon Betroffenen. Man kann bewusst damit spielen, ggf. das gerade stattfindende Sprachspiel zu wechseln.

Tabelle 1 gibt Beispiele für ontologisches und für reflexives Sprechen wieder.

Tabelle 1: Beobachterunabhängig-ontologisches Sprechen – Beobachterabhängig-reflexives Sprechen

Beobachterunabhängig-ontologisches Sprechen	Beobachterabhängig-reflexives Sprechen
Seit wann haben Sie Ihre Depression?	Seit wann erleben Sie das, was Sie eine Depression nennen?
Ihre Mutter hat Sie also vernachlässigt.	Ihre Mutter hat also etwas getan, das manche als Vernachlässigung bezeichnen.
Die Suppe ist versalzen.	Für mich ist die Suppe versalzen.
Aufgrund Ihrer schlimmen Erfahrungen in Ihrer ersten Ehe können Sie sich auf keine neue Beziehung mehr einlassen.	Man könnte zwischen Ihrer schlimmen Erfahrung in der ersten Ehe und damit, dass Sie sich jetzt auf keine neue Beziehung mehr einlassen, einen Zusammenhang herstellen.
Seit wann verstehen Sie sich als Paar nicht mehr?	Seit wann findet das statt, was Sie ein »Sich-nicht-mehr-verstehen« nennen?
Wer hat als Erstes festgestellt, dass Ihr Sohn eine Impulskontrollstörung hat?	Wer hat das Verhalten Ihres Sohnes als Zeichen einer Impulskontrollstörung bezeichnet?
Hat das Mobbing gegen Sie im letzten Jahr zu- oder abgenommen?	Hat das, was Sie »Mobbing« nennen, im letzten Jahr zu- oder abgenommen?
Was ist aus Ihrer Sicht die Ursache Ihres geringen Selbstwerts?	Was ist für Sie ein geringer oder hoher Selbstwert?

Der Unterschied zwischen diesen beiden Sprachfiguren bei der Problembeschreibung wurde in Kapitel 3.2.14 als einer zwischen der Landkarte (d. h. einer Sichtweise auf etwas) und dem Land (d. h. das konkrete Verhalten oder Denken) beschrieben. Nun liegt der Schwerpunkt auf den damit korrelierenden Sprachspielen: Im einen tut man so, als beschreibe man das Land selbst. Im anderen markiert man, dass Landkarten verwendet werden. Wenn Therapeuten bewusst oder unbewusst im Gespräch herausfinden wollen, was beim Klienten *wirklich* los ist, operieren sie unweigerlich – und in manchen Kontexten auch notwendigerweise – im ontologischen Sprachspiel. Wenn sie sich darüber im Klaren sind, dass sie ebenso wie ihre Klienten bei all ihren Fragen und Aussagen immer nur Bilder über die Problem- oder Löselandschaften erzeugen und wiedergeben, dann sind sie im reflexiven Sprachmodus. Das gilt auch dann, wenn sie ganz bewusst ein ontologisches Sprachspiel spielen und etwa von »der Psychose« oder »dem Rosenkrieg« sprechen, unter denen die Klienten leiden.

Man kann beide Logiken explizit in Supervision, Beratung und Therapie einführen und vertreten. Man kann das aber auch und oft viel eleganter und effektiver tun, wenn man bei einzelnen selbst gesprochenen Sätzen und gestellten Fragen bewusst den Regeln des jeweiligen Sprachspiels folgt. Wenn etwa eine Klientin berichtet, ihre Schmerzen seien »unerträglich«, kann man beide Varianten von Fragen stellen: »Seit wann sind Ihre Schmerzen unerträglich?« oder »Seit wann erleben und bezeichnen Sie Ihre Schmerzen als ›unerträglich‹?«. Möglicherweise macht das keinen Unterschied, möglicherweise geht das aber auch mit einem deutlichen Unterschied im weiteren Verlauf des Gesprächs einher. So kann die bewusste Inszenierung des einen oder anderen Sprachspiels dazu führen, dass andere oder alle am Gespräch Beteiligten anfangen, so zu denken und zu sprechen: Wir erzeugen und referieren Sichtweisen, die immer auch anders möglich wären – oder wir erzeugen und referieren Realitäten und kämpfen manchmal um die *angemessene* Realitätsbeschreibung. Sprachspiele wirken subversiv auf das Denken und dann auch auf das Handeln ein.

Ob explizit als Konzept oder implizit in Form von Begriffen oder Sätzen in Sprechakten eingeführt: Wer sich des jeweiligen Sprachspiels und seiner Logik bewusst ist, befindet sich im Sinne von Luhmann auf der Ebene einer Semiotik zweiter Ordnung (siehe Kapitel 3.2.14): Man beobachtet sich selbst und andere beim Sprechen und beim Verwenden von Worten oder Sprachfiguren. Im Alltag sagt man einfach »Das ist doch eindeutig die Verantwortung der Leitung!« (beobachterunabhängige Formulierung) oder »Ich gebe dafür der Leitung die Verantwortung!« (beobachterabhängige Formulierung). Auf der Ebene der Semiotik zweiter Ordnung richtet sich der Blick dann bewusst auf sich selbst oder andere als Sprecher und Mitspieler eines Sprachspiels und man kann die jeweilige Art des Redens selbst sehen und benennen. Dann sieht man den Unterschied zwischen beiden Sprechweisen. Wenn wir diese benennen oder beschreiben, sind das »Zeichen für Zeichen« oder »Begriffe für Begriffsarten« – hier die der beobachterabhängig-ontologischen und der beobachterunabhängig-reflexiven Sprache. Wir befinden uns mit diesem »Sprechen über das Sprechen« auf der Ebene der Beobachtung zweiter Ordnung – der Beobachtung der Beobachtung.

Auch wenn man beide Sprachspiele als Resultat oder Produkt der dahinterliegenden philosophischen Grundannahmen ansehen kann (hier Ontologie – dort Konstruktivismus) ist es aus sprachphilosophischer und auch praktisch therapeutischer Sicht interessanter, diese Beziehungen von der anderen Seite her zu sehen: wie Sprachspiele Sichtweisen und Grundannahmen erzeugen. Systemtheoretiker wie Luhmann würden hier von der »Selbstreferenz« der Sprache sprechen: Wer spricht, offenbart und generiert damit immer einen Bezug zu sich selbst und den dahinterliegenden Annahmen. Einen Schritt weitergedacht, *erzeugt* man durch sein Sprechen auch seine Art zu denken, die Welt zu sehen und die Beziehung zu anderen und zu sich selbst zu gestalten.

Sprache hat insofern immer zwei Seiten: Einerseits zeigt sie immer auf ein *Etwas.* Sie hat immer einen besprochenen Inhalt in ihrer in der Systemtheorie sogenannten »Fremdreferenz« der Sprache. Andererseits zeigt sie gleichzeitig, direkt oder indirekt immer auch auf sich selbst in der sogenannten »Selbstreferenz«.

Luhmann unterscheidet drei Arten der Selbstreferenz: eine basale, eine prozessuale und eine reflexive (1988b, S. 600). Vereinfacht kann man das so beschreiben: In der basalen Version zeigt das gesprochene Wort »Apfel« auf den, der es gerade für etwas verwendet. In der prozessualen Version der Selbstreferenz geht es darum, dass im Verlauf eines Gesprächs alle gesprochenen Sätze in einer dynamischen Abhängigkeit zueinander stehen. Jeder Satz hat einen Bezug zu den Sätzen, die vorher gesprochen wurden, und zu denen, die danach gesprochen werden.

Geht es in einer Therapiesitzung einmal emotional und hitzig zu, sieht man mit dieser Version der Selbstreferenz, wie die Bedeutung jedes Satzes erst aus dem entsteht, was vorher und nachher gesagt wird. Selbstreferenz bedeutet hier Bezug oder Verweis auf das jeweils realisierte Gespräch. Aus einer reflexiven höheren Metaebene wird das aktuelle Gespräch und dessen Dynamik als Produkt der Logiken des gerade stattfindenden Sprachspiels gesehen und nicht als das der dabei beteiligten sprechenden Personen. Man braucht dann z. B. keine Schuldigen, wenn etwas misslingt, und kann stattdessen die Frage stellen: In welchem Spiel sind wir gerade gefangen? Wollen wir das fortsetzen oder modifizieren?

Beobachterunabhängig-ontologische Sprachspiele gehen nicht notwendig, aber oft mit folgenden Aspekten einher: einer Suche nach oder einem Kampf um Wahrheiten, einer Herausforderung zu konträren Positionierungen bis hin zum *Rechthabenwollen* oder *-müssen.* Das wird an vermeintlich objektiven Kriterien für die jeweiligen Realitätskonstruktionen gemessen und führt letztendlich zur Bewertung von Verhalten oder gar Personen mit Begriffen wie »krank«, »ungesund«, »dysfunktional«, »irrational«. Die positive Seite dessen ist, dass es für Therapeutinnen wie Klienten dann Gewissheiten gibt und die Komplexität der Welt vereinfacht wird. Es gibt ja nur eine richtige Version davon.

Konsequent beobachterabhängig-reflexive Sprachspiele gehen demgegenüber mit folgenden Aspekten einher: mit der unterlegten Gleichwertigkeit verschiedener Sichtweisen und Perspektiven, einer Anregung zum Austausch von Sichtweisen mit der Chance der gegenseitigen Bereicherung, einer damit verbundenen höheren Verantwortung der sprechenden Person für ihre Realitätskonstruktionen verbunden mit dem Anspruch darauf, hinreichenden Respekt für die jeweils eigene Sicht zu erhalten. Der Nachteil kann sein, dass Positionierungen schwierig bis obsolet oder permanent mit einem relativierenden Kommentar verbunden werden und Klientinnen, die einen Halt an wissenden Experten suchen, diesen nicht bekommen.

In der reflexiven Version der Selbstreferenz fragt sich der Therapeut allein oder mithilfe anderer in einer Supervision, wie er sich seinen Klienten, dessen Probleme und die gerade verfolgte Problemlösung konstruiert und wie er das sprachlich präsentiert. Er beobachtet sich selbst beim Sprechen oder lässt sich dabei beobachten. Was die Unterscheidung beobachterunabhängige vs. beobachterabhängige Sprache betrifft, kann er sich fragen, welche Version er gerade vertritt.

➡️ Fallbeispiel für eine »reflexive Selbstreferenz aus einer Supervision«, die am Ende zum Wechsel von einem ontologischen zu einem reflexiven Sprachspiel führte: Ein Supervisand berichtet von den Klagen einer 29-jährigen Klientin über ihre Herkunftsfamilie, für die sie in hohem Maße Verantwortung tragen müsse. Der Vater war früh verstorben, die Mutter danach mit den vier Kindern allein. Die Klientin ist die zweitälteste. Die Mutter habe die Kinder vernachlässigt, sich in ihre eigene Welt, v. a. in ihre Arbeitswelt, zurückgezogen. Sie selbst sei daher gezwungen, für ihre diesbezüglich auch noch undankbaren Geschwister Sorge zu tragen – auch für die ältere Schwester. Es gebe heftigen Streit zwischen den Geschwistern bis hin zu Prügeleien.

Der Therapeut stellte hier eine aus seiner Sicht ganz offensichtlich zutreffende »objektive« Diagnose: »Zustand einer Überforderung durch zu viel Familienverantwortung«. Er leitete daraus die Notwendigkeit ab, dass die Klientin aus dieser Rolle aussteigen müsse. Das Problem war: Wie auch immer er ihr dieses Konzept vermittelte – die Klientin wehrte sich gegen diesen Lösungsansatz. Sie beklagte sich dennoch weiter über diese Konstellation mit dem unverhohlenen Appell an den Therapeuten: »Helfen Sie mir – aber nicht mit diesem Ansatz!«

In der Supervision beobachtete sich dieser Therapeut mithilfe des Supervisors selbst dabei, wie und mit welchen Sprachfiguren er für sich und seine Klientin deren Problem, dessen Lösung und auch seine eigene Rolle dabei konstruiert hatte. Das Ergebnis war einfach und erleichternd: Er hatte sich angesichts der Ambivalenz zwischen Selbst- und Familienfürsorge mit »ontologischer Gewissheit« auf die Seite des Ersteren geschlagen und das auch offen vertreten. Die Klientin aber vertrat stets die andere Seite.

Die Lösung bestand schließlich darin, dass der Therapeut seine bisher im Sinne einer beobachterunabhängigen Objektivität vertretene Haltung als Resultat seiner eigenen (beobachterabhängigen) subjektiven Sicht markierte und anmerkte, dass er dabei wohl die andere Seite der Ambivalenz übersehen hatte, welche die Klientin in ihrem »Widerstand« zeigte. Er machte sich nun selbst zum Vertreter der Ambivalenz, um mit der Klientin alle Seiten und Optionen durchzuspielen und um ihr selbst die Entscheidung, wann sie wie welche Seite vertrete, mit allen Konsequenzen zu überlassen. Das ging auch mit einem Wechsel im Sprachspiel während der Supervision einher. Wurde am Anfang vom Supervisanden noch ontologisch-pathologisch von der Klientin gesprochen (»Sie *ist* dysfunktional verstrickt« – »Sie *hat* einen geringen Selbstwert …«), wechselte das zunehmend zu einer reflexiven Sprache: »Ich habe mir die Klientin so … vorgestellt und sehe das nun so …«

Die Ausführungen hier sollen nicht zur Annahme verleiten, dass ein Sprachspiel immer passender und effektiver sei als das andere. Es gibt in Therapie und Beratung Momente, in denen die (explizite oder implizite, bewusste oder unbewusste) Ein-

nahme einer ontologischen Redeweise nützlicher ist als die andere, weil sich mit ihr
z. B. besser eine klarere Richtschnur für das Handeln verbinden lässt. Manchmal ist
das Konzept der Eindeutigkeit produktiver als das der Perspektivenvielfalt. Im Sinne
der Meta-Klartext-Klarheit ist es aber wichtig, dass man sich des jeweils gespielten
Sprachspiels bewusst ist, um die guten Effekte ebenso wie die potenziell unguten
Nebeneffekte zu erkennen. Damit wird die Option der Experten größer, weil sie nicht
auf ein Sprachspiel festgelegt sind. Schwierig, weil unflexibel, wird es immer dann,
wenn eine bestimmte Sichtweise oder Philosophie mit den dazugehörigen Sprachspielen zu einem Kernelement der Identität eines Therapeuten, Beraters oder einer
Supervisorin geworden ist: Dann ist man darin gefangen, muss das verteidigen und
kommt nur schwer wieder heraus.

Ereignissprache – Handlungssprache

Eine weitere Unterscheidung ist die zwischen Ereignis- und Handlungssprache. Wenn
sich im Rahmen einer neurologischen Erkrankung plötzlich die Hand einer Person hebt, ist das ein Ereignis im Rahmen einer Krankheit: Das geschieht mit oder
ohne damit einhergehendem Leiden des Betroffenen. Dahinter steht keine mit dieser
Aktion handelnde Person, der man irgendwelche Beweggründe dafür unterstellen
kann. Wenn wir bemerken, dass der Betroffene mit dieser Bewegung jemandem
zuwinkt, wird daraus eine Handlung, für die es einen Grund bzw. ein Motiv gibt. Zur
Beschreibung dieser unterschiedlichen Akte – Ereignis einer Krankheit vs. Handlung einer Person – stehen verschiedene Begriffe und Sprachspiele zur Verfügung.
   Interessant wird das im Bereich der Psychotherapie, wenn auf das gleiche Verhalten beide Sprachspiele angewandt werden mit jeweils unterschiedlichen Folgen.
Man kann z. B. den Rückzug einer Person aus sozialen Kontakten als Symptom einer
Krankheit namens Depression und damit als Ereignis dieser Krankheit sehen. Man
kann das auch als Handlung mit einem bewussten oder unbewussten Motiv verstehen,
etwa dem, den Kontakt zu anderen zu vermeiden, weil deren Erwartungen belastend
sind. Manche Systemtherapeuten der Heidelberger Schule haben Klienten irritiert und
die therapeutische Community provoziert, wenn sie in familientherapeutischen Sitzungen Symptome der Schizophrenie – z. B. Stimmenhören – durch Fragen wie diese
an die Familienmitglieder als Handlung bezeichnet haben: »In welcher Situation entscheidet sich Ihr Sohn, Stimmen zu hören?« (Retzer u. Weber, 1991; Retzer, 1994, 2002).
   Die Unterscheidung zwischen einer Ereignis- und einer Handlungssprache durch-
zieht die philosophische und psychologische Literatur (z. B. Lenk, 1977, 1978, 1979, 1981,
1984; Kraiker, 1980; zur Unterscheidung krankheitsbedingtes Ereignis vs. kommunikatives Handeln bei Schizophrenie vgl. Retzer, 1994, 2002). Für die Psychotherapie ist sie
vor allem relevant, wenn wie im genannten Beispiel die Logik der Krankenbehandlung
(der Arzt heilt) und die der Problemlösung (der Klient handelt und erlangt in The-
rapie/Beratung neue Handlungsoptionen) aufeinandertreffen. Manchmal ringen in

einem Dialog von den daran Beteiligten unbemerkt beide Sprachspiele miteinander. Es gibt aber zentrale Begriffe, die diese jeweils markieren oder *anzeigen:* »Störung«, »Symptom«, »Krankheit« gehören zum einen, »Problem«, »Problemlösung«, »Konflikt«, »Konfliktlösung«, »Grund für …« oder »Sinn« zum anderen.

Eine Person kann beide Sprachspiele gleichzeitig spielen. Sie gehen in der Regel mit unterschiedlichen bis widersprüchlichen Konsequenzen einher. Der Wechsel vom einen zum anderen Sprachspiel kann verdeckt in einer Frage enthalten sein. Wenn eine Klientin und deren Familie denken, ihr anorektisches Hungern sei Ausdruck einer Krankheit und keine motivierte Handlung, wirken handlungsorientierte Fragen verstörend: »Wann hat sich Ihre Tochter entschieden, in den Hungerstreik zu treten?« Mit dieser Frage macht der Therapeut aus einem Ereignis eine Handlung. Manche therapeutischen Konzepte in der Hand von Experten oder von Klienten machen explizit aus einer Handlung ein Ereignis oder aus einem Ereignis eine Handlung.

➡ Fallbeispiel »Ich selbst oder Teile von mir?«: Ein Klient berichtet wiederholt von eigenen Verhaltensweisen, die ihn und seine Familie belasten: Er bemühe sich als aktuell Arbeitsloser zu wenig um einen neuen Job, gehe lieber angenehmen Tätigkeiten nach, als ungeliebte Pflichten zu erfüllen. Er erkläre sich und anderen das jedes Mal damit, dass hier »ein Teil in ihm aktiv sei«, für den er dann auch einen negativen Namen parat hat: der »Stinker« in ihm.

In welchen Sprachfiguren dieses Konzept innerer Teile auch immer auftritt – es ist für viele Klientinnen und Therapeuten ein ausgesprochen wertvoller und fruchtbarer Ansatz. Manche Therapeuten führen solche aktiven inneren Teile oder Subsubjekte explizit und mit Erfolg in die Dialoge mit ihren Klienten ein und sprechen dann von inneren Teilen, aktivierten Schemata oder Programmen, unbewussten Instanzen oder wie immer man diese *Handlungs-* und *Denkverursacher* nennen mag. Für die Klientinnen selbst sind deren *Produkte* Ereignisse, die sie erfahren, und nicht Handlungen, die sie selbst initiieren.

Sind solche inneren Instanzen einmal als solche installiert, kann man gut damit arbeiten. Man kann die inneren Teile auf Stühle platzieren und mit ihnen sprechen. Das Ziel ist stets, dass der Klient selbst (sein »Ich«, »Selbst«, der »Präsident im inneren Team« oder wie diese »zentrale« Instanz auch genannt wird) die Kontrolle über das Geschehen erlangt.

Im hier angeführten Beispiel gibt es zwar eine vom Klienten unterlegte Handlung, das ist aber nicht Produkt von ihm selbst, sondern von einem Teil in ihm. Der Effekt dieses Sprachspiels vom handelnden »Stinker« war für ihn im Ergebnis negativ: Dieses Sprachspiel hatte sein eigenes Verhalten zu einem von ihm ungewollten Ereignis gemacht, dessen Opfer er war. Das hatte natürlich den Vorteil, dass er sich dafür nicht verantwortlich machen musste. Der negative Effekt aber war deutlich größer: Er erfuhr sich hilflos, kraftlos, in seinen Beziehungen *unpräsent* und am Ende ungeachtet, und das brachte ihm Kritik von anderen ein. Der Therapeut leitete die Wende von der Ereignis- zur

Handlungssprache durch eine schlichte hypothetische Frage ein: »Was wäre anders, wenn dieser Teil Sie selbst wären?« Der Klient ließ sich bereitwillig auf diesen Wechsel ein und es wurde mit dem Klienten für etliche Themenbereiche durchgespielt, welche Folgen es für ihn selbst und für andere, etwa seine Frau, hätte, wenn er in ein »Ich-Handlungs-sprachspiel« wechselte, bei dem er selbst das Subjekt sei: »*Ich* habe mich entschieden, heute … nicht und stattdessen … zu tun«. Solche Sprechakte stärkten den Klienten und verhalfen ihm erwartungsgemäß dazu, die Kontrolle und die Verantwortung für sein Verhalten zu übernehmen als Basis für von ihm angestrebte Verhaltensänderungen.

Krankheit vs. Handlung – eine Unterscheidung mit Praxisrelevanz: Am Anfang meiner beruflichen Entwicklung haben mir erfahrene Kollegen beigebracht, dass und wie man zur Entlastung eines Klienten die krankheitsbezogene Ereignissprache einführen kann. Meistens ging es um depressive Klienten, die sich selbst ihren depressiven Zustand vorwarfen und deshalb unter Schuldgefühlen litten, weil sie für andere eine Belastung seien. In der Rolle der Experten erklärten wir ihnen: »Nein, das sind Sie nicht selbst, das ist Ihre Krankheit! Sie sind ja nicht Täter, sondern Opfer!« Wenn man das richtig vortrug, konnten Klienten das annehmen und waren sehr erleichtert. Ich kann entscheiden, wann ich diesen Wechsel von der Handlung zur krankheitsorientierten Ereignissprache zur Ent-lastung eines Klienten unterstütze oder sogar selbst einführe. Und ich kann den Nutzen und die unerwünschten Nebenwirkungen dessen abwägen – auch mit Klienten selbst.

Tabelle 2 enthält Begriffe und Äußerungen, die diesen beiden Sprachspielen zu-geordnet werden können – zugegebenermaßen ohne Angaben eines Kontexts, vor dem sie erst ihre Bedeutung und ihre Wirkung erlangen:

Tabelle 2: Ereignisorientiertes vs. Handlungsorientiertes Sprachspiel

Ereignisorientiertes Sprachspiel	Handlungsorientiertes Sprachspiel
Wann tritt das Symptom auf?	Wann zeigen Sie Ihr Symptomverhalten?
Der Patient	Der Kunde
Der Kranke	Der identifizierte Patient
Auftreten des Symptoms	Symptomwahl
Die Persönlichkeitsstörung macht Herrn X aggressiv.	Herr X zeigt seine aggressive Seite.
Ich kann X nicht tun.	Ich will X nicht tun.
Ihre Tochter hat eine Anorexie.	Ihre Tochter ist in einen Hungerstreik getreten.
Seit wann haben Sie Ihre Depression?	Seit wann ziehen Sie sich zurück?
Aufgrund der Belastung dekompensierte der Patient.	Angesichts der Belastung entschied sich der Patient für einen kompletten Ausstieg aus seinem Funktionsmodus.

Sprachspiele vor Ort: Die lokale Ebene

Man kann Sprachspiele in konkreten Situationen *vor Ort* als Komponenten einer auf Verständigung ausgerichteten Kommunikation ansehen oder aus sozialkritischer Sicht als Akte der Absicherung, Bestätigung oder Verwerfung sozialer Positionen. Beide Varianten von Sprachspielen befinden sich auf der unteren Ebene und folgen ihren eigenen Regeln. In einem Spiel dient die Rede des Bürgermeisters in einer Gemeinderatssitzung dem argumentativen Austausch und im anderen der Positionierung als Bürgermeister. Die Perspektive von Sprache als Operation der sozialen Positionierungen stets im Hinterkopf beleuchten wir nun Sprachspiele auf lokaler Ebene als auf Verständigung ausgerichtetes Geschehen.

Sie werden manchmal lange, manchmal nur für eine begrenzte Zeit und stets in einem bestimmten Kontext gespielt. Das Gespräch einer therapeutischen Stunde oder einer Teamsupervision ist ein zeitlich kurzes und räumlich umgrenztes Spiel. Jedes Spiel folgt allgemeinen und speziell vor Ort geltenden Regeln, die den Mitspielern nur zum Teil bewusst sind. Diese Regeln können in Therapie, Beratung oder Supervision aber als solche registriert, erkannt, benannt und dann auch verändert werden. Man kann sich in solchen Sprachspielen *vor Ort* auch verfangen, sie können so die Sprecher als Mitspieler beherrschen. Das ist z. B. der Fall, wenn es in einem Gespräch um unterschiedliche Sichtweisen auf eine eigentlich banale Angelegenheit geht, das Spiel aber den Charakter eines Kampfes darum angenommen hat, wer Recht behält oder das letzte Wort hat. Dann wollen eigentlich alle aufhören, müssen aber weitermachen.

Für lokale Sprachspiele gelten dieselben Prinzipien und Gesetzmäßigkeiten wie bei anderen Mustern in einem System (Tomm, 2001, S. 92 f.; Simon, 2018, S. 37 f.). Ein Muster ist das, was sich in Interaktionen zwischen einzelnen Elementen eines Systems als wiederkehrende Abläufe herausbildet und sich dann immer wieder wiederholt. Jedes Element eines Systems kann es durch eine dazugehörige Verhaltensweise auslösen, auf das dann die anderen Elemente mustertypisch reagieren. Muster setzen sich dann von selbst fort und es gibt keine Verursacher. Innerhalb eines Systems wird das anders interpretiert. Hier identifiziert man solche Verursacher oder »Schuldige« an belastenden Interaktionsabläufen: »Die Natur einer Beziehung ist durch die Interpunktion der Kommunikationsabläufe seitens der Partner bedingt« (Drittes metakommunikatives Axiom bei Watzlawick, Beavin u. Jackson, 2011, S. 69 f.). Muster »können unerkannt die daran teilnehmenden Spieler ›versklaven‹« (vgl. zu diesem Begriff aus der Synergetik Haken u. Schiepek, 2010; Kriz, 1992).

Wir können diese »Musterlogik« auf Sprachspiele vor Ort anwenden: Das lokale Spiel mit seinen Regeln in einem Paar, einer Familie, einem Team oder einer anderen sozialen Gruppierung prägt, was die am Gespräch Beteiligten sagen und nicht sagen trotz aller prinzipieller Autonomie des Einzelnen gegenüber einem sozialen System (siehe dazu die Ausführungen zum Drei-Welten-Modell in Kapitel 5).

Mit der Brille für lokale Sprachspiele lässt sich bspw. im Team einer Klinik beobachten, dass und wie alle zu konfliktträchtigen Themen Erklärungen und Meinungen abgeben und keiner einem anderen eine Frage stellt. Man sieht mit dieser Brille dann ein »Erklärungs- und Positionierungssprachspiel«. Das Spiel eines anderen Teams lässt sich als »Selbstdiagnosenspiel« beschreiben, bei dem alle ihre Diagnosen über das Team mitteilen, dessen Teil sie selbst sind: »Aus meiner Sicht sind wir hier alle …«; »Bei uns wird doch immer …« usw. Eine Systemselbstdiagnose folgt dann der anderen und fordert die nächste heraus.

Relevant sind solche Spiele, wenn sie dominant werden, sich selbst perpetuieren, Sprecherrollen festlegen und es so zu *prägenden Wiederholungen* kommt. Auch wenn man eine Liste prototypischer Sprachspiele *vor Ort* aufstellen könnte, ist es für Therapie, Beratung und Teamsupervision besser, das jeweilige System in seiner sprachlichen Eigendynamik, also eher ideografisch statt kategorisch, zu beobachten und dazu eine »Sprachspielhypothese« zu erstellen. Diese kann transparent als solche präsentiert und bei Passung und Ankopplungsmöglichkeit an das System damit gearbeitet werden.

Einige Beispiele für solche lokalen Sprachspiele: »die Vorlesung« (eine Person erläutert permanent und andere hören zu), »Trostspender – Getröstete« (Wiederholung von Trösten und Trostempfang), »Anklage und Verteidigung« oder auch sich gegenseitig aufschaukelnde zynische und/oder ironische Sprechakte. Will man diese Spiele als solche erkennen, darf man nicht zu sehr auf den Inhalt achten, sondern auf die sich wiederholenden Muster.

Nutzen wir die Idee, dass nicht Personen Muster erzeugen, sondern Muster die daran teilnehmenden Personen in dazugehörigen Rollen, dann hat dies für lokale Sprachspiele vor Ort eine hohe praktische Relevanz. Man kann mit diesem Ansatz in einzelnen Aussagen Züge in einem Sprachspiel sehen statt von einzelnen Personen initiierte und motivierte Aktionen. Es gibt keine Agenten, die man verantwortlich machen muss, wohl aber die Frage, ob die Spieler dieses Spiel weiterspielen oder ganz oder versuchsweise für eine gewisse Zeit aus ihm aussteigen und ein anderes spielen und sich z. B. gegenseitig Fragen stellen oder loben wollen.

➡ Fallbeispiel Coaching »Nur, wenn du willst …«: Eine Therapeutin berichtet, sie sei die rechte Hand des Leiters, übernehme von diesem und für das Team viele Aufgaben und sei dadurch überfordert. Ihren Chef sehe sie durch seinen Job ge- bis überfordert. Im Team gebe es aus ihrer Sicht etliche »Drückeberger«, wenn es um die Bereitschaft geht, Aufgaben zu übernehmen. Im Einzelcoaching arbeiten wir hinsichtlich der Dialoge zwischen ihr und ihrem Chef und auch sonst im Team folgendes Sprachspiel heraus: Man lässt sich gegenseitig zwar Wünsche oder Erwartungen wissen, formuliert diese aber als vorsichtige Anfragen, die sinngemäß stets mit der Anmerkung enden: »… aber nur, wenn du willst«, womit gemeint ist: »Nur dann möchte ich, dass du meine Erwartungen erfüllst.« Die Kollegin erfuhr sofort eine veränderte Gefühlslage, als sie diesen

Sprechakt im Rollenspiel durch folgendes ersetzte: »… das wünsche oder erwarte ich von dir!« Das ist ein Wechsel vom »Nur, wenn du willst«- zum »Ich will von dir«-Spiel.

Sprechen mit sich selbst

Wir sprechen bewusst oder unbewusst auch mit uns selbst. Selbstgespräche lassen sich auch als Sprachspiel ansehen, die auch parallel zum Gespräch mit anderen stattfinden können. Manchmal lässt sich dann eine Wechselwirkung zwischen Selbstgespräch und Kommunikation mit anderen herausarbeiten.

➡ Fallbeispiel »Sprechen mit sich selbst – Selbstreferenz und Fremdreferenz«: In der Supervision eines Teams lässt eine Kollegin andere kaum ausreden. Zwischen ihr und ihren Kollegen herrscht oft »dicke Luft«. Dabei erklärt sie immer wieder, dass sie nicht so sei, wie andere im Team sie sehen würden. Als Supervisor frage ich sie: »Heißt das, dass Sie sich von anderen manchmal in eine Ecke gestellt sehen, in die Sie nicht hingehören?« Sie antwortet klar und eindeutig: »Ja!« Supervisor: »Von wem fühlen Sie sich in welche Ecke gestellt?« Zum Staunen des Supervisors antwortet sie zuerst: »Von Ihnen als Supervisor!« Das ließ sich rasch klären und auflösen, um dann in Fragen zu den Beziehungen im Team überzugehen. »Wie heißt die Ecke, in die Sie sich von Teammitgliedern gestellt sehen? Wie versuchen Sie, da wieder herauszukommen? Mit welchem bisherigen Effekt? Was brauchten Sie von anderen, um sich nicht in diese Ecke gestellt zu sehen? Und was benötigten die anderen von Ihnen, um Ihnen einen anderen Platz im Team geben zu können?«

Am Ende der von diesen Fragen geleiteten Supervision fühlte sie sich mehr im Team integriert. In einer solchen Dynamik lassen sich die zirkulären Wechselwirkungen zwischen der Selbstpräsentation gegenüber anderen (Sie sprach in gewisser Weise ständig mit sich selbst und erklärte sich: »Ich bin nicht so, wie die mich sehen!«) die damit korrelierende Selbstdefinition (»Ich bin eine in meiner Art Verkannte«) und im Sinne (die vehementen Appelle an andere erzeugen das, was man durch sie verhindern will) beobachten und beschreiben.

In diesem Fallbeispiel spricht die Kollegin mit anderen und dabei auch mit sich selbst. In anderen Beispielen steht das Sprechen mit sich selbst im Vordergrund, geht aber auch mit einer Botschaft an andere einher. Die Figur des direkten »Sprechens-mit-sich-selbst« ist uns vertraut: »Ich habe mir gesagt: Das machst du nicht wieder!« Man kann hier unterscheiden zwischen der grundsätzlich sprachlichen Verfasstheit oder auch der sprachlichen Generierung des »Ich« oder des »Selbst« und den expliziten performativen lauten oder leisen Sprechakten zu sich selbst.

Viele Theorien über das Bewusstsein oder das Selbst gehen davon aus, dass beide sprachlich verfasst sind bis hin zur sprachlichen Verfasstheit des Unbewussten bei Lacan (vgl. Fuchs, 2010; Krämer, 2017, S. 193, mit Bezug auf Lacan, siehe auch Kapitel 5.3). Oft wird dabei auf ein inneres Sprechen als Operation der Psyche verwiesen. Das *Ich*, für das ich *mich* halte, positioniert sich mit diesem Begriff nicht nur anderen, sondern auch vor sich selbst. In der Sprache der sogenannten narrativen Ansätze: Wie ich über mich und andere spreche und wie andere über sich und mich sprechen, bedingen sich gegenseitig und bilden am Ende konsistente Sinnfiguren (s. dazu Kriz, 2017). Man ist oder wird der, den man sich oder anderen erzählt (vgl. Epston u. White, 2013; Kronbichler, 2014): Auf zirkuläre Weise erzeugt man sich selbst durch die Art, wie man sich anderen präsentiert, und man präsentiert sich so, wie man sich innerlich auch sprachlich definiert. Andererseits spricht man so zu und über sich, wie andere zu einem gesprochen haben oder sprechen. Diese Narrationen sind zirkulär miteinander verbunden: Sprechen mit sich selbst ist im Sinne von Luhmann keine Kommunikation, weil dazu bei ihm nicht nur gehört, dass etwas mitgeteilt wird, sondern auch, dass das Gesagte von jemandem als Mitteilung aufgenommen und irgendwie verstanden wird (siehe Kapitel 3.2.14). Erst wenn alle drei Momente gegeben sind, hat Kommunikation stattgefunden. Auch wenn wir metaphorisch und mit Gewinn die Frage stellen können, ob man sich beim Sprechen mit sich selbst eigentlich zuhört und versteht, was man sich sagt, lässt sich diese metaphorische Figur im Reden mit sich selbst sprachlogisch nicht konsequent durchhalten. Das würde im Sinne von Habermas bedeuten, dass zwei Seiten in einer Person miteinander sprechen, streiten und argumentieren könnten oder müssten. Das kann man zwar spielerisch in Therapie und Beratung durch den Dialog zwischen zwei Seiten *in mir* inszenieren, das aber ist eine therapeutische Konstruktion mit einem therapeutischen Ritual und gibt nicht wieder, was in der Psyche tatsächlich an zweiseitigen kommunikativen Operationen stattfindet.

Etwas anderes ist es, zu beobachten und zu erfragen, wie jemand innerlich explizit oder implizit Sätze bzw. Kommentare zu oder über sich selbst spricht und welche Wirkung das auf das psychische System hat, z. B. auf Gefühle. Das gilt für implizite oder explizite Kommentare über sich, wie das in dem genannten Beispiel der Kollegin im Team der Fall ist. Konsequent zu Ende gedacht hat jede sprachliche Fremdreferenz (Aussage zu anderen oder über andere) eine sie begleitende Selbstreferenz (mitschwingender Bezug zu oder über sich selbst). Beide Seiten stehen in einem zirkulären Wechselverhältnis – sie bedingen sich gegenseitig.

Ein typisches Beispiel für die Wechselwirkung zwischen Selbstkommentaren und der Reaktion anderer darauf in der Therapie ist jener Vorgang, bei dem ein Klient wiederholt negativ zu oder über sich selbst spricht und die Therapeutin automatisiert versucht, dem positiv gegenzusteuern. Sie beantwortet die negativen Selbstkommentare dann bspw. mit positiven Botschaften an den Klienten. Das kann hilfreich sein, aber auch Teil eines Musters, bei dem der Klient sich selbst immer negativer beschreibt, je positiver ihn die Therapeutin darstellt. Man kann dann eine Musterunterbrechung riskieren: »Wenn Sie darauf bestehen, sich negativ zu sehen, will ich Sie dabei nicht weiter stören!«

Die Relevanz dessen für Psychotherapie und Beratung liegt auf der Hand: Man kann hypothetisch erschließen oder explizit erfragen, was ein Klient bei dem, was und wie er zu anderen spricht, implizit zu oder über sich selbst sagt. Äußert er z. B. »Dann muss ich das halt hinnehmen!«, lässt sich fragen: »Was möchten Sie mit diesem Satz anderen sagen und was sagen Sie dabei zu oder über sich und was sich selbst, was bestätigen Sie sich gerade über sich selbst?« Man kann aber auch nach expliziten Sätzen zu sich selbst fragen im Sinne der expliziten Sprechaktperformanz: »Sprechen Sie manchmal zu sich selbst? In welcher Situation? Was sagen Sie dann? Mit welcher Auswirkung?« Und dann vielleicht lösungsorientiert: »Was würden Sie sich gern selbst sagen – oder was würden Sie gern einmal von sich selbst hören?« Wenn man mit Klartext solche Fragen stellt, kann sich der Klient seiner Art der Selbsterzählung und auch der Selbsterzeugung durch sein explizites oder implizites Selbstreden bewusst werden und das dann auch verändern: »Psychotherapie und Seelsorge ermöglichen eine Umerziehung der Selbsterzählung« (Emlein, 2017, S. 193).

Briefe an sich selbst oder an das »innere Kind« bzw. an das Kind, das man in einer bestimmten (belastenden) Lebensphase einmal war, gehören zu den oft hilfreichen therapeutischen Interventionen. Man teilt dem inneren Kind z. B. ein Verständnis, einen Trost oder andere Formen des Beistandes mit, dessen man in einer früheren Zeit bedurfte, aber nicht bekam. Ein Brief an sich selbst heute kann die Autonomie bzw. die Unabhängigkeit von anderen fördern, wenn man von Letzteren etwas erwünscht oder braucht, dies trotz aller Bemühungen aber nicht erhält und diese unerfüllte Sehnsucht immer wieder Quelle von Leid, Zorn und Einsamkeit ist. In einem Brief an sich selbst kann man sich das geben oder sagen, was man von anderen ersehnt. Das kann autonomer, selbstbewusster und von anderen unabhängiger machen.

Ich erarbeite mit dem Klienten recht genau, was dieses innere Ich oder das frühere Kind an Botschaften genau benötigt hätte oder was man ihm fürsorglich mitteilen möchte, z. B. »Du warst damals so allein. Du hast so viel für andere getan oder erlitten. Dir wurde Unrecht getan« usw. Oder man teilt ihm als heute Erwachsenen mit: »Das Leid ist vorbei. Du hast für X oder Y genug getan und bist X oder Y nichts mehr schuldig.«

Diese Inhalte können sehr variieren und müssen oft genau erarbeitet werden. Wenn ein Klient einen solchen Brief geschrieben hat, kann er ihn in der nächsten Stunde vorlesen, vielleicht auch dem imaginierend auf einem anderen Stuhl sitzenden Ich oder dem inneren Kind. Danach können beide befragt werden: »Wie geht es dem schreibenden Ich, dem diese Botschaft erhaltenden Ich bzw. dem inneren Kind?«

Schweigen als Sprechakt

Auch Schweigen ist ein Sprechakt. Geht man erkenntnistheoretisch von der »Einheit der Differenz« aus, gilt: Um das eine festzustellen, muss man es immer von etwas anderem unterscheiden. Das, wovon man das unterschieden hat, gehört dann mit dazu, es schwingt stets mit. Dann gehört zu jedem Reden das Schweigen und zum als wahrgenommenen Schweigen das (potenzielle) Reden. Wenn etwas gesagt wird, könnte immer stattdessen geschwiegen oder statt geschwiegen etwas gesagt werden. Außerdem wird immer, wenn etwas gesagt wird, über etwas geschwiegen, was auch oder dazu gesagt werden könnte, weil man nie alles Zu-Sagende sagen kann.

Im Folgenden geht es um jene Formen des Schweigens, die explizit als solche beobachtet und markiert werden können – um Schweigen im sozial-interaktionellen Kontext eines Gesprächs. Es geht um jene Momente, in denen manche Gesprächsteilnehmer davon ausgehen, dass jemand etwas sagen *könnte* oder *sollte*, das aber nicht geschieht. Dann wird beobachtetes Schweigen explizit von erwartetem oder als Möglichkeit angesehenem Reden unterschieden. Insofern handelt es sich beim derart markierten Schweigen um die Abweichung von einer Redeerwartung oder Redepotenzialität. Man kann dann von »gehörtem«, »beredetem« und insofern »bedeutungsvollem« Schweigen sprechen.

Genau genommen ist schon der Akt, ein Schweigen innerhalb der Kommunikation als Schweigen zu markieren, selbst ein bedeutungsgebender Vorgang. Man kann und muss dann entscheiden, wie man an dieses Schweigen anschließt: das Schweigen als Schweigen kommentieren, ebenfalls schweigen, nachfragen, Hypothesen über die Motive des Schweigens erstellen oder sogar mitteilen oder einfach weiterreden und ggf. das Thema wechseln.

Psychotherapie, Beratung und Supervision bedeuten größtenteils Reden und Nachfragen. Über ein zu erzählendes Leid zu schweigen, wird meistens negativer bewertet, als darüber zu sprechen. Manche sehen es als Sinn der Therapie an, über etwas zu sprechen, worüber bisher nicht gesprochen wurde. Letzteres zu lernen, wird oft als Ziel einer Therapie definiert, wenn Schweigen als eine Art Defizit oder Unfähigkeit gewertet wird. Nimmt man von solchen Apriori-Bewertungen Abstand und wertet Schweigen als ebenso mögliche Option wie Reden, ergeben sich andere Perspektiven darauf (vgl. dazu in Kapitel 6.5.3 den Abschnitt zu »Schweigen und Klartext«).

Schweigen ist so gesehen ebenso eine Aktivität wie Reden. Man kann als Therapeut das Schweigen eines Klienten auch mit Schweigen beantworten und ein gemeinsames Schweigen kann einen guten Effekt haben. Man kann gewichtige Momente des Schweigens als solche konstatieren und auch über das Schweigen selbst sprechen. Schweigen kann als Form der Kommunikation rekonstruiert werden. Dann teilt es auch *etwas* mit, das decodiert, gedeutet und *verstanden* werden kann. Weil Schweigen daher grundsätzlich ein permanenter Teil des Sprechens ist, lässt sich immer auch fragen: Worüber wird gerade geredet und worüber wird deshalb notgedrungen geschwiegen?

Um diese Variante des Schweigens als permanentem Teil des Redens geht es hier nicht. Vielmehr geht es um Schweigeakte, die explizit als eigene kommunikative Beiträge gedeutet werden können. Schweigen ist nicht negativ definiert als Abwesenheit von Reden, sondern positiv als Form von Kommunikation mit einer Botschaft. Dann sind »Schweigen […] und Reden […] funktional äquivalent« (Fuchs u. Luhmann,

1989, S. 63). Wenn die Antwort auf die Frage »Nehmen Sie meine Einladung zum Essen an?« ein deutliches und anhaltendes Schweigen ist, kann man dem eine inhaltliche Botschaft unterstellen, auch wenn der Interpretationsspielraum dazu groß ist. Wenn in einem Gespräch – auch in Therapie/Beratung/Supervision – die Schweigeeinheit einer Person in diesem Sinne bedeutungsträchtig interpretiert wird, bauen die eigenen weiteren Sprechakte zwangsläufig darauf auf. Richtet in einer Paar- oder Familientherapie eine Person an eine andere eine Frage oder eine Aussage und diese antwortet mit Schweigen, lässt sich das hypothetisch als Kommunikation, als Botschaft verstehen und auch so deuten: als eine Art von sprachlicher *Verweigerung*, als Beziehungsdefinition (»Mit dir rede ich nicht!«) oder als Information über den inneren Zustand des Schweigenden (»Dazu kann oder traue ich mich nichts zu sagen«). Dann dürfte es einen Unterschied für den weiteren Gesprächsverlauf machen, ob solche Deutungen in Form von expliziten Sprechakten in den Dialog eingebracht werden, in Form einer ausgesprochenen Deutung oder in Form einer Frage (»Stimmt meine Vermutung, dass …?«), ob zum Schweigen auch geschwiegen oder einfach das Thema gewechselt wird.

Würde man die gesamte (wache) Lebenszeit eines Menschen in sprechende und schweigende Phasen einteilen, dürften Letztere überwiegen. Die Relation beider Phasen dürfte aber bei verschiedenen Personen je nach Kultur, Beruf und persönlichem Stil variieren. Nur manche Phasen und Momente des Schweigens sind als kommunikatives Schweigen interpretierbar. Wenn wir jemanden im Wald stehen sehen, der nicht redet, fragen wir uns nicht, warum er nichts sagt. Wenn wir sehen, dass er das auch angesichts einer anwesenden und ihm Fragen stellenden Person tut, beginnen unsere Interpretationen.

Folgende Schweigekontexte regen zu Interpretationen oder Nachfragen an: Wenn man routinemäßig erwartet, dass zu etwas Bestimmtem etwas gesagt wird und stattdessen geschwiegen oder wenn statt einer inhaltlich erwarteten Einlassung auf das zuvor Gesagte das Thema gewechselt wird im Sinne einer Irrelevanz im Hinblick auf das verhandelte Thema, wenn z. B. die Frage »Stimmen Sie mir da zu?« mit Schweigen oder mit »Heute ist ein besonderer Tag!« beantwortet wird oder die Frage »Wo warst du?« mit »Was machen wir heute?«.

Man kann in einer dialogisch-kommunikativen Konstellation die verbalen Beiträge einer Person, die nicht an ein angesprochenes Thema anschließen, sehr verschieden interpretieren und bewerten – z. B. als Danebenreden, als Antwortverweigerung oder als *motiviertes* »Schweigen über …«. Man kann Schweigen als Phänomen ansehen, das außerhalb der sozialen Kommunikation liegt: Dann befindet sich die schweigende Person einfach nicht im System Kommunikation – wie jemand, der nicht ans klingelnde Telefon geht, weil er denkt, das gelte nicht für ihn (dann findet keine für ihn relevante Kommunikation statt) oder weil er lieber beim inneren Tagträumen verweilt als an einer sozialen Kommunikation teilzunehmen (dann entscheidet er sich für die Nichtteilhabe an verbaler Kommunikation).

Therapeutinnen, Berater und Supervisoren können in einer Paar-, Familien- oder Gruppentherapie bzw. in einer Teamsupervision beobachten, in welcher Weise andere Gesprächspartner an verschiedene Varianten des Schweigens anschließen oder wann Schweigen als identifizierbarer Akt an welche Art von Äußerungen anschließt und diesen Komponenten dann eine hypothetische Bedeutung verleihen.

Eine häufige Deutung ist die einer »relevanten Irrelevanz«. Man unterscheidet dann zwischen beliebiger und relevanter Irrelevanz. Ein beredtes Beispiel dafür sind therapeutische Interventionen der Heidelberger systemischen Schule in ihrer Arbeit mit Familien mit einem schizophren diagnostiziertem Familienmitglied (vgl. Retzer u. Weber, 1991; Retzer, 1994, 2002, 2004). Nach deren Theorie wird das schizophren-unverständlich sprechende Familienmitglied in der Familie »exkommuniziert«: Seine als irrelevant erlebten Beiträge werden als sinnlos, verrückt und als Zeichen einer Krankheit und nicht als Teil der Kommunikation angesehen. Es handelt sich nicht um verstehbare kommunikativ anschlussfähige und damit nicht um relevante Beiträge. Die Therapeuten übernehmen diese Deutung nicht, sondern *rekommunizieren* diese Sprechakte und damit dieses Familienmitglied wieder, indem sie das *Danebenreden* als relevante Botschaft, als kommunikative Lösung in einer konfliktgeladenen Konstellation umdeuten. Plötzlich von singenden Vögeln im Kontext eines offenen oder verdeckten Familienkonfliktes zu sprechen, wird dann als Mitteilung gedeutet, z. B. »Ich möchte bei diesem Konflikt nicht mitreden, mich nicht positionieren«. Dann ist die anscheinende Irrelevanz hochrelevant. Das ist dann nicht »Schweigen zu …«, sondern eine kluge »Positionierung der Nichtpositionierung«, die in ihrer besonderen Kreativität als solche markiert werden kann. Jede Interpretation von Schweigen oder scheinbarer Irrelevanz ist eine Beobachterleistung. Man kann das ja immer auch ganz anders interpretieren.

Praktische Bedeutung der relevanten Irrelevanz: Die Ausführungen zur relevanten Irrelevanz haben praktische Konsequenzen für Therapeuten und Berater. Wenn auf Klartextfragen oder Klartextkommentare Klienten schweigen oder aus einer Klartextperspektive nicht hinreichend darauf antworten, könnte das versuchsweise als relevante Irrelevanz gedeutet werden. Meta-Klartext-Klarheit erkennt oder deutet das so und kann dann spielerisch damit umgehen. Man kann sich z. B. für die *klare Botschaft* bedanken, nun selbst schweigen oder auch einmal selbst *irrelevant* werden. Man kann die so definierten Sprechakte eines expliziten Schweigens oder einer relevant-irrelevanten Kommunikation als Lösung für ein Problem ansehen und sich fragen: Welches Problem wird gerade gelöst, wenn im Rahmen einer Kommunikation geschwiegen oder aus dieser Sicht irrelevant gesprochen wird? Ich habe mir als Grundregel gegeben: Wenn eine Klartextfrage dreimal nicht beantwortet wird, ist die Nichtantwort die sinnvollste Antwort (vgl. Kapitel 6.5.2 zum Thema »Ist die Antwort eine Antwort?«).

Als eine mögliche therapeutische Intervention nebst vielen anderen kann man solche Beobachtungen (»A antwortet nicht auf Person B oder sagt nichts zu Thema XY«) als solche mitteilen und/oder Fragen dazu stellen: »Sind die hier verhandelten Fragen und

Themen für Sie unpassend, einengend, bedrohlich oder sonst irgendwie nicht hilfreich?« Oder: »Nehmen wir mal an, Sie würden mit Ihrem Schweigen (oder Ihrer Art, nicht zu antworten) gerade etwas Wichtiges mitteilen: Was könnte das sein?« Wenn solche Fragen vom Befragten als Zwang zur Kommunikation und somit als aversives »Mehr desselben« erlebt werden bzw. seine (Nicht-)Reaktion so gedeutet werden können (»Schon wieder so ein Psychogerede!«), ist es vermutlich sinnvoller, dazu nichts mehr zu sagen und zu etwas anderem zu kommen. Man kann also wählen, je nach Klient und Situation: entweder schweigende oder *irrelevant* sprechende Gesprächspartner zum *Klartextreden* zu bewegen. Manchmal ist das für einen Klienten eine große Hilfe und der Therapeut wird zum *Geburtshelfer*, etwas zu sagen, worüber bisher geschwiegen wurde. Oder man schreibt der Variante des Schweigens einen positiven Wert zu und geht einen anderen Weg. Man sollte aber nie vergessen: Jede Konstruktion über das Reden wie das Schweigen anderer ist immer das Produkt der eigenen Interpretationen und gibt keinerlei *Realität* über andere wieder.

Wenn man aus soziologischer Sicht Schweigen nicht daraufhin beleuchtet, welche Botschaft im Sinne einer Kommunikation darin enthalten ist oder hineingedeutet werden könnte, sondern als »Akt auf dem sozialen Tauschmarkt« zur Präsentation, Absicherung, Bestätigung oder Bestreitung sozialer Positionen bzw. zur Vermehrung des eigenen oder zur Verminderung des sozialen Gewinns anderer, kann auf diesem Gebiet einem Schweigeakt ein sozialer Wert und eine bewusste oder unbewusste soziale Intention zugesprochen werden. Der Schweigende kann dadurch seine sozial höhere Position zum Ausdruck bringen im Sinne eines »erhabenen Schweigens«.

Auf eine Frage zu schweigen, kann auch die Position des Fragenden als Fragenden bestreiten: Schweigen bestreitet dann u. U. die Position des Fragenden, den nun schweigenden Befragten in die Rolle des Antwortenden zu bringen. Mit Bourdieu könnte Schweigen auch als Verweigerung der Teilnahme an einer herrschenden legitimen Sprache verstanden werden mit einem potenziell heimlichen Gewinn, weil verweigerndes Schweigen dann die legitime Sprache unterläuft. Ist ein Klient zur Teilnahme an einer Therapie gezwungen (etwa im Rahmen eines Gerichtsverfahrens mit einer Therapieauflage), kann das Schweigen des Klienten auf eine Frage des Therapeuten als Verweigerung dieser ihm auferlegten Patientenrolle gedeutet werden. Der für solche Überlegungen und Hypothesen offene Therapeut ist damit in der Lage, genau diese soziale Konstellation selbst zum Gegenstand eines auf Verständigung orientierten Diskurses zu machen – etwa mit der Frage, wie es dem Klienten in seiner Rolle grundsätzlich mit den an ihn gerichteten therapeutischen Fragen geht oder wie man die Tatsache, dass es um eine Zwangsgemeinschaft gehe, im Weiteren hinreichend konstruktiv berücksichtigen könne (vgl. dazu den Ansatz »Wie kann ich Ihnen helfen, mich wieder loszuwerden?« in Cecchin u. Conen, 2018).

Schweigen als Musterunterbrechung: Jeder kennt das: Ein Gespräch dreht sich im Kreis, Argumente wiederholen sich, auf die Äußerung der einen kann die andere

Seite einfach nicht schweigen – und das Ganze findet kein Ende. In einer solchen Situation wäre ein (überraschendes) Schweigen statt Reden eine Veränderung – ein Unterschied, der dann weitere Unterschiede hervorbringt. Man kann in Therapie und Beratung bewusst vorschlagen, einmal zu einem (nun sehr oft erörterten) Thema eine Zeit lang zu schweigen.

Ich schlage in solche Gespräche verstrickten Klienten dann vor, an einer bestimmten Stelle zu sagen: »Dazu möchte ich nichts mehr sagen – dazu habe ich alles gesagt«, dann zu schweigen und abzuwarten, was geschieht. Ich habe das selbst immer wieder in Konstellationen geäußert, in denen ich mich dabei ertappt habe, dass ich mich und andere sich inhaltlich unfruchtbar wiederholen. Für viele ist das intrapsychisch eine große Erleichterung (weil weiteres Reden anstrengend ist und nichts verändert) und oft auch für die anderen eine erlösende neue Variante. Schweigen ist dann eine gezielte Musterunterbrechung.

➡ Beispiel: Ein Dialog (in einer Partnerschaft, einer Familie oder in einem Team) folgt diesem Muster: A ist nicht einverstanden mit dem, was B tut oder nicht tut. A argumentiert und fordert B immer wieder heraus, sich zu erklären und zu rechtfertigen. B folgt dem, aber was immer er sagt, überzeugt A nicht. Solange A hier weiterfragt und argumentiert und B in diesem Sprachspielmuster darauf antwortet oder innerhalb der Regeln dieses Spiels antworten muss, dreht sich alles im Kreis. Wenn B dann sagt, dass er nun alles gesagt habe, und auf weitere Fragen und Anmerkungen mit Verweis auf diesen Satz schweigt, wird dieses Muster nolens volens unterbrochen. Allerdings mit einem Risiko: Niemand kann vorhersagen, was dann geschieht. Es wird aber mit hoher Wahrscheinlichkeit etwas Neues sein.

Wenn es zum Stil eines Klienten gehört, viel über sich und seine Probleme zu sprechen und andere daran Anteil haben zu lassen, kann es einen wichtigen Unterschied machen, der einen Unterschied hervorbringt, das einmal gezielt zu ändern und bewusst längere Phasen des Schweigens einzubauen, in der die Aufmerksamkeit nach innen gerichtet wird. Manchmal entsteht dort und gerade im Schweigen etwas Neues im Erleben oder Denken. Im Sprechen ist man mehr oder weniger mit denen verbunden, zu denen man spricht und die zuhören. Im Schweigen ist man mehr mit sich allein. Wer gewohnt ist, Dinge für sich zu behalten und nicht darüber zu sprechen (im Krisenbewältigungskonzept von Brink und Lieb ist das der Stil der »einsamen Wölfe«, Brink u. Lieb, 2009), für den kann darüber Reden eine Innovation sein. Wer umgekehrt den Stil pflegt, andere permanent darüber zu informieren, was in einem gerade los ist, für den kann ein bewusstes Schweigen in einem »Mit-sich-Alleinsein« eine Innovation sein. Therapeuten können im Sinne einer Meta-Klartext-Klarheit registrieren, ob sie selbst bzw. ein Klient eher zur einen oder zur anderen Gruppe gehören und dann eine Musterunterbrechung vornehmen oder anregen.

Schweigen als Reorganisation der Psyche: Es gibt Kontexte, in denen geschwiegen wird und (zumindest lautes) Reden auffällig wäre, etwa in einer Kirche während eines Gottesdienstes oder in der Schule. In Psychotherapie und Beratung ist es umgekehrt: Dort wird normalerweise geredet und Schweigen fällt auf. Es ist dort oft schwer auszuhalten. Während kommunikativ geschwiegen wird, ereignet sich in der Psyche der Anwesenden aber viel und vielleicht Bedeutsameres, als würde dauernd geredet. Insofern kann Schweigen relevant sein für die Organisation oder Reorganisation der Psyche und manchmal ändert sich nach einer Phase des Schweigens der Fokus dessen, worüber gesprochen wird. Therapeuten und Berater sollten also nicht nur reden, sondern auch angemessen schweigen können. Nach einer gewissen Zeit kann ein länger schweigender Klient gefragt werden: »Was geht jetzt gerade in Ihnen vor oder ist in Ihnen vorgegangen?« Oft man führt das zu anderen als zu den vorher (vielleicht routinemäßig) besprochenen Themen.

Schweigen erscheint nach außen passiv, ist nach innen aber in der Regel eine hohe Aktivität: z. B. achtsame Selbstbeobachtung oder suchende Selbstbefragung. Im Ansatz des Drei-Welten-Modells (Psyche – Körper – soziale Welt, siehe Kapitel 5) kann Schweigen bedeuten, dass die Psyche sich so organisiert, dass sie in der späteren Kommunikation deutlicher präsent ist. Dann wird vielleicht etwas gesagt, das innerhalb der Psyche erst angemessen *vorbereitet* wurde.

Liste relevanter Schweigevarianten. Angesichts der Menge bekannter oder in der Literatur beschriebener Varianten des Redens kann jeder Therapeut und Berater eine eigene Liste von Varianten des Schweigens erstellen, die für ihn wichtig sind, mit Möglichkeiten, wie man daran kommunikativ anschließen kann. Auf dieser Liste könnte nebst anderem stehen: Schweigen als Kommunikationsabbruch, Schweigen als *etwas verschweigen,* Schweigen als innere Vorbereitung auf späteres Sprechen, Schweigen als Beziehungsdefinitionen oder als Ablehnung eines bestimmten Beziehungsangebots, Schweigen als Markierung der Beendigung einer Kommunikationsphase oder eines Sprachspiels (z. B. »Dazu habe ich nichts mehr zu sagen«) mit und ohne direkte Markierung dieses Beendigungsaktes.

Verletzende Sprechakte

Judith Butler (siehe Kapitel 3.2.12) hat ausgeführt, wie und wann Sprache verletzen kann (verletzende Sprechakte). Sie hat hervorgehoben, dass die Möglichkeit der Verletzung an Körperlichkeit (körperlich anwesende oder gemeinte Personen), Geschlechtlichkeit und oft ethnische Aspekte gebunden ist. Denn verletzt wird stets eine körperlich lebende Person, eine Person in ihrem Geschlecht oder in ihrer ethnischen Kultur. Was Butler gesamtgesellschaftlich analysiert und beschrieben hat, soll hier spezifisch auf Verletzungen in Psychotherapie und Beratung übertragen werden.

Diese Formulierung ist insofern provokativ, als sicher kein Psychotherapeut und Berater einen Klienten verletzen will. Es mag Ausnahmen geben, aber Psychotherapeuten beschimpfen, beleidigen, demütigen, drohen und diskriminieren ihre Klienten nicht. In ihrem in Kapitel 3.2.12 beschriebenen »starken Konzept von Verantwortlichkeit« zeigt Butler, dass und wie sich Verletzungen aber völlig unabhängig von den Intentionen der Sprechenden ereignen können. Dann kann auch in Psychotherapie und Beratung sprachlich ungewollt verletzt werden.

Im Folgenden werden drei von vielen möglichen potenziell verletzenden Sprechakten in Psychotherapie und Beratung aufgeführt:

Pathologisieren: Klienten können durch bestimmte Worte oder Diagnosen stigmatisiert und pathologisiert werden. Ob eine bestimmte Diagnose, Sprachfigur oder ein therapeutischer Erklärungsansatz einen Klienten in seiner Persönlichkeit verletzt, ihn stigmatisiert oder in seiner Würde beeinträchtigt, kann immer nur dieser selbst feststellen. Denkbar wäre das v. a. bei die Persönlichkeit direkt berührenden Diagnosen wie die sogenannten »Persönlichkeitsstörungen«.

Entsubjektivieren: Wenn einem Klienten von einem Experten etwas *In-ihm-Aktives* zugeschrieben wird, das er als Verletzung seiner Integrität oder seines Konzeptes von Subjektivität erlebt – etwa eine in ihm aktive unbewusste Instanz –, und wenn ihn das aus seiner Sicht nicht entlastet oder bereichert, sondern *entsubjektiviert,* kann auch das als Entwertung seiner Person erlebt werden.

Reden zum Nachteil Nichtanwesender: Manchmal erfährt in einem therapeutischen Dialog eine Person eine Art Ignoranz oder gar Verletzung, die selbst gar nicht anwesend ist, aber die Folgen dessen zu spüren bekommt. Das könnte bspw. der Fall sein, wenn das Leid einer anwesenden berichtenden Person kausal auf Handlungen oder Nichthandlungen einer anderen zurückgeführt wird, damit eine Täter-Opfer-Narration konstruiert, die Perspektive dieser anderen Person nicht mitbedacht wird und diese Konstruktion für diese Person deutlich negative Folgen hat.

Fallbeispiel aus einer Gruppensupervision: Die Therapeutin eines zwölfjährigen Kindes, dessen Eltern geschieden sind und das beim Vater lebt, erzählt, das Kind berichte in der Therapie von Gewalttaten der Mutter. Als der Vater davon erfährt, beschließt er, diesen »Tatbestand« in der anstehenden Gerichtsverhandlung um das Sorgerecht gegen die Mutter zu verwenden. In der Supervisionsrunde kommt zunächst niemand auf die Idee, die Mutter dazu einzuladen und ihre Perspektive anzuhören. Ohne dadurch die Interessen des Kindes oder des Vaters aus dem Auge zu verlieren, ist das Nichtberücksichtigen der Narration der Mutter zu diesen Anschuldigungen für sie gerade in ihrer Abwesenheit eine potenzielle Verletzung. In vielen therapeutischen Narrationen kommen Personen ausschließlich negativ vor, die nicht anwesend sind. Das gehört zu allen

Formen menschlicher Erzählungen. Man kann sich als Therapeut aber fragen, was diese Person wohl dazu zu erzählen hätte und ob sie negative Folgen zu tragen hat, wenn ihre Perspektive nicht einbezogen wird.

Nonverbale Kommunikation als Sprechakte

Wenn man mit Austin, Butler und anderen von Sprache als Sprechakten in Beziehungen ausgeht, enthalten die nonverbale Begleitmusik (akustische Komponente) und die nonverbale Begleitmimik und -gestik (visuelle Komponente) eine Fülle von potenziell »sprechaktlichen« Implikationen. Sie sind unverzichtbarer Bestandteil der Gesamtmelodie von Gesprächen, können zusätzliche Botschaften enthalten und auch das Gesprochene zusätzlich kommentieren.

Verbale und nonverbale Aspekte der Kommunikation müssen als Einheit gesehen werden. Krüger (2010) beschreibt das metaphorisch so: Gutes Zuhören sei wie einem »Musikstück zu lauschen, d. h. Sprachmelodie, Rhythmus, Pausen, Harmonien, Motive und Themen wahrzunehmen. Dann werden im Sprachfluss des anderen einige Worte auffallen durch eine besondere Betonung, einen besonderen Gestus, eine ungewöhnliche Klangfarbe oder durch eine ganz eigenartige Verwendung« (Krüger, 2010, S. 52).

Gesagtes kann durch eine nonverbale Geste verstärkt und unterstrichen, abgeschwächt und entwertet werden. Nonverbale Botschaften können auch das Gegenteil des verbal Gesagten vermitteln – etwa ein Kopfschütteln im Sinne von »Nein«, wenn verbal ein »Ja« geäußert wird.

Nonverbale Komponenten können auch zum Ausdruck bringen, was mit einzelnen verbalen Sprechakten *eigentlich* gemeint ist. Das gilt z. B. für eine anklagende Sprachmelodie, die viel deutlicher als der gesprochene Text vermittelt: »Ich klage an!« Das ist eine häufige Konstellation: Im Dialog (z. B. in einer Paartherapie) berichtet A von vielen negativen Aspekten von B. Das geschieht verbal auf der beschreibenden Sachebene, nonverbal in Form einer Anklage. Die universelle Melodie der Anklage kennt jeder: Die Stimme wird in der Mitte des Satzes deutlich lauter, am Ende wieder leiser und endet gefühlt mit einem Ausrufezeichen. Die Beziehungsbotschaft der Anklage oder Anschuldigung ist nicht identisch mit der sachlichen Aufzählung negativer Aspekte. Andere relevant nonverbale Botschaften sind tiefe Seufzer oder Tränen, die die *Kernbotschaft* zum Ausdruck bringen, dass der Sprecher belastet oder traurig ist und vielleicht darin wahrgenommen werden will.

Mit welchem Modell auch immer man erklärt, warum solchermaßen nonverbal zum Ausdruck gebrachte intrapsychische Vorgänge oder Botschaften nicht explizit verbal in die Kommunikation eingespeist werden und ob das vom Sender als Botschaft verstanden und gemeint ist oder nicht: Es muss einen Grund für die Differenz zwischen verbal expliziten Bekundungen und impliziten Begleitkommentaren geben. Wenn man die potenziell in nonverbalen Botschaften enthaltenen Mitteilungen explizit anfragt oder anspricht, ist das immer ein Eingriff in die Intimität einer Person. Geschieht das in einem professionellen Kontext wie in Therapie, Beratung oder Supervision, bedarf es daher einer besonderen Legitimation und einer Zustimmung des Klienten dazu.

Transformation von »nonverbal« in »verbal« in der Praxis: Gibt der Klient seine Zustimmung, kann man nachfragen oder sich gemeinsam darum bemühen, den mitteilbaren Gehalt der nonverbalen Mitteilung oder Botschaft zu erkunden und zu prüfen, welche Veränderung damit verbunden wäre, wenn das sprachlich explizit geschähe. Oft werden dann neue Aspekte des psychischen Erlebens *sichtbar:* Noch nicht artikulierte Gefühle wie Angst, Wut oder Scham, eine psychische innere Ambivalenz bzw. ein innerer Konflikt, hinsichtlich dessen das Verbale das eine und das Nonverbale das andere ausdrückt (etwa ja – nein, Autonomie – Bindungssehnsucht, Interesse und Desinteresse etc.). Oder es wird offenbar, dass es für manche Aspekte psychischen Geschehens in der Sozialisation bisher keine dafür bereitgestellte verbale Formen für einen Klienten gibt: »Darüber haben wir nie gesprochen.« Wer nie gelernt hat, eine Trauer, einen Ärger oder eine liebevolle Zuneigung in Worte zu fassen, dem stehen vielleicht keine verbalen Formen zur Verfügung. Umso wichtiger kann es sein, dass Therapeuten und Beraterinnen bei entsprechend geklärter Legitimation dazu diese nonverbalen Aspekte ganz gezielt in den Bereich sprachlicher Kommunikation aufnehmen.

Beispiel für das »Ansprechen nonverbaler Komponenten«: Der Therapeut fragt einen Klienten, welche Bedeutung dieser seinem beständigen Lächeln während seiner Erzählungen über die Beziehung zu seinem Vater gibt. Der Klient antwortet nach einigem Nachdenken: »Ich schäme mich für das, was ich Ihnen dabei über mich berichte.« Diese »Selbstscham« korrespondiert hier offenbar mit einem Lächeln und kann nun als ein wichtiger Aspekt in die weitere Fall- und Lösungskonzeption aufgenommen werden.

4.2 Sprache als Bedeutungsträger

Im Blick auf Sprechakte stand im letzten Kapitel das konkrete Sprechen in einer bestimmten Situation und die dadurch gestaltete Beziehung im Mittelpunkt. In diesem geht es nun ausschließlich um das, was damit *transportiert* wird oder werden soll: die Information bzw. ihre Bedeutung. Die moderne Systemtheorie (siehe Kapitel 3.2.14) hat die Einheit »Information« als Element der Kommunikation gestrichen und durch die zwei Komponenten ersetzt, was a) der Sender mitteilt und was b) der Empfänger daraus macht. Die *Information an sich,* die von A zu B kommt oder kommen soll, gibt es hier nicht mehr. D. h. aber nicht, dass wir auf die Idee einer in Sprache enthaltenen oder vermittelten Bedeutung oder Information in toto verzichten können. Und um diese in Sprache vermittelte, von Empfängern daraus gemachte und aus mancher Sicht in Sätzen *an sich* enthaltene Bedeutung und Information soll es nun gehen.

4.2.1 Der Begriff an sich

Die traditionellen Abbild-, Etiketten- oder Repräsentanztheorien sehen im Wort ein Zeichen für einen definierten und umgrenzten Bedeutungsbereich: Die Bedeutung des Wortes »Apfel« ist der reale Apfel. Maturana und Varela (1985) sehen in den sich gegenseitig mitgeteilten Worten eine Koordination von Handlungen – auch als sprachliches Miteinanderhandeln in Form des Austauschs von Sprechakten (Maturana u. Varela, 1985, S. 227). Bei ihnen ist Sprache ein eigenes System ohne objektiven Bezug auf ein Etwas, eine Information oder eine Bedeutung außerhalb des Sprachraumes.

Die Sprachphilosophie hat deutlich gemacht, dass wir die Idee aufgeben müssen, ein Wort oder ein Satz sei ein Zeichen für etwas außer diesem Sprach- und Zeichenraum Existierendes. Mit einigen Regeln könne man den Bezug von Zeichen zu Bezeichneten klar definieren. So klar das in der Theorie ist, im realen Leben und gerade in Therapie, Beratung und Supervision können wir auf diese Idee nicht verzichten. Wir können, müssen auch nicht einschreiten, wenn wir oder andere diese Sicht einnehmen und vertreten. Wir dürfen und müssen also immer wieder in einen sprachphilosophisch »naiven Realismus« (Fischer, 1990, S. 192) verfallen und im Wort »Liebe« ein Zeichen für die *gefühlte* und *gelebte* Liebe sehen. Es wäre aber gut zu wissen, dass wir dann gerade das allseits bekannte Spiel des etikettenorientierten naiven Sprachrealismus betreiben. Dann ist der Signifikant (Zeichen) etwas, das auf ein Signifikat (Bezeichnetes) zeigt. Und dann ist es eben so, dass beide verschiedenen Welten angehören. Das gilt für den Begriff Apfel ebenso wie für den der Schizophrenie oder des Selbstwerts.

Explizit oder implizit ist das auch in vielen bis heute als nützlich erachteten Theorien enthalten, z. B. bei dem Linguisten Noam Chomsky. Er geht davon aus, dass jeder Mensch wesensmäßig dazu veranlagt ist, mit Sätzen Bedeutungen auszudrücken. Das hat etliche Implikationen wie die, dass Sprache und Welt zwei getrennte Seinsbereiche sind. Das impliziert dann auch, die spezifische aktive Rolle der Sprecher und Hörer beim Gebrauch der Sprache bzw. beim Prozess des Sagens und Hörens und vor allem deren Rolle bei der Erzeugung der Bedeutung eines Zeichens zu übersehen.

Die Rolle des Kontexts dafür, mit welchen Bedeutungen bestimmte Wörter versehen sind, wird im naiven Sprachrealismus weniger oder gar nicht berücksichtigt. »Das ist ein Zeichen einer psychischen Krankheit« hat dann aus dem Munde eines Psychiaters im Grunde dieselbe Bedeutung wie wenn das im Verlauf eines Streits ein Partner über das Verhalten des anderen oder ein Biologe über eine Pflanze sagt, das sei eine »Bellis perennis« (Gänseblümchen).

In der deutschen Philosophie hat dieser Ansatz seinen konzeptuellen Höhepunkt in der Idee gefunden, dass es *reine* Begriffe oder allgemeine Kategorien von Begriffen gibt unabhängig von jeder individuellen Erfahrung und Situation. Diese für sich existierenden Begriffe führen gewissermaßen ein Eigenleben. Die Idee von Wittgenstein, dass die Bedeutung eines Wortes in seinem Gebrauch liegt, findet hier sein Gegenteil: Die Bedeutung eines Begriffs liegt in ihm selbst. Wir werden diese philosophische

Linie des deutschen Idealismus hier nicht aufgreifen, sie aber kurz skizzieren (vgl. Haller, 1971; Liebscher, 1996). Ein Begriff geht über die Beschreibung hinaus, die Menschen damit über sich und die Welt anfertigen. Synonyme Wörter für den des »Begriffs« sind die des »Terminus« oder der »Kategorie« (philosophiegeschichtlich etwa bei Kants »Kritik der reinen Vernunft«, 1787/1995; zusammenfassend Baumgartner, Gerhardt, Konhardt u. Schönrich, 1976).

Kategorien gehen bei Kant unseren Erfahrungen voraus, sie ordnen und organisieren diese, sowie über die subjektive Konstruktion von Wörtern und Sätzen. Bei Hegel ist der Begriff einer Sache – im Alltagsdiskurs kaum verständlich – »das in ihr selbst allgemeine« (Hegel, 1970). Um den existenziellen und lebenspraktischen *Kern* eines Begriffs zu erahnen oder zu erforschen, müsse man bspw. für den Begriff der Liebe das erfassen, was dabei essenziell oder *eigentlich* gemeint sei. Man kann das auf viele andere Begriffe wie Schuld, Gesellschaft usw. anwenden.

Philosophen haben sich gestritten, wie man das am besten erreicht: von *unten nach oben,* also vom konkreten Leben zum abstrakten Begriff, oder umgekehrt von *oben nach unten,* also vom allgemeinen Begriff und der abstrakten Kategorie zum konkreten Leben. Wir können über die konkreten Arten des realen Liebens sprechen und dann erfassen, was folglich mit dieser Kategorie gemeint ist. Oder wir versuchen es umgekehrt und bestimmen, was Liebe *an sich* ist, und wenden das dann auf das reale Lieben im Leben an bzw. vergleichen das Reale vor Ort mit der Kategorie. Man muss kein Philosoph sein, um im Alltag und auch in Therapie und Beratung das Ringen um die Erfassung der *wahren Bedeutung* eines Begriffs oder einer Kategorie zu erkennen. Man denke nur an Auseinandersetzungen in einem Team darüber, was »Therapie«, »menschlicher Umgang« mit Klienten oder »echter Respekt« untereinander oder gegenüber Klienten ist. Oder man denke an den Streit darüber, was »Fairness« und »Gerechtigkeit« heißt.

4.2.2 Richtig Verstehen

Als Ziel einer auf Verständigung orientierten Kommunikation gilt das *richtige* Verstehen. Auf mit diesem Ziel verbundene Probleme und Fallen gehen wir in Kapitel 6.5.1 spezifischer ein und beleuchten es hier aus der Perspektive der Sprache als Bedeutungsträger.

Aus den bisherigen Darlegungen ergeben sich zwei Perspektiven auf das, was wir ein *Sich-gegenseitiges-Verstehen* nennen können. Die eine geht vom traditionellen Sender-Empfänger-Modell aus, die andere vom systemtheoretisch-konstruktivistischen Kommunikationsmodell. Nach Ersterem wird eine bestimmte Einheit an Informationen vom Sender losgeschickt, die vom Empfänger empfangen wird. Kommt diese beim Empfänger angemessen an, hat dieser *richtig* verstanden. Wenn nicht, hat er das nicht, falsch oder missverstanden.

Im konstruktivistischen Modell verschwindet die Einheit einer objektiv vorhandenen Information und wird durch eine zweifache Konstruktion ersetzt: Der

Sender konstruiert sich das, was er mitteilen will, der Empfänger konstruiert sich aus dem, was an Schallwellen, Bildern oder Buchstaben bei ihm ankommt, seine Version der *gesendeten Botschaft*. Das macht er mittels seiner eigenen Strukturen, seiner Geschichte und seiner Prämissen. In diesem Modell gibt es nur noch Varianten des Verstehens, aber kein richtiges oder falsches Verstehen. Um über die Richtigkeit des Verstehens zu entscheiden, gibt es hier keine objektive Instanz mehr. Jeder Empfänger ist hier ein sich die gesendete Botschaft selbst generierender Akteur.

Ob wir das eine oder das andere Modell verwenden, ob man *eine* Information annimmt, die von A nach B geschickt wird, oder ob man beim Senden und Empfangen von *zwei* getrennten Operationen der Bedeutungsgenerierung ausgehen: Information und Bedeutung sind in jeder Kommunikation relevant. In beiden Modellen ist die Sprache das zentrale Agens von Informationsgenerierung, -decodierung und -übermittlung. Sprache ist stets der Informationsträger und jede Information ist eine sprachlich verfasste. Es wird immer *etwas* mitgeteilt oder aufgenommen. Und in der Regel wollen alle Teilnehmer an einem Gespräch, dass andere das mitgeteilte *Etwas* hinreichend verstehen. Wenn ich mich *nicht verstanden* fühle, versuche ich es noch einmal anders zu sagen. Wer *etwas* mitteilt oder vom anderen *etwas* hört, ist mit der jeweils anderen Seite durch Sprache verbunden.

Damit sind wir an einem zentralen Punkt der Sprache gelandet: Sprache ist das Medium, das die Psyche verschiedener Personen über den Weg der Kommunikation miteinander verbindet bzw. koppelt. Und dieses *Etwas* (wer immer das wie generiert) ist dabei unverzichtbar – sonst könnte man ja beliebige Laute hin- und herschicken und dadurch in Verbindung sein. Wenn das ohne Symbole und Zeichen für Inhalte vonstatten ginge, würde einem vermutlich bald die Lust daran vergehen. Es würde sinnlos. Verschiedene Autoren und Philosophen (z. B. Herder und Heidegger) gehen davon aus, dass die Entstehung eines »sinnvollen Etwas« (also ein Inhalt) und dessen sprachliche Verfassung »gleichursprünglich« sind. Es gilt beides: Weil wir von Anfang an durch symbolhafte Gesten und Laute, später durch Wörter und Sätze interagieren, entwickeln wir ein Bewusstsein über Inhalte – weil wir ein Bewusstsein entwickeln, können wir sprachlich über Inhalte kommunizieren.

Man kann dann mit verschiedenen Perspektiven auf die Sprache als Bedeutungsträger blicken: Aus der Perspektive der miteinander Sprechenden, die etwas mitteilen oder etwas hören, sind Wörter und Sätze Transportmittel, die eine Information an Bord haben. Aus der anderen Perspektive blicken wir aus einer Metaperspektive auf die miteinander Sprechenden: Dann sehen wir, dass und wie A etwas von sich gibt, und dass und wie B das für sich decodiert und darauf reagiert. Dann können wir auf die Einheit »Information an sich« verzichten. Was hin- und hergeht, sind aus dieser Sicht nur Buchstaben, Laute und Schallwellen, die keinerlei Information oder Bedeutung haben oder tragen. Die Bedeutung dessen erzeugen allein die jeweiligen Sender und Empfänger gemäß ihren eigenen Logiken und Erfahrungen.

In der Praxis von Therapie und Beratung kann und sollte man beide Perspektiven einnehmen: Die von Sprache als Transportmittel von Informationen und die von Sprache
als hin und her geschickten akustischen und schriftlichen Elementen, mit denen beide
Seiten ihren eigenen Inhalt verbinden. Geht man von Perspektive eins aus (A will B einen
bestimmten Inhalt »hinüberschicken«) dann kann man so nachfragen: Was genau wollen
Sie mitteilen und was davon kommt aus Ihrer Sicht beim Hörer nicht an? Was haben Sie
gehört? Wie verstehen Sie das Ihnen Gesagte? Und am Ende kann man sogar die (aus
der anderen Perspektive eigentlich sinnlose) Frage stellen, ob B die Botschaft von A
»richtig« verstanden habe. Man kann sogar Regeln einführen und Tipps geben, wie man
kommunizieren soll, damit man verstanden wird oder wie man andere besser verstehen
lernt. Der Ratgebermarkt ist voll von entsprechenden Angeboten zu Kommunikations-
regeln. Therapeuten bringen das ihren Klienten bei: Ich-Botschaft statt Du-Botschaft,
aktives Zuhören, Zwiegespräche zwischen Paaren, die nach festen Regeln ablaufen (siehe
Moeller, 2014). Man hat als Therapeut und Berater die Aufgabe, Klienten, Paaren, Familien
oder Teams zu helfen, im Sinne einer guten Bedeutungsübertragung einander besser zu
verstehen. Manche Therapeuten machen sich zum »Alter Ego« und sprechen für Klienten
Botschaften so aus, dass sie von anderen klarer verstanden werden. Sie stellen sich dann
z. B. hinter eine Person und sprechen das, was diese aus ihrer Sicht sagen will, mit eigenen Worten und möglichst klarer aus. Solche Projekte mit dem Ziel einer besseren Verständigung haben Erfolge – plötzlich kann der Vater seinen Sohn verstehen und umgekehrt,
plötzlich fühlten sie sich verstanden.

Aus der Perspektive des Sprechenden geht es um die Frage, wie er das, was er sagen
will, zum Empfänger hinüberbringen kann. Die Botschaft selbst liegt sozusagen vor,
sie muss nur noch gut transportiert werden. Die andere Perspektive interessiert sich
mehr dafür, wie diese Informationen überhaupt als solche generiert werden. Sie
liegen nicht vor, sondern sind das Produkt von Operationen im Sprecher vor dem
Sprechakt. Luhmann hat dafür das Verhältnis von »Medium und Formen« verwendet
(siehe den Abschnitt über Sprache, Medium, Sinn und Selektion in Kapitel 3.2.14).
Jeder, der an Kommunikation teilnimmt, formt sich aus einer unendlichen Anzahl
an Möglichkeiten, Dingen Sinn zu geben (Medium), seinen eigenen Sinn und formuliert das wiederum in einer bestimmten Sprache (Form). Der Empfänger macht
aus einer ähnlichen Breite von Möglichkeiten, das zu decodieren oder zu verstehen,
seine Form, seine Art des Verstehens.

   Formen im Sinne bestimmter Sätze oder Sinngebung vergehen, das Medium von
Sinnmöglichkeiten und Sprachmöglichkeiten als solches bleibt. Es gibt immer neue
Möglichkeiten, Bedeutungen zu generieren und sie sprachlich zu verfassen. Wenn es
die »Einheit Information« an sich nicht gibt, wohl aber viele Varianten, Bedeutung
und Information neu zu generieren oder neu zu verstehen, eröffnet das für Therapie und Beratung neue Perspektiven. Es gibt dann kein richtiges Mitteilen und kein
richtiges Verstehen mehr.

Das hat eine befreiende Komponente. Man kann von der Sichtweise ausgehen, dass Klienten und Therapeuten sich gegenseitig etwas mitteilen und darin verstanden werden wollen. So gelingen manche Dialoge besser als andere und manche gar nicht, weil es zu keiner hinreichenden Verständigung kommt. Man ist in dieser Perspektive aber nicht gefangen, vor allem wenn die Verständigung misslingt.

Da es aus der anderen Sicht kein richtiges und falsches Mitteilen und Verstehen gibt, entfallen hier alle normativen Ansprüche an eine gute Kommunikation. Dann braucht man auch keinen Schuldigen, wenn eine Kommunikation nicht zum erhofften Ergebnis führt. Man ist mit dieser Perspektive frei für die wertfreie Beobachtung der Kommunikation so, wie sie gerade abläuft. Man kann nun jede sprachliche Formbildung akzeptieren und ggf. rekonstruieren, wie es dazu gekommen ist – z. B. auf der Grundlage entsprechender Prämissen, Hoffnungen oder Befürchtungen. Man kann darauf verzichten, eine bestimmte Form oder Bedeutungsgebung zu bevorzugen oder ihr zur allgemeinen Akzeptanz zu verhelfen. Wir können nicht nicht Formen bilden – wir können nicht nicht der Welt oder dem Verhalten von Personen Sinn zuschreiben. Was auch immer wie mit welchen Wörtern und Sätzen und darin enthaltenen Bewertungen gesagt wird – es könnte immer anders gesagt oder verstanden werden und keine Variante hat den Apriori-Anspruch auf Wahrheit.

➡ Fallbeispiel: In der Supervision berichtet ein Therapeut von einer für ihn schwierigen Klientin. Diese schildert Konflikte mit ihren Mitbewohnern, beschwert sich über deren Verhaltensweisen mit klaren Schuldzuweisungen. Der Therapeut sieht die Dinge anders: Er sieht im Verhalten seiner Klientin gegenüber ihren Mitbewohnern eine Provokation – sie halte sich nicht an die üblichen Spielregeln des sozialen Zusammenlebens. Offenbar versucht die Klientin den Therapeuten und der Therapeut die Klientin von der jeweils eigenen Sicht zu überzeugen.

Nach dem ersten Modell haben wir es mit zwei Sprechern zu tun, die aus guten Gründen ihre Sicht bzw. die darin enthaltenen Informationen in den anderen *hinein*transportieren wollen – beide Seiten ohne Erfolg. In der Supervision wird nun nicht danach gesucht, wie hier eine Verständigung erzielt werden könnte, und schon gar nicht danach, wer irgendwie unangemessen denke oder kommuniziere. Im Gegenteil werden beiden Seiten erstmals positive Motive unterstellt. Beim Therapeuten wird dann erforscht, wie genau er die Äußerungen der Klientin decodiert und auf welchen Prämissen und Annahmen seine Äußerungen gegenüber der Klientin ruhen.

Das Ergebnis war: Er decodiert die Klientenäußerungen so, dass diese ihn dazu bringen wolle, ihr zuzustimmen. Seine bisherigen Mitteilungen an diese ruhen auf der Annahme, dass er gegenüber dieser Klientin die Regeln der Gesellschaft zu vertreten und diese zu vermitteln habe. Das eröffnete dann zwei neue Perspektiven. Zum einen ergaben sich neue Fragen an die Klientin danach, welche Erfahrungen sie damit habe, dass andere sie oder sie andere beeinflussen wollen, und was jeweils geschehen sei, wenn das nicht gelang. Zum anderen konnte der Therapeut am Ende Abstand davon nehmen, in die Rolle eines sozial-moralischen Lehrers zu gehen (in der er ohnehin keinen Erfolg hatte) und stattdessen in die, sich mehr dafür zu interessieren, wie es der Klientin damit gehe, von ihren Mitbewohnern nicht verstanden und womöglich dort in eine Außenseiterrolle gekommen zu sein – mit diesbezüglichen positiven und negativen Komponenten.

4.2.3 Die Bedeutung der Bedeutung

Symbole, Wörter und Sätze haben immer eine Bedeutung, sie verweisen immer auf *etwas*. Auch wenn das manchmal eindeutig erscheint, es lässt sich aus beiden hier dargelegten Sprachperspektiven immer wieder neu rekonstruieren. Im obigen Fallbeispiel scheint die Bedeutung dessen, was die Klientin mitteilt, klar: »Andere sind schuld, dass es mir dort nicht hinreichend gut geht.« Aber ist das wirklich klar? Welche anderen Bedeutungen könnten die Mitteilungen der Klientin auch haben?

Therapie und Beratung können genau diese vielen Bedeutungsvarianten immer wieder neu rekonstruieren. Will man das tun, hilft ein Blick auf die Theorie von de Saussure (siehe Kapitel 3.2.9). Nach ihm verweist ein Wort als ein *auf etwas* verweisender Signifikant nicht auf etwas in der Welt draußen (hier: die schuldigen Mitbewohner), sondern auf die vom Sprecher damit bezeichneten *inneren Vorstellungen*. Diese sind das Bezeichnete, das Signifikat. Wenn ich »Apfel« oder »die Bösen anderen« sage, bezeichnen diese Wörter aus der Sicht de Saussures jeweils meine inneren Vorstellungen davon. Das gilt theoretisch auch und gerade dann, wenn ich glaube, über die Realität zu sprechen und andere auf diese Realität hinweisen zu müssen.

In Therapie und Beratung können wir uns mit diesem Ansatz Fragen einfallen lassen, die so bezeichneten inneren Signifikanten zu erkunden: »Welche Erfahrung bringen Sie mit diesen Wörtern zum Ausdruck? Wovon unterscheiden Sie das, was Sie berichten (wenn es böse andere gibt, was sind dann gute)? Was ist oder wäre die andere Seite (die guten)? Welche Bilder oder Gefühle gehen mit den Wörtern einher, die Sie gerade gesagt haben? Worauf genau möchten Sie ihre Zuhörer hinweisen?«

Semiotik zweiter Ordnung und Bedeutungsforschung: Die Erforschung der Bedeutung einer gesprochenen oder gehörten Mitteilung können wir durch das an anderer Stelle bereits beschriebene Konzept der Semiotik zweiter Ordnung vertiefen (siehe Kapitel 3.2.14). Gemeint ist damit, dass man sich oder anderen beim Sprechen selbst zusehen und auch diese Beobachtungen in Sprache fassen kann. Man sieht, wie und mit welchen Unterscheidungen jemand seine Bedeutungen bzw. seine Welt kreiert und welche Wörter und Begriffe er verwendet, um das zu beschreiben, zu bewerten oder zu erklären. Der Gegenstand unserer Überlegungen und Fragen ist dann nicht, was wirklich der Fall ist und wie man das richtig formulieren könnte. Viel interessanter ist: Wovon wird das, was gesagt wird, unterschieden? Welche Prämissen und Lebenserfahrungen liegen der jeweiligen Weltkonstruktion und den zu dessen Beschreibung verwendeten Begriffen zugrunde? Was ist die beim Hörer intendierte Wirkung und welche Bedeutung hätte diese für den Sprecher? Wir können dann beobachten, wie andere das jeweils Gesagte aufgreifen bzw. wie sie daran ankoppeln. Kriz (2017, S. 133 f.) hat mit Bezügen zu experimentellen Befunden beschrieben, wie sich Personen und soziale Systeme Bedeutung generieren, indem sie aus der Komplexität von Daten sogenannte »Sinn-Attraktoren« bilden, die sie dann immer wieder aufsuchen – man bestätigt sich dann so das eigene Weltbild immer wieder.

Damit sind wir auf der von Luhmann »Semiotik zweiter Ordnung« genannten Metaebene. Natürlich dürfen wir nicht der Illusion verfallen, als wären unsere diesbezüglichen Beschreibungen und Fragen objektiv und nicht selbst wiederum Produkte zahlreicher Vorentscheidungen und Prämissen. Es gibt auch für die Semiotik zweiter Ordnung keinen neutralen Standort und kein Entrinnen aus der Sprache. Diese Metaebene braucht man selten für das alltägliche Leben und Arbeiten, wohl aber in Therapie und Beratung und dort spätestens dann, wenn Dialoge nicht gelingen wollen – zwischen Expertinnen und Klienten oder in Klientensystemen untereinander.

4.2.4 Land und Landkarte

Auf die Unterscheidung zwischen Land und Landkarte wurde mit Bezug auf Korzybski und Wittgenstein ausführlich in Kapitel 3.2.14 eingegangen. Mit Land ist der reale Phänomenbereich, das *wirkliche* Leben oder die *wirkliche Welt*, gemeint, mit Landkarte das von einem Beobachter darüber konstruierte Bild. Wenn wir Sprache als Bedeutungsträger sehen, stellt sich die Frage: Wann ist Sprache eine Landkarte und wann ist sie selbst das Land, über das es Landkarten (wie dieses Buch hier) gibt? Inwiefern spricht Sprache über das Land und inwiefern über darüber angefertigte Landkarten?

Genau genommen gehören alle sprachlichen Beschreibungen eines Klienten über seine Probleme zur Landkarte. Die realen Probleme sind nicht oder nur teilweise selbst im Therapieraum. Darüber wird in der Regel nur gesprochen. Therapeutische Konzepte, wie man das verstehen und verändern kann, sind ebenfalls Landkarten. Es macht einen Unterschied, ob ich als Therapeut oder Berater glaube, im Bericht eines Klienten dessen reales Land zu sehen, oder ob ich davon ausgehe, seine Landkarte darüber zu sehen. Im einen Fall ist die Bedeutung der Sprache des Klienten das Land, im anderen Fall die Landkarte. Beides ist wichtig und nicht das Gleiche. Wer das verwechselt, ist geneigt, die Speisekarte zu essen, wenn er Hunger hat.

Erkunden von Land und Landkarten: Therapeuten und Berater reagieren im Grunde immer nur auf die Landkarte, die der Klient über seine Problematik präsentiert und nicht auf das dadurch geschilderte Land. Nur in wenigen Ausnahmen sind sie im realen Leben des Klienten aktiv anwesend, etwa wenn Kollegen der sozialpädagogischen Familienhilfe vor Ort bei Familien sind. Im Fall einer Klientin, deren Mitbewohner sich nicht ihren Vorstellungen einer guten Wohngemeinschaft gemäß verhalten, wären Fragen nach der Landkarte: »Was sind die zwei oder drei wichtigsten Regeln einer guten Wohngemeinschaft? Welche persönlichen oder sozialen Werte bringen diese zum Ausdruck? Welche Annahmen hat sie darüber, warum sich die einen daran halten und die anderen nicht? Was sagt ihr Konzept, wie damit verbundene Konflikte zu lösen sind? Was sollte man gemäß ihrem WG-Konzept mit Leuten tun, die sich nicht an die Regeln halten?« Fragen nach dem Land wären: »Was genau tun die Mitbewohner, die sich nicht an ihr Konzept einer guten WG halten (die *schlechten*)? Woran genau erkennt man die anderen (die *guten*)? Wie genau reagiert die Klientin auf das Verhalten der einen und das der anderen?«

Wenn wir über die Landkarten sprechen (Wie wurden sie konstruiert, was sind ihre Merkmale, wie kann man sie verändern oder decodieren? – nach Derrida also das Verfahren der Dekonstruktion; siehe Kapitel 3.2.10), befinden wir uns auf der Ebene der Semiotik zweiter Ordnung. Man kann sich selbst bei der Konstruktion oder Verwendung einer Landkarte nur in reflexiven Ausnahmesituationen zusehen. Im professionellen und privaten Alltagsgeschehen gehen wir von der Nützlichkeit unserer Landkarten aus und halten sie bewusst oder unbewusst oft für ein Abbild der Realität. Dann *ist* Peter frech, der Lehrer arrogant und man selbst freundlich.

4.2.5 Metaphern und Bedeutung

Kein Text kommt ohne Metaphern aus. Sie sind für die Praxis besonders relevante Bedeutungsträger. Da Metaphern auf eine ganz besondere Weise Bedeutungen zum Ausdruck bringen bzw. mit hoher Effizienz Erfahrungen in Sprache transformieren und transportieren, wird hier (sowie in Kapitel 6.5.4) spezifischer auf sie eingegangen. Sie teilen Informationen in übertragener Form mit. Metaphern sagen: »Es ist so …, als wenn …« oder »als ob …«. Frau Müller verteidigt ihre Kinder *wie eine Löwin* heißt: Frau Müller verhält sich so, als wäre sie eine Löwin. Jeder versteht solche Analogien und weiß, dass Frau Müller keine Löwin ist.

Metaphern beinhalten Ähnlichkeitsbeziehungen (»zäh wie Kaugummi«), die Personifikation von Dingen (»eine schreiende Ungerechtigkeit«), die Verdinglichung von Verhaltensweisen (»er ist ein Fels in der Brandung«). (Die zitierten Beispiele sind entnommen aus Grote, 2015.) Metapher, Ironie und Poesie haben gemeinsam, dass sie vieldeutig, bildlich, durch Fantasie *aufgeladen* und einprägsam sind. Wenn wir Frau Müller begegnen, haben wir nun die Löwin vor Augen, vielleicht richten wir sogar unser Verhalten danach.

Aufgrund der Bildhaftigkeit, der Nachhaltigkeit (zutreffende metaphorische Bilder bleiben oft lange in Erinnerung) und meistens der Universalität ihrer Bedeutung (eine Löwin kennt jeder) und weil sie in ihrer Aussagekraft unter logischen Gesichtspunkten nicht an Details hängen bleiben (»Frau Müller ist wie eine acht Jahre alte, schon leicht ergraute Löwin ...«) können Metaphern ganze Lebenseinheiten themenzentriert *auf den Punkt bringen*. Sie können Einzelereignisse in übergeordnete metaphorische, manchmal übersinnliche Ebenen transformieren (spezifischer dazu Grote, 2015).

Jede Metapher bezieht sich auf ein zum Ausdruck gebrachtes *Etwas*. Sie stellt das in übertragener Form dar, indem sie Begriffe oder Bilder aus einem Lebensbereich auf einen anderen überträgt. Metaphern sind einzelne Ausdrucksweisen, können aber auch ganze Konzepte und Denkgebäude wiedergeben. Wird eine Organisation einmal als »Familie« beschrieben oder als »Organismus«, kann das Leitlinie zur Beschreibung und Erklärung von vielen Problemen und deren Lösung werden.

Die Alltagskommunikation enthält viele Metaphern: den Rücken stärken, der Fels in der Brandung, der Hahn im Korb sein, der aufrechte Gang, das Weichei, die sichere Burg, das Kreuz tragen, sich hinter einem Panzer verstecken, die Gratwanderung, jemanden in den Rücken fallen usw. Viele Therapiekonzepte beruhen auf oder nutzen an zentralen Stellen Metaphern. Oft werden Theatermetaphern verwendet (Rollen, Inszenierungen) oder Wirtschaftsmetaphern für Beziehungen (der Ausgleich, der Verdienst, der Klient als Kunde). Therapeutische Prozesse werden metaphorisch beschrieben, Buchholz verweist darauf, dass es für Psychotherapie etliche traditionelle Metaphern gibt wie z. B. Therapie als »gemeinsamer Weg« (Wandermetapher) oder als »Wachstumsförderung« (Gewächshausmetapher nach Buchholz, 2003).

Manche Spielarten des Konstruktivismus verstehen das Leben als Erzählung, als gelebte Narration. Narrationen stecken voller Metaphern bis hin zur Annahme, dass man »unbewusst nach bestimmten Metaphern« lebt (Fischer, 2003, S. 36).

Therapeuten und Berater können solche zentralen Metaphern *hören*. Zentrale metaphorische Begriffe können auf damit korrelierende Lebensthemen verweisen, z. B. mit Kampfmetaphern (Knüppel zwischen die Beine werfen), Überlebensmetaphern (keine Luft zum Atmen), architektonische Metaphern (kein festes Fundament) usw.

Therapie kann nach Fischer zur »Reflexion der die Biografie prägenden Metaphern« werden (Fischer, 2003, S. 36). Solche Metaphern können strukturieren und Komplexes vereinfacht beschreiben. Sie regen Geist und Seele an – man kann in ihnen aber auch gefangen sein, wenn man sich der Metaphorik nicht mehr bewusst ist. Versteht man z. B. die marktwirtschaftliche Metapher vom »Klienten als Kunden« nicht mehr als Metapher, sondern als Realitätsbeschreibung, muss man den Kunden wie in der Wirtschaft stets so behandeln, dass er wiederkommt und wieder einkauft. Kunden hält man ja keinen Spiegel vor, man darf es sich mit ihnen nicht verscherzen. Das kann die Wirksamkeit einer Therapie auch mal begrenzen.

Metaphern werden von dem, der sie generiert und ausspricht, und dem, der sie hört, inhaltlich mit jeweils eigenen Bildern, Konnotationen, Gefühlen gefüllt. Ihre Vieldeutigkeit ist ihr Vorteil: Sie legen nichts fest und regen doch Fantasie und Erleben an. Manchmal kann eine Metapher die Wendung eines bisherigen Denkens markieren oder einleiten, z. B.: »Da ist nun Licht am Ende des Tunnels – lasst uns dorthin aufbrechen.« Problembeschreibende und Lösungen eröffnende Metaphern können den Unterschied zwischen Stagnation und Veränderung markieren (»Ich stecke fest« – »Da kommt was in Bewegung«). Um es mit einer Metapher zu beschreiben: Im Geist kann eine Metapher wirken wie die Hefe im Teig: anregend, erweiternd, verändernd.

Etliche Autoren zeigen die Bedeutung von Metaphern für Therapie und Beratung auf (z. B. Buchholz, 2003; Fischer, 2003). Zum Thema Sprache und Bedeutung wird dabei auf einen zentralen Aspekt bzw. eine Falle hingewiesen, dessen bzw. deren man sich bewusst sein sollte. Die Kraft der Metapher bzw. ihre Bedeutung liegt zentral darin, dass sie ein Als-ob verwendet. Die Metapher »Unsere Familie ist ein Zirkus!« hält die Familie nicht wirklich für einen Zirkus – es ist nur so, als wäre sie ein Zirkus. Das ist zwar selbstverständlich, in der therapeutischen Arbeit mit Metaphern kann man sich aber leicht im Ausschmücken und im Spiel der Metapher verlieren und das Wissen um das Als-ob geht verloren.

Zur sinnvollen Arbeit mit Metaphern gehört demnach beides: Man nutzt sie, spielt mit ihr und ignoriert das Als-ob. Dann lässt sich fragen oder weiterspinnen: Wer ist im Familienzirkus der Clown, wer der Direktor, wer sind die Zuschauer, wer macht Gewinn und wer Verlust? Usw. Dem Leser fallen sicher sofort weitere kreative Fragen an eine Familie ein, die sich selbst als Zirkus bezeichnet. Man kann auch die metaphorische Beschreibung eines Schmerzes als »Monster in meinem Leib« bis ins Detail ausarbeiten: Welche Farbe hat das Monster? Wie groß ist es? Kann es sprechen? Hat es vielleicht selbst Probleme (vgl. etwa die Metapher vom Monster Kakasi in der Angsttherapie von Kindern in Rotthaus, 2015, S. 193)?

In der Therapie können problembeschreibende oder selbst Probleme generierende Metaphern dekonstruiert und modifiziert werden. Zum Beispiel sagt ein Klient: »Mein Leben ist ein Überlebenskampf.« Das ist eine Beschreibung, ggf. aber auch eine Selbsthypnose. Man kann dann lösungsorientiert daran ankoppeln: Wer kämpft mit wem? Wer kann den Kampf wie beenden? Was kommt nach dem Kampf? Manchmal lassen sich »Gegenmetaphern« generieren – z. B. hier die »Friedenszeit nach dem Lebenskampf«. Dann gilt manchmal, dass »eine gelungene Therapie […] zur Metamorphose der die Erfahrung und das Leben prägenden Metaphern […] zum Metaphernsprung« wird (Fischer, 2003, S. 42).

Dem sollte aber immer das Wissen um das Als-ob zugrunde liegen. Fischer beschreibt das so: »Die Metapher spricht in der Kommunikation über sich (reflexive Metaebene) und über anderes (Objektebene) und entfaltet darüber ihre sinnfindende bzw. sinnerfindende Funktion« (Fischer, 2003, S. 38). Buchholz (2003) verweist darauf, dass die Metapher nicht »etwas dort draußen« (S. 77) repräsentiert; das Bewusstsein über die Doppeldeutigkeit der Metapher (sie gibt vor, das Leben zu beschreiben, und zeigt gleichzeitig, dass sie das nicht tut) kann verloren gehen. Wenn von der *Prinzessin* in der Familie gesprochen wird und man die so bezeichnete Person für eine echte Prinzessin hält, lässt sich mit diesem Bild nicht mehr spielen.

Ist man sich der Doppeldeutigkeit und des Als-ob nicht mehr bewusst, beginnt ein Prozess, den Fischer die »Selbstmystifizierung durch Metaphern« nennt (2003, S. 39). Man hält dann die Metapher für eine Art Objektsprache, den metaphorischen Lebenskampf für einen tatsächlichen Kampf und die metaphorisch gefundene Lösung für eine tatsächliche Lösung für Lebensprobleme. Wenn man angesichts der Metapher »Mein Leben ist ein Gefängnis« in der Therapie mit dem Klienten metaphorisch einen »Ausbruch aus dem Gefängnis« durchspielt, ist man verführt zu glauben, diese metaphorische Lösung sei automatisch eine Lösung für das Leben selbst. Lösungen für das Leben können generiert werden, wenn aus der metaphorischen Lösung Ideen für Veränderungen im realen Leben entstehen. Das tun sie aber oft nicht von selbst und es bedarf einer gezielten Übertragung des metaphorischen Sprachspiels auf das Land des Lebens. Im metaphorischen Spiel kann man eigentlich nicht scheitern – im realen Leben schon.

➡) Fallbeispiel »Einstellung des Brückenbaus«: Eine 37-jährige Klientin berichtet von der »Leere«, die sie immer im Kontakt zu ihren Eltern erlebe und unter der sie leide: Diese hätten immer schon wenig Interesse an ihr gezeigt, ihr wenig direkte persönliche Zuwendung gegeben, die Kontakte sehr formal gehalten oder sich ihrem Sohn (deren Enkel) zugewendet. Sie versuche immer wieder, einen engeren Kontakt zu ihnen herzustellen, mit einem stets frustrierenden Ergebnis. Sie sagt: »Ich versuche, Brücken zu ihnen zu bauen.« Diese Metapher wird aufgegriffen: Wie lange ist sie schon *Brückenbauerin?* Was würde geschehen, wenn sie den Brückenbau einstellte? Und was wäre der Unterschied zwischen einer heimlich-unausgesprochenen Einstellung dieses Brückenbaus zu ihren Eltern und einer ausgesprochenen und offen markierten?

Das und der anschließende explizite Transfer, was das konkret in ihrer Beziehung zu den Eltern bedeuten würde, eröffnet ihr zwei neue Perspektiven. Die eine wird am Ende als Schwelle von einem Kindheits- zu einem Erwachsenenstatus bezeichnet: Sie könne aufhören, daran zu arbeiten, von ihren Eltern genau das zu bekommen, was sie einfach nicht bekomme – das entspräche der Akzeptanz ihrer Eltern so, wie sie sind, durch sie als erwachsene Person. Die andere bezog sich auf ihre Beziehung zu sich selbst: Sie nehme sich selbst übel, dass sie sich als erwachsene Frau immer noch mit einem solchen alten Thema *herumschlage.* In der Sitzung wird erarbeitet, dass sie mit dieser negativen Einstellung zu sich selbst ebenso wenig fürsorglich mit sich umgehe, wie sie das von den Eltern ihr gegenüber erlebe. Das endet in der Vision: Statt die Energie in einen Brückenbau zu den Eltern könne sie diese in einen Brückenbau zu sich selbst investieren und gnädiger und fürsorglicher mit sich umgehen.

Mit diesen Metaphern, die dann auf konkretes Verhalten in ihrem realen Leben transferiert wurden, konnte sie viel anfangen. Später berichtete sie, dass ihr diese Metapher zu einer Leitfigur für ihre Selbstbeobachtungen und ihre Handlungen im Kontakt mit anderen ihr wichtigen Menschen geworden sei. Außerdem sehe sie jetzt öfter Brücken, deren Bau eingestellt sei, und müsse dann schmunzeln.

Zum Thema »Metaphern als Bedeutungsträger« können wir zusammenfassend fest-halten: Metaphern geben dem Leben ebenso eine Bedeutung, wie sie umgekehrt die gefühlte und in anderen Sprachformen schwer darstellbare Bedeutung von Lebens-themen komprimiert zum Ausdruck bringen können.

4.3 Sprache als Basis der Weltkonstruktion – Sprachlich-in-der-Welt-Sein

Mit der Beziehung zwischen Information bzw. Bedeutung und Sprache ist es wie mit der zwischen Körper und Geist oder Psyche: Sie zu beschreiben ist schwierig, und man tappt bei der jeweils bedeutungsschwangeren Wortwahl von einer Falle in die nächste. Das Ergebnis hängt sehr von bestimmten Voreinstellungen ab, die sich oft erst bei genauerer Betrachtung der gewählten Begriffe offenbaren. Den einen liegt eine Trennung von Geist und Körper zugrunde, was philosophiegeschichtlich oft mit Descartes in Verbindung gebracht wird. Andere sprechen von der Einheit von Geist und Körper und kommen ins Trudeln, wenn sie angeben sollen, was denn das Gemeinsame von Körper und Geist sei. (Wir kommen in Kapitel 5 über das Drei-Welten-Modell nochmal darauf zurück.)

Mit der Beziehung zwischen Bedeutung und Sprache ist es ähnlich. Die Logik, dass Sprache eine Bedeutung repräsentiert, trägt oder transportiert, impliziert eine Tren-nung zwischen beiden – Bedeutung ist irgendwie und irgendwo *da* und wird dann in oder mit der Sprache zum Ausdruck gebracht. Die Philosophiegeschichte zeigt uns, dass sich diese Vorstellung nicht halten lässt, weil Bedeutung und Information selbst schon sprachlich verfasst sind und niemand sagen kann, was eine Bedeutung außerhalb des Sprachraumes sein soll.

Man könnte nun die Relation umdrehen und in der Sprache den Ursprung von Bedeutung sehen: Bedeutung entstehe demnach durch Sprache. Dann aber gäbe es die Sprache vor oder unabhängig von der Bedeutung – was sich ebenfalls kaum hal-ten ließe. Denn wie sollte sich eine Sprache außerhalb dessen entwickeln, worüber sie spricht?

Eine andere Antwort lautet: Sprache und Bedeutung sind gleichursprünglich, wie das z. B. Herder, von Humboldt und Heidegger tun. Und in dieser Gleichursprüng-lichkeit sind beide Seiten voneinander abhängig und bedingen sich gegenseitig: In der Welt sein und die Welt als bedeutungsvoll erfahren ist selbst schon sprachlich verfasst. Man muss dann das Verständnis von Sprache als Symbol- und Zeichenwelt sehr weit fassen bis hin zu Lacan, der auch das Unbewusste als sprachlich verfasst ansieht (siehe Kapitel 5.3 zum Thema »Spricht das Unbewusste?«). Diese Perspek-tive wird im Folgenden nachgegangen.

Man könnte die grammatikalischen Regeln der Sprache so verstehen, dass sie mit einigen weiteren Elementen der Sprache außerhalb dessen liegen, was mit ihnen an Inhalten dargestellt und vermittelt wird. Ein Komma oder die Konstellation von Subjekt, Prädikat und Objekt etwa hätten als solche keine inhaltliche Bedeutung, wie etwa der Lautstärkeregler an einem Mikrofon keine Relevanz für das hat, was in dieses gesprochen wird. Sie würden vom Sprecher in Sprechakten lediglich zur Darstellung von und zum Transport von Bedeutung und Informationen verwendet.

Aus anderer und für diesen Kontext der »Durch-Sprache-in-der-Welt-Sein« relevanteren Sicht sind aber auch und gerade grammatische Regeln selbst schon kondensierte Inhalte. Grammatik an sich ist Inhalt und Bedeutung bzw. generiert sie. Der grammatikalische Aufbau eines Satzes mit den Elementen Subjekt, Prädikat und Objekt und Sprachwendungen, die Kausalitäten markieren (»weil«, »folglich« usw.), lassen uns die Welt auf eine ganz bestimmte Weise erfahren. Es verhält sich mit Grammatik dann so, wie es der kanadische Kommunikationstheoretiker Marshall McLuhan für die Medien (Print, Fernsehen, Internet etc.) beschrieben hat: »The medium is the message« (Das Medium ist die Botschaft, vgl. Fiore u. McLuhan, 2016).

Man kann in der Grammatik ein Darstellungs- und Transportmittel für Informationen sehen. Aus anderer und passenderer Sicht strukturiert sie unser Denken aber ebenso wie die gedachten Inhalte. So könnte man in Anlehnung an McLuhan sagen: Die Grammatik und die Logik der Sprache sind die Botschaft, der Inhalt.

4.3.1 Sprache und Kultur: In-der-Welt-Sein durch Sprache

Palmowski (2018) stellt in seinem Buch über Sprache und Sprechen eine interessante Frage: Wie sähe eine Wirklichkeitskonzeption aus, in der es keine Kausalzusammenhänge gibt? Nichts hätte dann eine Ursache und nichts eine Wirkung. Wie würden wir uns in einer solchen Welt fühlen, wie zurechtkommen? Was wäre einfacher, was schwieriger?

Er kommt auf diese Frage bei seiner Darstellung eines Menschen mit Downsyndrom (Palmowski, 2018, S. 75 f.). Dessen Sprachstil sei sehr konkret, in ihm kommen keinerlei Schlussfolgerungen im Sinne einer Kausalität vor. In der Sprache mancher Kulturen und Völker tauchen für uns selbstverständliche Begriffe gar nicht auf. Das Amazonasvolk der Piraha hat bspw. keine Zahlen, sondern nur allgemeine Mengenverweise wie »wenig« oder »viel« (siehe Schäfer, 2010). In der Sprache mancher asiatischer Kulturen kommen Begriffe wie »ich« kaum oder wenig vor, dafür mehr »wir« (bzgl. Vietnam siehe z. B. Alsheimer, 1968). Unsere Sprache ist voll von darin enthaltenen Kausalaussagen oder Kausalverweisen, die sich in einem einzigen Wort zeigen wie »weil« oder »falls«.

Was die bereits angesprochene Relation von Bedeutung und Sprache betrifft, könnte man sagen: Diese Kausalbegriffe drücken etwas in der Welt Vorhandenes aus, nämlich Kausalketten bzw. Ursache-Wirkungs-Verhältnisse. Man kann es aber auch andersherum beschreiben: Diese Art des Sprechens *erzeugt* in und für uns das kausallogische Denken bzw. die Konstruktion von Ursache-Wirkungs-Ketten in der Welt. Man könnte auch ohne solche Kausalrelationen sprechen und vermutlich gibt es Personen oder Sprachkulturen, die diese kausale Logik nicht vorgeben oder in sich tragen. Wir können diesen Grundgedanken auf viele weitere uns vertraute Sprachfiguren anwenden: Was wäre, wenn die Sprache kein Wort für die Zukunft, kein Futurum hätte? Wenn es in Sprache nur Gegenwart gäbe? Was, wenn es keinen Konjunktiv, also kein »wäre«, »würde« oder »könnte« und damit keine Abweichungen von dem gäbe, was *real* ist? Unsere Sprache gibt Zeit und Zeitabläufe wieder: »früher«, »bald«, »ehemals«, »irgendwann«, »gestern«, »heute«, »morgen«. Auch hier kann man das zweifach beschreiben: zum einen so, dass diese Begriffe uns die Zeit und die Zeitabläufe sprachlich wiedergeben, die es in der Welt gibt, zum anderen so, dass durch diese Begriffe in uns die Zeiteinteilung und die Zeiterfahrung erst entsteht. Das Gleichursprünglichkeitskonzept würde sagen: Solche Wörter drücken gleichzeitig die Erfahrung der Welt als zeitlich geordnet aus und erzeugen diese.

Wenn wir einmal in eine Sprache mit solchen Begriffen hineinsozialisiert sind, haben wir zu einer Sprachwelt ohne solche Wörter keinen Zugang mehr. Schramm und Wüstenhagen (2015; referiert nach Palmowski, 2018, S. 77) berichten von der Sprache mancher Völker ohne Begriffe für Zeit, Zahlen und z. T. auch keine für spezifische Farben. Gäbe es in der Sprache keine Vergangenheitsform (Perfekt und Plusquamperfekt), wären wir sprachlich ganz auf die Gegenwart bezogen. Wie würde sich ein Leben dann anfühlen?

In unserer Kultur hat jeder einen bzw. seinen Namen. Wie wäre es, wenn es diese nicht gäbe? Manche Kulturen haben oder hatten keine Familiennamen. Sie wurden erst gesetzlich eingeführt, als es aus politischen und wirtschaftlichen Gründen notwendig wurde (Palmowski, 2018, S. 87). Sprache ist und wird zu Kultur – und umgekehrt hat jede Kultur ihre Sprache, z. B. europäische, asiatische, indianische, indigene. Sprache prägt also unsere Welterfahrung und unser Denken. Sie ist nicht nur Transportmittel für bereits vorhandene Bedeutungen.

Nach Werner Müller (1984, im Folgenden referiert nach Palmowski, 2018, S. 78 f.) neigen europäische Sprachen dazu, zu abstrahieren und Phänomene zu Oberbegriffen zusammenzufassen, während indianische und auch afrikanische Stammessprachen die gegenteilige Tendenz hätten. Dort würden Sachverhalte sprachlich *detailliert.* So gebe es im Indianischen keinen Oberbegriff für Essen und stattdessen Wörter für viele verschiedene Essensarten (mit oder ohne Kauen, Dinge gleichzeitig oder hintereinander in den Mund schieben usw.). Auch gebe es keinen Begriff für »gehen«, wohl aber solche über verschiedene Gehensarten (vorwärts, rückwärts, seitlich usw.). Wie anders dürfte das durch diese Sprachen geprägte oder zum Ausdruck gebrachte »In-der-Welt-Sein« im Vergleich zu unserem westlichen sein?

Auch das Verhältnis von Mensch und Umwelt wird in verschiedenen Kulturen und Sprechakten verschieden verfasst. Die eine trennt Subjekt und Objekt deutlich, die andere verbindet beides im Sinne von »Ich bin Welt und Welt ist Ich« (vgl. dazu ausführlicher den Anthropologen Jean Gebser [1905–1973] sowie Kapitel 4.3.6).

Indianische Sprachen sind nach Müller eher passiv orientiert mit der Darstellung von Erdulden und Anteilnehmen, während westeuropäische Sprachen eher das Aktive, das Zupacken und Gestalten zum Ausdruck bringen. Kratzen bedeute in westeuropäischen Sprachen, dass ein Subjekt etwas tut, nämlich an etwas kratzt. In indianischen Sprachen bedeute der entsprechende Begriff »in einem gekratzten Zustand sein«.

Die Welt der Therapeuten – die Welt der Klienten: Auch wenn die meisten Therapeutinnen / Berater und ihre Klientinnen in europäischen Therapieräumen eine gemeinsame (abendländische) Kultur teilen, können sich auch hier verschiedene Formen des »Sprachlich-in-der-Welt-Seins« begegnen. Therapeutinnen und Berater repräsentieren wohl eher ein aktives, klärungs- und lösungsorientiertes »In-der-Welt-Sein«, wovon Klienten in der Regel profitieren. Aus der Perspektive der Meta-Klartext-Klarheit sind jene Prozesse interessant, bei denen diese therapeutische Voreinstellung nicht gut an eine sprachlich andere und eher *hinnehmende* Voreinstellung von Klienten ankoppelt. Dazu gehört auch das Aufeinandertreffen einer lösungsorientierten Sprachwelt von Therapeuten und Beraterinnen mit einer problem- bzw. lageorientierten Welt von Klienten (zur Unterscheidung zwischen Lageorientierung und Handlungsorientierung vgl. Kuhl, 2001).

Um einen offenen oder verdeckten Konflikt zwischen diesen verschiedenen Weltbildern zu erkennen und therapeutisch zu nutzen, sind zwei Schritte wichtig: Der erste besteht im rechtzeitigen Erkennen, dass ein solcher ggf. subtiler Weltbilderdisput stattfindet – dafür gibt es meistens spezifische Symptome wie ein wiederholtes »Ja, aber«. Die Sprache kann ein Schlüssel sein, das zu erkennen. Man hört dann genauer auf die in der Sprache des Klienten verbal präsentierten Varianten seiner Weltkonstruktion und seines Welterlebens als Variante seiner Lebenserfahrung, man fragt genauer nach und erkennt dieses Welterleben an. Erst im zweiten Schritt präsentiert man mit eingeholter Zustimmung des Klienten dazu eine sprachlich abweichende andere Weltsicht auf die Probleme des Klienten und lotet mit diesem aus, ob er davon profitiert.

Konstruiertes Fallbeispiel: Ein Klient sitzt vor einem lösungsorientierten Therapeuten. Letzterer hat gelernt, mit einem Ressourcenblick auf Klienten zu sehen, dabei deren bisheriges Problemlösungsverhalten positiv zu konnotieren und seine Äußerungen danach auszurichten, dass sie für die Zukunft potenzielle Lösungen enthalten. Nun äußert ein Klient: »Ich bin auf allen Ebenen gescheitert!« Auf den ersten Blick stehen sich hier zwei Arten des »In-der-Welt-Seins« gegenüber: Hier ein »Gescheiterter« und dort ein auch angesichts von Problemen immer ressourcenorientierter Hoffnungsträger. Das kann einen spannenden, fruchtbaren Dialog ergeben – wenn z. B. der Therapeut das Eingeständnis von Scheitern als Ressource anerkennt. Es kann aber auch zu einem subtilen Wettkampf zweier Weltbilder werden, bei dem die eine Seite auf die Diagnose des Scheiterns mit ggf. negativer Zukunftsprognose besteht und die andere auf optimistische Perspektiven.

4.3.2 Über Sprache zur Welt: Entwicklungspsychologische Perspektiven

Im Laufe der Entwicklung lernt ein Kind mit Bezug auf Sprache zweierlei. Es erlernt Sprache als Möglichkeit, sich darin auszudrücken, andere zu verstehen und sich mit ihnen zu verständigen (Sprache als Kommunikation), und übergeordnet Sprache als Haus, in dem das Kind zusammen mit anderen lebt. Es lernt aber auch, was in einer Gesellschaft die *richtigen* und die davon abweichend *falschen* Sprachformen sind und welche Rolle diese im sozialen Feld dafür haben, soziale Positionen zu besetzen, dabei Machtverhältnisse zu bestätigen oder zu bestreiten. Das Kind lernt in seiner sprachlichen Sozialisation also beides kennen: Sprache als Mittel zur Verständigung und Sprache als symbolische Macht angesichts sozialer Ungleichheiten. Manche Kinder lernen in verschiedenen sozialen Schichten verschiedene Sprachen zu sprechen, z. B. Dialekt und Slang hier und offizielle Bildungssprache dort. Wer *nur* eine umgrenzte lokale Sprache (einen Dialekt) lernt, die nicht der offiziell legitimierten oder sozial *siegreichen* Sprache entspricht, hat sozial schlechtere Ausgangsbedingungen (vgl. hierzu die Ausführungen zu Bourdieu in 3.2.13). Im Folgenden geht es entwicklungspsychologisch um die Sprache als Verständigung und als sprachlich verfasstes »In-der-Welt-Sein« und nicht um Sprache als soziale Macht.

Aus entwicklungspsychologischer Sicht dominiert für das Neugeborene in den ersten Monaten die Beziehungsebene. Aus psychoanalytischer Sicht auf Sprache und Sprachentwicklung (vgl. List 2009, S. 123) bedarf die Sprachentwicklung der frühen Gleichzeitigkeit von Körper- und Beziehungserfahrung, damit Wörter, Symbole, Zeichen eine Bedeutung erhalten können. In den psychoanalytischen »Symbolisierungstheorien« geht es darum, dass und wie »Instinktsteuerung durch Symbolbildung« ersetzt wird. Was ursprünglich reiner Instinkt, Trieb, Verlangen etc. ist, wird dann sprachlich symbolisier-, benenn- und schließlich kommunizierbar. Der *Ort*, an dem die Transformation von Trieb in Sprache ursprünglich stattfindet, ist nach psychoanalytischer Theorie der intime Austausch des Säuglings mit seiner primären Pflegeperson. Die »Entwicklungsreihe« verlaufe hier »vom undifferenziert ausgelebten Triebimpuls zum differenzierten Denken« (List, 2009, S. 123). Ohne Symbolisierung und darauf ruhendem Denken wäre die Psyche ihren Körperwahrnehmungen ausgeliefert.

Das Kind erfährt sich von Anfang an in einer Beziehung. Der Säuglingsforscher Daniel Stern hat hochgradig individuelle interaktionelle Muster zwischen dem Säugling und seiner Mutter feststellen können (Stern, 2003). Man kann das so deuten, dass sich ein Kind von Anfang an als Teil einer Beziehung erfährt: »Ein anderes Wesen reagiert auf mich – ich bin mit Gesten und Lauten gemeint.« Es ist dann ein großer Schritt, wenn zu dieser Interaktion auch die sprachliche Kommunikation hinzukommt und die Beziehung sowie die in dieser Beziehung vermittelte Umwelt mit Begriffen belegt werden. Die Welt wird dann triadisch erfahren: ich, du und das, worauf wir beide blicken und was wir später auch benennen. Schleiffer nennt das die »triadische Konfiguriertheit« (Schleiffer, 1912, S. 92). Für die Entwicklung des Kindes ist die gemeinsame (!) Hinwendung von Mutter und Kind auf ein drittes *Etwas* und mit ihm auch der spätere Inhalt von Kommunikation in der sogenannten »Fremdreferenz« durch Gesten wichtig. Eltern und Kind zeigen auf etwas im sogenannten »deklarativen Pointing«. So konstituieren sich existenzielle Grunderfahrungen menschlichen Lebens: Ich erfahre, dass ich ich bin – es konstituiert sich ein Bewusstsein über mein Ich heraus. Und ich erfahre, dass du du bist, zu dem ich eine Beziehung habe und du eine zu mir hast. Und auf dieser dyadischen Basis kann man im triadischen Sinne dann gemeinsam auf die Welt als *etwas* blicken.

Das geht Hand in Hand mit der verbalen Benennung dieser Konstellationen. Wie Maturana und Varela ausgeführt haben (siehe Kapitel 3.2.14, Abschnitt zur »Sprache als soziale Koordination«), geht das damit einher, dass wir nun innerhalb der Sprache selbst in Beziehung zueinander stehen und wir innerhalb der Sprache selbst den Bezug zur Welt regeln. Wenn das Kind weinend »Mama!« ruft, wird auf Sprachebene die Beziehung organisiert: Die so *Gerufene* taucht auf und tut bzw. sagt Dinge, die gut tun. Sprache entsteht in und aus dieser Beziehungserfahrung und diese besteht von Anfang an neben taktilen und anderen nonverbalen Komponenten aus zunehmender symbolisch-sprachlicher Kommunikation.

Zu diesem Prozess der Sprachsozialisation gehört, dass im Sinne der Etikettentheorie das Kind in die sprachliche Benennung der Welt eingeführt wird: Die Bezugspersonen benennen oder symbolisieren alles Mögliche: was das Baby tut (»Anna hauen!«), wie es sich fühlt (»Anna Aua!«), wer wie heißt (»Mama« – »Susi!«) und wie Komponenten der Umwelt genannt werden (»Wauwau« und »Heia«). Dieser Prozess ist eine sprachvermittelnde Kulturwerkstatt, die eine hinreichend sichere Bindung zur Voraussetzung hat. Zu dieser sprachlichen Sozialisation gehört, was neuere Theorien der Psychoanalyse die »Mentalisierung« nennen (Allen u. Fonagy, 2009): Dem Kind wird lebenspraktisch und durch Begriffe benennbar *beigebracht*, wie es in anderen Personen aussieht, wenn sie laut werden, aus deren Augen Tränen kommen usw.; es wird ein sprachlich beschriebenes und vermitteltes Konzept über das Innenleben anderer präsentiert. Wenn Anna ihren Bruder Paul dann weinen sieht, weiß sie, dass Paul »traurig ist«. Wenn Mama später sagt: »Paul ist traurig!«, muss sie ihn nicht weinen sehen, um zu ahnen, wie es ihm geht. Man kann sich diesen frühen sprachlichen Sozialisationsprozess als *Einführung* in den Bedeutungsgehalt der Welt vorstellen. Das geht nicht mit, sondern durch Sprache.

Das hat eine umgekehrte und für Therapie und Beratung wichtige Kehrseite: Die Versprachlichung von Lebenserfahrungen in der frühen Kindheit prägt, was später bestimmte Begriffe in einer Person auslösen können. Diesen Prozess schildert Simon (2018, S. 102) so: In der sogenannten »Einwort-Phase« hat ein dem Kind vermitteltes Wort noch nicht die Funktion, auf *etwas* hinzuweisen und das zu benennen. Die Vokalzusammenstellung »Mama« benennt nicht die Mutter, sondern muss als Begriff einer komplexen Welterfahrung verstanden werden: Ausdruck der eigenen

Befindlichkeit (die bei der Anwesenheit von »Mama« eine andere ist als bei ihrer Abwesenheit), Beschreibung einer Beziehung, Herausforderung an diese Instanz (z.B. herzukommen oder den Hunger zu stillen). Erst durch diese ganzheitlichen Erfahrungen, die mit diesem Begriff im Sinne eines Bedeutungshofs verbunden sind, findet das Kind seinen Zugang zu Bedeutung und Sinn dieses Wortes. Später kann es sich davon loslösen und »Mama« wird ein Zeichen, ein Wort nur noch für die Person Mama und nicht mehr für das damit verbundene eigene Gesamterleben.

Es kann aber auch sein, dass bestimmte Begriffe für eine Person eine viel breitere und existenziell bedeutsamere Bedeutung behalten und reaktivieren können. Dann ist »Mama« nicht eine Person, sondern ein gespeicherter Lebenszustand. Das gilt auch für andere Begriffe.

➡ Fallbeispiel: Ein Klient von mir sprach oft darüber, wie schwer es für ihn war, dass er in seinem beruflichen Engagement als Lehrer von anderen, vor allem von höherer Stelle nicht anerkannt und dafür sogar kritisiert wurde. Während er darüber sprach, war seine nonverbale Reaktion auffällig: Er wurde körperlich starr und reglos und blickte lange vor sich hin (manche würden von einer Art Dissoziation sprechen). Er konnte zwar auf alle Fragen antworten, war aber »irgendwie innerlich weg«. Als ich das ansprach und mit ihm erforschte, ließ sich das entwicklungspsychologisch so rekonstruieren: Der Bedeutungshof »Kritik« war bei ihm davon besetzt, womit seine Mutter Kritik an ihm verbunden hatte: mit brutalen Schlägen, oft aus unerklärlichem Anlass, auf die er mit dieser Art von Starre reagiert hatte.

Man kann daraus für die Therapie dieses Klienten Verschiedenes ableiten. Eine generelle Empfehlung ist, solche Hinweise auf prägendes Wiedererleben von mit bestimmten Begriffen und Themen verbundenen Lebenserfahrungen in einer Therapie und Beratung nicht zu übergehen. Man kann erforschen, mit welcher Erfahrung bestimmte Wörter verbunden sind, und Wege finden, die Bedeutung »damals« von der »heute« zu trennen und so zu neuen Bedeutungsgebungen und Reaktionsmöglichkeiten zu gelangen (z.B. bei der Therapie von posttraumatischen Belastungsstörungen und Borderlinestörungen in Sendera u. Sendera, 2007, S. 287).

⚙ *Emotionaler Bedeutungshof zentraler Begriffe:* Die entwicklungspsychologisch früh mit einem bestimmten Begriff einhergehende emotionale Konnotation kann diesem ein Leben lang anhaften. Erfahrungen und Gefühle, die verbunden sind mit Wörtern wie »Vater«, »Mutter«, dem Namen eines Lehrers, des Heimatortes, dem Wort »Schule« oder auch »Liebe« in Verbindung mit bestimmten Gerüchen, Tonlagen und Gesten, in denen sie früher einmal ausgesprochen wurden, werden nicht einfach gelöscht. Diese Begriffe können daher immer wieder mit der Aktivierung spezifischer psychischer und physiologischer Komponenten einhergehen. Das kann man in Therapie und Beratung explizit berücksichtigen. Man kann beobachten oder erfragen, wie eine Person verbal auf bestimmte Wörter, Satzwendungen oder auch Gesten und Tonlagen reagiert. Man kann dann gemeinsam erforschen: Welches Gefühl geht damit einher? Welche Bilder tauchen auf, wenn man den Begriff hört oder ausspricht und dabei die Augen schließt? Welche Lebenserfahrung ist damit verbunden?

Man kann durch Sprache eine Brücke von der Gegenwart zu prägenden früheren Erfahrungen bauen. Im Nachhinein können Worte dafür gefunden werden, was man früher erlebt hat, damals aber nicht benennen konnte oder was damals nicht benannt werden durfte. Wenn ein Klient sich an belastende Momente erinnert, dessen Erleben damals nicht sprachlich benannt werden konnte oder durfte (vom strafenden Vater in den Keller gesperrt; sehen und hören, wie ein Familienmitglied misshandelt wird; Momente, in denen man als Klient einsam danebenstand, als die Mutter sich liebevoll um ein Geschwister kümmerte), dann lässt sich die Versprachlichung heute nachholen: »Ich hatte panische Angst; ich war einsam!« Manchmal ist es wichtig, dass dies auch denen kommuniziert wird, die »damals« beteiligt waren.

Wenn ein Klient auf eine gegenwärtige Situation mit besonders starken Emotionen reagiert (z. B. Hass bei Erleben von Ungerechtigkeit; ängstliches Erstarren bei aggressiven Gesten oder lauten Stimmen, Peinlichkeit und Scham angesichts eines kleinen Missgeschicks), dann lässt sich fragen, ob er das von früher kennt, und wenn ja, wie alt er sich mit dieser Emotion fühlt und welche Situation dazu erinnert wird. Dann kann man gemeinsam versuchen, dafür eine passende Beschreibung und Begrifflichkeit zu finden – für die Gefühle und Umstände damals und für die heute. Eine wichtige Frage kann sein, wie diese Umstände, die dazugehörigen und nun ggf. sprachlich benannten Gefühle vom Klienten oder relevanten anderen Personen bewertet wurden oder werden. Oft sind sie tabuisiert – Angst, Scham, Neid und Hass waren vielleicht »nicht erlaubt«.

Manchmal kann auch umgekehrt ein Begriff, der verwendet oder mit einer heutigen Erfahrung verknüpft wird, eine entwicklungspsychologisch ganz individuelle spezifische Bedeutung haben, was es zu erkennen und zu berücksichtigen gilt. Wenn es für einen Klienten z. B. schwer auszuhalten und mit aversiven Gefühlen verbunden ist, wenn heute ein Kollege etwas gut kann und dafür gelobt wird, was ihm selbst nicht gelingt, dann lässt sich dazu Sprachliches erarbeiten: »Wie benennen Sie Ihren inneren Zustand angesichts dessen?« Auch wenn jeder Mensch solche Zustände auf ganz eigene Weise bezeichnet, gibt es doch oft besonders passende Begriffe. Man könnte annehmen, dass in diesem Fall »Neid« treffend sein könnte. Nun kann es aber sein, dass in der Sozialisation dieses Klienten das damit bezeichnete Denken, Handeln und Fühlen als *schlecht* gewertet und sanktioniert wurde. Es ließe sich in der Therapie dann verschieden darauf aufbauen: sich das heute und retrospektiv für damals doch ein- und zugestehen, auch und gerade vor anderen dazu stehen. Oder man findet dafür andere und bessere Worte als »Neid«, mit denen die Beziehung zu sich selbst und/oder zu anderen einfacher, klarer, authentischer gestaltet werden kann.

➡ Fallbeispiel: Eine Klientin beschreibt eine anhaltende Belastungssituation in ihrer Ehe. Daran habe sich trotz etlicher Bearbeitungen dessen in der bisherigen Therapie nichts geändert. Ihr Mann mache ihr viele lang vorgetragene Vorwürfe. Im Verlaufe dessen komme sie immer wieder in einen Zustand, in dem sie nicht mehr klar denken und vertreten, die für sie quälende Situation aber auch nicht verlassen könne. Sie sei »wie gefangen«.

Als wir diesem von ihr beschriebenen Vorgang und dieser Art der Benennung biografisch nachgingen, erinnerte sie sich an quälende Strafmaßnahmen und oft unangekündigt auf sie hereinbrechende Aggressionen ihres Vaters gegen sie. Sie habe das als Kind »allein« erfahren, und mit niemandem darüber gesprochen (»Dafür war niemand da!«).

Wir haben das zweifach sprachlich-symbolisch rekonstruiert: Zum einen hat die Klientin beschrieben und benannt, wie sie sich als Kind dabei gefühlt hatte (ängstlich, verlassen, sprachlos) und was sie heute denkt, was dieses Kind konkret von wem gebraucht hätte. Zum anderen haben wir erarbeitet, was in den Situationen mit ihrem Ehemann heute und ihrem Vater damals gleich und was anders ist. Wichtig war dabei natürlich, was sie heute im Unterschied zu damals anderes tun könne. Die sprachliche Benennung des früheren, aktuellen und gewünschten zukünftigen Erlebens spielte dabei eine wesentliche Rolle.

4.3.3 Unterscheiden als Basis der Weltkonstruktion

Luhmann übernimmt die grundlegende Figur des Unterscheidens als Basis unserer Weltkonstruktion von dem britischen Mathematiker und Psychologen George Spencer-Brown, der das als erkenntnistheoretischen Imperativ so formuliert hatte: »Triff eine Unterscheidung!« (Spencer-Brown, 1969). Er hatte darauf verwiesen, dass dieser Vorgang ebenso aktiv wie passiv formuliert werden könne:

»Bei neuerlicher Betrachtung des ersten Kommandos, triff eine Unterscheidung, merken wir an, dass es ebenso gut ausgedrückt werden kann etwa durch lass da eine Unterscheidung sein, finde eine Unterscheidung, erkenne eine Unterscheidung, beschreibe eine Unterscheidung, definiere eine Unterscheidung oder lass eine Unterscheidung getroffen werden« (Spencer-Brown, 1969, S. 72 f., zit. nach Simon, 2006, S. 62).

Wer A sagt, sagt nicht B. Wer einen Baum als Baum sieht, ganz unabhängig davon, welchen Begriff er damit verbindet (»Baum – Tanne«), der unterscheidet diesen von allem anderen darum herum. Wer meint, Franz sei naiv, vergleicht ihn mit Nicht-naiven (was immer das dann ist). Wer fühlend sagt, »mir ist kalt«, unterscheidet das von wärmeren Zuständen. Diese Art von Aussagen ist unendlich fortsetzbar. Ihnen allen ist gemein: Das »Die-Welt-Erfahren« heißt, in ihr eine Unterscheidung zu treffen. Wer schwarz sieht, muss das von allem »Nichtschwarzen« unterscheiden. Auch wenn dieses Unterscheiden aktiv oder passiv beschrieben werden kann, erleben wir das weitgehend als passives Geschehen und nicht als aktiven Unterscheidungsvorgang: »Ich sehe den Baum einfach, er ist meiner Wahrnehmung irgendwie *gegeben*«. Niemand sagt: »Ich habe gerade dieses Ding da von anderen unterschieden und nenne das wie alle anderen ›Baum‹«. Diese erlebte Passivität macht die Bedeutung der Unterscheidung für die Weltkonstruktion nicht geringer.

Unsere Unterscheidungen prägen unser Welterleben. Eifersucht ist ein schönes Beispiel. Sie beruht auf der Leitunterscheidung »treu – untreu« und richtet das Fühlen und Denken danach aus. Könnte die darunter leidende Person ihrer Weltkonstruktion andere Unterscheidungen unterlegen bzw. die eifersuchtsorientierten zu einer Nebensache machen, dürfte sich das Partnerschaftserleben und vielleicht das gesamte Lebensgefühl ändern. Ein hervorragender Weg dazu ist stets die sprachliche Rekonstruktion, Dekonstruktion und Neukonstruktion der jeweils fundamentalen Unterscheidungen.

Gehen wir hier philosophisch noch eine Ebene höher: Auch das Wort »unterscheiden« beruht auf einer Unterscheidung, sonst könnte es dieses Wort gar nicht geben. Wovon wird das Unterscheiden unterschieden – was ist die andere Seite des Unterscheidens? Definieren wir es zuerst negativ, dann ist es das »Nichtunterscheiden«. Wie sähe ein Leben aus, in dem wir nichts mehr von irgendetwas unterscheiden? Damit haben sich Luhmann und Fuchs in ihrem Werk »Reden und Schweigen« auseinandergesetzt (Fuchs u. Luhmann, 1989). Sie finden Formen des Nichtunterscheidens im Zen-Buddhismus. Es geht dabei um ein »differenzloses Wahrnehmen« – also ein Wahrnehmen, ohne dass dabei etwas von etwas anderem unterschieden wird.

Sie zitieren aus dem Zen-Buddhismus: »Es gibt, ihr Mönche, einen Bereich, wo weder Festes noch Flüssiges ist, weder Hitze noch Bewegung, weder diese Welt noch jene Welt, weder Sonne noch Mond. Das, ihr Mönche, nenne ich weder ein Kommen noch ein Gehen, noch ein Stillstehen, weder ein Geboren-werden noch ein Sterben. Es ist ohne Grundlage, ohne Entwicklung, ohne Stützpunkt. Das ist eben das Ende des Leidens« (Luhmann u. Fuchs, 1989, S. 49).

Wir merken: Dieses differenzlose Leben lässt sich kaum denken. Wir können im Alltag nicht nicht unterscheiden. Differenzloses Wahrnehmen ist nur in ganz außergewöhnlichen Sonderzuständen wie einer tiefen Meditation und vielleicht im traumlosen Tiefschlaf möglich. Für unser Thema – »Durch-Sprache-in-der-Welt-Sein« – ist es dennoch hilfreich, das vertraute Unterscheiden vom Bereich jenseits allen Unterscheidens, von einem unterscheidungslosen Wahrnehmen zu unterscheiden. Für diese jenseitige Welterfahrung gibt es verschiedene Metaphern, z. B. die vom »Wissen der Nicht-Unterscheidung« (S. 50) oder vom »direkten Kontakt mit dem Zeitlosen« (S. 51). Das geht natürlich mit der Aufhebung der Zeit oder des Zeiterlebens einher, denn Zeit ist immer schon Unterscheiden: vorher, jetzt, nachher und die Einteilung der Zeit in Minuten, Stunden, Tage, Jahre.

Für die therapeutische/beraterische Praxis hat das nun zwei Konsequenzen.

Die erste berührt die Frage, ob und wie Momente des Nichtunterscheidens im therapeutischen Prozess stattfinden oder gezielt angesteuert werden können. Das kann kein Moment sein, in dem gesprochen wird, weil Sprechen immer auf Unterscheidungen beruht. Vielleicht gibt es aber kürzere oder längere Momente der Stille oder der Trance, vielleicht auch der Dissoziation vom Hier und Jetzt mit einer nicht-kategorisierenden, nicht auf bestimmte Inhalte bezogenen Wahrnehmung oder mit einer meditativen Wahrnehmung der Nichtunterscheidung. Es steht zu vermuten, dass das in klassischen Therapien und Beratungen selten vorkommt und dort auch nicht angestrebt wird. Das gehört eher in den Bereich meditativer Unternehmungen oder Unterweisungen.

Wenn man diesen Zustand des Nichtunterscheidens *bewusst* anstrebt, erzeugt man ein Ereignis oder einen Zustand, der die Bedingung seiner eigenen Möglichkeit schnell wieder auflöst. Denn das bedeutet: Ich strenge mich an, so wahrzunehmen und *da* zu sein, dass die Wahrnehmung von *etwas* (eine Zeit lang) aufhört. Wenn nun aber dieser Zustand der nicht differenzierenden Wahrnehmung (oder den der Differenzlosigkeit) als solcher bemerkt oder gar benannt wird, hebt eben dieser Akt die erlebte Differenzlosigkeit wieder auf: Man weiß ja jetzt, dass man differenzlos ist, und unterscheidet das von den Differenzbildungen. Dann findet man sich mitten im Unterscheiden.

Ein Zwischenschritt zwischen Unterscheiden und differenzlosem Nichtunterscheiden ist wohl die möglichst passive Beobachtung von sich selbst bei der passiv erlebten Bildung von Unterscheidungen. Dass diese aktiv und passiv beschrieben werden können, haben wir oben schon mit Spencer Brown dargestellt.

In der Meditation oder in Achtsamkeitsübungen ist es möglich, nicht wertend und nach Möglichkeit nicht aktiv selbstbeschreibend das eigene psychische Geschehen (Fühlen, Denken) zu beobachten und das *nur* wahrzunehmen. Man registriert zwar Unterscheidungen, bildet diese aber nicht bewusst aktiv und geht diesen nicht weiter nach.

Außerhalb solcher Achtsamkeitsbemühungen gilt: Wir sind und leben in und mit Differenzbildungen, die wir passiv erfahren oder aktiv tätigen und mit denen wir uns identifizieren. Wer denkt, wer spricht und wer von Therapeuten aufgefordert wird, über etwas nachzudenken oder etwas zu fühlen und dann darüber auch noch zu sprechen, wird explizit zum Unterscheiden, zur Differenzbildung angeregt.

Die zweite Konsequenz gilt der Rolle der Unterscheidungen beim Sprechen selbst. Sprechen heißt, Wörter verwenden, die etwas bezeichnen. Sowohl die Auswahl dessen, was bezeichnet werden soll (das *Etwas*, z. B. der Baum oder die hypochondrisch-ängstlich beobachtete Herzaktivität), wie die Bezeichnung dessen selbst geht mit Unterscheidungen, mit Differenzbildungen einher. Für die Praxis von Therapie, Beratung und Supervision eröffnet das die Möglichkeit, zum einen die Wörter und Sätze von Klientinnen dahingehend zu rekonstruieren, welche Unterscheidungen ihnen zugrunde liegen. Zum anderen kann man gezielt neue Unterscheidungen einführen.

➡ Fallbeispiel »Leitunterscheidung 1«: In der Supervision berichtet eine Therapeutin von einem Paar, das sich in einer Sackgasse sehe. Der Mann habe sich entschieden, seine Transvestismus-Interessen, von denen sie wusste, nun offener zu leben, d. h., gelegentlich Frauenkleider zu tragen. Er wolle, dass sie das akzeptiere. Sie sagt, das sei nicht möglich und sie habe ihn seither ständig als »Transvestiten« vor Augen, was nebst anderem alle Erotik in ihr absterben lasse: »Ich sehe in ihm 70 % Frau, nur noch 30 % Mann.« Sie meint: Entweder er gebe das auf oder die Ehe drohe daran zu scheitern. Er sagt: Entweder sie akzeptiere seine Neigung oder die Ehe drohe zu scheitern.

Das Problem sei: Man liebe sich ja noch, habe Kinder und eigentlich doch schöne Zeiten miteinander verbracht. Beide steckten nun in einer Entweder-oder-Haltung fest. Die Leitunterscheidung ist auf beiden Seiten die Gleiche: Transvestismus oder Nichttransvestismus. Die Entscheidung, auf welche Seite man gehe, bestimme das gesamte weitere Leben.

In der Supervision wurde eine neue Unterscheidung als mögliche Leitunterscheidung kreiert und dann entwickelt, wie sie dem Paar vorgeschlagen und hypothetisch durchgespielt werden könne: »Ehethema Transvestismus« vs. »andere Ehe- und Familienthemen«. Ersteres war in den fast ausschließlichen Fokus des Paares geraten, Zweiteres gänzlich untergegangen. Denn es gab und gibt ja ein Leben neben der Frage, ob, wann und wo der Ehemann Frauenkleider trage oder nicht. Die Hypothese war, dass die Orientierung auf dieses Thema einen hypnotisierenden Charakter erlangt habe und durch die zweiwertige Logik auf diesem Gebiet die Kreativität, Freiheit und auch die Ressourcen und Freuden des Paares und der Familie in allen Bereichen brachlägen, die damit nichts zu tun haben.

Man kann das supervisorisch-therapeutische Vorgehen hier so beschreiben: Die Leitunterscheidung des Paares wird aufgegriffen, um dann eine neue Leitunterscheidung (hypothetisch und probehalber) einzuführen. Natürlich muss das Paar bzw. jeder von beiden für sich selbst entscheiden. Der Therapeut kann durch die Einführung einer neuen Leitunterscheidung aber neue Optionen für Entscheidungen öffnen. Man könnte das formallogisch so beschreiben: Das Paar operiert mit der Leitunterscheidung »Transvestismus vs. Nichttransvestismus«. Von der Therapeutin wird auf logisch höherer Ebene die Leitunterscheidung eingeführt: Thema »Transvestismus – Nichttransvestismus« vs. Thema »Transvestismus – Nichttransvestismus – andere Lebensthemen«.

 Fallbeispiel »Leitunterscheidung 2«: Ein Klient berichtet von Problemen mit seiner Ehefrau. Einerseits sei er enttäuscht, dass sie nicht an seiner ihm so wichtigen Freizeitaktivität Wandern teilnehme. Er fühle sich andererseits aber für sie verantwortlich und wolle sie nicht zu etwas überreden, das ihr nicht gefallen könnte. Das Aufgreifen und Befragen von Unterscheidungen, auf denen diese Erzählungen ruhen, ergab Folgendes: In seiner Aussage, sie solle sich bei Unternehmungen mit ihm auf jeden Fall wohlfühlen, verwendet er die Unterscheidung: »Frau fühlt sich bei gemeinsamen Aktivitäten mit mir wohl – fühlt sich dabei mit mir nicht wohl«.

Der Therapeut lädt ihn zu einer Imagination ein: »Stellen Sie sich vor, Sie wandern jetzt mit Ihrer Frau durch die Natur und Sie merken, dass sie sich nicht wohlfühlt.«

Der Klient lacht und sagt: »Ich bekomme schon beim Gedanken daran feuchte Hände!«

Therapeut: »Was genau geschieht jetzt bei Ihnen, wenn Sie merken, dass Ihre Frau sich nicht wohlfühlt? Wie fühlen Sie sich? Was denken Sie?«

Klient, denkt und fühlt länger nach, dann: »Das geht jetzt hin und her. Das pendelt zwischen Wut und Verantwortung. Ich würde das als Zurückweisung …, wie ein Kind …!«

Später wird die andere Seite dazu exploriert: Wie würde er feststellen, dass sich seine Frau wohl an seiner Seite in der Natur fühle und was würde das für ihn bedeuten? Im Anschluss daran konnten weitere von ihm unterlegte relevante Subunterscheidungen herausgearbeitet werden. Dazu gehörte, ob er bei Leidenszuständen seiner Frau sich selbst verantwortlich dafür mache oder nicht – und ob er umgekehrt für eigene Leidenszustände innerhalb der Partnerschaft seiner Frau die Verantwortung dafür übertrage.

Das Positive daran war, dass er nach den jeweiligen Erkenntnissen, für welche Seite er sich bei diesen Unterscheidungen jeweils entschieden hatte (er auf der Seite der Schuld, wenn sie leide – sie auf der Seite der Unschuld, wenn er leide), er sich nun neu entscheiden könne, wie er sich in Zukunft positionieren wolle und ob er diese für ihn wichtigen ehebezogenen Leitunterscheidungen Schuld – Unschuld weiter ins Zentrum seines Ehelebens stellen wolle. Das ergab für ihn neue Optionen.

➡ Fallbeispiel »Leitunterscheidung 3«: Ein Klient berichtet, er leide unter den Pathologisierungen und Entwertungen seiner Frau. Sein Bewältigungsstil dessen: tolerieren, akzeptieren, ein bisschen widersprechen und beim geringsten Widerstand nachgeben. Die Prämisse, auf denen das ruhte, ließ sich auf einen zentralen Begriff bzw. auf eine zentrale Leitunterscheidung zurückführen: »Fortbestand der Ehe = gut – Nichtfortbestand der Ehe = schlecht«. Das war erwartungsgemäß auf seine Erfahrung mit seiner Herkunftsfamilie zurückzuführen. Jeder offene Konflikt mit seiner Frau käme logisch und emotional mit der dadurch verbundenen Vision einer Trennung und damit der Seite »Nichtfortbestand der Ehe = schlecht« nahe. Dem Klienten half es, dieses sprachlich-emotionale Fundament seiner Welterfahrung, seines sprachlichen »In-der-Welt-Seins«, zu rekonstruieren, um das dann versuchsweise zu dekonstruieren (Wo ist diese Dichotomisierung gut, wo nicht?) und neue Unterscheidungen einzuführen mit der Frage, was ein anderer *guter* Wert in seinem Leben als der Fortbestand der Ehe sein könnte.

Eine hilfreiche Idee war, manche Subunterscheidungen statt der einen Seite der übergeordneten Leitunterscheidungen der anderen zuzuschreiben: Wurde »Konflikt mit der Frau austragen« bisher der Seite drohender »Nichtfortbestand der Ehe = schlecht« zugeschrieben, konnte nun durchgespielt werden, inwiefern das Austragen von Konflikten vielleicht ein Weg »Fortbestand der Ehe = gut« sein könnte.

Rekonstruktionen und Dekonstruktionen von Klienten bislang verwendeter Leitunterscheidungen und Einführen und Konstruieren von neuen Leitunterscheidungen gehen Hand in Hand (Näheres dazu in Kapitel 6.5.2 im Abschnitt »Leitunterscheidungen erfragen und erforschen«).

Der immerwährende blinde Fleck: Der Gedanke, dass wir alles, was wir sagen, denken, fühlen und zum Ausdruck bringen, mit zugrunde liegenden Unterscheidungen zu tun hat, hat für das »Sprachlich-in-der-Welt-Sein« weitreichende Konsequenzen. Eine besteht darin, dass wir notgedrungen immer einen blinden Fleck haben für die unserer Weltwahrnehmung *jetzt gerade* zugrunde liegenden Unterscheidungen. Man kann diese, wenn überhaupt, immer erst im Nachhinein rekonstruieren. Wenn wir – wie die bereits beispielhaft geschilderten Klienten – eine Unterscheidung erkennen, ist das Resultat einer neu eingeführten oder unterlegten Unterscheidung. Denn auch jede reflexive Erkenntnis über uns selbst ruht wieder auf einer Unterscheidung. Wenn ich bei mir erkenne, wie hoch der Wert »Familienzusammenhalt« (mit entsprechenden emotional besetzten Zuständen) ist, nutze ich dafür automatisch die Unterscheidung ein zwischen dem Lebenselement »Familie« und anderen Lebenselementen. Es ist unmöglich, sich aller Unterscheidungen bewusst zu sein, die mit einer aktuell gerade verwendeten Lebenslandkarte einhergehen. Es ist also wie mit den blinden Flecken in unserem Sehfeld: Wir können sie nur beseitigen, indem wir neue erzeugen.

Störungsspezifische Leitunterscheidungen: Zu jedem psychiatrischen Störungsbild gehören störungstypisch interne Leitunterscheidungen. Ein Beispiel ist die sogenannte »Sozialphobie« und diesbezügliche therapeutische Interventionen. Zu den Leitunterscheidungen von sozialphobischen Landkarten und daran ausgerichtetem Fühlen, Denken und Verhalten gehört die permanente Frage »Wie wirke ich gerade nach außen?«, verbunden mit einer Zentrierung der Aufmerksamkeit auf diese Außenwirkung. Das beruht auf der Leitunterscheidung: »bei anderen gut ankommen – sich bei anderen lächerlich machen.« Therapeuten können dadurch zu einer Problemlösung beitragen, dass sie ganz andere Unterscheidungen in den jeweils aktuellen Aufmerksamkeitsbereich eines Klienten *einspeisen* (z. B. als Hausaufgabe): die Beobachtung der Umgebung nach Farben, nach dort besprochenen Themen oder sonstigen Aspekten, was sich vollkommen von der Aufmerksamkeit auf die genannte Leitunterscheidung löst. Wenn das gelingt, und sei es nur auf begrenzte Zeit, ändert sich die gesamte »Sozialphobiestruktur« (vgl. Clark, Ehlers u. Stangier, 2006).

4.3.4 Im Haus der Sprache: Heidegger, Gadamer, Habermas, Walser, Chomsky, transverbale Sprache

Heidegger, Gadamer, Habermas: Die von Heidegger stammende Metapher vom »Haus der Sprache«, in dem wir leben, fasst die in diesem Kapitel geäußerten Gedanken noch einmal mit einer philosophischen Schwerpunktsetzung zusammen. Kennzeichen ist die Gleichursprünglichkeit von Sprechen, Imagination und praktischem Tun in der Welt. Es gibt nicht zuerst ein Erleben oder Handeln, das man dann in Worte fasst. Es gibt auch nicht zuerst ein Wort, mit dem dann etwas bezeichnet wird. Heidegger nennt diesen Gesamtzusammenhang die »Welt« (Heidegger, 1927/1993, S. 133 u. 161). Sprache ist in Heideggers philosophischen Worten »ein wesentlicher Aspekt des Seins des Seienden« (Heidegger, 1934, S. 168, zit. nach Flatschner u. Posselt, 2016, S. 190). Der Mensch *entwerfe* die Welt nicht, sondern er *antworte* auf diese, und Sprache sei ein wesentlicher Teil dieses Antwortens.

Auch für den Heidelberger Philosophen Gadamer (1900–2002) ist Sprache eine »Grundvollzugsweise« des »In-der-Welt-seins«. Was zur Bedeutung von Unterscheidungen und Leitunterscheidungen für unser Weiterleben gesagt wurde, dürfte weitgehend identisch sein mit der Annahme Gadamers, dass wir in Denken, Erkennen und damit im Leben durch die Sprache und die darin enthaltene Darlegung der Welt geprägt sind. Gadamer wendet das auf das Gespräch an, also die Sprechakte, mit seinem bekannten Satz, dass nicht wir das Gespräch führen, sondern das Gespräch uns führe (Gadamer, 1960/1990, S. 387).

Martin Walser: Der praktisch und theoretisch ganz in der Sprache beheimatete Schriftsteller Martin Walser beschreibt die Beziehung zwischen »In-der-Welt-Sein« und Sprache eher reflexiv und dichterisch als philosophisch. Er führt dazu aus (wobei wir im Folgenden für das Gebiet von Therapie, Beratung und Supervision den Begriff »Schreiben« durchaus durch »Sprechen« ersetzen können): »Was man in sich hat, weiß man nie. Man erfährt es durch Schreiben. Schreiben ist eine passive Tätigkeit. Ein Entgegennehmen. Man ist nicht der Kommandeur der Sprache, der die Einfälle herpfeift, sondern der, der so gestimmt ist, dass die Sprache eine Chance hat. Deine Sprache. Jeder hat seine Sprache. […] Die Sätze, die ich schreibe, sagen mir etwas, was ich, bevor ich diese Sätze schrieb, nicht gewusst habe. Die Sprache ist also ein Produktionsmittel. Allerdings eins, über das man nicht Herr ist« (Walser, 1999).

Das kann man auf die in der Therapie gesprochenen Sätze transformieren: Die von Klienten und Therapeuten gesprochenen Sätze sagen etwas, was man, bevor man das sagte, so nicht wusste. Wenn das zutrifft, ist das immer auch ein in die soziale Welt eingebettetes Geschehen. Denn wenn wir schreiben oder sprechen, tun wir das immer in der uns sozial und kulturell angelieferten Sprache. Niemand kann seine eigene Sprache erfinden. Wenn das so wäre, hätte er niemanden, mit dem er in dieser Sprache sprechen könnte.

Nach Walser können wir uns oft erst beim Reflektieren über das von uns Geschriebene oder Gesagte finden. Das hat in Therapie und Beratung etwas ganz Analoges: Wenn mithilfe therapeutischer Fragen ein Klient etwa seine eigenen Leitunterscheidungen und alles Weitere entdeckt, woraus seine Wörter und Sätze hervorgegangen sind, kommt das dem, was Walser hier beschreibt, sehr nahe. Manche Bedeutungen dessen, was wir sagen, finden sich erst beim diesbezüglichen Reflektieren. So gesehen können sich Klienten mithilfe unserer Fragen mit spezifischem Bezug auf das von ihnen Gesagte selbst entdecken.

Das ist das explizite Ziel der sogenannten idiolektischen Therapieschule (Bindernagel, Krüger, Rentel u. Winkler, 2013). In ihr werden die Äußerungen von Klienten sehr genau gehört und bzgl. einzelner Begriffe nachgefragt, was der Klient damit genau meint. So kommt der Klient sozusagen zu sich selbst: »In der Sprache ist immer mehr möglich, als du aus ihr gerade jetzt herausbringst. Je weniger du von ihr verlangst, desto mehr kriegst du von ihr« (Walser, 1999).

Noam Chomsky: Wenn es um Sprache geht, kommt man an dem Linguisten Noam Chomsky (geboren 1928) nicht vorbei. Er gilt als einer der weltweit bekanntesten intellektuellen Kritiker der amerikanischen Politik der letzten Jahrzehnte. Seine Gedanken und Arbeiten zur Sprache waren wegweisend.

Er argumentierte gegen die behavioristische Theorie der Sprache und des Spracherwerbs an, weil diese kein Verständnis für den Geist, die Kognitionen und damit für die der Sprache inhärenten tieferen Strukturen hätte. Nach ihr könne man Sprache und den Spracherwerb allein durch Lerntheorien erklären. Bei Chomsky aber ist Sprache und Sprechen die Realisation einer angeborenen, dem Menschen innewohnenden Fähigkeit. Dafür hat er verschiedene Begriffe und Konzepte entworfen, z. B. den der »Universalgrammatik« aller sprechenden Menschen oder der Tiefenstruktur von Sätzen und Texten. Er hat seine Theorie mehrfach überarbeitet (vgl. Krämer, 2017, S. 37 f.; Grewendorf, 2006; Chomsky, 1999).

Wenn es um das »Haus der Sprache« oder um das »Durch-Sprache-in-der-Welt-Sein« geht, kommt auch Chomsky zum Ergebnis, dass die dem Menschen innewohnende Universalgrammatik ihm durch ihre Struktur die Welt vorgebe. Wenn man grammatikalisch korrekt sagt: »Das Fenster war zerbrochen«, dann verweist die Oberflächenstruktur dieses Satzes auf wichtige in der Tiefenstruktur dieses Sprechens enthaltene Aspekte: etwa auf die Unterscheidung zwischen Vergangenheit und Gegenwart (das Fenster war einmal ganz und ist jetzt zerbrochen), den Verweis auf einen Handelnden (irgendjemand hat wohl etwas zerbrochen) usw.

Manche Therapieschulen habe diese Idee so auf die Praxis übertragen, dass sie in einer Art »Übersetzungsprozess« aus dem konkreten Sprechen eines Klienten auf bei ihm zugrunde liegende Tiefenstrukturen mit damit korrelierenden existenziellen Grundaussagen schließen. In der kognitiven Verhaltenstherapie würde man wohl sagen, dass man aus einzelnen konkreten Sätzen oder Kognitionen (»Was er tut, ist nicht fair!«) auf dahinter liegende Grundannahmen schließt (»Die Welt muss gerecht sein!«).

Auch wenn sich manche Annahmen Chomskys empirisch nicht belegen lassen (etwa die, dass bestimmte grammatische Grundstrukturen für alle Sprachen der Welt gültig seien), so können wir eine seiner Kernaussagen hier doch aufnehmen: dass wir mit einer sprachbezogenen Grundgrammatik leben, die von Anfang an *in uns* ist und die uns leitet, die Welt wahrzunehmen, sie darzustellen und miteinander darüber zu reden. Diese Idee zieht sich durch seine Arbeiten durch, auch wenn er die Universalgrammatik später durch andere Theorieteile ersetzt, z. B. durch die dem Konzept der Sprache zugrunde liegenden rechnerisch-algorithmischen Regeln, die wir in unserem Leben immer wieder neu anwenden. Dabei darf es für unseren Zusammenhang offen bleiben, ob diese Universalgrammatik oder sprachliche Regeln angeboren oder später durch Sozialisation im Sprachgebrauch erworben werden.

Vertiefende Literatur zu Chomsky

Chomsky, N. (1999.) Sprache und Geist. Frankfurt a. M.: Suhrkamp.
Grewendorf, G. (2006). Noam Chomsky. Biographie, Werkanalyse, Rezeption, Zeittafel, Bibliographie. München: Beck.

Auch *Habermas* geht von universellen Sprachaspekten aus, die uns gegeben sind, anerzogen werden und uns prägen: eine Tiefenstruktur der Sprache, die grundlegenden universellen Regeln folgt. Sprachwissen und Sprachkompetenz drücken aus seiner Sicht ein universelles Können aus, das dann notgedrungen unser Denken prägt.

Transverbale Sprache: Die Idee, dass es eine universelle Sprache bzw. eine Art universellen Sprachcode gibt, vertritt auch das Konzept der transversalen Sprache. Darunter wird ein körperlich-räumlicher Code verstanden, der allen Menschen zugänglich zu sein scheint und mit dem sich Beziehungen zwischen Elementen unterschiedlicher Systeme abbilden lassen (Kleve, 2014, S. 235 f.). Diese Idee einer hinter dem konkreten Sprechen liegenden allgemeinen transverbalen Sprache wird z. B. genutzt, um die Phänomene der Aufstellungsarbeit in der Familien- und Systemtherapie zu beschreiben und zu erklären. Sparrer und Varga von Kibéd haben dafür den Begriff der transverbalen Sprache eingeführt, in die verbale und nonverbale Sprachfiguren einfließen und konvertieren (Sparrer, 2006; Sparrer u. Varga von Kibéd, 2011).

Bei aller Unterschiedlichkeit zwischen den hier vorgestellten Konzepten der transversalen Sprache, der Grammatik als Universalgrammatik, der Tiefenstruktur der Sprache oder der Sprache als »Haus, in dem wir leben« geht es immer um sprachliche oder semisprachliche Präpositionen, durch die wir uns, andere und die Welt um uns herum betrachten bzw. die uns diese Aspekte vorgeben. Die Grammatik ist dann mehr als eine Regel, die man anwendet, um einen Satz für andere verständlich zu formulieren. In ihr werden Annahmen über die Wirklichkeit bereitgestellt. Sie bekommt gewissermaßen selbst »den Charakter eines Glaubenssystems« (Fischer, 1990, S. 199).

4.3.5 Sinn: Medium für Psyche und Kommunikation

Sinn und alles, was man alltagssprachlich oder wissenschaftlich damit verbindet, hat in Bezug auf das »Durch-Sprache-in-der-Welt-Sein« zwei mögliche Bedeutungen. In der einen ist ein *bestimmter* Sinn von etwas gemeint. Das ist weitgehend identisch mit der Bedeutung oder der Information einer Aussage. Gemeint ist damit auch, dass man Ereignissen eine bestimmte Bedeutung verleiht: Dunkle Wolken am Himmel bedeuten bspw., dass es bald regnet. Das Kopfschütteln als Antwort auf eine Frage heißt »Nein«.

Im Rahmen von Therapie und Beratung ist mit Sinnzuschreibung auch gemeint, dass einem Symptom oder einem problematischen Verhalten eine positive Funktion für eine Person oder ein System zugesprochen wird. Der »Sinn« eines aggressiven Verhaltens eines Kindes wird dann z. B. darin gesehen, dass es dadurch auf sich aufmerksam macht. In manchen Therapieschulen, vor allem in der Systemtherapie, schreiben Therapeutinnen dem ansonsten für sinnlos oder krank gehaltenen Verhalten einer Person eine positive Bedeutung zu und machen es so nachvollziehbar oder verstehbar. Diese Art der Sinnzuschreibung gilt für sogenannte funktionale Erklärungsansätze. Sie erklären eine Symptomatik oder ein Verhalten dadurch, dass damit im Sinne eines »Telos« (griechisch = Ziel, Zweck) etwas erreicht oder möglich wird. Man spricht deshalb auch von teleologischen Erklärungen (von Wright, 1991; Lieb, 2009b). Das sind alles Figuren, die einem Vorgang einen bestimmten Sinn zuschreiben.

Wenn in der Systemtheorie von »Sinn als Medium« gesprochen wird, hat das noch eine andere Bedeutung (Emlein, 2012, 2017). Medium ist hier das Reservoir aller potenziellen Sinnmöglichkeiten, aus denen jeweils ein bestimmter Sinn ausgewählt und einem Vorgang, einem Ereignis oder einer Äußerung *gegeben* wird (siehe dazu Kapitel 3.2.14). Nach dieser Theorie *operieren* die Systeme Psyche und soziale Kommunikation immer im Medium Sinn. Alltagssprachlicher formuliert: Wir können gar nicht anders, als Dingen Sinn zu verleihen, ob das Naturereignisse oder menschliche Verhaltensweisen sind. Bei der Entscheidung, welcher spezielle Sinn jeweils zugesprochen wird, schöpfen wir aus dem Gesamtreservoir von möglichem Sinn, dem sogenannten »Medium« Sinn.

Manchmal gelingt das nicht, wie z. B. bei den Symptomen einer Psychose (Stimmen hören, verworrenes Reden) oder bei körperlichen Symptomen, für die der Arzt keine Ursache findet, also den sogenannten psychosomatischen Krankheiten. Wenn ein Arzt oder Psychotherapeut solche Symptome entweder als Zeichen einer Krankheit oder als körperlichen Ausdruck seelischer Konflikte deutet, dann hat er diese Deutungen in seiner Rolle als Experte aus dem Medium potenzieller Deutungen herausgegriffen.

Die geläufigste, häufigste und wichtigste Art, wie ein bestimmter Sinn zum Ausdruck gebracht wird, ist, ihn in Sprache zu fassen. Worte und Sätze sind dann Sinnformen. Ein Vorteil in Sprache gefasster Sinnfiguren ist, dass sie in der Kommunikation weitergegeben werden können. Emlein formuliert das so: »Sprache macht Sinn für sich und andere ›zitierfähig‹. […] Mit sprachlichen Zeichen kann Sinn bezeichnet werden – er wird dadurch situationsunabhängig« (Emlein, 2017, S. 184).

Aus den Ausführungen zum Medium Sinn lässt sich für die Praxis schlussfolgern: Statt dem, was gesagt wird, könnte immer etwas anderes gesagt werden. Alles, was gesagt wird, könnte immer anders gesagt werden. Das gilt für die Worte von Klienten, Therapeutinnen, Beratern und Supervisorinnen. Man muss das nicht permanent beachten, sollte das aber als permanente Möglichkeit sehen und gelegentlich nutzen: »Wie wäre es, wenn Sie oder ich das einmal ganz anders benennen, beschreiben, erzählen würden? Oder worüber sprächen wir, wenn wir darüber … nicht sprechen würden?«

Es gibt aber auch andere Varianten von *geformtem Sinn* als Sprache, z. B. künstlerische. Man kann über bestimmte Sinnfiguren streiten oder sie bekämpfen und ablehnen (»Dieses Verhalten ist kein Zeichen einer Krankheit!« – »Diese Wolke kündigt keinen Regen an!«). Man kann aber den Akt der Sinnbildung oder Sinnzuschreibung selbst nicht als falsch oder gar sinnlos ansehen. Auch die Aussage »Das hat keinen Sinn« ist eine Sinnbildung. Aus dieser Perspektive heißt »Durch-Sprache-in-der-Welt-Sein«: in der Sinnwelt sein mit sprachlich geformten Sinnfiguren.

➡ Fallbeispiel »Zeitungsnotiz«: Die Presse berichtet von einem Mann in einer Heidelberger Straßenbahn, der Papierzettel verteilte und dann verschwand. Später berichteten etliche Empfänger dieser Zettel von einem Juckreiz. Man nahm einen Zusammenhang mit den Zetteln an, konnte aber weder dafür noch für irgendeine andere Art von Kausalität einen Beleg finden. Der ganze Vorgang blieb mysteriös. Als ich die kleine Zeitungsnotiz anderen Leuten zeigte, geschah immer das Gleiche: Alle fingen wie ich selbst an, Theorien zu erzeugen, wie man das Ganze sinnvoll verstehen könne. Placebo? Was könnte das Motiv des »Täters« gewesen sein? Enthielten die Zettel Erreger, die man nicht erkannt hat? Niemand vermochte es auszuhalten, dass das Ganze einfach keinen Sinn ergab. Vielleicht könnte man sich mit der Aussage verhelfen: »Das ist doch sinnlos«. Aber auch diese ist wie oben angemerkt eine sinnvolle Aussage über in diesem Fall fehlenden Sinn.

Der Zusammenhang dieser beiden Sinnperspektiven (Sinn als bestimmter Sinn – Sinn als Medium [Reservoir]) – zum Thema »Sprache als Basis der Weltkonstruktion – Durch-Sprache-in-der-Welt-Sein« ist dieser: In die Welt hineingeboren werden, dort von Müttern, Vätern und anderen gehegt, gepflegt, erzogen und an die Welt da draußen herangeführt zu werden, bedeutet von Anfang an, Dingen und Vorgängen Sinn zu verleihen und den in Form von Zeichen und Symbolen zum Ausdruck zu bringen mit Gesten und Lauten, Worten und schließlich mit ganzen Sätzen. Diese liegen immer schon vor und geben uns a priori Sinn. Sie warten schon auf uns, bevor wir geboren sind.

Man lebt permanent in und mit Sinn. Sinnformen wechseln, Sinn selbst nicht. Das mürrische Gesicht von Vater oder Mutter kann vieles bedeuten, nur eines nicht: dass es keine Bedeutung hat oder dem keine Bedeutung gegeben wird. Sinn wird gleichermaßen erfahren, erlebt, gespürt und in Sprache formuliert. Erfahren, Leben und Sprechen sind hier gleichursprünglich. Das Erfassen oder Konstruieren von Bedeutung und Sinn, was gelegentlich mit »Verstehen« gleichgesetzt wird, geht von Anfang an mit Sprechen und Sprache einher.

Sinnbreite – Sinngrenze: Dem unendlichen Reservoir potenzieller Sinnmöglichkeiten steht im konkreten Leben in seinen Kontexten eine Begrenzung der dort realisierbaren Sinnkonstruktionen gegenüber. Wenn in einer Partnerschaft Offenheit und Ehrlichkeit als hohe Werte gelten und das im sozialen Kontext des Paares geteilt wird, dann gibt es vor Ort nicht unendlich viele Möglichkeiten der Sinngebung, wenn einer sagt:

»Das, was mich innerlich am meisten bewegt, erzähle ich nicht!« Das wird zunächst negativ gewertet und aus dieser Perspektive werden dann Sinnkonstruktionen und Handlungsanweisungen formuliert.

Kultur und Sozialisation bringen es mit sich, dass a priori bestimmte Sinnfiguren gewählt und für gut befunden und andere ausgeschlossen bzw. als schlecht gewertet werden. Kinder lernen früh, dass es in bestimmten Kontexten (z. B. in der Schule) besser und insofern sinnvoller ist, lange auf einem Stuhl zu sitzen und dem Lehrer zuzuhören, als dem Bewegungsdrang des Körpers nachzugehen, aufzustehen und herumzulaufen. Dieses schlichte Beispiel steht für alle gelernten Regeln, Moralsysteme, Ge- und Verbote, die auch und vor allem in Sprache vermittelt werden. Zur jeweiligen Kultur nicht passende, wenngleich auch mögliche, Deutungen und Sinnfiguren werden a priori ausseleget und kommen dann auch gar nicht *in den Sinn*.

Das ist relevant für Psychotherapie, Beratung und Supervision. Teil dieser Professionen ist es nämlich, diese vordefinierten und eingegrenzten Sinnbereiche, in denen sich eine Person oder ein System bewegt, gerade durch Beleuchtung der dazu gesprochenen Sprache, zu erfassen, um dann neue Sinnräume zu eröffnen: neue Deutungen, neue Sinnzuschreibungen, sogenannte »Perspektivenwechsel«.

Aktualität und Potenzialität: Das Verhältnis von bestimmtem und potenziellem Sinn ist eines zwischen Aktualität und Potenzialität (Emlein, 2017, S. 124 f.). Wahrnehmen und Erkennen ist immer Formung von bestimmtem Sinn/Aktualität) – das Medium Sinn selbst (Potenzialität) ist nicht beobachtbar, weil es keine Form hat. Das Medium Sinn ist kein Riesenhaus mit Sinnelementregalen. Sinn hat keine Materialität. Im Alltagsleben und vor allem dann, wenn man in einer bestimmten Problemtrance gefangen ist, kann man nicht erkennen, dass das, was man gerade über sich und andere denkt, nur eine Aktualität aus vielen anderen Möglichkeiten und Potenzialitäten ist. Das gilt auch für die Konzepte von Therapeuten, Beraterinnen und Supervisoren, mit denen sie auf ihre Klienten blicken. Auch sie können in der Regel nicht gleichzeitig erkennen, welche alternativen Möglichkeiten an Sinnstiftungen, Problembeschreibungen und Problemlösungen sie gerade außer Acht lassen.

Es gibt aber einen Unterschied im eingenommenen Reflexionsniveau zum Verhältnis von Aktualität und Potenzialität, bestimmtem Sinn und Medium Sinn: Wer sich bewusst ist, dass alles, was gesagt wird, eine Auswahl aus vielen anderen Möglichkeiten ist und dass alles immer auch anders gesehen und bewertet werden kann, ist für Veränderungsprozesse möglicherweise besser gerüstet, als wenn man in einem ontologischen Weltverständnis glaubt, dass die Sinnfigur, die man gerade gewählt hat, die Realität so wiedergibt, wie sie ist. Dann kann es keine Potenzialität, sondern nur richtige oder falsche Aktualitäten geben. Das gilt für Klienten ebenso wie für Experten: Glauben sie, dass das, was sie sagen, die Wiedergabe einer gegebenen Realität ist (also eines ontologischen Tatbestands) oder gehen sie davon aus, dass das mögliche, aber nicht notwendige Sinnfiguren sind?

4.3.6 Sprache und die Trennung von Subjekt und Welt in der Neuzeit

Kulturhistorisch lässt sich die Frage stellen: Wie spiegeln sich verschiedene Phasen der Geschichte der Menschheit und der Kulturen in der Sprache wider? Wie prägen umgekehrt die für diese Phasen jeweils typischen Begriffe und Sätze das Leben der Menschen: die Beziehung zwischen Personen, die der Person zu sich selbst und die der Menschen zu ihrer Umwelt? Dazu gibt es allgemeine und spezielle Arbeiten und Theorien (Sternberger, Storz u. Süskind, 1998; Butler, 1997; zum Unterschied High- vs. Low-Kontextkulturen: Hall, 1976; vgl. auch Kapitel 3.2.15).

Manchmal greifen soziale Gruppen die Sprache vergangener Epochen wieder auf. Die Sprache des Mittelalters in der Zeit der Hexenverbrennung war eine andere als in der Moderne. Es lassen sich aber Ähnlichkeiten in den Sprachfiguren zwischen der mittelalterlichen kirchlichen Inquisition und denen des Rassismus heute erkennen. Gleiches gilt für den partiell ähnlichen Sprachgebrauch des Populismus und faschistischer Bewegungen (vgl. dazu Simon, 2019). Wie sich bestimmte politische Bewegungen in Begriffen kondensieren und diese auf »leisen Sohlen ins Gehirn« wandern, haben Lakoff und Wehling (2016) dargestellt. Eine umfängliche Betrachtung dieser kulturanthropologisch-historischen Perspektive würde den Rahmen hier sprengen. Ein kulturanthropologischer Aspekt soll aber aufgegriffen werden: die sich der Sprache zeigende Beziehung zwischen dem menschlichen Subjekt und der Welt als naturgegebener Ganzheit. Für den deutsch-schweizerischen Philosophen und Anthropologen Jean Gebser (1999) ist es ein Merkmal der Neuzeit, dass das Denken und Sprechen deutlicher zwischen dem Subjekt und der Welt als Objekt unterscheidet und beide einander gegenüberstellt. Demgegenüber stand oder stehen Sprachfiguren, die Subjekt und Welt als Einheit begreifen. Dann sind »Ich« und »Welt = Natur« eins – dann ist das Subjekt ebenso Teil der Welt, wie die Welt zum Subjekt gehört. Es gibt Formen des Naturerlebens, in denen sich die Grenze zwischen Ich und Welt aufhebt und alles als *eins* erlebt wird (siehe z. B. Berman u. Goodall, 2004).

Der Philosoph und Kontemplationslehrer Claus Eurich zeigt, welche existenziellen Konsequenzen heute mit der sprachlichen Trennung Subjekt, Person, Mensch auf der einen und Welt, Erde oder Natur auf der anderen Seite einhergehen. Dann wird die Welt in einem technischen Sinne zum Objekt des als Subjekt handelnden Menschen (Eurich, 2016). Das verkenne dann, wie jeder Eingriff in die Natur auch ein Eingriff in das eigene private und kollektive Selbst ist. Das könne ökologisch erst oder besser gesehen werden, wenn man in der Sprache nicht radikal zwischen Subjekt und Welt trenne.

Eine Folgerung daraus ist die sprachliche und dann natürlich auch politische und ökologische Unterscheidung zwischen Menschenrecht und Lebensrecht. Im Menschenrecht rangiere dieses vor der Natur. Im Lebensrecht seien Mensch und Natur verbunden.

Was die philosophisch-ethische Seite betrifft, gehen diese beiden Perspektiven – Trennung oder Einheit von Subjekt und Welt – mit verschiedenen Formen der Vernunft und der Rationalität einher. Jean Gebser nennt die auf der Einheit von Subjekt und Welt aufbauende Vernunft die »integrale Vernunft«. Deren Bestandteile sind Rationalität, Gefühl, Intuition, Weisheit und Kontemplation (als Achtsamkeit und Spiritualität). Eine Orientierung daran führe nach Eurich zu einem fundamentalen Naturschutz, der allerdings sprachlich ganz anders formuliert werden müsste: Der Begriff Naturschutz suggeriert ja gerade die Trennung zwischen schützendem Subjekt (Mensch) und geschütztem Objekt (Natur). Die integrale Vernunft würde Naturschutz und Selbstschutz als Einheit sehen (Eurich, 2016).

Die Implikationen dessen für Therapie, Beratung und Supervision lassen sich leicht ermitteln und praktisch nutzen. Viele Problemdarstellungen von Klienten ebenso wie therapeutische Ansätze enthalten explizit oder implizit die Aussage, das Selbst oder das Ich habe die Kontrolle über sich selbst (Gefühle, Körper usw.) oder die über andere verloren, und es geht darum, diese wiederzugewinnen, etwa in Form einer neuen *Selbstwirksamkeit.*

Das hat fraglos positive Seiten, suggeriert aber auch die von Eurich und Gebser angesprochene technische Haltung des Subjektes gegenüber dem, was es kontrollieren oder erreichen will. Auf die Illusion, dass man etwas kontrollieren will, was nicht zu kontrollieren ist, als Ursache vieler menschlich erzeugter Probleme hat auch Gregory Bateson in seinen umfangreichen Arbeiten hingewiesen (Bateson, 1985a). Er hat das am Beispiel der Alkoholabhängigkeit ausgearbeitet, die er als Illusion rekonstruiert, den Alkohol am Ende doch kontrollieren zu können. Die Lösung besteht im Aufgeben dieses Kontrollbemühens, was die anonymen Alkoholiker im ersten ihrer zwölf Schritte tun im Sinne einer bewussten Kapitulation vor dem Alkohol (vgl. Bateson, 1985b, S. 400 f.). Nach manchen Ansätzen sollen Therapeuten und Beraterinnen den Klienten Gefühle, Körperzustände oder andere Leidenskomponenten so *wegtherapieren* wie der Arzt mit seinen Methoden körperliche Symptome. Die sogenannte dritte Welle der Verhaltenstherapie – etwa DBT (Dialektisch-Behaviorale Therapie), MBSR (Mindful-Based Stress Reduction) und ACT (Acceptance- und Commitmenttherapie) – erfreuen sich wohl gerade deshalb so großer Anerkennung, weil sie genau dieses Element enthalten: etwas wahrzunehmen und radikal zu akzeptieren, statt zu kontrollieren (Hayes, Strosahl u. Wilson, 2004; Heidenreich u. Michalak, 2004).

Kontrollintentionen als Problem: Die Figur »Ein Subjekt will einen Teil der Welt kontrollieren, der sich nicht kontrollieren lässt, und erzeugt damit das Problem« lässt sich in Therapie und Beratung vielfach beobachten: in der Psychosomatik das Bemühen der Psyche, den Körper zu beeinflussen mit dem kontraproduktiven Effekt, dass genau dadurch das Symptom erzeugt wird, das beseitigt werden soll (Schmerzen, rot werden, Herzrasen). In Partnerschaften finden nach dieser Logik gegenseitige Kontrollbemühungen statt mit dem Ziel, den anderen so zu gestalten, wie man ihn haben möchte, um genau damit die Partnerschaft zu belasten. Solche Konstellationen der Erzeugung von

Problemen durch die angewandte Variante der Problemlösung kennt jeder Therapeut und Berater. Aus Sicht der Meta-Klartext-Klarheit lassen sich die dabei verwendeten Sprach-figuren daraufhin beleuchten, ob direkt oder indirekt ein Subjekt, ein Ich, oder wie immer diese Instanz bezeichnet wird, einem Objekt (Welt, Körper, andere Person) in einer symmetrisch-kontrollierenden Weise gegenübergestellt wird. Man kann sich dann um sprachliche Alternativen bemühen, die die Einheit beider Seiten herausheben, z. B. das Leid beider Seiten bei diesen Kontrollversuchen.

➡ Fallbeispiel: Ein Klient erhält vom Arzt die Diagnose einer schweren neurologischen Erkrankung mit schlechter Prognose (erwartbare Lähmungen bis hin zur Möglichkeit, daran zu sterben). Er entwickelt, unterstützt durch einige gelesene Ratgeber, Kraft und einen starken Ehrgeiz, das psychologisch zu bearbeiten und zu lösen. Das hatte bei ihm zwei problematische Nebeneffekte: Zum einen gab er sich selbst die Schuld für die Genese dieser Erkrankung und zum anderen den Auftrag, mit aller Kraft so zu leben, dass er die Krankheit besiege und nicht sie ihn. Die Möglichkeit einer organischen Verschlechterung bis hin zu Lähmungen oder zum Tod wolle er als Möglichkeit nicht in Betracht ziehen, weil ihm das nur Kraft rauben würde. Was er verstanden habe, war, dass er in seinem Leben mehr auf seine Gefühle achten und diese auch mit den schweren und belastenden Komponenten zulassen müsse. In der Therapie wurde dazu folgende Strategie entwickelt: Er könne diese »Methode« des Sich-Einlassens auf Gefühle dazu nutzen, die gelegentlich doch aufkommenden Sorgen und Ängste um eine Verschlech-terung seines körperlichen Zustands in genau dieser Weise zu »bearbeiten«: sie zuzu-lassen und zu akzeptieren, statt sie zu verleugnen.

4.3.7 Landkarte und Land: Die Logik der Sprache ist nicht die Logik des Lebens

Auf die Unterscheidung zwischen Land und Landkarte wurde bereits mehrfach ein-gegangen (siehe Kapitel 3.2.14). Und es lohnt sich, am Ende dieses Kapitels erneut darauf zurückzukommen. Die bisher genannten Darlegungen können in drei Aus-sagen zusammengefasst werden:

1. Wir sind nicht irgendwie im Leben, um das dann in Sprache darzustellen und anderen mitzuteilen. Wir sind vielmehr mit und durch Sprache im Leben – leben und sprechen sind gleichursprünglich.
2. Sprache, Sprachfiguren, Sprachwendungen und damit korrelierende Erzählungen und Bewertungen sind Teile allgemein kultureller und mikrosoziologisch spezi-fischer Landkarten mit Anweisungen zum Leben.
3. Alle Landkarten sind historisch geprägte, in bestimmten Lebenskontexten entwic-kelte Formen aus einem großen Raum potenzieller Landkarten. Alles, was eine Landkarte sagt, könnte demnach auch anders gesehen und gesagt werden. Jede Landkarte könnte durch eine andere ersetzt werden.

Simon formuliert zur Beziehung zwischen Landkarte und Land: »Die implizite Logik von Zeichensystemen, d. h. von Symbolen, Abbildungen, Metaphern, Sprachen, Texten, Formen usw., ist in der Regel anders als die der abgebildeten oder bezeichneten Phänomene oder Gegenstände; wenn beides verwechselt wird, besteht die Gefahr, dass auf Eigenarten der Beobachtungsmethode und ihrer Ergebnisse bzw. des Beobachters statt des beobachteten Sachverhaltes reagiert wird« (Simon, 2006, S. 113). Die »Sprachlandkarten« geben dem Leben oft eine Logik vor, die ihm nicht angemessen ist.

Das logische Gebäude des Zeichen- oder Sprachsystems enthält z. B. oft die Logik des »Entweder-oder« (Liebe oder Hass – Trennung oder Bleiben – wahr oder falsch). Fühlen und Verhalten entsprechen aber nicht dieser Entweder-oder-Logik, sondern dem Sowohl-als-auch (»Ich will bleiben und gehen – ich mag dich und mag dich nicht – ich finde das richtig und ich finde es falsch«).

Landkarten, die ein Entweder-oder vorgeben, werden damit wichtigen Aspekten des Lebens nicht gerecht: Das konkrete Leben enthält nämlich paradoxe Situationen (man will und tut gleichzeitig das eine und das andere), Dilemmata, Konflikte. Ein einfaches Gut oder Böse passt nicht dazu. Wenn dann aber die Landkarte zum Maßstab wird, wie konkret gelebt werden soll, kann das Probleme erzeugen. »Das Ideal der zweiwertigen Logik, wonach Aussagen entweder wahr oder falsch (oder im moralischen Bereich: gut oder schlecht) zu sein haben bzw. sind und etwas Drittes nicht möglich ist, ist ein typisches Landkartenphänomen, d. h. ein Merkmal des Zeichensystems, ein Artefakt, das durch den Beobachter produziert wird. Die tatsächlich existierende Welt ist immer voller Widersprüche, Antagonismen, Unklarheiten, Vieldeutigkeiten und Oszillationen. Daher ist die Ambivalenz eigentlich die für jeden Beobachter angemessene Normalverfassung« (Simon, 2006, S. 116).

In Therapie und Beratung geht es nicht darum, das Leben gemäß den Landkarten zu gestalten, sondern die Landkarten so zu verändern, dass sie besser zum Leben passen.

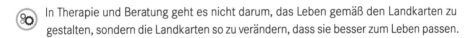

Fallbeispiel aus einer Supervision: Eine Kollegin berichtet von einem in eine Dynamik verstrickten Paar. In ihrer beider Landkarten über Partnerschaft sind zwei hohe Werte enthalten: Treue und gegenseitige Offenheit. Nun hat der Mann in einem seiner Ausbildungskontexte eine Affäre mit einer Frau gehabt. Gemäß dem Prinzip der Offenheit hat er das seiner Partnerin gestanden und diese Außenbeziehung beendet. Nun entdeckt das Paar aber ein neues Element ihrer Landkarte: Gegenseitiges Vertrauen sei darin die Bedingung einer guten Beziehung. Dieses wünsche er sich nun von ihr, und ihm dieses wieder geben zu können, erwarte sie von sich selbst. Ihr gelingt das aber nicht und beide sind frustriert. In der Supervision entwickeln wir die Idee: Diese Landkarte taugt nicht für das aktuelle konkrete Leben des Paares. Deren Landkarte schließt Misstrauen aus einer guten Partnerschaft aus, dieses ist aber nun »Mitglied« ihrer Beziehung geworden. Daher wurde der Vorschlag entwickelt, dass das Paar seine Partnerschaftslandkarte an einem wichtigen Punkt ändern könne: Dem Misstrauen solle ein Platz darin gegeben werden mit der Idee, man könne auch mit Misstrauen im Hinblick auf bestimmte Themen und vielleicht auch auf eine bestimmte Zeit ganz gut miteinander leben. Die Therapeutin konnte das mit dem Paar zu dessen Erleichterung gut umsetzen.

4.4 Sprache als eigenes System

> »Wir sagen zwar, dass wir ein Gespräch ›führen‹, aber je eigentlicher ein Gespräch ist, desto weniger liegt die Führung desselben in dem Willen des einen oder anderen Gesprächspartners […]. Wie das Gespräch seine Wendungen nimmt […], das mag sehr wohl eine Art Führung haben, aber in dieser Führung sind die Partner des Gesprächs weit weniger die Führenden als die Geführten« (Gadamer, 1960/1990, S. 387).

Der Gedanke, zuerst etwas zu denken oder zu fühlen und dann in Sprache zu fassen und mitzuteilen, wurde in der Sprachphilosophie und in diesem Buch wiederholt verworfen. Erleben und Sprechen sind gleichursprünglich und bedingen sich gegenseitig. Das schließt keineswegs aus, Sprache auch als eigenes System zu betrachten: welchen Logiken sie folgt, was sie vorgibt, wozu sie uns einlädt.

Der Sprachwissenschaftler de Saussure hat diese Perspektive eingenommen und ausgearbeitet. Er versteht Sprache als eigenes System. Und wie bei allen Systemen geht es um folgende Fragen: Was sind die Gesetze dieses Systems? Was seine Elemente? In welcher Beziehung stehen diese zueinander? Was passiert mit uns, wenn wir uns der Sprache bedienen?

Um diese Fragen zu beantworten, sollten wir die Eigengesetzlichkeiten der Sprache kennen. Anders als im Deutschunterricht geht es uns dabei aber nicht um die Korrektheit der Sprache in Satzbau und Grammatik. In Therapie und Beratung geht es darum, das Verständnis von Sprache für unsere Interaktion mit Klienten und unsere Fallkonstruktionen und dadurch dann offen werdenden Veränderungsmöglichkeiten zu nutzen. Darum soll es im Folgenden nun gehen.

Können wir Sprache als eigenes System ansehen? Diese Frage wird von verschiedenen Theoretikern unterschiedlich bis gegensätzlich beantwortet. Der Soziologe Bourdieu lehnt es aus sozialkritischer Sicht ab, in der Sprache ein eigenes System zu sehen, wenn darunter ein System mit darin enthaltenen Normen und grammatischen Regeln unabhängig von historisch entstandenen sozialen Kontexten mit entsprechenden Machtverhältnissen verstanden wird. Er sieht in den jeweils offiziell legitimen Sprachen die jeweils historisch siegreiche in den Händen der jeweils herrschenden Klasse. Sprache ist hier Teil der Erzeugung und Bestätigung sozialer Ungleichheiten, die durch die Anpassung aller Gesellschaftsmitglieder an dieser normierten Sprache bestätigt werden.

Wenn im Folgenden dennoch Aussagen zum System Sprache mit seinen Regeln gemacht und Abweichungen davon markiert werden, müsste man aus dieser sozialkritischen Sicht jedes Mal hinzufügen, dass das immer auch mit einer potenziellen Bestätigung einer zur Norm erklärten Sprechweise verbunden sein kann. Die Wiederholung dessen brächte aber keinen Zugewinn. Außerdem teilen in Therapie, Beratung und Supervision die Teilnehmer an diesen Diskursen immer eine gemeinsame Sprachwelt und in dieser geht es sicher auch, aber weniger um soziale Positionierungen und um die Verteilung von damit einhergehendem sozialem Kapital. Therapie und Beratung sind primär Systeme, die auf Verständigung und auf das gemeinsame Ziel einer Hilfe für Klienten durch Sprache ausgerichtet sind.

De Saussure hat zwischen der Sprache als System (Langue) und dem konkreten Sprechen einzelner Personen in bestimmten Situationen (Parole) unterschieden (siehe Kapitel 3.2.9). Das System Sprache *existiert* für sich – seine Anwendung im konkreten Leben stellt der Sprecher im Bereich der Parole her. Das Sprechen folgt den Eigenlogiken der Sprache und ist in dieser gefangen. Wer spricht, kommt aus der Logik der Sprache nicht heraus. Wer, aus welchem Grund auch immer, nicht spricht, nimmt an einem entscheidenden Aspekt des Lebens nicht teil – was nicht bedeutet, dass es dann nicht andere und ebenso wichtige Teilhabeaspekte gibt. Das wird uns spätestens deutlich, wenn wir privat oder beruflich mit Menschen umgehen, mit denen wir nicht oder nur rudimentär über die Sprache im Kontakt sind (Formen der Behinderung, der Demenz, gehörlose Menschen, wenn wir nicht per Gebärdensprache miteinander kommunizieren, autistische Menschen, mit denen wir nicht oder nur begrenzt sprachlich kommunizieren können, und generell Menschen anderer Muttersprachen). Oder wir kennen das, wenn wir eine Beziehung zu Tieren pflegen, mit denen wir nicht oder nur in geringem Maße über Zeichensysteme kommunizieren können.

Wann ist ein System ein System? Und ist dann Sprache ein System? Man versteht Sprache als eigenes System besser, wenn man vorab klärt, was ein System ausmacht und welche Art von System die Sprache (nicht) ist. Hier hilft uns die Kritik von Luhmann am Konzept von de Saussure, Sprache als eigenes System zu definieren. Für Luhmann besteht ein System aus systemspezifischen »basalen Operationen«. Im System »Psyche« sind das z. B. Gedanken, die sich aneinanderreihen, in der sozialen Kommunikation kommunikative Einheiten, die jeweils aneinander anschließen. In der Physiologie bzw. im Körper sind das Stoffwechselprozesse, elektrophysiologische Vorgänge oder zirkulierende Flüssigkeiten (Blut), die jeweils zu- und aufeinander reagieren. Ein System wird bei Luhmann nicht dadurch ein solches, dass es Elemente gibt, die eine Beziehung zueinander haben. Ein Wald wird bei ihm nicht dadurch zu einem System, dass es eine Anzahl von Bäumen gibt, deren Beziehung etwa durch einen bestimmten Abstand zueinander definiert ist. Es muss Aktivitäten bzw. Operationen zwischen ihnen geben, die wiederum aufeinander aufbauen. Genau das behauptet der Förster Peter Wohlleben und macht den Wald so zu einem lebenden System (Wohlleben, 2015; zur Diskussion des Begriffs »System« siehe Luhmann, 1988b, S. 30 ff.; Baecker, 2012; Clement, Simon u. Stierlin, 2004, S. 324 f.; von Schlippe u. Schweitzer, 2012, S. 89 f.). Für Luhmann ist Sprache kein eigenes System, weil es in ihr keine eigenen Operationen gebe. Wenn es ein Operieren in und mit Sprache gibt, dann gehört das zur Aktivität der Psyche als System oder zur sozialen Kommunikation. Dass jemand in Sprache denkt und mit anderen spricht, mache Sprache nicht zu einem eigenen System.

Nun geht es in diesem Kapitel aber nicht um eine angemessene und in sich logische Definition des Begriffs »System«. Ich verwende hier, anders als Luhmann, den Systembegriff im Sinne von de Saussure. Das erlaubt es dann, Sprache als System zu betrachten, weil es Elemente enthält (Wörter, Sätze), deren Beziehung zueinander innerhalb dieses Systems etwa durch Sprachregeln oder durch die Grammatik definiert sind, z. B. hat innerhalb dieses Systems das Subjekt im Satz über eine Tätigkeit (Verb) mit einem Objekt zu tun. Im System Sprache sind Relationen, die auch dann bestehen, wenn es gerade keine »Performanz«, also kein sprachliches Handeln, gibt. Krämer hat ihre sprachphilosophische Gesamtschau so zusammengefasst: Man kann es gleichzeitig so sehen, dass Sprache immer aus realen Sprechakten zwischen Menschen besteht, der sogenannten Performanz der Sprache. Diese wenden dabei keine Sprache im Sinne einer Regel an, sondern tun einfach das, was Sprechende tun. Gleichzeitig können und müssen wir es so sehen, dass sich das tägliche Sprechen an Regeln und Vorgaben der Sprache hält, die es unabhängig davon gibt, ob gerade jemand spricht (siehe Krämer in Kapitel 3.3). Dieser zweiten Perspektive folgend lässt sich mit de Saussure annehmen, es gebe das »System Sprache« mit seiner eigenen Logik, die bewusst oder unbewusst von Sprechern benutzt wird und Denken, Fühlen und Handeln der Sprechenden beeinflusst und prägt.

4.4.1 Sprache als System: Einstieg

Redende Personen – kommunizierende Kommunikation: Wenn es um Therapie und Beratung als Profession mit dem Ziel geht, Menschen zu helfen, kommen wir um diese hier immer wieder angeführte Unterscheidung nicht herum. Die eine Seite sieht handelnde oder sprechende Subjekte (der Klient handelt und spricht zum Therapeuten – der Therapeut handelt und spricht zum Klienten). Bei de Saussure ist das der Bereich der Parole. Die andere Seite der Sprache ist das System Sprache, bei de Saussure die Langue. Dabei interessiert uns, wie vom jeweiligen Sprecher selbst nicht bemerkt das System Sprache diesen als Sprachakteur prägt und wie man das reflektieren und therapeutisch nutzen kann.

Wenn zwei oder mehr Instanzen (Personen, Rollenträger, Abteilungen einer Firma) miteinander kommunizieren, folgen Sie den Regeln der Sprache und deren Logik, sie sind dann Player im System Sprache. Dieses determiniert ihr Verhalten im Sprachspiel ebenso wie die Regeln des Fußballspiels die Fußballspieler. Man kann es also immer zweifach sehen: Personen reden und erzeugen die Kommunikation – das Sprachspiel der Kommunikation erzeugt die Sprecher.

Zwei Perspektiven in der Praxis: Man kann mit diesen beiden Blicken auf ein Gespräch zwischen Klienten oder Supervisanden (Paar, Familie, Team) oder zwischen Therapeut und Klienten als die konstante Größe zum einen die sprechenden Personen und zum anderen das Kommunikationssystem ansehen. Sind die Personen konstant, dann sind die besprochenen Themen und das, was sie sagen und worüber sie schweigen, variabel. Ist das Kommunikationssystem mit all seinen Regeln und Ritualen konstant, dann sind die Personen variabel und können ausgetauscht werden.

Aus der Sicht von Sprache als Kommunikationssystem ist die Logik des therapeutischen Gesprächs unabhängig davon, welcher Therapeut und welcher Klient mit welchem Thema sich gerade *auf dem Spielfeld* befindet. Es gibt auch innerhalb einer Familie über verschiedene Generationen hinweg konstante Sprachspiele (zur Vertiefung vgl. Simon, 2018, S. 58 f.).

Je nachdem, welche der beiden Perspektiven eine Therapeutin, Beraterin oder ein Supervisorin auf das System einnimmt, an dem sie gerade sprachlich teilnimmt, wird sie Verschiedenes sehen und zu verschiedenen Ideen kommen, was sie bei einer problematischen Kommunikation tun soll. Im einen Fall fragt sie den Klienten vielleicht nach Gefühlen und Motiven im jeweiligen Gespräch oder erläutert nochmals, was sie vermitteln will. Im anderen schlägt sie vielleicht ein anderes Sprachspiel mit anderen Rollen vor oder leitet selbst anderes ein, indem sie ganz aus ihrer Rolle als Diagnostikerin, als Explorateurin, als Lösungsgeneratorin oder als Deuterin aussteigt.

Wenn wir uns primär mit einer bestimmten Klientin X beschäftigen, mit ihren Problemen, ihren Denk- und Verhaltensweisen und damit, wie sie das verändern kann, dann richten wir den Fokus primär auf die Konstanz der Personen und versuchen dazu beizutragen, dass sie ihre Art des Sprechens, Denkens und Verhaltens verändert. Wollen wir auf einer größeren Ebene Systeme wie das der Familie oder auf einer noch größeren Ebene das der »Therapie als System« verstehen und verändern, hilft uns diese Beschäftigung mit einzelnen Personen nicht viel weiter. Dann lohnt es sich mehr, die Spielregeln des Systems und der jeweiligen gezeigten Sprachspiele zu erkennen und von den jeweiligen individuellen Personen und Inhalten zu abstrahieren.

Martin Walser: Im System der Sprache ist mehr drin, als der einzelne Sprecher weiß. Wir können die Unterscheidung zwischen sprechenden Personen und Sprache als System mit Martin Walser nochmals aus einer ganz anderen Richtung betrachten. Wie in Kapitel 4.3.4 ausgeführt, kommt er zum Ergebnis, dass in der Sprache immer mehr drin ist als im einzelnen Sprecher, das diesem aber durch die Sprachperformanz, also im Reden oder Schreiben, zugänglich wird: »Was man in sich hat, weiß man nie. Man erfährt es durch schreiben« (Walser, 1999). Wir können Schreiben hier wieder durch Sprechen ersetzen. Das lässt sich mit Blick auf das »System Sprache« dann so interpretieren: Die Sprache erschöpft sich nicht durch das jeweils Geschriebene oder Gesprochene. Dann gäbe es darin ja nichts Weiteres zu entdecken, es läge alles offen da. Wir folgen der Logik der Sprache. Aber man »ist nicht der Kommandeur der Sprache, der die Einfälle herpfeift, sondern der, der so gestimmt ist, dass die Sprache eine Chance hat. Deine Sprache. Jeder hat seine Sprache«. Die von Walser hier formulierte Idee einer Eigensprache jeder Person müssen wir an dieser Stelle nicht diskutieren. Sie gibt es sicher nicht unabhängig von der Sprache der Sprachgemeinschaft. Für unser Thema ist der Gedanke wichtig, dass in dem, was wir schreiben oder sprechen, immer etwas enthalten ist, das es erst zu entdecken gilt. Sprache würde nach Walser »tonlos [...], wenn du glaubst, du könntest durch sie etwas mitteilen, was du schon weißt«. Sprache »will nicht bloß benutzt werden. Es ist kein Transportmittel« (Walser, 1999).

Man kann diese Worte Walsers unterschiedlich deuten. Mit Blick auf die Sprache als eigenes System wähle ich diese Variante: In der Sprache (Langue) ist mehr enthalten, als sich der jeweilige Sprecher (Parole) im Moment seines Sprechens gewahr sein kann. Sprache und konkretes Sprechen müssen demnach eine Bindung zueinander haben, die einlädt zu klären: »Was habe ich da eigentlich gerade gesagt oder mit gesagt?« Um das zu erforschen, kann man viele Wege gehen. Im Kontext des »System[s] als eigene Sprache« und eines Buches über Klartext kann es der sein, das von einem Klienten konkret Gesagte (Parole) anhand der allgemeinen Logik der Sprache (Langue) zu beleuchten und damit das zu fördern, was auch oder noch nicht gesagt wurde.

➡️ Fallbeispiel: Ein 67-jähriger Mann hatte sich mit seiner Frau auf die gemeinsame Rentenzeit gefreut. Nun wird bei ihr eine schwere lebensbedrohliche Erkrankung diagnostiziert. Er antwortet auf die Frage, wie es ihm damit gehe: »Tja, da musst du allein durch!« Er hatte in seinem Leben viele heftige Erfahrungen mit Krankheiten und Todesfällen in der Familie gemacht. Würde man mit ihm angesichts dieses Satzes erforschen, was alles darin enthalten ist und mit zum Ausdruck kommt, und sollte er für Fragen danach offen sein, können wir erahnen, was in seiner Aussage an weiteren Ressourcen, Einsamkeit, Tapferkeit und sicher noch vieles mehr drin steckt.

Element und Muster: Die Bedeutung eines Elements im System wird durch dessen Relation zu anderen Elementen im selben System bestimmt. Dieser Kernsatz des Strukturalismus und der Systemtheorie gilt auch für das System Sprache. Die Worte von Klienten oder Therapeuten (Angst, Vermeidung, Perfektionismus, Ressourcen, Schema usw.) haben für sich selbst keine Bedeutung. In der traditionellen Etiketten- oder Abbildtheorie (siehe Kapitel 3.2.1) erlangen Wörter diesen durch ihren Bezug zu dem, was sie damit in der Welt bezeichnen. Im System Sprache nach de Saussure ist das anders: Dort erlangen Sie ihre Bedeutung durch ihre Verbindung zu anderen Elementen im System Sprache. Wer Wörter wie »Angst«, »Apfel« oder »Gerechtigkeit« benutzt, baut dabei auf innerhalb der Sprache vorhandene, wenngleich nicht immer bewusste Beziehungen solcher Begriffe zu anderen Begriffen auf. Bei Angst mögen das z. B. Verknüpfungen sein zu Gefahr und Sich-schützen-Müssen. Es sind ja gerade die nicht bewussten und insofern scheinbar *abwesenden* Begriffe und Elemente des Sprachgebäudes, die dabei eine Rolle spielen.

Experimentelle Befunde zeigen, dass die Bedeutung eines Wortes davon abhängt, an welcher Stelle es in einem Satz im Kontext zu anderen Wörtern steht. In einem klassischen Experiment dazu hat Samuel Asch (1946) gezeigt, dass der Gesamteindruck, den sich Zuhörer bei der Beschreibung einer Person von ihr machen, davon abhängt, in welcher Reihenfolge ihr ansonsten gleiche Eigenschaften zugeschrieben werden. Das Wort »intelligent« erhält z. B. eine andere Bedeutung, wenn damit die Beschreibung einer Person eröffnet wird, als wenn es später auf »kritisch« oder »impulsiv« folgt. Kriz spricht hier von einer »Komplettierungsdynamik« bei Verstehensprozessen: Einzelne »Elemente lassen Bedeutungsstrukturen entstehen [...], die dann in der weiteren Dynamik das Verstehen – nämlich die genaue konnotative Bedeutung der weiteren Worte – beeinflussen und so zu einer Gesamtgestalt komplettieren« (Kriz, 2017, S. 168). Die Bedeutung des Satzes »Ich bekenne mich schuldig« erlangt seine Bedeutung auch durch den Kontext mit anderen Sätzen wie »Ich bin nicht schuldig« oder mit von anderen gesprochenen Sätzen wie der richterlichen Frage »Bekennen Sie sich schuldig?«. Vor Gericht hat dieses Bekenntnis vermutlich eine andere Bedeutung, als wenn es in einem Partnerkonflikt eine Reaktion auf einen Vorwurf des anderen ist.

4.4.2 Die Eigenlogiken der Sprache (Langue)

Syntax, Semiotik, Semantik, Zeichen

Diese Begriffe sind zentrale Elemente der Sprachwissenschaften bei der Erfassung der allgemeinen Logik einer Sprache, zu der die Grammatik, Wörter und Sätze gehören. Man könnte sich als Sprachsystem auch andere Varianten vorstellen: die »Sprache der Bienen« oder Familienaufstellungen als Form der Sprache ohne Worte im Sinne einer transverbalen Sprache (siehe Kapitel 4.3.4). Wollte man die jeweiligen Eigenlogiken dieser beiden Sprachen beschreiben, müsste man dazu genau jene Fragen stellen und beantworten, die Gegenstand von Syntax, Semiotik, Semantik und Zeichen sind.

Die Syntax umfasst die Menge aller formalen Regeln, die für eine Sprache oder ein Zeichensystem gelten. Die Semiotik beschäftigt sich mit der speziellen Rolle der Zeichen (bei Bienen der Bienentanz, in unserer Sprache Wörter und Sätze). Bei der sogenannten nonverbalen Sprache erhielte bspw. die Abwendung eines Blickes von einer Person hin zu einer anderen im Rahmen eines Konfliktgesprächs eine bestimmte Bedeutung – sie würde als »Zeichen« dafür angesehen. Die Semantik beschäftigt sich mit der Beziehung zwischen einem Zeichen und seiner Bedeutung – hier z. B.

der zwischen der Blickrichtungsänderung einer Person zu dem, was das für andere bedeutet, etwa ein Signal der Abneigung. Wenn Wörter Zeichen sind, bestehen sie in schriftlicher Form aus Buchstaben und deren Zusammenstellung, bei gesprochener Sprache aus Lauten, die zu lauter Sequenzen zusammengefügt werden.

Die Semiotik beschäftigt sich auch mit der Relation der Zeichen untereinander. Im syntaktischen Ansatz der Semiotik geht es um die Beziehung der Zeichen zu anderen Zeichen innerhalb der Sprache, z. B. die Beziehung der Begriffe Angst, Gefahr, in Sicherheit bringen. Im semantischen Ansatz der Semiotik geht es um die Beziehung zwischen Zeichen und der Bedeutung des Zeichens außerhalb der Sprache, etwa die Beziehung zwischen dem Eigennamen »Marianne« zu der damit bezeichneten Person. Im pragmatisch-semiotischen Ansatz geht es um die durch ein Zeichen (z. B. durch die ausgesprochenen Worte »Hallo Marianne!«) erzeugte Beziehung zwischen dem Sender und dem Empfänger dieser Botschaft, also um die Funktion von Zeichen in der sprachlichen Interaktion.

Zum Verhältnis von Zeichen und seiner Bedeutung wird in der Sprachwissenschaft seit de Saussure unterschieden zwischen Signifikant und Signifikat. Ersteres ist das Zeichen oder Symbol, das *etwas* zeigt, Zweiteres ist das, was damit gezeigt wird. Insofern Zeichen etwas *bedeuten,* hat dieser Begriff zwei Konnotationen – eine konstruktivistisch-aktive und eine ontologisch-passive. In der aktiven wird etwas (z. B. einer bestimmten Geste) von jemandem eine Bedeutung *gegeben.* In der passiven *hat* eine Geste eine Bedeutung in sich.

Über die Beziehung von Zeichen und Bedeutung, Signifikant und Signifikat, zueinander gibt es verschiedene Theorien (vgl. dazu zusammenfassend »Mensch als Animal Symbolicum«, Kriz, 2017, S. 59 ff.). In der alten traditionellen Etikettentheorie wird dem Signifikat (das Gezeigte: der Apfel) ein Zettel als Signifikant (das Zeigende: das Wort »Apfel«) angehängt. Damit wird eine Einheit zwischen Signifikat und Signifikant hergestellt: Das Wort »Apfel« bedeutet den in der Welt vorhandenen Apfel. In einer moderneren Version bezeichnet das Zeichen nicht den realen Apfel, sondern die vom Sprecher damit verbundene Vorstellung eines Apfels. Wenn aus dieser Sicht ein Klient in der Therapie sagt: »Das hat mich verletzt«, dann ist die Bedeutung dessen nicht das, was hier jemand in der realen Welt Verletzendes getan hat, sondern das, was sich der Klient darunter vorstellt.

Bei de Saussure sind das Zeichen (Signifikant) und das damit Gezeigte (Signifikat) eine Einheit. Er verwendet dazu die Metapher eines Papierblattes: Auf der Vorderseite ist das eine (Signifikat), auf der Rückseite das andere (Signifikant) – beide gehören zusammen und können innerhalb des Systems der Sprache nicht voneinander getrennt werden. Wir erleben diese Einheit täglich mit jedem von uns gesprochenen Wort. »Beethovens Fünfte« ist identisch mit der damit gemeinten Musik. »Ich liebe dich« ist identisch mit dem damit zum Ausdruck gebrachten Gefühl gegenüber dem damit Angesprochenen. Innerhalb des Systems Sprache wird ein Signifikant (z. B. ein Wort) erst durch die Abgrenzung von anderen Signifikanten (Wörtern) sinnfällig.

Die Zuordnung eines Signifikanten (eines Wortes) zu etwas damit Bezeichnetem ist nach de Saussure »arbiträr«, d. h. im Grunde willkürlich. Man hätte sich auch einigen können, das, was heute als »Baum« bezeichnet wird, »Pferd« zu nennen, und vice versa. Synonyme Begriffe zu Signifikanten sind Referent (also ein »Bezug zu«), Zeichen und Symbol.

Man kann das Verständnis dessen, was mit Signifikant (Referent, Symbol, Zeichen) gemeint ist, auf Wörter und klar definierte Symbole einengen (z. B. das Zeichen des Halteverbots im Verkehr).

Man kann es auch ausweiten, wie das der Psychoanalytiker Jacques Lacan getan hat und wie es in vielen therapeutischen Deutungen geschieht. Dann werden Handlungen zu »Symbolhandlungen«, Dinge wie Teddybären oder hohe Türme zu »Zeichen für …«. Der Teddy wird ein sicherheitsgebendes Objekt, der Turm zum Symbol von Potenz. Lacan hat die Logik der Sprache (Syntax, Semiotik, Semantik) von der explizit verbalen Sprache auf den Bereich des »Unbewussten« übertragen (Gondek, Hofmann u. Lohmann, 2001; Ort, 2014, Krämer, 2017, Lacan, 1973). Aus seiner Sicht sind seelische Vorgänge in diesem Bereich selbst bereits Signifikanten (Träume, Fantasien, körperliche Symptome), die auf etwas verweisen, was es in der Therapie womöglich erst herauszuarbeiten gilt.

Metaphern spielen mit der Relation von Signifikant und Signifikat. Wenn eine Person mit Begriffen (Zeichen) belegt wird wie »Fuchs« oder »Schlange«, die in anderen Kontexten eine bestimmte Bedeutung haben (als Signifikanten), wird mit solchen Begriffen aus einem anderen Kontext dieser Person etwas zugesprochen. Wenn ein Supervisand meint, es lasse sich keine »Arbeitsbeziehung« zu einem Klienten herstellen, meint er nicht die Zusammenarbeit mit einem Kollegen, sondern überträgt diesen arbeitsplatzbezogenen Bedeutungshof auf die Beziehung zwischen sich und dem Klienten.

Therapeuten machen Phänomene zu Signifikanten. Therapeuten können Handlungen, Fantasien, Träumen oder Körperreaktionen von Klienten eine Bedeutung zuschreiben – als würden diese wie Zeichen oder Signifikanten auf etwas anderes hinweisen. Dann *zeigt* das unterwürfige Verhalten von Klient X in einer Situation auf eine bestimmte Persönlichkeit, oder in einer psychosomatischen Therapie meint der Therapeut, ein körperliches Phänomen wie ein Kopfschmerz sei *Zeichen* einer Überlastung und die Übelkeit Ausdruck eines Gefühls von Abneigung. Therapeuten machen in diesem Fall Vorgänge oder Ereignisse von Klienten zu Zeichen bzw. Signifikanten, die für Klienten zuvor nicht diesen Bedeutungsgehalt hatten. Die wohl berühmteste Figur ist die alltagssprachlich bekannte »freudsche Fehlleistung«. Dem Versprecher »Was da alles zum Vorschwein kommt!« wird eine Bedeutung zugesprochen, z. B. dass man das Verhalten des anderen »schweinisch« finde. Das Merkmal solcher Deutungen im Rahmen einer Therapie ist die Verwandlung von bisherigen Nichtsignifikanten in Signifikanten.

Jede Grammatik ist ein Regelwerk. Man kann das präskriptiv verstehen, dann schreibt die Regel vor, was zu tun ist, oder deskriptiv, dann beschreibt sie nur, was regelhaft abläuft. Man kann metaphorisch auch von der *Grammatik* einer Therapiestunde, eines Fußballspiels oder eines gelungenen Films sprechen und meint damit das dahinterliegende Regelwerk, die Struktur, den Aufbau. In der Sprachwissenschaft bezeichnet man mit Grammatik die Systematik der Sprache bzw. das Regelwerk, das diese Systematik beschreibt.

Noam Chomsky hat das Konzept einer sprachlich allgemeinen und angeborenen »Universalgrammatik« entwickelt. Sprachphilosophisch kann man das mit Fischer weiter fassen: Nach ihm ist Grammatik »die Form, durch die wir die Wirklichkeit betrachten, es ist die Form sprachlicher Darstellung von Wirklichkeit« (Fischer, 1990, S. 189). Grammatik ist demnach kein Regelwerk, das außerhalb von Bedeutung, Sinn und Kommunikation steht, um dann erst auf diese angewandt zu werden. Sie ist vielmehr von Anfang der Sprache und der Bedeutungs- und Sinngebung inhärent. In ihr selbst werden schon Vorannahmen über die Wirklichkeit *festgelegt*. Sehr weit gefasst kann die Grammatik nach Fischer »den Charakter eines Glaubenssystems« (Fischer, 1990, S. 199) erlangen.

Ein Beispiel sind die in der Grammatik enthaltenen Strukturen konditionaler Sätze, die uns die Welt als konditional angelegt zeigen – und sie als Wenn-dann-Folge präsentieren: »Wenn meine Eltern mich damals nicht, dann wäre ich heute …« – »Falls wir in der Therapie …, dann könnte ich endlich …« Diese Sprachfiguren stellen Konditionen her, dass das eine nur geschieht, wenn zuvor das andere geschieht.

Solche Konditionalstrukturen unterstellen eine nicht unproblematische Kehrseite: Wenn das eine nicht geschieht, ereignet sich auch das andere nicht. Das verknüpft Ereignisse sprachlich miteinander und verführt dazu, diese Konditionen für Kausalitäten anzusehen und sie dann auch noch als objektiv gegeben anzusehen. Zu dieser Grammatik gehören Begriffe wie »falls«, »wenn«, »sollte« usw. Die Wirkung der *konditionell* präsentierten Welt zeigt sich auch, wenn konditionelle Sätze unvollständig bleiben.

Ein Beispiel: Im Rahmen eines Berichts eines Klienten über seine Probleme fragt der Therapeut: »Fehlt Ihnen Anerkennung?« Der Klient antwortet: »Naja, es wäre schon schön …« Sowohl in den Satz des Therapeuten wie in den des Klienten ließen sich – hypothetisch – konditionale Komponenten hineinlesen. Der Therapeut meint vielleicht, dass die Unzufriedenheit die Folge einer fehlenden Anerkennung sei. Der Klient fügt mit seinem Konjunktiv »wäre« eine weitere Konditionalität ein mit dem Hinweis, dass wohl etwas geschehen müsste, damit das Schöne wahr würde. Klartext würde solche Interpretationen und Mutmaßungen durch explizites Nachfragen klären: Was ist mit diesen Sätzen auf beiden Seiten jeweils gemeint oder was damit impliziert? Was wäre eine Anerkennung? Was das Schöne? Was müsste geschehen, damit das Schöne eintritt? Zum konjunktivistischen Satz des Klienten ließe sich fragen: »Wenn oder falls was?«

Insofern wir grammatischen Regeln nicht bewusst im Sinne einer Regelanwendung folgen, sondern diesen im Rahmen unserer sprachlichen Sozialisation in uns tragen und automatisch folgen, leben damit auch die damit angelieferten Weltkonstruktionen in uns – hier als Beispiel eine konditionale Kausalstruktur der Welt.

Konjunktiv, Indikativ und Imperativ

Sie sind die Modi von Verben in einem Satz: »Wenn ich hier sagen würde, was ich denke« (Konjunktiv) – »Ich sage, was ich denke« (Indikativ) – »Sag, was du denkst!« (Imperativ). Teilnehmer einer Sprachgemeinschaft verstehen und kennen in der Regel diese Modi, deren Bedeutung und Wirkung. Klartext kann beobachten, ob und wann sie vorkommen und welche Wirkung sie auf Sprecher und Hörer haben.

Der Indikativ ist der übliche Modus des Sprechens und des Schreibens. Er steht für die Darstellung der Wirklichkeit, des tatsächlichen Geschehens. Er kann dies auch als gegebene Wirklichkeit suggerieren: »Franz ist hinterhältig« suggeriert eine ontologisch gegebene Wahrheit. (Zur Seite des Indikativs als Suggestion einer gegebenen Ontologie siehe Kapitel 4.1.4 im Hinblick auf beobachterunabhängige Sprachspiele. Auf ihn wird hier nicht mehr näher eingegangen.)

Der Konjunktiv (»Wenn ich ein Vöglein wär, und auch zwei Flügel hätt«) wird oft als »Möglichkeitsform« bezeichnet, denn es wird gleichzeitig etwas gesagt und das Gesagte eigentlich nur zitiert. Der Konjunktiv ermöglicht, dass etwas offen gehalten wird – es wird ja nur damit gespielt, was *wäre*, wenn … Er hat insofern zwei Gesichter: ein ernstes und ein spielerisches. »Ich würde etwas sagen«: Man meint mit diesem Satz etwas und spielt doch nur damit. Im Konjunktiv schwingt im Sinne von Konditionalsätzen auch ein potenzielles »wenn« oder »falls« mit. »Ich würde mir wünschen« beinhaltet, »falls« oder »wenn« (du einverstanden bist …)«.

Der lateinische Wortstamm des Konjunktivs ist »coniungere« und bedeutet »zusammenfügen«/»verbinden«. In diesem Sinne verbindet er zwei Aussagen: das, was ist oder sein könnte, und verbindet das damit, dass dafür im konditionalen Sinne etwas notwendig ist. Das Spielerische des Konjunktivs eröffnet für Sprecher und Hörer Options- und Spielräume.

Wie bei allen grammatikalischen Figuren bedeutet die Verwendung des Konjunktivs nicht, dass man damit bewusst eine Regel anwendet. Im Konjunktiv sprechen bedeutet nicht, dass der Konjunktiv bewusst gewählt wurde. Es kann auch erst die Reaktion anderer sein, an der man erkennt, dass man einen Konjunktiv verwendet und welche Bedeutung dieser hat. Therapeut: »Was ist Ihr Ziel für die Therapie?« Klient: »Dass ich wieder arbeitsfähig wäre.« Therapeut: »Was meinen Sie mit ›wäre‹?« Klient: »Habe ich ›wäre‹ gesagt?«

 Man kann therapeutisch verführt sein, Klienten vom Konjunktiv zum Indikativ zu bewegen: Von »Ich wäre gern wieder arbeitsfähig« zu »Ich will wieder arbeiten gehen.«

Das Motiv könnte sein, dass dem Konjunktiv weniger Ernst und Verbindlichkeit zugesprochen wird. Man kann mit Meta-Klartext-Klarheit diesen aber auch ohne Veränderungsimpuls registrieren und hypothetisieren: Welche Funktion oder welchen Vorteil hat der Konjunktiv, welche Spielräume eröffnet er? Man kann dem Konjunktiv auch mit einem Konjunktiv begegnen. Klient: »Ich würde gern meinem Kollegen einmal sagen, was ich wirklich denke!« Therapeut: »Was wäre, wenn Sie das ernst meinten und am Ende auch noch tun würden?« Im Dialog konstituiert der Konjunktiv eine bestimmte Form der Beziehung: Zu sagen »Ich würde dich gern umarmen«, statt das einfach zu tun oder zu fragen: »Darf ich dich umarmen?«, spielt mit beidem: mit dem Tun und dem Nichttun. Der Konjunktiv lässt eine Tür offen, er bietet eine Rückzugsmöglichkeit. Das kann in einer Beziehung negativ gewertet werden, weil jemand nicht dazu steht, was er sagt, oder positiv, weil man mit Positionen spielt und alle Beteiligten frei sind zu wählen, worauf sie reagieren möchten.

Mit Klartext lässt sich der Konjunktiv mit einem Konjunktiv befragen: »Wann würde Ihr Konjunktiv zum Indikativ – was wären die Konditionen dafür und in wessen Hand läge deren Realisation? Was müsste sein, dass aus der Möglichkeit eine Wirklichkeit wird? Was müsste sein, dass Sie sich nicht etwas wünschen würden, sondern tatsächlich wünschen oder erwarten?«.

Der Imperativ wird für Aufforderungen, Befehle, Anweisungen und auch Ratschläge genutzt: »Mach dies – lass jenes!« Er dient nicht dazu, etwas auszusagen, sondern ist ein Sprechakt mit einer markanten Beziehungsdefinition. Imperative sind Ausdruck asymmetrischer Beziehungen oder erzeugen diese: Wer befielt, ist oben. Manche Rollen in gesellschaftlichen Funktionsbereichen sind damit verbunden, sie zu verwenden: Lehrer, Richter, Polizisten.

Die imperative Form des Aufforderns, Befehlens oder auch Ratschlagens kann sprachlich auch als Indikativ verkleidet formuliert werden: »Bis heute Abend haben Sie das erledigt!« – »Das machst du nicht!« Kontext und Tonfall vermitteln dann, dass es sich um einen Imperativ handelt.

Die dazu gehörende Asymmetrie der Beziehung bedarf einer Legitimation bzw. kann diese angefragt oder eingefordert werden, wenn die gesellschaftlich definierten Rollen das nicht von allein vorgeben. Eine Form der Legitimation kann die Moral sein, auf die der Sprecher sich explizit oder implizit bezieht: »Das tut man nicht!« ist eigentlich ein Indikativ. Implizit wird damit eine Moral zum Ausdruck gebracht. Die im Imperativ enthaltene Asymmetrie in der Beziehung ist potenziell konfliktträchtig oder problematisch, wenn sie von einer der beiden Seiten nicht gewollt oder verworfen wird – weil sie z. B. demütigend erlebt wird. Deshalb wird der Imperativ verkleidet, z. B. in eine konjunktivistische Frage: »Würden Sie das bitte bis heute Abend erledigen?« Genau genommen ist das eine Frage, sie kann aber als Bitte oder auch als impliziter Auftrag interpretiert werden. Aus einer Klartextperspektive kann man darauf achten, wie genau Sätze, in denen ein Imperativ vorkommt oder in denen man einen solchen vermutet, formuliert sind, und nachfragen: »Ist das eine Bitte? Eine Frage? Eine Aufforderung? Eine Art Befehl?« Man kann auch den Empfänger fragen, wie er das versteht und decodiert.

Imperativ und Hierarchie in Organisationen: Nach meiner Erfahrung gibt es in Organisationen Probleme mit dem Imperativ, wenn es in diesen eine klare Hierarchie gibt, die jedoch nicht allzu offen demonstriert werden soll. Zur Rolle der Leitung gehört, dass sie gelegentlich Anweisungen geben muss. Das ist eigentlich immer eine Art Imperativ und deshalb stets mit potenziellen Konflikten verbunden. Eine offen ausgesprochene Anweisung kann direkt oder indirekt abgelehnt werden und der daraus resultierende Konflikt bedrohlich sein. Deshalb vermeiden manche Leitungen, Imperative zu formulieren, und kleiden das lieber in Konjunktive, Wünsche oder Vorschläge. Das kann auch für die andere Seite der bessere Weg sein, da man bei einer Bitte rein logisch ja die Wahl hat, sie zu erfüllen oder nicht zu erfüllen, und weil man womöglich lieber einer Bitte entspricht als einer Anweisung folgt.

Das kann für beide Seiten aber auch schwierig werden. Zum einen weiß der Angefragte nicht, ob das nun als imperative Aufforderung oder als Bitte gemeint ist, zum anderen steht damit die Illusion im Raum, man sei gleichwertig, wobei doch jeder weiß, dass dem nicht so ist. Das kann in einem zähen Hin und Her von Argumenten enden, ob dem nun zu folgen ist oder nicht. Da helfen manchmal klare imperative Anweisungen weiter.

Das andere Problem in Organisationen ergibt sich daraus, dass ein Leitender oder ein Mitarbeiter im Rahmen seiner Biografie evtl. Aufforderungen und Anweisungen als Demütigung und Einschränkung der Autonomie erlebt und versucht, sich dieser Art der Beziehung zu entziehen, keine Anweisungen zu geben oder ihnen nicht zu folgen.

Hier ist – z. B. in Supervisionsprozessen – die Nutzung von Klartext meistens hilfreich: Man kann herausarbeiten, ob etwas als Aufforderung bzw. Anweisung gemeint ist oder als Wunsch oder Bitte. Man kann sondieren, welche Befürchtungen und Ängste damit verbunden sind, wenn statt eines Wunsches eine Anweisung oder Aufforderung formuliert würde. Wie in Beziehungen aufeinander reagiert wird – auch in hierarchischen –, ist immer »kontingent«, d. h. unvorhersagbar. Jeder Mitarbeiter kann »Ja«, »Nein« oder »Jein« zu jeder imperativen Aufforderung einer Leitung sagen. Es geht dabei um die von Luhmann formulierte »doppelte Kontingenz«: Der offen oder verdeckt einen Imperativ oder einen Wunsch formulierende Sprecher kann nicht vorhersagen, wie die andere Seite reagiert. Und diese kann nicht sicher vorhersagen, wie die andere Seite auf ein Nein, ein Ja oder ein Jein reagiert (zu dieser zentralen Frage der Kontingenz in Machtbeziehungen vgl. den systemischen »Klassiker« Luhmann, 1975).

Fallbeispiel: In einer therapeutisch-pädagogischen Klinik gibt es offene und verdeckte Konflikte zwischen vier Gruppen: hier die pädagogische Seite, dort die ärztlich-therapeutische – und auf jeder dieser Seiten wiederum Leitung und Mitarbeiter. Diese vier Gruppen müssen miteinander kooperieren und kommen sich dabei naturgemäß gelegentlich *ins Gehege.* Alle Gruppen haben Erwartungen an die andere Seite, z. B. Pädagogen an die Therapeuten und Therapeuten an die Pädagogen hinsichtlich des Umgangs mit den Jugendlichen und auch hinsichtlich der Frage, wer hier wem etwas vorschreiben kann und ob im Konfliktfall die eine Gruppe die andere vor den Jugendlichen vertritt und unterstützt oder ihr *in den Rücken fällt.* Notgedrungen gibt es daher Konflikte.

In der Supervision konnte ein charakteristisches Sprachspiel beim Austragen dieser Konflikte herausgearbeitet werden, das aus der wiederholten Formulierung bestand: »Da würde ich mir von euch/Ihnen wünschen …« In dieser Form hat auch die Leitung ihre Erwartungen an die Mitarbeiter formuliert. So *nett* das jedoch auf der Beziehungsebene war, auf der inhaltlichen Ebene hat dies wenig zur Lösung von Konflikten beigetragen. Das wurde eher möglich, als nach einer entsprechenden Supervision dazu einmal Erwartungen statt Wünsche formuliert wurden und, sofern das von der Leitung ausging, auch einmal eine Anweisung statt einer Bitte. Manche Mitarbeiter kamen mit klaren Erwartungen und Anweisungen besser zurecht als mit konjunktivistisch formulierten Wünschen.

Subjekt, Prädikat, Objekt

Diese Elemente sind die fundamentalen Glieder eines vollständigen Satzes. Manche Leser mögen sich an dieser Stelle an den Deutschunterricht erinnern. Das Prädikat im Satz benennt, was das Subjekt tut, daher ist es das »Tu-Wort«. Das Subjekt markiert den, der etwas tut, es ist der Täter im Satz. Das Subjekt kann verschieden benannt sein – als Namen (»Hanna«) oder als Bezeichnung des Akteurs (»Die Frau dort«, »Sie«, »Mein Klient …«). Manchmal bleibt das Subjekt gewollt oder ungewollt unklar oder wird nur vage angedeutet: In »Das hat mich gekränkt!« bleibt das »Das« unbestimmt und muss aus dem Kontext erschlossen oder durch Nachfragen geklärt werden. Die Leitfrage zur Identifikation des Subjektes lautet: Wer oder was ist hier der oder die Handelnde?

Das Objekt ist der »Adressat« der Handlung des Subjektes. Im Satz »Meine Schmerzen machen mir mein Leben schwer!« ist der Schmerz das Subjekt und ich bin zweifach das Objekt: Zum einen bin ich im »mir« als solches gemeint – hier als sogenanntes Dativobjekt, das man am besten mit der Frage »Wem geschieht etwas?« herausfindet. Zum anderen ist »mein Leben« das Objekt des Schmerzes hier als »Akkusativobjekt«, das man mit der Frage »Wen oder was …?« erfragen kann.

➡ Fallbeispiel: Als sich ein Mann nach dem Kennenlernen einer Frau und einer sich anbahnenden Beziehung zurückzieht, sie aber weiter an ihm interessiert ist und ihn fragt, weshalb er sich zurückziehe, antwortet er per E-Mail: »Es hat nicht gefunkt.« Das handelnde Subjekt ist hier das »Es« oder der »Funke, der nicht springt«. Sie ließ diese Begründung nicht zu und forderte ihn auf, dem Funkensprung eine Chance zu geben.

Das Subjekt in Therapie und Beratung: Die Frage, wer was getan oder nicht getan hat, tun wird oder tun sollte, ist Bestandteil jeder Therapie bzw. Beratung. Mit ihr findet man heraus, wer wie zum Problem oder zur Problemlösung beiträgt. Damit ist die Frage im Raum, wer handelndes Subjekt war, ist oder sein könnte. In der Krankenbehandlung ist der Arzt bzw. die die »psychische Krankheit« behandelnde Psychotherapeutin das entscheidend handelnde Subjekt. In Therapie und Beratung kann es zu offenen oder latenten Konflikten und Paradoxien kommen, wenn der Experte meint, die Veränderung liege in der Hand des »Subjektes Klient«, und dieser davon ausgeht, die Bewerkstelligung einer Veränderung sei Sache der Therapeutin (vgl. dazu Lieb, 2014b).

Wie in Kapitel 4.3.6 dargelegt, gehört ein handelndes Subjekt, das in der Umwelt oder in anderen Menschen ein Objekt seiner Handlungen sieht, zum abendländischen Denken. Das Subjekt ist in vielen Sätzen eine ontologisch gesetzte handelnde Figur. Im systemtheoretischen Konstruktivismus bzw. in bestimmten interaktionellen Modellen ist das Subjekt etwas, das erst in Interaktion bzw. Kommunikation als solches erzeugt wird. Es kann in einem Gespräch konstituiert oder dekonstituiert werden (vgl. dazu Butler in Kapitel 3.2.12). Die Frage ist dann nicht, welche Subjektkonstruktion richtig ist, sondern welche Folgen die jeweiligen Subjektkonstitutionen haben. Das spielt in Therapie und Beratung bei der Darstellung von Problemen, die ja irgendjemand erzeugt hat bzw. die jemand verändern soll, eine herausragende Rolle. Man kann in einem Satz nicht oder nur mit Mühe kein Subjekt konstituieren.

Eine klare Nennung des Subjektes in einem Satz kann Probleme erzeugen. Folgende Subjektvarianten zum Thema Ärger können unterschiedliche Reaktionen hervorrufen: »Das ärgert mich« – »Du ärgerst mich« – »Ich ärgere mich über dich«. Wenn ein Subjekt klar genannt wird, werden Verantwortlichkeiten definiert. Probleme damit lassen sich manchmal dadurch lösen, dass das Subjekt in einem Satz getilgt oder nur angedeutet wird. Dafür eignen sich viele Begriffe: »*Man* hat mich nicht verstanden«, »*Es* hat mich gekränkt«, »Das täte mir gut« usw. In diesen Sätzen bleibt das Subjekt un- bzw. vage markiert. Wer zu Schuldgefühlen neigt, macht sich selbst zum handelnden Subjekt und wer geübt darin ist, kann das auch dann tun, wenn alle anderen meinen, man hätte keine Schuld im Sinne der Tat eines handelnden Subjektes.

Manche therapeutischen Ansätze bieten Subjektkonstituierungen an, welche die von Klienten vorgetragenen ersetzen: Dazu gehören handelnde *innere Anteile* im Klienten, unbewusst agierende Instanzen bis hin zur Konzeption verschiedener voneinander unabhängig handelnder Personen in einer Person im Konzept der sogenannten multiplen Persönlichkeit. Diese Konstruktionen haben ihren therapeutischen Nutzen, können aber auch dazu beitragen, dass sie Klienten den Status als Subjekt/Handelnde abnehmen oder entziehen. Das kann entlasten oder einem Klienten die Kraft für Veränderungsprozesse und seine Verantwortung dafür nehmen. Es gehört daher ins Zentrum einer diesbezüglichen Sprachsensibilität, genau hinzuhören und ggf. nachzufragen, wie welche Subjekte in Sätzen und Erzählungen markiert, formuliert, benannt, verhüllt oder gelöscht werden.

Subjekt und psychische Krankheit: Die Formulierung handelnder Subjekte spielt im Konzept psychischer Krankheiten eine besondere Rolle. Wenn bestimmte Sprechakte einer Person (z. B. einer als schizophren diagnostizierten) als Ausdruck einer Krankheit gedeutet werden, ist das Sprechen dieser Person kein Sprechakt, der Sprecher nicht das handelnde Subjekt. Das Sprechen wäre ein krankheitsbedingtes *Ereignis* im Unterschied zur Handlung einer Person. Wen eine Klientin, eine Familie, ein Therapeut oder ein Team hinsichtlich der Frage, wie es zu den Problemen gekommen ist, als hierzu entscheidend handelndes Subjekt formuliert, hat Auswirkungen auf den gesamten Therapieprozess und dessen Resultat. Wenn das Thema Schuld, Anschuldigung, Entschuldigung und Rechtfertigung im Raum ist, sind damit immer explizit oder implizit gemeinte oder benannte handelnde Subjekte im Sprachraum.

Subjektde- und Rekonstituierung: Dieses Fallbeispiel aus einer Supervision zeigt, wie sinnvoll es sein kann, verschiedene Subjektkonstituierungen anzuwenden und wieder zu verändern. Der Supervisand berichtet von einem mit seinem Klienten erarbeiteten Konzept, wonach es bei Konflikten mit dessen Frau verschiedene relevante Teile in diesem gebe. Diese wurden mit farblich markierten Figuren jeweils aufgestellt und ihre Rolle bei Paarkonflikten erarbeitet: der Ängstliche, der Wütende, der Rationalisierende usw. Das hat ihm bei seiner inneren Klärung geholfen. Allerdings berichtet der Klient, dass er das in der Therapie dazu auch erarbeitete Ziel, sich seiner Frau gegenüber einmal anders und neu zu verhalten (Kritik äußern, widersprechen), nicht umsetze. Zur Frage, wie er sich das erkläre, bezieht er sich auf dieses Konzept: Der ängstliche Teil in ihm dominiere dann.

In der diesbezüglichen supervisorischen Analyse kamen wir zu dem Ergebnis, dass damit dieser innere ängstliche Teil des Klienten selbst zum dominant handelnden Subjekt geworden sei. Folgerichtig könne der Klient sich nicht dazu entscheiden, gegenüber seiner Frau das Risiko neuer Verhaltensweisen einzugehen: Er sei ja gar nicht der Handelnde! Das ändert sich dann, wenn man diese auf der einen Seite hilfreiche Subjektkonstituierung an anderer Stelle wieder auflöse bzw. verändere: Der Klient kann sich oder vom Therapeuten dann *selbst* dafür verantwortlich machen, ob er sich für sein altes ängstliches oder ein neues mutigeres Verhalten entscheide.

Subjektadressierung: Subjekte sind Adressen für Aussagen und Erwartungen und sie reagieren auf diese. Sie können an sie adressierende Zuschreibungen (»Du hast das gut gemacht« – »Du hast da einen Fehler gemacht«) annehmen oder verwerfen (»Das war nicht ich!«). Man kann das alles direkt oder indirekt tun. Man kann eine solche Zuschreibung auch gleichzeitig annehmen und ablehnen. Folgende Aussagen lassen sich so interpretieren: Im Satz »Mir blieb doch gar nichts anderes übrig!« lautet die diesbezügliche Botschaft »Ja, ich habe gehandelt, und nein, das waren die Umstände oder andere Subjekte«. Ein anderes Beispiel ist ein Kommentar zu etwas, das man getan hat: »Ich weiß auch nicht, was da mit mir los war!« Eine mögliche Interpretation dieses Satzes wäre: »Irgendwie hat hier irgendwer, vielleicht auch etwas in mir, gehandelt – aber ich selbst kann das nicht gewesen sein!«

➡ Fallbeispiel »Team«: In einem psychiatrischen Team berichtet eine Therapeutin von einer Klientin mit der Diagnose »Posttraumatische Belastungsstörung«. Diese sei Folge eines sexuellen Missbrauchs. Die Klientin habe weiterhin Kontakt zu dieser Person (»Täterkontakt«), was ihr ganz offensichtlich nicht gut tue.

Die Analyse der Subjektkonstituierung im hier dargestellten Sinne ergab: Die Therapeutin hält die Klientin nicht für eine Person, die hier als Subjekt handele. Vielmehr sieht sie im Täterkontakt einen zur Krankheit PTSB selbst gehörenden Vorgang und im Kern damit ein »krankheitsbedingtes Ereignis« und nicht die Handlung einer Person. Bei der Frage, wer hier im weiteren Vorgehen die relevant handelnde Instanz oder das Subjekt sei, kam die Therapeutin schließlich auf sich selbst: Sie halte es für ihre Verantwortung, etwas zu tun, damit die Klientin diese Täterkontakte beende.

Dazu wurden verschiedene Möglichkeiten erwogen und am Ende erwies sich eine davon als besonders hilfreich und für die Therapeutin entlastend: dass sie ihre Subjektsicht der Klientin in verständlichen Worten transparent vorstelle, wonach sie die Klientin selbst bei deren Täterkontakten nicht als die dabei handelnde und dann auch dafür verantwortliche Person ansehe. Die Klientin könne und solle ihre eigene Sicht dazu mitteilen – und dann könne man gemeinsam entscheiden, wer hier handelnd verantwortlich sei, welche Rolle die Klientin dabei selbst und welche die Therapeutin spiele oder spielen solle. Letztere könne und müsse dabei ihre Ideen einbringen, wo Kontakte mit früheren Tätern heute schädlich und wo vielleicht nützlich seien. Dieses Vorgehen konstituiert die Klientin bereits als ein mit entscheidendes und damit handelndes Subjekt.

➡ Fallbeispiel »Das Objekt«: In der Supervision eines Leitungsteams erzählt die Leiterin X, dass sie das Gefühl habe, eine bestimmte – gerade abwesende – Person Y von der Leitungsebene wolle sie loswerden. Das sie »loswerden wollende« Subjekt Y ist klar benannt, jeder weiß, wer sie ist. Das Prädikat (Verb) auch: loswerden. Auch das Objekt scheint klar benannt zu sein: Y wolle sie, die Leiterin X, loswerden. Bei genauer Nachfrage und Reflexion dessen wird herausgearbeitet: Das Objekt, das diese Person loswerden wolle, ist vermutlich gar nicht die Leiterin als Person X, sondern das aus den Augen von Y von Leiterin X erzeugte und verursachte Problem in der Abteilung. Die Annahme, diese andere Person Y wolle nicht die Leitung als Person X, sondern nur ein bestimmtes mit ihr in Verbindung gebrachtes Problem loswerden, ergab andere, kreativere und vor allem weniger angstbesetzte Ideen, wie X diesbezüglich nun mit Y umgehen wolle. Das genaue Nachfragen nach dem Objekt von Y hat zu einer Erkenntnis und zu neuen Optionen geführt.

Betrachten wir den Satz »Ich habe Schuldgefühle«: Das Subjekt (»ich«) tut hier etwas, nämlich »haben«. Das *gehabte Objekt* ist in diesem Satz zunächst ein Konglomerat aus vielem. Auch wenn jeder weiß, was mit dem geläufigen Wort »Schuldgefühl« gemeint ist, ist das kein Begriff (Zeichen) für damit bezeichnete klar umrissene Zustände, wie das für die Begriffe Angst, Wut oder Freude zutrifft. Die Bedeutung des Begriffs »Schuldgefühl« im alltäglichen Gebrauch lässt sich eher als ein Gemisch aus Gedanken und damit korrelierenden oder erzeugten Gefühlen nebst dazugehörigen Körpersensationen rekonstruieren. Man kann und sollte ggf. das mit diesem Begriff bezeichnete Objekt näher beleuchten: Welches Gefühl genau? Welche Gedanken? Auf welches schuldhafte Handeln wird hier Bezug genommen?

Wie Subjekte können auch Objekte mit zusätzlichen Eigenschaftswörtern versehen sein, z. B. leichte, schwere oder belastende Gefühle haben. Bei genauer Betrachtung können sich hier deutliche Unterschiede zeigen. Ich habe in einer Supervision gefragt: »Gibt es für heute *formulierte* Anliegen?« Die Antwort war ein Schweigen und dessen Inhalt ließe sich als Botschaft eines »Nein« rekonstruieren. Ganz anders war die Antwort auf eine anschließende andere Art der Beschreibung des Objektes in der Frage »Gibt es für heute *formulierbare* Anliegen?« Die Antwort war von vielen Teilnehmern der Supervisionsrunde ein »Ja« und die Aufgabe dann, diese Anliegen gemeinsam zu formulieren. Objekte in Aussagen können andere Personen oder Aspekte anderer Personen sein: »Ich liebe dich« vs. »Ich liebe deine Art, zu lächeln«. Das Objekt eines Satzes kann auch der Sprecher selbst sein: »Ich verachte mich.« Und auch hier kann das Detail wichtig sein: Gilt die Verachtung der ganzen Person oder einem bestimmten Verhalten oder einer Eigenschaft der Person? Objekte können natürlich auch zur *Welt da draußen* gehören: »Ich mag Fisch« – »Mähe bitte den Rasen!«

Subjekt und Objekt sind manchmal austauschbar und ergeben dann unterschiedlichen bis konträren Sinn bzw. konträre Varianten der dadurch kreierten Beziehung. Man beachte, wer in folgenden Aussagen zum gleichen Thema als Subjekt und wer als Objekt auftritt: »Deine Unpünktlichkeit macht mich wütend« – »Du machst mich mit deiner Unpünktlichkeit wütend« – »Ich ärgere mich über deine Unpünktlichkeit« – »Ich ärgere mich über dich wegen deiner Unpünktlichkeit«. Im Alltag erscheinen diese Sätze synonym. Gefühlt werden solche feinen Unterschiede aber sehr wohl, was sich dann in unterschiedlichen Reaktionen auf diese Sätze zeigt.

Objektformulierungen, die in Sackgassen führen: Eine Sackgassen-Objekt-Sprachfigur lautet: »Ich frage mich …« Subjekt und Objekt sind hier identisch und man kann spielerisch zurückfragen: »Und was antwortest du dir?« Dahinter steckt oft eine – aus welchem Grund auch immer so nicht formulierte – Frage an jemand anderen. Das kann in der Therapie so herausgearbeitet und dann transformiert werden: »Ich frage mich, warum du so reagierst« hat andere Komponenten und strukturiert die Beziehung anders als die Umwandlung in: »Was hat dich bewogen, so zu reagieren?« Niemand kann sagen, dass eine dieser Fragen besser oder angemessener wäre als eine andere. Man kann aber sehr genau registrieren, ob unterschiedliche Formulierungen für andere oder für das Beziehungsgeschehen einen Unterschied bedeuten.

Ähnliches gilt für die häufig genutzte Sprachwendung »Ich entschuldige *mich* bei ...«, in der das Objekt meiner Entschuldigung ich selbst bin. Der Kontext dieser Aussage ist stets, dass der Sprecher etwas getan hat, was von ihm oder anderen als Schuld angesehen wird mit negativen Folgen für jemand anderen. Dann stellt sich genau genommen zuerst die Frage, wer *mich* für etwas schuldig sprechen oder ent-schuldigen kann. Im juristischen Kontext wäre das ein Richter. Im moralischen jemand, dem die Macht zugesprochen wird, ein moralisches Urteil zu fällen. In der Realität sozialer Beziehungen ist das die Person, die die Folgen der Schuldtat zu spüren bekam. Dann kann eigentlich nur diese Position den *Täter* schuldig sprechen oder ihn entschuldigen bzw. ihm verzeihen. Die bessere und weiterführende Aussage kann dann heißen: »Ich (Subjekt) bitte dich (Objekt) um eine Entschuldigung oder um Verzeihung«.

Aus der Perspektive von Klartext geht es hier um zwei Aspekte. Die eine ist, zu einem Thema selbst angemessen zu sprechen, die andere, gesprochene Sätze mit den Regeln von Klartext zu hören bzw. nachzufragen: Wer ist hier jeweils das wie formulierte Subjekt, welches das wie formulierte Objekt? Die Erfahrung ist, dass solchermaßen genaues Nachfragen die Sprecher und Hörer oft überrascht, diese daraufhin innehalten und vielleicht erst dann entdecken, was sie gerade gesagt haben und eigentlich genauer sagen wollen.

 Fallbeispiel: Ein Klient, Vater von zwei Kindern, war nach einem schweren Motorradunfall körperlich behindert: Ein Bein war teilamputiert worden, er musste seinen Beruf aufgeben und starke Schmerzmittel einnehmen, wodurch er emotional und motorisch »gedämpft« sei. Die Beziehung zwischen ihm und seiner Frau sei in diesem Kontext immer belastender und schwieriger geworden. Der Mann beklagt sich darüber.

Im Therapieprozesses wird folgenden Fragen nachgegangen: Was *wünsche* oder *brauche* er (Prädikatgenauigkeit: wünschen oder brauchen?) von seiner Frau? Das im therapeutischen Dialog dazu Erarbeitende lautet: »Ich brauche, dass sie mich so annimmt, wie ich bin!« Das Subjekt des Hauptsatzes ist klar: Ich (Subjekt) brauche (Prädikat) als Objekt das, was der »Dass-Nebensatz« ausführt. In diesem ist die Frau das Subjekt. Das Prädikat ist das hier zunächst nicht weiter konkretisierte »Annehmen«. Der Klient wurde gefragt: »Was meinen Sie mit ›annehmen‹?« Er meinte, annehmen vs. nichtannehmen habe nichts mit »bei ihm bleiben« vs. »nicht bei ihm bleiben« zu tun. Von Trennung war nicht die Rede. Entscheidend war die Klärung des Objekts von »annehmen«: »Was genau soll die Frau annehmen?«

Die globale Antwort »mich« mit allem drum und dran erwies sich als illusionär (man könnte auch sagen regressiv, weil der Anspruch, dass man von anderen mit allem voll akzeptiert und angenommen wird, wohl für Kleinkinder gegenüber Eltern, kaum aber für einen Erwachsenen gegenüber seinem Partner gelte). Eine so globale Formulierung des

Objekts von Annehmen, das müsse für die Person in toto gelten, brächte den Klienten also in eine kindliche Position gegenüber seiner Ehefrau. Die Erörterung dieser Aspekte ergab, dass es für den Klienten selbst und am Ende wohl auch für seine Frau besser sei, das Objekt des »Annehmens« in folgender Weise umzuformulieren: »Ich brauche oder wünsche von dir, dass du mich mit meiner körperlichen Versehrtheit und meiner verlorenen Beweglichkeit annimmst.«

Es folgte die Klärung des Prädikats »annehmen«: »Was genau meinen Sie mit ›annehmen‹? Akzeptieren? Mögen? Oder, negativ definiert, nicht verachten?« Es bleibt natürlich Sache der Frau, ob sie nach Klärung dieser Aspekte, die der Klient dann klarer in die Kommunikation einbringen konnte, diesem Wunsch oder Bedarf ihres Mannes entsprechen wolle oder könne.

➡ Fallbeispiel »Paartherapie«: Im Verlauf einer Paartherapie kam es zu einer wichtigen Aussage der Frau zum Mann: »Die entscheidende Frage für mich ist, welche Bedeutung die Beziehung (Partnerbeziehung) für dich hat!« Sie fühle sich, so war herausgearbeitet worden, als ein ungewolltes »Anhängsel« von ihm. Bei genauer Betrachtung mussten wir dabei erst einmal sortieren, was eigentlich Subjekt, Objekt und Verb ist und was sie jeweils bedeuten. Diese Aussage an den Partner wurde während dieses Klärungsprozesses schrittweise modifiziert. Das führte dazu, dass aus der ersten Aussage über sich selbst eine Frage der Frau an ihren Mann wurde: »Welche Bedeutung hat die Beziehung für dich?« Das Objekt des Verbs »haben« in diesem Satz ist »die Beziehung«. Durch die Nachfrage »Was meinen Sie hier genauer mit ›Beziehung‹«? veränderte sie das Objekt des Satzes dann so: »Welche Bedeutung gibst du mir?« Dadurch wird der Mann als »Du« das Subjekt der Frage. Das Objekt ist nicht mehr die unspezifisch allgemeine »Beziehung«, sondern die Frau selbst im Wortteil »mir«. Für die Frau waren diese Klärungen, die in eine konkrete, direkte, relevante und emotional besetzte Frage an ihren Mann führten, hilfreich und wichtig. Nun fühlte auch er sich direkt und persönlich angesprochen und herausgefordert. Für gute Fragen gilt, dass man die Antwort nicht vorhersagen kann. In diesem Fall war die Antwort des Mannes eine berührte Zuwendung zu ihr – verbal und, noch wichtiger, nonverbal. Sie hätte auch anders ausfallen können.

➡ Fallbeispiel aus einer Live-Gruppensupervision: Dieses Beispiel entstammt einer Ausbildungssupervision, bei der der Klient vom Therapeuten interviewt wird mit direkter Live-Unterstützung durch mich als Supervisor. Die Gruppe kann in Form eines Reflecting-Teams (Hargens u. von Schlippe, 1998; Andersen, 1990) miteinbezogen werden. In diesem Fall wurde der Klient von seinem Therapeuten interviewt, der Supervisor saß neben ihm und gab ihm manche der gestellten Fragen direkt vor (vgl. zu diesem Lehr- und Lernsetting Lieb, 2016). Diesem Vorgehen hatte der Klient zuvor nach transparenter Darlegung zugestimmt. Im Folgenden geht es um die Klärung, wer oder was in einer belastenden familiären Situation jeweils Subjekt, Objekt und was die Handlung (Prädikat) ist.

Es handelt sich um einen 58-jährigen Mann, der an Parkinson erkrankt ist und deshalb seinen Beruf aufgeben musste, was erhebliche finanzielle Auswirkungen auf seine Familie hat. Die Frau und die Tochter sagen, dass sie dabei einen hohen Preis bezahlen müssten. Er erlebe das als Vorwurf, wobei dieser aus seiner Sicht so nicht direkt formuliert sei, aber »im Raum stehe«. Dann stellt sich heraus, dass er sich die seiner Frau und seiner Tochter an ihn unterstellten Vorwürfe alle auch selbst mache (also er selbst das Subjekt des Vorwurfs sei). Das gehe so weit, dass er sich selbst (als Dativ-Objekt: »wem?«) die Tatsache der Erkrankung (als Akkusativ-Objekt: »wen oder was«) vorwerfe – auch wenn er sich der Irrationalität dieses Selbstvorwurfs bewusst sei. Dann ist er selbst das Subjekt, das sich selbst (Objekt 1) etwas (Objekt 2) vorwerfe (Prädikat). Statt der Beziehung des Mannes zu Frau und Tochter und vice versa wurde nun sein diesbezügliches »Schuldgefühl« das weiter reflektierte Thema: Was genau meine der Klient mit diesem von ihm selbst auch so formulierten Begriff? Die Kernfrage zum Thema Schuld war hier dann nicht die Art der Gefühle, sondern die nach dem handelnden Subjekt und die nach der relevanten Handlung im Kontext Schuldgefühle: Wer (Subjekt) hat hier was getan (Prädikat)? Für wen hatte das welche Folgen (Objektkomponenten)? Die Frage nach dem schuldigen Subjekt führte für den Klienten zur Einsicht oder besser gesagt zur Neukonstruktion, dass er selbst ja Objekt (Opfer) der Krankheit und nicht Täter (= Subjekt) war. Eine andere Subjektfrage zum Thema »Schuld« lautete dann: Wer ist oder wäre hier der Ankläger? Das Ergebnis war: Der Klient sei nach den genannten bisherigen Klärungen nun auch kein Selbstankläger mehr. Gab oder gäbe es dann andere? Dazu entwickelte er Fragen an seine Frau und seine Tochter: »Habt ihr einen Vorwurf an mich? Wenn ja: welchen?« Am Ende wurde zum Thema Schuld und Anklage metaphorisch eine lösungsorientierte Frage gestellt: Wenn es tatsächlich einen Vorwurf im Sinne einer Anklage gäbe, wie würde ein fairer und gnädiger Richter urteilen? Der vom Klienten selbst dazu imaginierte Richter war fair und gnädig und der Klient dadurch erleichtert.

Das Prädikat bezeichnet, was jemand tut oder nicht tut. Es gibt Tun-Bezeichnungen (reden, laufen, streiten usw.) und Nichttun-Bezeichnungen (unterlassen, vermeiden, Verknüpfung eines Tun-Wortes mit einer Negation: nicht widersprechen, nicht loben, nicht genießen usw.). Erzählungen und Narrationen markieren, was getan wird. Wenn jemand wegen eines Problems zur Therapie oder Beratung kommt, fragen Therapeuten danach, wer bisher was getan hat, um das zu lösen oder welche Handlungen bzw. unterlassene Handlungen zu dessen Entstehung beigetragen haben.

Das Prädikat in Therapie und Beratung: Die Veränderung eines Problems geht immer damit einher, dass jemand etwas anders als bisher tut oder denkt. Damit sind wir beim Prädikat, dem Wort für das »Tun«. Es ist daher wichtig, genau hinzuhören bzw. nachzufragen, wie ein Klient oder Supervisand in seinen Berichten das bezeichnet und benennt, was getan oder nicht getan wird: mit welchen Wörtern, wie konkret und spezifisch bzw. allgemein und unspezifisch. Das gilt für den Bericht über andere und über sich selbst.

Als pars pro toto sollen im Folgenden drei häufig verwendete und für Veränderungs-prozesse besonders relevante Prädikate oder Prädikatmarkierungen in den Blick genommen werden. Mit Wittgenstein lässt sich sagen, dass die Bedeutung eines Wortes in seinem Gebrauch in einem bestimmten Kontext liegt. Das gilt auch für die hier erörterten Prädikate »haben«, »sein« und »versuchen«. Es lässt sich immer erfragen, was der Sprecher damit jeweils meint. Es gibt aber auch sozial vorgelieferte Bedeutungen, die unbewusst übernommen werden und dann ihre Wirkung entfalten.

　　　»Haben«: »Ich *habe* eine Depression« – »Wir *haben* ein Problem« – »Der Klient *hat* Schmerzen«. Zu den für unseren Kontext wichtigen Bedeutungsfeldern des Verbs »haben« gehören laut Duden[3] u. a. »etwas besitzen«, »über etwas verfügen« und »von etwas ergriffen sein« (z. B. Durst haben). Es tritt in vielen Formen auf: Geld haben, einen freien Tag haben, die Nase voll haben, genug von etwas haben usw. Es geht vielmehr darum herauszuarbeiten, welche Bedeutung mit welcher Auswirkung der Begriff im jeweiligen Fall hat im Sinne von Wittgenstein, für den die Bedeutung eines Wortes in seinem Gebrauch in einem bestimmten Kontext liegt.

　　　Wenn dieses Wort verwendet wird, lässt sich oft zur Überraschung der so Befragten fragen, was mit »haben« gemeint sei – etwa damit, man *habe* Schmerzen oder De-pressionen: Sie *dabeizuhaben?* Sie zu erleben und nicht loszuwerden? Sie gegen den eigenen Willen haben? Und was wäre der Unterschied des »Habens« zwischen »Geld haben«, »Hunger haben« und »Depressionen haben«? Man kann das dann in Prädi-kate transformieren, die so formuliert sind, dass daraus alternative Optionen abgeleitet werden können. »Haben« kann z. B. bedeuten, »sich dauernd damit beschäftigen« – dann kann erwogen werden, worauf die Aufmerksamkeit stattdessen gerichtet wer-den könnte. Oder aus »haben« könnte »herstellen«, »erzeugen«, »aufrechterhalten« werden mit ganz neuen Fragen und Optionen: »Wie erzeuge ich meine Depression, wie halte ich sie aufrecht?«

　　　»*Sein*« ist das zentrale Prädikat der »beobachterunabhängig-ontologischen Sprach-spiele« (siehe Kapitel 4.1.2). Der Begriff hat eine konnotative Nähe zum Begriff des »Existierens« und ist daher ein gutes Beispiel dafür, wie uns die Sprache die Welt vor-gibt und dass man sich dem kaum entziehen kann. Wenn etwas ist, dann existiert es, dann gibt es das. Das lässt sich dann nicht bestreiten, ohne eine gegebene Existenz zu leugnen. »Das ist eine Unverschämtheit« suggeriert, dass diese ebenso *da* ist wie das Auto im Satz »Das ist ein VW-Passat«. Das gilt im Grunde auch für Eigenschafts-wörter, wenn diese mit dem Wort »sein« verbunden werden. Die Aussagen »Franz *ist* nett« oder »Markus *ist* arrogant« unterstellen einen damit zum Ausdruck gebrachten existenziellen Tatbestand und nicht eine Entscheidung der beiden, sich so zu zeigen, geschweige denn die des Beobachters der beiden, ihr Verhalten so zu kategorisieren.

　　　Das Verb »sein« mit seinen Konjugationen (ich bin, du bist, wir sind, ihr seid) bedeutet in seinen für unseren Kontext wichtigen Aspekten laut Duden »existie-

---

3　Hier und im Folgenden stammen die Duden-Zitate aus: www.duden.de, Zugriff Oktober 2019.

ren«, »sich in einem bestimmten Zustand befinden«, »sich an einem bestimmten Ort befinden«. In Therapie und Beratung wird das relevant, wenn dieses Verb mit der Zuschreibung von Eigenschaften bzw. Krankheiten und Störungen verbunden wird: »Mein Sohn ist träge«, »Marianne ist hübsch«, »Peter ist dick«, »Karl ist schizophren« und »Familie Müller ist konfliktscheu«. Es lohnt sich nachzufragen, was ein Klient mit »ist«, »sein« usw. konkret meint.

Man blickt nach solchen Fragen oft in erstaunte Gesichter, weil eine solche Nachfrage außerhalb der üblichen Sprachroutinen im Umgang mit dem Prädikat »sein« liegt. Umso mehr können Sie aber dazu dienen, herauszuarbeiten, was Sprache zu bieten hat, was sie uns vorgaukelt und welche Kraft darin steckt, das herauszuarbeiten und zu transformieren. Bedeutet es z. B., dass jemand eine Eigenschaft für unveränderbar hält, weil es einfach so *ist?* Oder drückt es nur eine soziale Konstruktion aus, bei der irgendjemand die Müllers für konfliktscheu und Marianne für hübsch hält? Dann kann man das auch ganz anders konstruieren, beschreiben und bewerten. Es ist aber ebenso wichtig, darauf hinzuweisen, dass wir keine Sprache sprechen können, ohne dabei immer wieder dieses Prädikat zu verwenden. Es *ist* (!) eben eines unserer Sprachfundamente.

»Versuchen«: Wenn es darum geht, etwas Neues zu tun, wird oft dieses Prädikat verwendet. Man *versuche,* X zu tun oder Y zu unterlassen. Oder es tritt als Tipp auf »Versuchen Sie doch einmal …« Laut Duden bedeutet »versuchen«, dass man nicht sicher ist, ob das gelingen wird, und man das erst ausprobieren müsse. Es kann bewusst oder unbewusst auch die Bedeutung haben, dass man noch nicht sicher ist, ob man etwas tun oder unterlassen will. Es kann sich darin auch indirekt ausdrücken, dass man sich entschieden hat, etwas nicht zu tun, sich selbst oder andere das aber so nicht wissen lassen will.

Wenn die Hypothese zutrifft, dass die Markierung dessen, was jemand zu tun oder nicht zu tun beabsichtigt, Einfluss darauf hat, was jemand wirklich tut, dann kann es sich lohnen, bei der Verwendung des Prädikats »versuchen« nachzufragen: »Wenn Sie sagen, Sie würden *versuchen,* auf entwertende Wörter in der Auseinandersetzung mit Ihrem Kollegen zu verzichten – was meinen Sie dann genau mit »versuchen«?« Man kann »tun« und »zu tun versuchen« einander gegenüberstellen.

Man kann diese Unterscheidung in ein therapeutisches Gespräch durch folgendes Experiment einführen: Wenn ein Klient sagt, er wolle etwas versuchen, kann man ihn zuerst auffordern, eine Hand zu heben (was ja leicht geht). Anschließend kann man ihn bitten zu zeigen, wie es aussieht, wenn er *versuche,* eine Hand zu heben.

Thema in therapeutischen Prozessen ist oft, dass jemand von jemand anderem will, dass dieser etwas Bestimmtes tue oder unterlasse: Mehr »Anerkennung geben«, »weniger Druck ausüben« oder »mehr Zeichen der Verlässlichkeit« geben. Dann kann es gleichermaßen schwierig wie wichtig sein, das, was der andere dazu konkret tun soll, genauer zu beschreiben und mit verbindlicheren Prädikatmarkierungen zu versehen: »Was genau muss die andere Seite tun, damit Sie das als Anerkennung ansehen?« In der Psychologie nennt man das eine »Konstrukt-operationalisierung«, bei der zu einem bestimmten allgemeinen Konstrukt (Liebe, Anerkennung, Aggressivität, Fürsorge usw.) angegeben wird, was das auf der Ebene konkreten Verhaltens oder Denkens bedeutet. Erst dann weiß der andere, was er nun tun oder lassen sollte.

Verdichtete und verdünnte Sprache

Klaus fragt Marta angesichts des alle verstörenden Verhaltens von Harald: »Was macht denn Harald da?« Marta antwortet: »Der ist doch irre!« Diese Antwort gehört nach dem amerikanischen Anthropologen Clifford Geertz in die Kategorie der von ihm sogenannten »verdichteten« Sprache, weil sie drei Aspekte gleichzeitig enthält (Geertz, 2003): eine offensichtlich negative Bewertung Haralds und seiner Handlungen, dessen Beschreibung oder Benennung (»irre«) und in gewisser Weise auch eine Erklärung mit dem Verweis auf ein verursachendes »Irre-Sein«. Eine »verdünnte« Sprache würde das trennen und jeweils gesondert benennen oder beschreiben: was Harald da konkret tut, wie genau das für wen gut bzw. negativ bewertet und wie erklärt wird, dass Harald sich so und nicht anders verhält.

Verdichtet sind demnach Sprachfiguren, wenn sie Beschreiben, Erklären und Bewerten in einer Aussage kondensieren. Von Geertz stammt dafür der Ausdruck »dichte Beschreibung«. Nach Simon hat das einen ökonomischen Effekt: »Man braucht nicht erst die Fakten aufzuzählen, um sie dann zu erklären und dann auch noch zu bewerten, sondern man tut dies alles mit einer einzigen Operation, der Konstruktion einer dichten Beschreibung […]. Doch dies ist […] nicht ohne Risiko und Tücke. Denn sprachliche Darstellungen der Welt leiten Handlungen« (Simon, 2006, S. 72). Er schlägt deshalb vor, in Therapien verdichtete Aussagen von Klienten über Probleme sprachlich zu *verdünnen*.

➡ Fallbeispiel für eine verdichtete Beschreibung: Eine Klientin berichtet über einen verheirateten Mann, mit dem sie seit Langem eine »Affäre« habe und den sie gern ganz für sich gewinnen würde. Über ihn sagt sie mit einem nonverbal zum Ausdruck gebrachten Ärger darüber: »Er kann ›das‹ (gemeint ist, dass er sich ganz für sie entscheide) einfach nicht!« Dieser mit ärgerlicher Tonlage vorgetragene Satz ist insofern verdichtet, als er eine Beschreibung enthält (»Er entscheidet sich nicht für mich«), eine Bewertung (in Ton und Inhalt eine Kombination aus einer negativen und einer mitleidigen Bewertung (»der arme Kerl!«) und eine Erklärung (»Er tut es nicht, weil er das nicht kann, dazu also prinzipiell nicht in der Lage ist«).

Im Rahmen einer im therapeutischen Dialog hierzu vorgenommenen Verdünnung differenziert oder *verdünnt* die Klientin das dann. Für den Bereich der Bewertung erkennt sie eine heftige Ambivalenz: Sie findet die Haltung des Mannes für sich einerseits negativ und andererseits moralisch positiv für einen verheirateten Vater von drei Kindern. Beim

Betrachten ihrer Erklärung und dem versuchsweisen Ausprobieren anderer Erklärungsmöglichkeiten entscheidet sie sich für eine neue Erklärung: Er wäre prinzipiell sehr wohl dazu fähig, sich ganz für sie zu entscheiden – er tue das aber nicht, weil er das im Rahmen seiner Ambivalenzen zwischen ihr und seiner familiären Bindungen »nicht wolle«. Diese Verdünnung ändert ihr Denken und Fühlen dem Mann gegenüber. Das bringt für sie selbst neue Fragen und Optionen ins Spiel: »Wenn er das nicht will und dabei bleibt, was will oder muss ich dann tun?«

Verdünnte Beschreibungen zeigen automatisch neue Optionen auf. »Wenn Beschreibungen, Erklärungen und Bewertungen fest miteinander gekoppelt werden, werden zwangsläufig immer Handlungsoptionen eingeschränkt und das Suchen und Finden kreativer, neuer Lösungen verhindert« (Simon, 2006, S.114). Verdünnen eröffnet neue Optionen für das Beschreiben, Bewerten und Erklären.

Je emotionaler Sprecher und Hörer in einem Dialog involviert sind, umso häufiger treten verdichtete Sprachfiguren auf. Dann werden in der Darstellung von Problemen oder Problemlösungen feste vorgefertigte Landkarten präsentiert mit moralischen, ideologischen oder politischen Verdichtungen. »Abtreibung ist Mord!« – »Das ist reinste Konfliktvermeidung!« – »Du bist wie deine Mutter!«: Solche Verdichtungen reduzieren die Komplexität und sparen Denk-Redezeit, weil alles in einer einzigen Aussage enthalten ist.

Wie sich solche Figuren im Populismus zeigen, beschreibt Simon (2019). Populisten liefern verdichtete Sprachfiguren für soziale Probleme: Dann ist mit wenigen Begriffen und Formulierungen klar, wie etwas zu bewerten ist, wer wofür schuld ist und wie man das zu lösen hat.

Für Klartext gilt als Faustregel: Verdünne, wo verdichtet geredet wird – erzeuge Differenzierungen: Mit welchen Worten wird ein Problem beschrieben und wie könnte es anders beschrieben werden? Wie wird es bewertet und könnte neu bewertet werden? Welche Erklärungen liegen vor und welche Alternativen könnten hierzu formuliert werden?

Fragen stellen

Auch wenn das Ausmaß dessen bei verschiedenen Therapeuten, Beratern und Supervisorinnen unterschiedlich ausfällt, die Mehrheit dessen, was sie in der Summe sprachlich von sich geben, dürften Fragen sein. In Kapitel 6 und 7 gehen wir pragmatisch noch einmal darauf ein.

Eine Frage ist grammatikalisch anders aufgebaut als eine Aussage. Sie endet in der Schrift mit einem Fragezeichen, »?«, und geht in der Stimmlage vokal am Ende nach oben, während Aussagen in der Regel nach unten gehen. Man erkennt im Text eine Frage am »?«, im Reden am Tonfall und am Satzbau. Am Anfang steht oft das »Frage-W«: Wer, wann, wieso, warum, woher usw.

Fragen konstituieren eine Beziehung und in ihr eine Asymmetrie zwischen Fragendem und Befragtem. Das ist wohl der Grund, warum sich bei Konflikten die Kontrahenten keine bzw. nur Fragen stellen, die eigentlich verdeckte Aussagen oder Fallen sind. In der Regel folgt auf eine Frage eine Antwort – auch wenn manche Therapeutinnen und Berater die Kunst beherrschen, Fragen mit Gegenfragen zu beantworten. Wer fragt, weiß etwas nicht, wer antwortet, weiß es. Und wer fragt, gibt das Thema vor und führt ein Gespräch mehr als der, der antwortet.

Fragen können auch den Charakter des Ausfragens, des Hinterfragens, des Infragestellens oder der Inquisition haben. Fragen können ebenso Wohlwollen und Respekt gegenüber Befragten zum Ausdruck bringen wie ein von Befragten negativ empfundenes »Eindringen« in Bereiche, über die diese vielleicht nicht reden möchten.

Zu manchen gesellschaftlichen Rollen gehört das Fragen, zu anderen das Antworten. Der Richter befragt den Angeklagten und nicht umgekehrt. In der Therapie stellt der Therapeut Fragen an den Klienten, seltener ist es umgekehrt. Nur in Ausnahmefällen erkundigen sich Klienten fragend nach persönlichen Aspekten ihrer Therapeuten (»Wie geht es Ihnen heute? Haben Sie irgendwelche Probleme?«). Fragen sind fester Teil therapeutisch-beraterischer Rituale. Daher kann es manchmal effektiv sein, diese Routine zu durchbrechen und Klienten zu ermuntern, Fragen an den Therapeuten oder die Beraterin zu richten.

Wie bei Aussagen hängt die Bedeutung einer Frage vom Kontext ab, in dem sie gestellt wird. Jede Frage enthält Grundannahmen, auf denen sie ruht. Deshalb steckt in jeder Frage mehr drin, als sie selbst ausdrücken kann. Ein später nochmals aufgegriffenes Beispiel für solche Grundannahmen ist die Frage »Was habe ich falsch gemacht?«. Hier wird a priori angenommen, dass etwas falsch gemacht worden ist. Antworten können dann gewollt oder ungewollt diese Vorannahmen bestätigen. Die Antwort »Nein, *du* (betont!) hast hier alles richtig gemacht« bestätigt, dass jemand etwas falsch gemacht hat, es aber jemand anderes war. Man kann also, bevor man auf eine gewichtige Frage antwortet, darüber nachdenken, welche Prämisse man damit unabhängig von der jeweiligen Antwort bestätigt.

Fragen zu Fragen: Man kann Fragen im Hinblick auf verschiedene Aspekte befragen. Der erste betrifft den Inhalt, wonach gefragt wird. Wie genau ist die Frage formuliert? Das ist bei manchen Fragen nicht ganz klar: »Was meinst du dazu?« Rückfrage: »Wozu genau?« Fragen können in Inhalt und Adressierung mit jeweils guten Gründen klar und genau oder vage gestellt werden. Der zweite Aspekt betrifft die Adresse der Frage: An wen ist sie gerichtet? Passt die Adressierung zum Inhalt der Frage? Das ist bei manchen Fragevarianten nur begrenzt der Fall. Die Formulierung »Ich frage mich, ob du überhaupt bereit bist, dich hier zu engagieren« sieht z. B. aus wie eine Frage, ist aber eigentlich eine Aussage. Und was den Inhalt der Frage betrifft, kann sie eigentlich nur vom anderen, »Du«, beantwortet werden und müsste daher an diesen und nicht an sich selbst gestellt werden. Ein dritter Aspekt betrifft die Beziehung, die eine

Frage zwischen Fragendem und Befragtem konstituiert: In welche Rollen zueinander kommen Frager und Befragte? Und da es an jede Frage eine Anschlusskommunikation gibt: Wie wird die Frage angenommen, aufgenommen und beantwortet (vgl. dazu Kapitel 6.5.2, Abschnitt »Ist eine Antwort eine Antwort?«, S. 262)?

➡ Fallbeispiel »Fragen im Seminar«: Im Seminar einer Supervisorenausbildung ging es um »archaische Gefühle« im Team. Es wurden archaische Grundtypen emotionaler Reaktionen benannt: Zorn, Hass, Neid usw. Im Selbsterfahrungsteil ging es darum, welche Rolle solche starken Gefühle im Leben der Teilnehmer gespielt haben. Jeder dachte darüber nach, berichtete kurz, und dann konnten und sollten Fragen dazu gestellt werden.

Wie fragt man hier passend nach? Man könnte einfach das Thema benennen (»eigene Erfahrungen zu diesen Gefühlen«) und es den Teilnehmern überlassen, was sie dazu sagen. Oder man überlegt sich, was genau man wissen will. Jeder hat doch irgendwelche Erfahrungen dazu, also was will der Leiter davon spezifisch wissen? Was ist auch für andere relevant? Wie immer gefragt wird – die Teilnehmer entscheiden sowieso, was und wie sie darauf antworten wollen. Was sie dafür auswählen, hängt aber sehr von der Spezifität der gestellten Fragen ab. Das Bemühen des Seminarleiters um eine genaue Fragestellung führte zu verschiedenen aufeinander aufbauenden Fragefolgen:

1. »Welches dieser Gefühle kennen Sie vorrangig aus Ihrem eigenen Leben?« Das solle jeder für sich selbst beantworten.
2. Der nächste Zwischenschritt ist eine Anleitung: »Bitte machen Sie sich die näheren Umstände zu dieser Lebenserfahrung deutlich: eine Situation – Ihr Alter damals – anwesende Personen?«
3. Erst dann erfolgt die für das Seminargeschehen relevante Frage: »Sind Sie damit einverstanden, das hier in dieser Runde zu erzählen? Diese Frage beantworten Sie bitte zuerst für sich. Und wenn Sie das mit ›Ja‹ beantworten: Worum ging es – wie war das bei Ihnen?« Der Leiter stellt die Regel auf, dass es ebenso in Ordnung ist, davon zu erzählen wie davon nicht zu erzählen.

»Wie ist das jetzt für Sie?« Zur Genauigkeit der Frage: Eine in der Psychotherapie oft gestellte Frage zu emotional bewegenden oder sonst irgendwie relevanten Themen lautet »Wie ist das jetzt für Sie?«. Das Objekt in diesem Satz ist klar – das ist der hier mit »Sie« angesprochene Klient. Das Verb ist wohl verständlich (»ist« als Konjugation von »sein«), obgleich das hier sehr vage gehalten wird und deshalb sehr verschieden ausgelegt werden kann (z. B.: Wie sich *das* anfühlt, wie man *das* findet, wie man über *das* denkt, was man bzgl. *das* tun oder nicht tun will usw.). Das Subjekt dieses Satzes (»das«) bleibt ganz explizit und wohl ganz bewusst vage und undefiniert. Das beantwortet sich natürlich durch den Kontext, in dem diese Frage gestellt wird: das Thema, worüber zuvor gesprochen worden ist, der dieser Frage vorausgegangene Sprachakt, die aktuelle Zusammenstellung der Gesprächspartner, die Umstände, warum man sich zu diesem Gespräch getroffen hat usw.

Unabhängig von diesen Kontextfaktoren ist es aber ein Unterschied, ob das Subjekt in dieser Frage und ggf. auch das Prädikat (Verb »sein«) vage gehalten oder genauer formuliert wird. Im Hinblick auf das Prädikat »sein« könnte genauer gefragt werden: »Was denken Sie über *das*? Was genau fühlen Sie diesbezüglich? Wie reagiert Ihr Körper auf *das*? Wozu neigen Sie, wenn *das* geschieht?« Das Subjekt »das« könnte genauer markiert werden: »Wie reagieren Sie darauf, »wenn Ihr Vater … sagt oder Sie in dieser Weise kritisiert?« Dann bezieht sich die Frage auf ein vom Fragenden spezifischer formuliertes Subjekt bzw. hier markiertes Auslösemoment für die Reaktion des Befragten darauf. Es lohnt sich, sich selbst als Berater, Therapeutin oder Supervisor gelegentlich eine Übungseinheit zu verordnen, seine beruflich gestellten Fragen daraufhin zu prüfen, wie genau oder vage die jeweiligen Fragen formuliert werden und welchen Unterschied das hinsichtlich der Reaktionen von Klienten darauf macht.

Die Kehrseite der Analyse eigener Fragen ist die genaue Beobachtung der Fragen von Klienten. Sofern Klientinnen oder Supervisanden Fragen an andere oder an Therapeuten/Supervisorinnen formulieren: Werden diese eher direkt oder indirekt gestellt? Liegen sie eher *in der Luft*? An wen sind sie gerichtet? Durch Klartextfragen kann man beitragen, dass sie klarer und direkter direkt formuliert werden.

➡ Fallbeispiel »Was habe ich falsch gemacht?«: Eine 45-jährige Frau wird von ihrem 30-jährigen Mann plötzlich verlassen. Die Klientin formuliert ihr Problem und ihr Anliegen in Form einer Frage: »Was habe ich falsch gemacht?« Wenn man aus der Perspektive der »Sprache als eigenes System« diese Frage und die in ihr enthaltenen Implikationen beleuchtet, lässt sich darin ein breites Spektrum therapeutischer Themen und vermutlich schon Veränderungsmöglichkeiten auftun.

Folgende Fragen können dazu gestellt werden: Wer ist der Adressat dieser Frage – wer kann sie beantworten? Welche Prämissen enthält diese Frage – hier nebst anderem offensichtlich die, dass die Klientin überhaupt etwas *falsch* gemacht habe. Damit hängt hier wohl auch die weitere Prämisse zusammen, dass das mit der Entscheidung des Mannes zur Trennung zu tun habe. Eine weitere Frage ist, welche Kriterien hier für richtig/falsch zugrunde gelegt werden. Ist das das Bleiben oder Gehen des Mannes, dann wird alles falsch, was ihn zum Gehen bewegt, und alles richtig, was zum Bleiben. In diesem Fall war es tatsächlich das Kriterium »Gehen Ja/Nein«: Trennung des Mannes heißt, etwas falsch gemacht, bleiben hieße, richtig gehandelt zu haben. Die in dieser Frage enthaltenen Prämissen berühren damit die Verteilung von Verantwortung oder vielleicht sogar Schuld für Zusammenbleiben oder Trennen.

Das Resultat solcher Rückfragen des Therapeuten zur Frage der Klientin war die Herausarbeitung genau dieser Prämissen und dann deren Modifikation. Als Therapeut äußerte ich, dass ich hinter dieser Art der Fragestellung und der damit verbundenen Prämissen eine recht »harte bis skrupellose« Einstellung der Klienten sich selbst gegenüber vermute. Daher fragte ich auch, wie es der Klientin selbst mit dieser Art der Fragestellung gehe. Es wird den Leser nicht wundern, dass das Ergebnis dieser Therapiestunde war, dass die Frau sich fortan nicht mehr selbst die Verantwortung dafür gab, dass der Mann die Beziehung verlassen hat, sondern diesem selbst.

Wechsel von Fragen und Aussagen: Man kann in jeder Situation zu allen möglichen Themen Fragen formulieren. Wenn dann einmal zu viele Fragen gestellt sind oder einfach, um einmal ein Muster zu unterbrechen, kann man gezielt vorschlagen, statt Fragen zu stellen, Aussagen zu machen. Wenn nur Aussagen gemacht werden, könnte man umgekehrt anregen, Fragen zu stellen.

Ich verwende das gelegentlich in Paartherapien und Teamsupervisionen, wenn sich zwei Seiten verhärtet gegenüberstehen und sich verteidigen oder sich gegenseitig Vorwürfe machen. Dann bitte ich darum, dass jede Seite zwei oder drei Fragen an die andere Seite formuliert. Gut sind vor allem solche Fragen, deren Antworten der anderen Seite man nicht ahnen oder vorhersagen kann. Bei der Begegnung von »Langrednern«, die viele Aussagen machen, und »Langzuhörern«, die währenddessen (zumindest nach außen hin) zuhören und nichts sagen, schlage ich manchmal vor, dass die bisherigen Zuhörer zu dem, was vom »Langredner« gesagt wurde, gezielte Fragen gestellt werden. Dieser wird gebeten, mit maximal zwei oder drei Sätzen darauf zu antworten. Oder ich bitte ihn, einmal selbst Fragen statt Aussagen an die anderen zu richten. Man muss dabei darauf achten, dass man keiner Seite die einseitige Verantwortung für das bisherige Ungleichgewicht an Redeanteilen gibt: Zuhörer machen Langredner ebenso zu solchen wie umgekehrt. Man kann das als Sprachspiel mit verteilten Rollen sehen, bei dem alle mitspielen.

➡ Fallbeispiel aus der Therapie. Ein Klient redete lange und differenziert über verschiedene Themen. Als Therapeut kam ich zunächst kaum zu Wort. Der Klient war sich dieses Musters ebenso bewusst wie ich. Darauf angesprochen sagte er, er kenne dieses Muster mit den damit einhergehenden verschiedenen Redeanteilen in Gesprächen auch sonst aus seinem Leben. Er halte das partiell selbst für ein Problem, könne es aber von sich aus nicht verändern. Ich habe mir dann von ihm die explizite Erlaubnis geholt, ihn immer wieder zu unterbrechen und Fragen zu seinen Äußerungen stellen zu dürfen mit der Bitte, dass er darauf dann jeweils zentriert mit zwei bis drei Sätzen antworte. Er war damit explizit (und eher erleichtert) einverstanden. Das Ergebnis war für ihn und für mich sehr spannend: Sein ganzes Reden kreiste um eine ganz bestimmte Frage an sich selbst, die wir dann herausarbeiteten und die ihn quälte: »Warum kann ich mich nicht dauerhaft auf eine Beziehung zu einer Frau einlassen – was in mir spricht dagegen, dauerhaft bei einer Frau zu bleiben?«

»Können Sie sich vorstellen, dass ...?« – Pseudofragen: Manche Fragen halten einerseits das Gespräch am Laufen und sind im interaktionellen Dialog sinnvoll und belebend. Andererseits sind sie inhaltlich aber irrelevant, vage oder sie können als versteckte

Aussagen interpretiert werden. Ein Beispiel ist die beliebte Frage: »Können Sie sich vorstellen, dass …?« Wer diese Frage wörtlich nimmt, wird höchstwahrscheinlich einfach mit »Ja« antworten – denn sie läuft mit großer Wahrscheinlichkeit darauf hinaus, dass der so Befragte sich nun genau das vorstellt, wonach gefragt wird – die entsprechende Vorstellung ist seine Antwort. Was aber ist die eigentliche Frage?

➡ Fallbeispiel: In einer Supervision berichtet ein Therapeut davon, dass ein Klient die therapeutischen Gedanken und Instruktionen irgendwie aufnimmt und versteht, dann aber doch nichts davon umsetzt. Auch wenn dabei sicher noch andere Faktoren relevant waren, zeigte sich auf dem Video dazu, dass der Therapeut seine Veränderungsideen oft in genau dieser Sprachfigur präsentiert hatte: »Können Sie sich vorstellen, einmal … zu tun?« Natürlich sagte der Klient »Ja«, denn vorstellen konnte er sich die vom Therapeuten angesprochene Veränderung allemal. Dieser Therapeut wollte aber etwas ganz anderes erreichen, nämlich dass der Klient das, was er sich vorstelle, auch *tue*. Also üben wir in der Supervision, wie er diese Intention direkter zum Ausdruck bringen kann: »Ich habe einen Vorschlag an Sie – wollen Sie ihn hören?« Und wenn, was ja fast immer der Fall ist, der Klient dazu sagt: »Mein Vorschlag ist, dass Sie einmal … *tun*.« Die Antwort des Klienten kann nun verschieden sein: »Ja, ich folge dem Vorschlag« oder »Nein, ich will das nicht tun«. Dann wird klarer, was beide meinen, und die weitere Therapie kann auf diesen gegenseitig verbindlicheren Aussagen von Therapeut und Klient aufbauen.

Durch Fragen Relevanz erzeugen: Fallbezogen konkrete spezifische Fragen sind Königswege zur Generierung von Relevanz, was hier an einem Beispiel gezeigt werden soll.

➡ Fallbeispiel: In einer Ausbildung von Supervisoren zeigen die lernenden Supervisoren Auszüge aus ihren Supervisionen. Auf einer Aufnahme ist zu sehen, wie Supervisor und Supervisand lange über einen Klienten des Supervisanden reden und dabei viele gute Perspektiven von sich geben. Das Ganze scheint aber keine Relevanz zu haben: Es wird zwischen beiden viel ausgetauscht, aber es ist nicht ersichtlich, dass der Supervisand etwas Neues für seine Therapien lernt oder gar umzusetzen vorhat. Es wird insofern kein Unterschied erzeugt, der später einen Unterschied machen wird. Das änderte sich, als der das Videoband präsentierende Supervisor die Aufgabe erhielt, den Supervisanden aufzufordern, eine direkte und für ihn relevante Frage an seinen Supervisor zu stellen. Er fand folgende für ihn passende Formulierung an seinen Supervisanden: »Was ist Ihre Frage als Supervisand an mich als Ihren Supervisor?« Das ist natürlich eine Frage zur Auftragsklärung. Andere Varianten Relevanz erzeugender Fragen vom Supervisor an den Supervisanden wären: »Was brauchen Sie zu diesem Fall heute von mir? Ich habe jetzt viel erzählt. Was machen Sie aus meinem ganzen Input?« Für den Supervisor war diese Wende vom Reden zum Fragen hilfreich.

Frage und Antwort – Vom Sinn der Nichtantwort: Viele in einer Therapie/Beratung gestellte Fragen werden nicht beantwortet. Nichtantworten können eine Bedeutung haben, weshalb man gut mit ihnen umgehen muss. Wir gehen in Kapitel 6.5.2 noch genauer darauf ein. Es geht keineswegs darum, Klienten zu bedrängen, Fragen zu beantworten, wohl aber um die Erweiterung von Möglichkeiten, damit umzugehen. Daher seien hier Thesen angeführt, welche Bedeutung es haben kann, wenn Fragen nicht beantwortet werden, deren thematische Relevanz einmal unterstellt.

Kommunikationstheoretisch gibt es keine Nichtantwort, weil jede Reaktion – auch ein Schweigen – als Antwort verstanden und gedeutet werden kann. Dennoch kann man innerhalb des Systems Sprache unterscheiden, ob eine Frage mehr oder weniger, direkt oder indirekt beantwortet, gänzlich überhört, übergangen oder anschließend von etwas ganz anderem geredet wird. Jeder dieser Vorgänge hat einen Sinn, sonst fände er vermutlich nicht statt.

Drei Thesen, warum Fragen nicht beantwortet werden:

– Der Befragte akzeptiert die durch die Frage vom Fragesteller definierte Beziehung nicht.
– Die Frage spricht ein Tabuthema an – eine Antwort würde gegen eine Regel verstoßen, die mit diesem Tabu verbunden ist, z. B. die Regel »Darüber wird nicht gesprochen!«.
– Der Befragte ist es im Sinne seiner Eigenlogik gewohnt, die Themen, über die er spricht, selbst festzulegen und sich darin nicht an anderen auszurichten.

Solche und weitere Spekulationen über die Bedeutung einer Nichtantwort schließen nicht aus, sondern explizit ein, genau zu registrieren, wenn eine relevante Frage nicht oder nicht direkt beantwortet wird. Man kann das freundlich markieren und ggf. einfach noch einmal fragen. Man kann sich auch explizit erkundigen, ob eine der oben genannten oder eine andere These als Erklärung dafür zutrifft, warum eine Frage nicht beantwortet wird.

Auf eine mir selbst auferlegte Faustregel werde ich in Kapitel 6.5.2 näher eingehen: Wenn eine mir wichtig erscheinende Frage nicht beantwortet wird, wiederhole ich sie mit der freundlichen Anmerkung, dass das, was der Klient stattdessen gesagt hat, auf jeden Fall wichtig ist, aber keine Antwort auf meine Frage sei. Ich hole mir dann die Erlaubnis, meine Frage noch einmal zu wiederholen. Wenn sie dreimal – zumindest aus meiner Sicht – nicht beantwortet wird, wiederhole ich die Frage nicht mehr. Dann passt sie wohl nicht in den Prozess.

Mit der Frage, ob eine Frage beantwortet wird, sind wir beim Thema »Anschlusskommunikation«: Wie schließt der nächste Sprechakt an den vorausgehenden an? Legen wir mit Krämer die Unterscheidung zwischen der Sprache als Sprachnorm und der Performanz des konkreten Sprechens zugrunde (siehe Kapitel 3.3), gehört die Frage, ob oder wie ein Sprecher an das anschließt, was zuvor gefragt oder gesagt wurde, zur Performanz.

Anschlusskommunikationen – Bejahen und Verneinen

Wie schließt ein Sprechakt an andere Sprechakte an: passend oder nicht passend, bestätigend oder verneinend? Im Folgenden geht es um verschiedene Anschlussvarianten und das primär unter dem Blickwinkel eines auf Verständigung ausgerichteten Sprachverständnisses.

Gerade deshalb ist mit Bourdieu (siehe Kapitel 3.2.13) zunächst ein Hinweis angebracht, dass man aus sozialpolitischer Sicht einen kommunikativen Anschlussakt immer auch als Aktion auf dem Gebiet des sozialen Tauschs, hier des Markts der Sprache, ansehen kann mit den Komponenten der sozialen Positionierung, des Bestätigens oder Bestreitens einer zuvor vom anderen präsentierten Positionierung und mithin als Aktion im Rahmen der Organisation sozialer Macht.

Bestimmte Formen des Nichtanschlusses an eine vorausgehende Kommunikation (z. B. eine Frage nicht zu beantworten) ist in der Sprache Bourdieus eine Form der »Distinktionspraxis«. Damit ist gemeint, dass ein Sprecher etwas im Sinne einer (in der Regel legitimierten) Sprache vorgibt und damit seine soziale Position in der aktuellen Situation präsentiert. Der andere kann und muss das – direkt oder indirekt – bestätigen oder bestreiten. Jede passende Einlassung oder Reaktion auf einen Sprechakt geht dann mit einer Bestätigung der präsentierten sozialen Position und mit der inhaltlich mit dem Sprechakt verbundenen Prämisse einher. Sie wird so zu einer Bestätigung dessen und der damit realisierten sozialen Verhältnisse.

Wenn der Teamleiter einem Mitarbeiter einen Auftrag gibt und fragt, ob er das in einer Woche erledigen kann, und dieser Antwortet »Ich weiß nicht, ob eine Woche dafür reicht«, dann hat er mit dieser Antwort das hierarchische Beziehungsgefüge bestätigt. Wenn der Therapeut eine Klientin fragt, wie lange sie ihr Problem habe, und diese gibt einen Zeitraum an, sind von beiden Seiten die Rollen von Therapeut und Klientin mit allen dazugehörigen Aspekten bestätigt. Insofern sind Anschlusskommunikationen zentrale Elemente der Markierung sozialer Verhältnisse.

Im Folgenden sollen dem Gesamtkonzept des Buches folgend aber nicht diese sozialpolitischen, sondern die verständigungsorientierten inhaltlich-kommunikativen Komponenten jeweiliger Anschlussakte innerhalb der Sprache im Mittelpunkt stehen. Und auch dabei gilt wieder: Eine gelegentliche sensible Gegenbeobachtung von Verständigungssprechakten im Hinblick auf deren Bedeutung für soziale Positionierungen kann für den Verlauf eines Gesprächs oder eines ganzen Sprachspiels wichtige Aspekte offenlegen, diese benennen und so wiederum in den Raum der kommunikativen Verständigung einbringen. Man kann im Raum der Sprache erörtern, welche Rolle das gerade spielt und wie das im weiteren Diskurs berücksichtigt werden könnte.

Luhmann und Bourdieu halten beide Sprache nicht für ein eigenes System, weil sie die mit ihr verbundenen Elemente oder Aktionen im Raum sozialer Aktivitäten verorten. Für sie gibt es kein »System Sprache« außerhalb dieses Bereiches. Luhmann versteht Sprechakte aber nicht wie Bourdieu als Aktionen einzelner Personen auf sozialpolitischem Gebiet bei der Realisation sozialer Machtverhältnisse. Für Luhmann sind demgegenüber die aktiven Komponenten nicht sprachlich handelnde Personen, sondern Akte bzw. Operationen im »System Kommunikation«. Dazu gehören die Selektion eines Inhaltes, dessen Mitteilung und dann dessen Verstehen.

Luhmann ist Systemtheoretiker und kein sozialpolitisch kritischer Theoretiker. Für ihn gibt es deshalb kein eigenes System Sprache, weil es darin keine Operationen oder Aktionen gibt, die vollzogen werden müssten, um von einem aktiven System zu sprechen. Das relevante System ist für ihn die Kommunikation als Einheit, zu der immer alle drei genannten Operationen gehören. Deren die Kommunikation als System konstituierende Einheit kann nur von einem Beobachter als solche gesehen und identifiziert werden. Das System Kommunikation kann sich nicht selbst *sehen*. Es benötigt zu seiner Realisation aktiv daran beteiligte Einheiten, die in der Regel Personen sind. Diese sind aber »Umwelt« des Kommunikationssystems und gehören selbst in toto nicht dazu. Um die Abfolge der kommunikativen Einheiten im System Kommunikation als Verständigungsansatz soll es nun gehen.

Es gibt Gesprächsmomente, in denen zwei oder mehrere Seiten gleichzeitig reden. Auch das ist Kommunikation und man kann das verschieden interpretieren. Man könnte zu dem Schluss kommen, dass manche taub sind und gar nicht hören, dass gerade jemand anderes redet. Es könnte auch um den Kampf darum gehen, wer das Wort oder gar das letzte Wort hat. Das wären mit Sicherheit Positionierungen sensu Bourdieu und Kommunikation sensu Luhmann nur dann, wenn dabei nicht nur etwas mitgeteilt, sondern das von anderen auch aufgegriffen und insofern irgendwie verstanden wird. Die Regel ist aber, dass ein Sprechakt an den anderen anschließt – sequenziell und über die Zeit verteilt. Das Ausmaß der Redeanteile kann dabei sehr unterschiedlich sein und Klima und Ergebnis einer Kommunikation prägen.

Während der Kommunikation sind aus Sicht der Systemtheorie zwei Systeme gleichzeitig aktiv: (1) Das Kommunikationssystem bestehend aus Rede-Rede-Rede und damit einhergehend Auswählen-Mitteilen-Verstehen, Auswählen-Mitteilung-Verstehen usw. und (2) das parallel tätige psychische System mit seinen für die Kommunikation relevanten intrapsychischen Vorgängen. Die Psyche decodiert das Gehörte und entscheidet, was dazu als Nächstes gesagt wird. Was ein Teilnehmer in die Kommunikation einstreut, ob er sich dabei kurzfasst oder lange redet, eine Aussage macht oder eine Frage stellt, hängt davon ab, wie er sich während des Gesprächs psychisch selbst organisiert.

Wenn Therapeutinnen und Berater sich der Komplexität bewusst sind, die mit der Gleichzeitigkeit von interaktioneller Kommunikation und intrapsychischer Organisation einhergeht, können sie das in ihrer Gesprächsführung berücksichtigen. Das fängt bei sich selbst an: Man kann als Therapeutin sorgsam wahrnehmen, wie es einem selbst während eines Gesprächs geht und wie es das beeinflusst, was für die Kommunikation ausgewählt und wie das dann mitgeteilt wird. Eine Frage an einen Klienten kann z. B.

Resultat eines Ärgers sein, und es wäre gut, wenn die dafür sensible Therapeutin sich dessen bewusst wird.

Wohl wissend, dass es sich bei allen Gedanken und Mutmaßungen von Therapeutinnen und Beratern über Klienten um deren Konstruktionen und nicht um Wahrheiten oder Gegebenheiten handelt, können oder müssen auch Beobachtungen gemacht bzw. Hypothesen dazu gebildet werden, mit welchen intrapsychischen Vorgängen bei Klienten die Kommunikation im System Therapie / Beratung einhergeht: Wie reagieren diese wohl innerlich auf das, was die Therapeutin sagt? Wie organisieren sie ihrerseits die Gleichzeitigkeit ihrer psychischen Operationen und ihre Teilnahme an der Kommunikation? Machen sie z. B. Pausen, in denen die Psyche mit sich selbst beschäftigt ist, ohne gleichzeitig an Kommunikation beteiligt zu sein? Lassen sie längere kommunikative Pausen zu (in denen in der Regel sehr viel Intrapsychisches geschieht) oder werden diese rasch durch Reden unterbrochen? Kann es sich lohnen, dass Therapeutinnen und Berater sich selbst und den Klienten explizit Gesprächspausen mit Momenten der Stille *verordnen,* bevor wieder geredet wird? Folgende Instruktion, sofern sie angenommen wird, kann dann hilfreich sein: »Bevor Sie weitersprechen bzw. wir beide wieder sprachlich aufeinander reagieren, lassen Sie uns mal Zeit nehmen, um zu fühlen, unsere Gedanken zu beobachten und zu warten, bis es wieder an der Zeit ist, etwas zu sagen.«

Anschlusskonfiguration K – K – K: K steht für einen kommunikativen Beitrag (Sprechakt) in einem Gespräch. Hier geht es um die Abfolge vieler Ks sowie die Beobachtung dieser Abfolge in der sprachlichen Performanz, d. h. im realen Reden. Auch wenn solche Abfolgen und Anschlüsse auch mit anderen Perspektiven betrachtet werden können und müssen, lässt sich vereinfacht und mit erheblicher praktischer Relevanz jede Anschlusskommunikation allein daraufhin beobachten, ob damit die Aussage eher bestätigt oder verneint, mit einem Ja oder einem Nein beantwortet wird.

Jeder kennt Sprachfigurantworten, die mit einem »Ja, aber …« beginnen. Fast immer wird dann das »aber (das Nein)« ausführlicher ausgeführt als das kleine und kurze »Ja«. »Ja, aber« bringt zunächst beides zum Ausdruck, das Ja und das Nein. In der Regel läuft das im Kern aber auf eine Verneinung hinaus, deren Bedeutung oder Wirkung durch das »Ja« wohl gemildert werden soll. Dann macht es vermutlich einen Unterschied, ob das Nein offen (»Dem stimme ich so nicht zu!«) oder verdeckt formuliert wird (»Naja, so kann man das vielleicht besser nicht sagen …!«). Wenn zwei Kommunikationspartner sich in diesem Sinne gegenseitig die Kernbotschaft geben, dass sie anderer Meinung sind, das aber nur indirekt zum Ausdruck bringen, kann das kreativ und spannend, aber auch energieraubend und zäh werden. Und manchmal können solche Gespräche nicht enden, weil eine Gesprächsbeendigung als Deutung verstanden werden könnte. Man ist dann gefangen im Ja-aber-Sprachspiel.

Zustimmung und Nichtzustimmung als Anschlusskommunikation: Hier sei die Hypothese formuliert, dass Therapeuten und Beraterinnen ihren Klientinnen aus guten

Gründen eher und lieber Zustimmung und Bestätigung vermitteln als eine inhaltliche Nichtzustimmung oder Verneinung dessen, was diese sagen. Der Grund ist wohl primär die Vermischung der Sach- und der Beziehungsebene. Auf der Beziehungsebene kommt eine Zustimmung in der Regel besser an als eine Nichtzustimmung. D. h. aber nicht, dass für den Effekt einer Therapie und einer Beratung eine inhaltliche Zustimmung immer besser und erfolgreicher ist. Es lohnt sich also, die Anschlüsse der Bejahung und der Verneinung genauer anzusehen.

Zustimmung und Nichtzustimmung als Komplexitätsreduktion: Jeder Therapeut, Berater und jede Supervisorin kennt das Problem einer zu großen Komplexität und das einer zu geringen im Sinne einer zu starken Vereinfachung von Inhalten in der Kommunikation. Zu komplex wird es, wenn ein Thema von zu vielen Seiten beleuchtet wird und man den Wald vor lauter Bäumen nicht mehr sieht. Zu einfach wird es, wenn ein komplexes Thema oder Problem auf eine einzige und scheinbar alles erfassende Konzeption reduziert wird: wenn es monokausal als Folge eines Ereignis gesehen wird, das Komplexe mit einer einzigen oder einigen Diagnosen erfasst oder sogar erklärt oder wenn in einer Methode die Lösung für fast alle Probleme gesehen wird. Es geht also um beide Seiten: um angemessene Komplexitätserweiterungen und -reduktionen.

In diesem Abschnitt geht es um Letzteres. Eine praktikable Form der Komplexitätsreduktion ist das Konzept der »Leitunterscheidung«, worauf wir im praktischen Teil dieses Bandes gesondert eingehen (siehe Kapitel 6.5.2, 7.2.1 und 7.2.3). Dazu gehört bspw. die Reduktion komplexer Fragestellungen im Krankheitswesen auf die Unterscheidung zwischen krank und gesund.

Um eine ähnlich vereinfachende Komplexitätsreduktion mit praktischem Nutzen geht es bei folgenden Aussagen von Niklas Luhmann zu den Systemen Psyche und Kommunikation: Beide *operieren mit Sinn,* beide können und müssen Vorgängen Sinn verleihen. Eine Basis der Sinnerzeugung ist die »Doppelung aller Aussagemöglichkeiten durch eine JA/Nein-Differenz« (Luhmann, 1988b, S. 602). Diese grundlegende Aussage beinhaltet, dass es zu jeder Sinnstiftung, d. h. zu jeder aus Sinn gebildeten Form eine alternative Option und Version geben kann und muss (siehe Kapitel 4.3.3). Der Grund liegt darin, dass jeder geformte Sinn die Aktualisierung eines Sinns aus vielen potenziell anders möglichen Formen von Sinn ist. Damit beruht er auf der Möglichkeit der Verneinung aller ihn ausdrückenden Aussagen. Selbstredend gibt es immer auch ein Sowohl-als-auch – ich kann einer Aussage ja gleichzeitig zustimmen und nicht zustimmen. Das würde diese Dichotomie aber bestätigen und nicht aufheben.

Aussagen fordern so gesehen immer dazu auf, eine der beiden Positionen (Zustimmung/Verneinung) einzunehmen. Man kann das eine, das andere oder beides gleichzeitig oder hintereinander tun. Hier geht es nicht um den theoretischen Wert dieses Theoriebausteines, sondern um dessen Bedeutung und Nutzen für die Praxis. Und hier kann man, zumindest versuchsweise, einmal davon ausgehen, dass

Aussagen von Klienten und auch solche von Therapeuten im Kern immer akzeptiert und angenommen oder abgelehnt und verneint werden, wie immer das dann jeweils ausgedrückt wird.

Therapeuten üben sich in ihrer Ausbildung in der Regel mehr im Annehmen und Verstärken als im Verneinen. Das wird oft »Validieren[4]« in dem Sinne genannt, dass Erleben und Erfahrungen eines Klienten, wie immer er sie ausdrückt, bestätigt werden. Zu den sogenannten therapeutischen Basisvariablen der klientenzentrierten Therapie nach Carl Rogers, die Eingang in alle anderen Therapieschulen gefunden haben, wird genau das als entscheidender therapeutischer Wirkfaktor geübt (Rogers, 1959/2009; Isele u. Stauß, 2018). Gemeint ist damit zwar die Bestätigung des subjektiven Lebens des Klienten, das lässt sich aber kaum von der Bestätigung inhaltlicher Aussagen trennen, auch wenn eine differenzierte Betrachtung dieser Variablen in der Gesprächspsychotherapie das explizit wohl nicht gleichsetzen dürfte. Man kann prinzipiell nicht leugnen, dass jemand eine bestimmte Erfahrung gemacht hat oder ein bestimmtes Gefühl erlebt. Insofern kann auf die Darstellung einer subjektiven Erfahrung im therapeutischen Kontext nur positiv bestätigend angeschlossen werden. Das schließt die allgemeine und auch therapeutisch-beraterische Relevanz potenzieller Verneinungen von Klientenaussagen auf der Inhaltsebene aber nicht aus. Das Wissen um die Möglichkeit, dass jede Selektion einer berichteten Erfahrung, jede Art ihrer Darstellung, jede Bewertung und Erklärung derselben immer auch anders vorgenommen und damit inhaltlich verneint oder transformiert werden kann, ist auch für therapeutisch-beraterische Gespräche substanziell. Das kann einen spezifischen Nutzen für Veränderungsprozesse erlangen.

➡ Fallbeispiel: Eine Supervisandin berichtet, ihre Klientin fühle sich ständig abgelehnt und sehe sich darin als das Opfer (Objekt) entsprechender Handlungen durch andere. Aus Sicht der Supervisandin sei es eher so, dass die Klientin selbst durch ihre Verhaltensweisen solche Ablehnungen regelrecht herausfordere und das dann als Bestätigung einer Ablehnung ihrer Person erlebe. Die Klientin präsentiere sich also als Opfer (Objekt der Handlungen anderer), die Therapeutin sehe sie dem gegenüber als handelndes Subjekt.

Die Kommunikation zwischen Therapeutin und Klientin dazu ließ sich in der Supervision als jeweiliger Versuch rekonstruieren, die andere Seite von der Richtigkeit der eigenen Perspektive zu überzeugen. Die Klientin vertrat das sehr offen und direkt, die Therapeutin eher in Form vorsichtiger Kommentare oder sogenannter sokratischer Fragen, bei der Therapeuten hoffen, dass Klienten am Ende die gleiche Sicht haben, wie sie das von vornherein hatten (sogenanntes »geleitetes Entdecken« durch einen

---

4   Der Begriff »validieren« bedeutet, etwas Materielles oder Immaterielles zu werten. In der Psychotherapie, hier vor allem in der Dialektisch-Behavioralen Therapie, bedeutet es, das individuelle Erleben und Empfinden eines Klienten radikal anzuerkennen und zu bestätigen, dass man das selbst nicht infrage stellen wolle oder könne (Bohus u. Wolf-Arehult, 2013).

sokratischen Dialog bei Stavemann, 2002, S. 88 f.). Die Negation der Sicht der Klientin durch die Therapeutin war trotz dieser Vorsicht bei der Klientin aber wohl klar angekommen. Auf entsprechende supervisorische Nachfragen meinte die Therapeutin: Würde sie ihre Negation der Opfernarration der Klientin offen vertreten, würde sie eine Krise der therapeutischen Beziehung erwarten, die sie unbedingt vermeiden wolle. Fraglos lernt jeder Therapeut in der Ausbildung oder durch eigene Erfahrung, mit solchen Konstellationen umzugehen: die Geschichten der Klienten zu hören, sich einzufühlen, sie zu validieren und neue und andere Perspektiven einzubringen.

In diesem Fall haben wir herausgearbeitet und geübt, wie die Therapeutin speziell bei dieser Klientin und, da ihr das grundsätzlich bei allen Klienten schwerfalle, auch bei anderen ein Nein zu deren geäußerten Sichtweisen professionell offen und direkt formulieren könne. Das beinhaltete selbstredend kein Nein darauf, dass die Klientin eine vom Therapeuten abweichende Position vertreten könne oder dürfe, und auch kein Nein dazu, dass jede Mitteilung mit dem Wunsch verbunden ist, sie möge vom anderen bejaht, bestätigt werden. Es zeigte sich dann aber in der weiteren Praxis, dass die Klientin mit einer offenen verneinenden Haltung zum Inhalt ihrer Sichtweise viel besser und klarer umgehen konnte. Diese Klarheit hat die therapeutische Beziehung gestärkt und nicht, wie von der Therapeutin befürchtet, in eine Krise geführt.

Klientenseitige Nichtzustimmung: Was hier hinsichtlich der Zustimmung/Nichtzustimmung von Therapeuten gegenüber Klientenäußerungen gesagt wird, kann und muss auch umgekehrt gelten. Jede Äußerung vom Therapeuten wird direkt oder indirekt vom Klienten bestätigt, verworfen oder es erfolgt beides synchron gleichzeitig oder diachron zu verschiedenen Zeitpunkten. Allerdings gilt es hier, die grundsätzliche und mit Machtaspekten versehene Asymmetrie zwischen Klient und Therapeut zu beachten. Es fällt Klienten und Supervisanden in den meisten Kontexten sicher schwerer, einem Therapeuten oder einer Supervisorin oder deren Haltungen gegenüber Klienten/Supervisanden ein offenes Nein bzw. eine offene Nichtzustimmung zu offerieren. Verdeckt können und müssen sie das natürlich immer tun. Man kann dann manche Äußerungen oder Verhaltensweisen als (sofortige oder spätere) Nichtzustimmung deuten (wissend, dass das eine Deutung und keine Wahrheit ist): ganze Therapiesitzungen vergessen, Vorschlägen zustimmen und sie dann nicht durchführen, Therapeuten- oder Supervisorinnenäußerungen wiederholt überhören oder missverstehen. Wenn man die hierarchischen Asymmetrien in Rechnung stellt, wäre zu empfehlen, dass Therapeuten anstelle solcher Deutungen eher dieses Terrain sondierende Frage stellen: »Nehmen wir an, Sie würden einer Aussage oder einer Idee von mir nicht zustimmen – würden Sie das äußern? Was würden Sie befürchten, wenn Sie dieses Nein offen zum Ausdruck brächten?«

»Du verstehst mich nicht!« – *verstehen vs. zustimmen:* Verstehen ist per se keine Bestätigung des gesagten Inhalts und Verneinen dessen kein Nichtverstehen.

Zustimmen und Nichtzustimmen erfolgen nicht nur in Form verbaler Aussagen. Wenn ich nonverbal jemanden mit entsprechender Geste dazu einlade, sich auf einen bestimmten Platz zu setzen, und dieser folgt dem, ist das eine Zustimmung. Wenn ich jemanden bitte, mir zuzuhören, und der andere beginnt, etwas zu lesen, kann das als Nichtzustimmung gedeutet werden. Es gibt also verbale und nonverbale Varianten. Auch wenn das emotional oft identisch erlebt wird, kann und muss zwischen Verstehen und inhaltlicher Zustimmung zu einer Äußerung unterschieden werden.

Kommunikationstheoretisch im Sinne von Luhmann ist jede Art der Decodierung einer mitgeteilten Botschaft eine Form des Verstehens. In diesem Sinne gibt es kein richtiges oder falsches Verstehen. Im Alltag wird verstehen oft so interpretiert, dass etwas in einer Weise nachvollzogen und decodiert wird, dass der Sender sich damit *verstanden* fühlt.

Für Therapie und Beratung ist es wichtig, zwischen Verstehen und Zustimmen zu unterscheiden. Die Trennung beider Aspekte ist für therapeutische Prozesse und deren Resultate von Bedeutung. Das zu betonen, ist banal und bedeutet für erfahrene Therapeuten und Berater, *Eulen nach Athen zu tragen*. Jede Person in einer Therapie muss darin in all ihren Eigenarten und gerade auch in ihren von anderen oft sogenannten »Dysfunktionalitäten« verstanden werden, um sich in der therapeutischen Beziehung hinreichend sicher zu fühlen und sich auf dieser Basis auf Veränderungsprozesse einlassen zu können. Jede fundierte Verneinung ruht auf einer spezifischen Form des Verstehens, wie die Verneinung der präsentierten Opferrolle durch die Therapeutin im vorherigen Fallbeispiel zum Ausdruck gebracht hat. Zugespitzt formuliert: Jedes Nein ist eine Art zu verstehen, wenn man Verstehen nicht mit Zustimmung verwechselt.

Luhmann wirft hier die spannende Frage auf, welche Systeme dazu neigen, den Unterschied zwischen Verstehen und Zustimmen/Nichtzustimmen zu verwischen (Luhmann, 1988b, in einer Fußnote S. 604). Es seien jene, die eine Nichtzustimmung oder eine Ablehnung einer Äußerung als deren »Nichtverstehen« deuten. Das kann dann auf der Beziehungsebene oder mit Bezug auf eine Moral wie ein Vorwurf formuliert werden: »Du verstehst mich nicht!«, was genauer heißen müsste: »Es gefällt mir nicht, dass deine Art des Verstehens nicht in eine Zustimmung zu meiner Position mündet.« Therapeuten, Beraterinnen und Supervisoren könnten dann natürlich genau das erfragen: »Was verstehen Sie unter ›verstehen‹? Was ist der Unterschied zwischen ›verstehen‹ und ›nicht zustimmen‹?« Man könnte zugespitzt sagen: Wenn ein Therapeut, warum auch immer, verstehen und zustimmen gleichsetzt, ist er der Potenz der Verneinung als therapeutischer Intervention beraubt, weil er das mit der Gefahr einer therapeutischen Beziehungskrise in Verbindung bringt.

Selbstbeobachtung der Kommunikation hinsichtlich Zustimmung vs. Nichtzustimmung: Das Berechnen der Wahrscheinlichkeiten von Ablehnung und Zustimmung zu jeweiligen Aussagen konstituiert nach Luhmann den Kommunikationsprozess und dient seiner Absicherung. Er nennt das die »mitlaufende Selbstreferenz« in dem Sinne, dass Kommunikationssysteme bzw. die daran Beteiligten sich daraufhin beobachten, inwieweit gegenseitige Zustimmungen bzw. Nichtzustimmungen erfolgen.

Luhmann erwähnt ein bewusst kurioses Beispiel: Ein Mann bietet in einer vollen Straßenbahn einer Frau einen Platz an. Er erwartet Zustimmung derart, dass die Frau sich setze, oder auch eine Ablehnung dieses Angebotes. Luhmann beschreibt nun eine Form der subtilen Nichtbestätigung: Als Antwort auf das Angebot setzt sie sich nicht, sondern legt ihre Handtasche auf den angebotenen Platz (Luhmann, 1988b, S. 605). Man könnte das auch so deuten, dass die Frau auf kreative Weise gleichzeitig zustimmt und nicht zustimmt. Natürlich ist der Mann irritiert – nun tritt ja etwas Unerwartetes und so nicht Berechnetes ein. Das erhöht die Selbstaufmerksamkeit auf die gerade stattfindende Kommunikation. Wie es weitergeht, ist kaum vorherzusagen. Das ist ein schönes Beispiel, wie kreativ und vielfältig zustimmen und nicht zustimmen formuliert bzw. jeweils interpretiert werden können.

Die eigentlich spannende Frage in Kommunikationsprozessen ist daher weniger, wie die Kommunikation sich fortsetzt, wenn im Sinne der Bestätigung und Zustimmung Erwartetes oder zumindest Erwartbares geschieht, sondern Unerwartetes. Bricht nun die Kommunikation ab? Wird metakommuniziert? Werden spezifische Sprechakte generiert, die explizit am Unerwarteten anschließen? Welche Reaktionen des Mannes sind nun denkbar? Er kann die Kommunikation abbrechen und aus dem Fenster sehen. Er kann fragen, was das bedeutet. Er könnte die Frau in der Straßenbahn fragen: »Darf ich mich zu Ihrer Tasche setzen?« usw. Wenn ein Therapeut einer wichtigen Aussage eines Klienten explizit nicht zustimmt und das mitgeteilt hat, könnte er auf der Beziehungsebene fortfahren: »Wenn ich Ihnen in dieser Weise nicht zustimme (z.B. Ihre Opfernarration nicht bestätige), wie geht es Ihnen dann mit mir? Brechen Sie nun offen oder innerlich die Beziehung zu mir ab? Wie können wir nun gut zusammen weiterverfahren?«

Die Potenz von Bejahung und Zustimmung: Die therapeutische Potenz von Bejahung und Zustimmung ist im Kontext von Therapie und Beratung vertrauter als die der Verneinung. Wer kennt nicht die wohltuende Wirkung, jemandem etwas zu erzählen, was in manchen Kontexten auf Desinteresse, Abwehr oder Widerspruch trifft und nun die Erfahrung macht, dass man etwa von einem Therapeuten bzw. einer Beraterin nicht nur verstanden, sondern auch bestätigt wird. Die Therapieforschung hat zur Genüge gezeigt, dass die verschiedenen Varianten der Bestätigung (Einfühlen, Paraphrasieren im Sinne der passenden oder sogar vertiefenden Wiederholung dessen, was man gesagt hat) eine entscheidende Wirkvariable nicht nur in der Gesprächspsychotherapie darstellen. Es spielt z. B. im Konzept der »Validierung« im Sinne des aktiven Aufgreifens und des Bestätigen dessen, was der Klient berichtet, in der Dialektisch-Behavioralen Therapie eine entscheidende Rolle (zum Konzept der Validierung siehe Bohus u. Wolf-Arehult, 2013; zum Paraphrasieren siehe Bay, 2014). Ein beraterischer, therapeutischer und in vielen Aspekten auch supervisorischer Prozess, der diese Elemente weniger enthält und überwiegend Komponenten der Nichtbestätigung bzw. vom Klienten bzw. Supervisanden so erlebt wird, dürfte wenig Chancen haben, zu positiven Veränderungen beizutragen. Verstehen im Sinne des Wiedergebens, wie etwas verstanden wurde, und Komponenten der inhaltlichen Bestätigung wirksame Wirkvariablen schaffen die Voraussetzung, dass andere Wirkaspekte (z. B. spätere Komponenten der Nichtzustimmung) möglich werden. Das kann viele Gesichter haben: Klienten werden in einem Gefühl verstanden (z. B. Neid) und erfahren eine Zustimmung, dass das diesbezügliche Verhalten (der beneideten Person aus dem Weg zu gehen) bisher eine gute Lösung war.

Es gibt auch Varianten der Nichtbestätigung, die gleichzeitig auf einer anderen Ebene eine Bestätigung sind: Ein Klient bewertet sich selbst für sein aggressives Verhalten negativ und der Therapeut meint (diese Sicht nicht bestätigend), dass der Klient damit wohl mit emotionalem Engagement ein wichtiges Anliegen zum Ausdruck bringe. Alle derartigen *Umdeutungen* von Verhaltensweisen, die von Klienten selbst oder von anderen negativ bewertet werden, können als nichtbestätigende Bestätigung beschrieben werden.

Eine einfache Bestätigung wäre die Zustimmung, dass das aggressive Verhalten schlecht ist – und diese kann direkt oder indirekt vorgetragen werden etwa derart, dass man Klienten als Reaktion darauf ein Anti-Aggressionstraining anbietet.

Natürlich gehört es zu guten Therapien, dass man am Ende zu Differenzierungen kommt hinsichtlich Zustimmungen und Nichtzustimmungen. Ich habe mich im Verlauf meiner professionellen Tätigkeit immer mehr getraut, nicht nur zu verstehen, sondern ggf. auch inhaltlich der Meinung von Klienten oder Supervisanden zuzustimmen, wenn das üblichen anderen Sichtweisen oder manchen therapeutischen Regeln, etwa der Neutralität, widerspricht. Ich muss ja nun damit rechnen: Wenn ich einem Klienten jetzt zustimme, stimmen andere relevante Personen oder Kollegen meiner Zustimmung nicht zu. Wenn ich in einer Einzelsupervision zustimme, dass mein Supervisand in seiner Klinik schlecht behandelt, von seiner Leitung im Stich gelassen oder sogar entwertet und unterbezahlt wird und von dort geltenden Vorgaben überfordert ist, ist das recht gefahrenlos. Wenn ich das Gleiche in einer Teamsupervision tue, wird das schon bedeutsamer und vielleicht auch riskanter. Wenn ich das auch in Anwesenheit der Leitung der Einrichtung sage, wird das brisant. Das gilt hinsichtlich der Hierarchie auch umgekehrt: Wenn ich eine Leitungsperson in ihren kritischen Äußerungen über die Organisation oder über das Verhalten mancher Mitarbeiter verstehe und in manchen Aspekten sogar zustimme, bin ich in diesem Moment nicht neutral und verletze das Neutralitätsgebot für Supervisoren, was den Protest anderer hervorrufen kann. Gerade das kann aber, wenn man gemeinsam konstruktiv daran anschließt, positive Wirkungen nach sich ziehen. Denn auch hier gilt, was für den Vorgang der Verneinung gesagt wird: Interessant wird es oft, wenn Unerwartetes geschieht, weil nun gefunden werden muss, wie die weiteren Kommunikationen daran anschließen. Vielleicht können dann andere ihre Positionen von Zustimmung oder Nichtzustimmung besser und offener vertreten. Wenn man Zustimmung und Verstehen nicht verwechselt, schließt das meine Offenheit für andere geäußerte bis gegensätzliche Positionen nicht aus, sondern umso mehr ein.

Zustimmung – Nichtzustimmung und Neutralität – Parteilichkeit: Wenn mit Luhmann Kommunikation auf ihr inhärenten Varianten von Zustimmung und Nichtzustimmung ruht, dann trifft das auf das für Therapie und Beratung nicht minder wichtige und in den genannten Beispielen angesprochene Verhältnis von Neutralität und Parteilichkeit. Gemeint ist hier inhaltliche Zustimmung/Nichtzustimmung und nicht wie bereits davon abgegrenzt Verstehen/Nichtverstehen.

Wer sich primär oder ausschließlich – und die vielen differenzierten Varianten von Neutralität und Parteilichkeit einmal außer Acht lassend (vgl. Ruf, 2012, S. 81 f. und andere zur Neutralität) – auf die Seite der Neutralität als Leitlinie des Handelns und Sprechens schlägt, würde hier in Schwierigkeiten kommen. Er müsste auf den ersten Blick genau das vermeiden, was nach Luhmann unvermeidbar ist. Zustimmung und Nichtzustimmung können immer als Parteilichkeit ausgelegt werden, egal für was oder für wen.

Wenn beides im Raum ist – unvermeidliches Zustimmen und Nichtzustimmen und das Bemühen um Neutralität –, dann entstehen vermutlich viele Facetten realer oder zumindest so interpretierbarer indirekter oder verdeckter Zustimmungen und Nichtzustimmungen. Klienten zu verstehen und ihnen dann in etwas zuzustimmen und sie zu bestätigen, ist schon nicht mehr neutral, aber wenig riskant. Ihnen nicht zuzustimmen, birgt Probleme, vor allem auf der Beziehungsebene. Möglicherweise mündet das angesichts eines Neutralitätsgebotes in verdeckte Formen der Nichtzustimmung, die vom Klienten dann doch erkannt oder zumindest gespürt werden. Er merkt dann, dass der Therapeut oder Berater der Beschreibung seiner Rolle in einem Konflikt und seinen Bewertungen von sich und anderen nicht zustimmt.

Diese Spannung zwischen offener und verdeckter Positionierung auf der einen Seite und dem Bemühen um Neutralität auf der anderen muss der Effektivität einer Therapie keineswegs entgegenstehen und wird in der Regel von beiden Seiten gut bewältigt. Man hat ja im Leben gelernt, mit solchen Situationen umzugehen. Wenn Zustimmung und vor allem Nichtzustimmung nicht offen und als solches erkennbar zum Ausdruck gebracht wird, fällt eine Lösung für dieses Spannungsverhältnis weg: Man kann darüber nicht offen kommunizieren – die von allen Seiten selbstreferenziell (Blick auf die gerade stattfindende Kommunikation) gespürte Spannung kann so nicht als Inhalt der Fremdreferenz (das worüber explizit gesprochen wird) in die Kommunikation eingeführt werden (»Wir sind da verschiedener Meinung. Wie wollen wir damit umgehen?«). Man kann dieses Kapitel über Zustimmung und Nichtzustimmung als Anschlusskommunikation daher auch als Vorschlag lesen, solche Positionen offen zu vertreten, um dadurch am Ende doch zu einer Art von Metaneutralität, zu einer klientenorientierten Parteilichkeit oder, wenn es um mehrere Personen in einem System geht, um die Position der Allparteilichkeit (Simon, Ulrich u. Stierlin, 2004, S. 29) zu kommen, die Dissens konstruktiv integriert.

Zustimmung und Nichtzustimmung in Therapie und Beratung: Diese Leitunterscheidung lässt sich zur Analyse eines Gesprächsverlaufs und seiner Resultate nutzen. Man muss zwischen verstehen und zustimmen/nicht zustimmen unterscheiden, damit mit dem Gebot der Neutralität ggf. korrelierende Konflikte lösbar werden, wenn darüber offen kommuniziert werden kann. Therapeutinnen, Berater und Supervisorinnen können Gespräche zwischen Klienten bzw. Kollegen in einem Team und auch das eigene Gespräch mit einem Klienten oder einem Team daraufhin beobachten, ob sich die jeweiligen Anschlusskommunikationen an die Beiträge des anderen eher als Zustimmung oder Nichtzustimmung codieren lassen. Man kann symmetrische Varianten beobachten (Zustimmungen folgen auf Zustimmungen, Verneinungen auf Verneinungen) oder komplementäre Abfolgen (Zustimmungen und Verneinungen wechseln sich ab), z. B. stimmt eine Seite mal zu und mal nicht oder sie stimmt plötzlich der Verneinung einer eigenen Aussage durch die andere Seite zu (»Du hast recht – da liege ich falsch«).

Sie können sich auch selbst hinsichtlich der Häufigkeiten ihrer diesbezüglichen eigenen Anschlusskommunikationen beobachten: Neigen Sie – aus welchen Gründen auch immer – zu Zustimmung und Bestätigung oder zu von Klienten als Verneinung erlebter Infragestellung, Hinterfragung oder zu explizit formulierten Nichtzustimmungen? Diese Varianten sollten nicht a priori als gut oder schlecht gewertet werden. Sie sollten primär daraufhin beobachtet und bewertet werden, welche Konsequenzen sie kurzfristig und dauerhaft für den Therapie-, Beratungs- und Supervisionsprozess und vor allem deren Effekte für Klienten/Supervisanden haben. Wenn Sie entsprechende Abläufe und Muster in einem Klientensystem oder in einem Team beobachten, können die hierzu beobachteten Muster (dass z. B. fast immer zugestimmt oder fast immer verneint wird) beschrieben und benannt und diese Form der Fremdbeobachtung als »Diagnose« angeboten werden.

5 Bio-psycho-sozial: Das Drei-Welten-Modell

Für die Praxis wird es immer dann interessant, wenn Selbstverständlichkeiten infrage gestellt oder ganz neue Antworten auf alte Fragen gegeben werden. Das gilt für das heute von allen Seiten beanspruchte »bio-psycho-soziale« Modell in Medizin und Psychotherapie. Gemeint ist damit, dass an körperlichen und psychischen Symptomatiken immer Körper[5], Psyche und die soziale Welt beteiligt sind. Jeder Klinikflyer, jedes psychosomatische Lehrbuch und jede Therapieschule gibt an, von diesem Modell auszugehen. Es wurde 1977 erstmals von George L. Engel in seinem damals wegweisenden Artikel »The Need for a New Medical Model: A Challenge for Biomedicine« (»Von der Notwendigkeit eines neuen medizinischen Modells: Eine Herausforderung für die Biomedizin) formuliert (Engel, 1977). Von keinem ernst zu nehmenden Wissenschaftler oder Praktiker wird heute bestritten, dass psychische Ereignisse sich auf den Körper und vice versa auswirken und dabei auch soziale Faktoren eine Rolle spielen. Das zu sagen, war einmal revolutionär und ist heute banal.

Nicht banal aber ist, wie man die ebenso uralte wie aktuelle Frage beantwortet, *wie genau* das Verhältnis von Psyche und Soma beschrieben werden kann und was mit »ganzheitlich« genau gemeint ist, wenn beide Bereiche ganz offensichtlich nicht identisch sind? Wie beeinflussen sich die beiden – über welchen Weg und wie lässt sich das wissenschaftlich erklären? Und wie wirkt hier die soziale Welt hinein?

Die Aussage der Psychosomatik, dass Psyche und Soma irgendwie *eins* und damit *eine Welt* seien, geht einem rasch und leicht von der Lippe. Wenn man dazu dann die genannten Fragen nach dem »Wie genau …?« stellt, werden die Antworten schwieriger, oft vage und rein metaphorisch. Dabei hängt von den jeweiligen Antworten für die Praxis der Therapie viel ab, nicht nur auf psychosomatischem Gebiet. Manchmal wird die Antwort gegeben, psychische Phänomene wie Angst hätten ein hirnphysiologisches Korrelat. Es wird gezeigt, dass und welche Hirnareale dann aktiv sind. Und es wird darauf hingewiesen, dass kortikale Aktivitäten biochemisch den Blutkreislauf, die Herztätigkeit und die Muskeln steuern würden, was für die Psyche wiederum hoch relevant sei.

Bei genauer Betrachtung solcher Aussagen wird klar, dass diese zwar auf die Gleichzeitigkeit von Ereignissen im psychischen und im körperlichen System hinweisen, aber nichts darüber aussagen, wie die eine Seite nun konkret auf die andere einwirkt. Sie bestätigen eher, dass man von zwei Seiten oder zwei Welten ausgeht. Und wer den Zusammenhang zwischen Psyche und Körper dadurch erklärt, dass

---

5   Im Folgenden werden für den Bereich des Körpers in diesem Modell die Begriffe »Körper«, der medizinische Terminus »Soma« und der biologische »Bio …« oder »biochemisch« als synonyme Begriffe verwendet.

die Neurochemie des Gehirns, in der ja die Psyche *zu Hause* sei, auf den Körper einwirke und umgekehrt, der hat eine Kleinigkeit übersehen. Diese besteht darin, dass das Hirn selbst Körper ist. Psyche bzw. psychisches Erleben und Hirn gehören zwei verschiedenen Phänomenbereichen an.

Man kommt mit solchen »Belegen« der Einheit vom Körper über die Aussage nicht hinaus, dass, während in einem etwas stattfindet oder etwas stattgefunden hat, auch im anderen Bereich etwas geschieht. Das ist nicht mehr als eine Korrelation. Wer von der Einheit von Körper und Psyche ausgeht, muss sagen können, was die gemeinsamen Elemente, Operationen oder gar »Substanzen« in der »Eine-Welt-Theorie« sind: Energie? Medium Sinn? Haben letztendlich auch Hirnzellen selbst Gefühle und Meinungen? Immer dann, wenn eine Einheit proklamiert wird, endet das entweder in vagen Einheitsproklamationen oder es wird am Ende körperlichen Organen oder Komponenten ein psychisch-geistiges Geschehen (Denken, Kommunizieren, Symbolisieren) zugeschrieben.[6]

5.1 Bio-psycho-soziale Landkarten

Für die therapeutische Praxis und für die Rolle der Sprache darin lassen sich aus diesen Überlegungen und Fragestellungen zwei Konsequenzen ziehen – auch, aber nicht nur, wenn es um psychosomatische Diagnosen und Probleme geht. Eine besteht in der Entwicklung einer Sprachsensibilität für diese Thematik hinsichtlich der Sprache der Klienten und der von sich selbst. Man kann bei Klienten genau hinhören, welche Landkarten über das Zusammenwirken zwischen Psyche, Körper und sozialem Leben sie mit welchen Konsequenzen nutzen.

Jedes bio-psycho-soziale Modell drückt sich in einer dafür typischen Sprache aus: Begriffe, Sprachwendungen, Sprachspiele. Man kann darauf achten, welches Modell man dazu selbst explizit oder implizit in den therapeutischen, beraterischen oder supervisorischen Dialog einbringt mit welcher jeweiligen Wirkung und Nebenwirkung. Über Psyche, Soma und soziale Welt und vor allem über deren Zusammenwirken lässt sich nicht sprechen, ohne damit direkt oder indirekt zum Ausdruck zu bringen, von welchem Modell über den Zusammenhang dieser drei Bereiche man dabei ausgeht.

---

6   Mit der Frage des Zusammenhangs zwischen Psyche und Körper befinden wir uns auf einem Gebiet, dass die Philosophie seit über 2000 Jahren beschäftigt und dort das »Leib-Seele-Problem« genannt wird. Es gab und gibt immer wieder neue Beschreibungen und Lösungen dafür. Wir können und müssen das hier nicht nachzeichnen, wohl aber darauf verweisen, dass sich schon viele Philosophen und Wissenschaftler aus etlichen Bereichen ausführlich damit beschäftigt haben (vgl. zusammenfassend z. B. Bunge, 1984; Hastedt, 1990; Waldenfels, 2000; Hermanni u. Buchheim, 2006; Alloa u. Fischer, 2013). Auch in der Systemtheorie ist die Interaktion von Biologie, Psyche und sozial-kultureller Welt ein oft und kontrovers diskutiertes Thema (Simon, 2012, 2018; Kriz, 2017).

Am deutlichsten ist das natürlich bei psychosomatischen oder sogenannten somatoformen Störungen. Im Sinne der Meta-Klartext-Klarheit geht es dann nicht um eine Bewertung, welche Landkarte die bessere oder gar richtige ist. Die andere Konsequenz besteht darin, ganz bewusst eine bestimmte und hinreichend ausgearbeitete Landkarte in den therapeutischen Dialog einzuführen. Das kann das Einheitsmodell oder das hier im Folgenden dargestellte und von mir bevorzugte sogenannte Drei-Welten-Modell sein.

Es gibt innerhalb des systemischen Ansatzes gerade zum bio-psycho-sozialen Modell verschiedene Strömungen. Wie üblich unterlege ich im Folgenden die »konstruktivistisch-differenztheoretische« Systemtheorie, in deren Zentrum die Ausformulierung des Drei-Welten-Modells steht. Es gibt innerhalb der Gemeinschaft systemischer Ansätze auch Vertreter des Eine-Welt-Modells (etwa bei Eder, 2008, 2019). Wenn ich zunächst dennoch von *der* Systemtheorie spreche, ist stets die konstruktivistisch-differenztheoretische gemeint.

Was die erste Konsequenz betrifft – Rekonstruktion und Würdigung von von Klienten benutzten Landkarten –, erkennt sie mit ihrem konstruktivistischen Teil jede derartige Landkarte als prinzipiell berechtigt an und muss in der Praxis nicht für oder gegen eine antreten. Konsequenz zwei hat selbst das Drei-Welten-Modell entwickelt und daraus praktische Konsequenzen abgeleitet, die die therapeutische Praxis ausrichten. Luhmann hat diese Theorie auf den Arbeiten anderer Autoren aufgebaut und andere haben das dann wiederum weiterentwickelt bzw. auf das Gebiet von Therapie, Beratung und Supervision angewandt (Fuchs, 2003, 2005; Simon, 2019; für Psychiatrie und Psychotherapie Schleiffer, 2012; für die Seelsorge Emlein, 2017).

Im Mittelpunkt dieser Ansätze steht das sogenannte »Autopoiesekonzept«. Dieser von Maturana und Varela eingeführte Begriff (1985) stammt vom griechischen »auto poiein« ab, was »sich selbst erzeugen« bedeutet. Er verweist darauf, dass lebende Systeme sich selbst erhalten und verändern und das nicht einseitig von außen gesteuert werden kann. Dieser Gedanke wird hier auf die drei Systeme Körper, Psyche und soziales Leben übertragen, wobei das in diesem Buch oft angesprochene »System Kommunikation« der sozialen Welt zuzurechnen ist.

Aus Sicht der Vertreter des Autopoieseansatzes führt es in logische und praktische Sackgassen, im bio-psycho-sozialen Modell von einer einheitlichen Welt auszugehen. Sinnvoller und für die Praxis fruchtbarer erscheint es demgegenüber, die drei Systeme Psyche, Körper und soziale Interaktion mit Kommunikation als unabhängig voneinander operierende, eigenständige, autopoietische Systeme anzusehen. (Eine explizite Übertragung dieses Ansatzes auf den Bereich der Psychotherapie als Krankenbehandlung findet sich bei Lieb, 2014a.) Mit dem Begriff des Drei-Welten-Modells soll das begrifflich zum Ausdruck gebracht werden.

Im Drei-Welten-Modell gilt als zentrale Aussage: Was in der einen Welt stattfindet (z. B. ein Gedanke oder ein Gefühl), findet nicht in einer anderen statt (Gefühle ereignen sich nicht im Körper). Statt der Proklamation einer Einheit erfolgt die

Beschreibung der jeweiligen Eigenlogiken dieser Systeme und der Art und Weise, wie sie aufgrund ihrer jeweiligen Eigengesetzlichkeiten aufeinander reagieren und aneinander *ankoppeln*. Jedes dieser drei Systeme reagiert auf das, was in einem der beiden anderen als deren Umwelt geschieht. Allerdings bestimmt jedes System auf der Grundlage seiner eigenen Gesetzmäßigkeiten immer selbst, was relevant ist, einfach dadurch, dass und wie es darauf reagiert. Das hat weitreichende Konsequenzen für die Praxis und für die Art und Weise, wie darüber gesprochen wird.

Jedes von Klienten beschriebene Problem *ereignet* sich immer in jedem dieser drei Welten. Was dabei im einen geschieht, geschieht nicht im anderen: »Würde Bewusstsein [psychisches Geschehen – H. L.] und soziales [kommunikativ-soziales Geschehen – H. L.] ineinander übergehen, dann dächte man selbst, was andere denken, andere dächten, was man selbst denkt« (Emlein, 2017, S. 142). Sprache holt die Psyche nicht in die Kommunikation hinein und die Psyche die Kommunikation nicht in ihr inneres Geschehen.

Beschreibt ein Klient ein Suchtproblem, Kontrollzwänge, depressive Gefühle und was er getan hat, um damit umzugehen, geht das immer mit Ereignissen im Körper, im psychischen Erleben und mit diesbezüglichen Interaktionen und Kommunikationen in der sozialen Welt einher. Viele Beschreibungen psychischer Phänomene enthalten körperbezogene Begriffe oder Metaphern, wie »Das liegt mir im Magen« – »Ich trete auf der Stelle«, die man sprachlich aufgreifen kann: »Was genau liegt da im Magen?« – »Wie lange wohl noch?« – »Wie kommt es da wieder heraus?« und »Was wäre die Alternative: ein Schritt nach vorn, ein Schritt nach hinten oder welche andere Bewegung?«

Je nach Störungsbild, Person und Therapieschule wird der Fokus mal mehr auf die eine und mal mehr auf die andere Welt gelenkt. Bei der Erklärung einer Depression kann der Fokus z. B. auf das körperlich-somatische System gerichtet sein (»Das ist eine Stoffwechselstörung, deshalb helfen Medikamente«), auf das psychische (»Die Depression wird durch ein dysfunktionales Denken über sich, die Welt und die Zukunft erzeugt«) oder auf das soziale System (»Die Depression hat eine Funktion im Familiensystem und korreliert mit Belastungen in dieser Welt«). Keine dieser Zuordnungen eines Problems in einer dieser Welten ist per se richtig oder falsch. Es sind Perspektiven, die man wählen kann, die aber auch bestimmte Lösungen nahelegen und andere außer Acht lassen. Sprachlich kann man meistens schon an Formulierungen hören, welcher Fokus in einem bestimmten Fall mit welchen Konsequenzen gewählt wurde. Therapeutinnen und Beratern steht es frei, ob sie dem folgen oder selbst Fragen zu jeweils anderen Welten und deren Interaktionen stellen mit vielleicht neuen Ideen über Veränderungsmöglichkeiten. Wo der biologisch orientierte Psychiater an Medikamente denkt, spricht die Individual-Psychotherapeutin vielleicht über dysfunktionales Denken oder nicht verarbeitete Verlusterlebnisse und der Systemische Therapeut von Beziehungsmustern, die sich rund um eine Symptomatik herausgebildet haben und diese aufrechterhalten.

5.2 Das Drei-Welten-Modell

Abbildung 2 stellt das Drei-Welten-Modell bildlich dar.

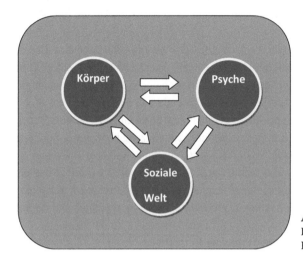

Abbildung 2:
Das Drei-Welten-Modell:
Körper – Psyche – Soziale Welt

Zur sozialen Welt einer Partnerschaft gehören deren Interaktionsmuster, gesetzliche Grundlagen im Fall einer Ehegemeinschaft und deren Einbettung in andere soziale und kulturelle Systeme. Diese sind einerseits relevant dafür, wie die beiden Partner sich zueinander verhalten und wie sie sich innerlich dabei fühlen. Die soziale Welt und ihre Gesetzmäßigkeiten können aber nicht bestimmen, festlegen, determinieren, wie das »System Paar« auf die kulturellen Kontexte reagiert und auch nicht, wie die beiden psychisch innerlich darauf reagieren. Umgekehrt hat es die Psyche mit ihren Intentionen, Verhaltensweisen und in die Kommunikation eingespeisten Botschaften nicht in der Hand, dadurch das weitere soziale Geschehen bestimmen zu können, weder das im System Paar noch das der anderen sozialen Umwelten. Jeder Partner bestimmt aufgrund seiner eigenen und jeweils spezifischen Logiken, wie etwa die Botschaften des anderen aufgenommen werden und wie darauf reagiert wird. Und schließlich hängt das alles von der körperlichen Verfasstheit der jeweiligen Mitglieder ab bzw. diese wiederum vom sozialen Geschehen und vom psychischen Erleben.

Aber auch hier gilt: Der Körper bestimmt selbst aufgrund seiner eigenen biochemischen und auch individuell-somatischen Gesetzmäßigkeiten und Gegebenheiten, worauf in der psychischen und sozialen Umwelt wie reagiert wird. Deshalb kann z. B. A auf eine Liebeserklärung von B mit Herzrasen und Röte im Gesicht reagieren, während sich umgekehrt bei einer entsprechenden Erklärung von A an B bei diesem somatisch nichts tut. Auf ein gut gemeintes Lob von A kann B mit Freude oder auch mit Misstrauen reagieren, je nach eigener innerer Logik. Eine Person, die sich depressiv fühlt, kann aufmunternde Worte vom anderen positiv erleben oder auch als Zeichen dafür, dass der andere am Depressivsein selbst nicht teilnimmt. Darüber entscheidet immer die Logik des Empfänger- und nicht die des Sendersystems.

➡️ Fallbeispiel: Ein Klient beklagt sich in seiner Therapie über seine ihn zu oft abwertende Ehefrau und das allgemein schlechte Klima in seiner Partnerschaft. Dann entdeckt er mit seinem Therapeuten, dass er selbst auch kaum noch positive Äußerungen oder gar Komplimente an seine Frau richtet. Also will er das ändern und nimmt sich vor, durch positive Äußerungen seine Frau positiv zu stimmen und so zu einer Verbesserung des partnerschaftlichen Klimas beizutragen. In der nächsten Sitzung berichtet er frustriert, wie die Frau darauf reagiert habe: »Das machst du doch nur, weil dein Therapeut dir das geraten hat! Deshalb ist mir das nichts wert.« Darauf habe er sich wieder frustriert zurückgezogen. Das ist ein schönes Beispiel dafür, dass a) die Partnerin aufgrund ihrer eigenen psychischen Struktur bestimmt, wie sie Äußerungen decodiert und darauf reagiert, und b) wie ein altes dominantes partnerschaftliches Interaktionsmuster sich ganz unabhängig von den Intentionen Einzelner fortsetzt.

Folgende Kernaussagen lassen sich für das Drei-Welten-Modell Körper – Psyche – soziale Welt formulieren:
-   Jede der drei Welten folgt ihren eigenen Gesetzmäßigkeiten.
-   Jede Welt kann die andere Welt zu beeinflussen versuchen, die Wirkung dessen aber nicht bestimmen. Jede Welt bestimmt selbst, wie sie auf die andere reagiert.
-   Jede Veränderung in einer der Welten geht mit einer potenziellen Veränderung in einer der anderen Welten einher. Was dabei am Ende herauskommt, kann niemand vorhersagen.
-   Es bestehen Wechselwirkungen und Rückwirkungen zwischen den Welten: Wenn der Körper auf die Psyche reagiert, reagiert die Psyche womöglich wiederum auf diese Reaktion des Körpers usw.

Dass alle drei Systeme aufeinander angewiesen sind, lässt sich an einem schlichten Beispiel zeigen. In der sozialen Welt sagt A zu B: »Dieser Apfel schmeckt gut.« In der sozialen Welt der Sprache gibt es Sprachregeln, wie dieser Satz aufgenommen und verstanden werden kann. Damit die Psyche die Äußerung »Ein Apfel schmeckt gut« für sich überhaupt sinnvoll decodieren kann, braucht sie ihren Körper. Wer nie in einen Apfel gebissen und dazu keinerlei körperliche Referenzerfahrung gemacht hat (Apfelgeschmack im Mund, dadurch aktivierte Geschmacksrezeptoren usw.), wird mit diesem Satz ebenso wenig anfangen können wie vermutlich eine von Geburt an blinde Person, der wir sagen, die Wiese sei grün. Theoretisch heißt das: Die Psyche braucht ihren Körper als ständigen Referenzraum. Und da das Erleben von »gut schmecken« oder »Grünes sehen« entgegen einer ersten Idee, das »Schmecken« oder das »Sehen« finde im Körper statt, Vorgänge im Phänomenbereich der Psyche sind, bedarf es nun beider Welten: eines Körpers mit Gebiss und Geschmacksnerven bzw. mit Lichtwellen aufnehmende Augen und einer den Geschmack und das Bild erzeugenden und erlebenden Psyche. Wenn das schon beim »gut schmeckenden Apfel« so ist, dann sind diese Welten und ihre Interaktionen auch bei Angst, Verliebtheit oder bei psychotischem Stimmenhören wichtig.

5.2.1 Psychosomatik

In der Psychosomatik geht es um ein »Paar« (Körper und Psyche), das bis zum Tod unauflöslich aneinandergekoppelt ist. Alles, was in der Psyche – auch und gerade im intrapsychisch sprachlichen Bereich – geschieht, ist von der sozialen Welt geprägt, in der diese Psyche lebt. Das soziale System kann nicht unabhängig von den daran Beteiligten »Psychen« existieren. Man spricht daher von jeweils »lebensnotwendigen Umwelten«, ohne die ein System nicht leben kann: der Körper nicht ohne Sauerstoff und Ernährung, die Psyche nicht ohne soziale Welt, die soziale Welt nicht ohne Psyche und Körper, die Psyche nicht ohne Körper.

Der Vorteil des Drei-Welten-Modells für die therapeutische Praxis ist, dass man sich nicht a priori auf eine Welt als die primäre entscheiden muss. Das gilt für die Problembeschreibung, Theorien über deren Verursachung und auch für deren Veränderung. Man kann aber genau beobachten, wie in der jeweils von Klienten oder anderen gewählten Sprache hier systemspezifische Schwerpunkte gesetzt werden. Die Aussage »Ich gehe schlecht mit mir um« setzt einen anderen als »Die Depression habe ich von meinem Vater«, wenn damit eine genetische Disposition gemeint ist. Das eine fokussiert den psychischen, das andere den körperlich-genetischen Bereich.

Man kann in der Therapie an solche Schwerpunktsetzungen bewusst ankoppeln oder ganz andere Perspektiven einführen. Man kann und darf auch annehmen, dass auf eine Veränderung, die im Rahmen von Therapie und Beratung in der einen Welt erzielt wird, auch die anderen Welten mit einer Veränderung reagieren. Ob oder wie das der Fall ist, kann man im Einzelfall nie vorhersagen. Wenn jemand seine bisher bekämpften Schmerzen akzeptiert, kann das mit einer Veränderung des Schmerzerlebens (psychischer Bereich) und dann womöglich auch mit einem veränderten Geschehen im Körper (z. B. dem Grad der Muskelanspannung) einhergehen.

Es könnte aber auch ganz anders weitergehen. Wenn ein Therapeut ein in symmetrische Kämpfe verstricktes Paar dazu bringt, dieses bisherige Verhalten zu stoppen und stattdessen bspw. Fragen statt Behauptungen aufzustellen und Vorwürfe zu machen, kann das dazu beitragen, dass sich die daran beteiligten inneren psychischen Zustände verändern. Theoretisch spricht man davon, dass Veränderungen in der einen Welt dann in einem positiven Sinne *verstörend* auf die andere wirken. Zur Eigenlogik des Körpers gehört z. B., dass er Pausen benötigt, um den aktivier-

ten Stoffwechselprozesse herunterzufahren und die Herzrate und andere Stresspara-
meter zu reduzieren. Damit das möglich wird, müsste die Psyche in ihrer Verhaltens-
organisation entsprechend mitspielen.

Wenn diese das aber im Rahmen ihrer Befolgung sozialer Regeln (»Zuerst die
Pflicht, dann das Vergnügen!«) nicht tut, kann es zweierlei Verstörungen geben: Die
Psyche kann vom Körper gezwungen werden, angesichts körperlicher Symptomatiken den Körper und damit auch sich selbst aus dem Leistungsverkehr zu ziehen
und ins Bett zu legen (Psyche wird durch Körpersymptome verstört). Der Körper
kann auf diese Aktion mit einer Veränderung seiner Parameter reagieren (Herzrate
und Adrenalinspiegel senken etc.). Dann hat die Psyche durch diese Maßnahmen
ihren eigenen Körper positiv *verstört*. Der Körper könnte aber auch bei Ausbleiben
von Pausen sich so organisieren, dass er sich auf hohem Adrenalinlevel organisiert
(und sich vielleicht beim Schlafen regeneriert). Es gibt zu solchen Prozessen in einer
Gesamtpopulation errechenbare Wahrscheinlichkeiten, aber keine Vorhersage für
den Einzelfall.

5.2.2 Härteres und weicheres System

Was die Interaktion verschiedener Systeme miteinander betrifft – die Systemtheorie
spricht lieber von deren Koppelung aneinander –, lässt sich die Frage stellen, welches bei dieser Begegnung jeweils das härtere und welches das weichere System ist.
Das härtere ist das, das sich dem anderen nicht anpassen kann, das weichere kann
das und ist sofern das flexiblere. Das Hemd ist weicher als der Körper, also passt sich
das Hemd der Körperfigur an und nicht umgekehrt.

Manchmal lassen einzelne Äußerungen von Klienten erkennen, welches System sie
als das härtere erleben: In der Klage über hartnäckige Schmerzen erscheint der Körper als das härtere System als die Psyche. Die Aussage »Da sträubt sich alles in mir –
das mache ich nicht mit!« deutet auf ein (möglicherweise entsprechend erwünscht)
härteres psychisches System gegenüber der sozialen Welt an.

Nehmen wir an, die soziale Welt gibt relativ starre Regeln vor, was man denken,
sagen und tun muss, und die Psyche würde dem zu ihrem eigenen Wohlbefinden
gern widersprechen. In diesem Fall erweist sich die soziale Welt als die härtere und
die Psyche (dann inklusive Körper) als das weichere, wenn die Psyche nachgibt und
den sozialen Regeln folgt. Würde man solche Regeln der sozialen Welt ändern, damit
es der daran beteiligten Psyche besser geht, wäre die soziale Welt die weichere, weil
sie sich dem Status der individuellen Psyche anpasst.

Therapie/Beratung können oder müssen manchmal dazu beizutragen, dass die
soziale Welt sich ändert und diese sich den individuellen Umständen einzelner Personen anpasst. Das geschieht z. B. bei entsprechend flexiblen Einrichtungen, in denen
demente Menschen leben. Dann kann es nachts einmal (auch wenn nur gespielt)
einen geöffneten Bäckerladen geben, weil der demente Patient eben zu dieser Zeit

Brötchen kaufen will. Man kann in Therapie und Beratung Hypothesen bilden, welches System in der Begegnung zueinander gerade das härtere oder weichere ist – die psychische oder die soziale Welt. Kennzeichen mancher Störungen ist es, dass die Psyche in der Praxis das härtere System sein will – etwa wenn bei einer anorektischen Problematik die Psyche dem Körper ihr Idealgewicht ohne Rücksicht auf die Folgen aufzwingen will.

➡️ Fallbeispiel: Ein Therapeut hat den Eindruck, dass ein Klient in einem Familiengespräch auf bestimmte von ihm gestellte Fragen nicht oder nur ausweichend antwortet. Er hat dazu die Hypothese, dass die Psyche sehr wohl eine Antwort formulieren und äußern könnte, das aber nicht tut, weil sie mit ihren Äußerungen soziale Regeln der anwesenden Familie verletzen würde. Demnach passt sie sich dem als härter erlebten sozialen System an, das bestimmte Äußerungen sanktionieren würde. Der diesbezüglich sensible Therapeut merkt natürlich auch, dass mit dieser Hypothese die Regeln der Familie für den nicht antwortenden Klienten wichtiger und härter sind als die Regeln des aktuellen Therapiesystems, sonst würde er ja vom Therapeuten gestellte Fragen beantworten, auch wenn der Familie das nicht gefiele. Der Therapeut kann nun auf dieser Hypothese aufbauend die Frage stellen: »Sie haben dazu jetzt nichts gesagt. Kann ich das vielleicht so verstehen: Sie wollen darauf aus guten Gründen nicht antworten? Könnte einer der Gründe der sein, dass eine Antwort oder Stellungnahme von Ihnen hierzu gerade riskant wäre?« Er könnte darüber auch schweigen, um keinen Konflikt mit dem Familiensystem zu riskieren und damit dieses System gegenüber dem Therapiesystem zum härteren machen.

Man kann auch Beispiele für die Psyche als das härtere System gegenüber der sozialen Welt finden. Manchmal kann ein soziales System gar nicht anders, als sich der Psyche einer Person mit ihrem Denken, Fühlen und Verhalten anzupassen. Das ist etwa der Fall, wenn ein Klient sich im Rahmen einer Borderline-Störung selbst stark verletzt und diese Selbstverletzung sozial wahrgenommen und nun darüber kommuniziert wird. Sich mit einer Rasierklinge zu schneiden ist ein symptomatisch so *starker* individueller Vorgang, dass ein soziales System in der Regel nur mit Fürsorge und Rücksicht und nicht mit der Aussage »Das ist nicht schön, so was machen wir hier nicht – lass das!« reagieren kann.

Ein anders gelagertes Beispiel für die Psyche als das härtere System ist das, was man die »Authentizitätsfalle« nennen könnte: Eine Psyche hat für sich die Regel, immer offen und ehrlich zu sagen, was sie fühlt und denkt, bzw. umgekehrt, nichts zu sagen, was nicht zum eigenen Gefühl passt. Nehmen wir nun als Beispiel, dass eine Person sich von einer anderen gekränkt fühlt und daher wütend ist – und bei der anderen Person das Gleiche stattfindet und auch diese gekränkt und wütend ist. Gemäß diesen Gefühlen wird dann gekränkt-wütend aufeinander reagiert. Es ergibt sich so ein negativer Kreislauf, weil jede Äußerung als Kränkung verstanden und entsprechend beantwortet wird. So wiederholen sich die interaktionellen Muster. Es entstehen keine neuen Interaktionen, z. B. kann innerhalb dessen keine Person der anderen etwas Positives sagen und den Kreislauf so unterbrechen. Wenn man nun einer dieser Personen vorschlägt, der anderen das alte Muster der gegenseitigen Kränkung bewusst unterbrechend etwas Positives zu sagen, kann die Antwort lauten: »Das kann ich nicht sagen, weil ich mich nicht so fühle. Das wäre keine ehrliche (authentische) Aussage von mir!« Man kann diese gut nachvollziehbare Haltung hier auch so deuten, dass hier die Psyche dieser Person, und hier zeitgleich wohl auch der anderen, hart ist (beide können von eigenen Regeln nicht abweichen) und das soziale und interaktionelle Gefüge deshalb von der jeweiligen Psyche der beiden bestimmt wird.

Körper, Psyche und soziale Welt erscheinen in der Therapie immer als sprachlich beschriebene Welten. Wenn wir die in Kapitel 4 vorgestellten Perspektiven auf Sprache (Sprache als Sprachspiele, als Bedeutungsträger, als In-der-Welt-Sein, als eigenes System) auf das Drei-Welten-Modell von psycho-soma-soziale Welt übertragen, dann lässt sich sagen: Auch und gerade wenn es um bio-psycho-soziale Aspekte geht, kommt man aus Sprache nicht heraus. Wie immer die Psyche ihren Körper erlebt, vor sich selbst oder vor anderen darüber spricht, über ihn nachdenkt, sich über ihn beschwert oder sich dort erlebte Störungen erklärt, ist davon geprägt, wie in ihrer Sozialisation über ihren Körper gesprochen wurde und welche sinnstiftenden Begriffe dafür verwendet worden sind. Gleiches gilt dafür, wie sie die soziale Welt erlebt und beschreibt.

Auch Therapeuten formulieren bewusst oder unbewusst das in Worte, was sie bei Klienten wahrnehmen oder von diesen aufnehmen. Und das enthält mehr oder weniger immer Wörter und Sätze über psychisches Erleben, über den Körper und die soziale Welt und deren Interaktionen. Wenn ein Klient z. B. über die Eifersucht seines Partners berichtet, können darin viele Elemente des damit korrelierenden bio-psycho-sozialen Geschehens enthalten sein: eine Beschreibung des eigenen inneren Erlebens dessen, verbunden mit körperlichen Vorgängen, die damit korrelieren, eine Beschreibung des interaktionellen Geschehens im Paar oder es kann ausschließlich das Verhalten des anderen mit Spekulationen über dessen Innenleben dargestellt werden.

Sprache kann alles erfassen und der Therapeut kann und muss entscheiden, was er davon hört und wie und wo er weiter nachfragt: in den Körperbereich, das psychische Erleben, die soziale Welt oder die Interaktion dieser drei Welten. Manchmal lässt sich an der Formulierung erkennen, welchem System gerade die Hauptaufmerksamkeit gilt. Ein Konflikt in einer Familie kann unterschiedlich beschrieben werden: »Wir reden aneinander vorbei« fokussiert die soziale Welt der Beziehungen, »Uns geht es schlecht« den Bereich der Psyche der Mitglieder und »Jeder steht unter Druck« vielleicht eher den körperlichen Bereich. Will man an diesen Beschreibungen ankoppeln, lohnt es sich, das zunächst hinsichtlich der jeweils von Klienten sprachlich vorrangig markierten Welt zu tun.

Für das Drei-Welten-Modell soll in diesem Kapitel nun – mit manchmal explizitem und manchmal implizitem Bezug zu Sprache und Klartext – Folgendes beleuchtet werden: Was sind die spezifischen Merkmale der Psyche im Unterschied zu dem, was im Körper oder in der sozialen Welt geschieht (die Psyche und ihre Operationen)? Welche Rolle spielt dabei der Körper und welche das Gefühl? Wie und mit welchen Konsequenzen lässt sich die Koppelung bzw. die Interaktion zwischen Psyche und sozialer Welt bzw. Kommunikation erfassen? Als eine der Quintessenzen für die Praxis wird sich dabei erweisen: Sprache ist der zentrale Link zwischen Psyche und kommunikativ-sozialer Welt.

5.3 Die Psyche und ihre Operationen

In der Psyche geschieht immer mehr, als man mitteilen kann. Und was dann mitgeteilt wird, ist nicht identisch mit dem, was im Bewusstsein geschehen ist: »Das herausgelassene Wort ist schon nicht mehr das, was gedacht und gemeint war« (Luhmann zit. nach Emlein, 2017, S. 188). Luhmann formuliert das so: »Das Bewusstsein tanzt wie ein Irrlicht auf den Worten herum« (2001, S. 60). Worte tanzen in diesem Modell auf dem Bewusstsein, ohne selbst das Bewusstsein zu sein. Bewusstsein ist nicht mit Sprache identisch: Es ist imaginativ, diffus, ein Rauschen. Erst wenn Teile davon wahrgenommen und dann auch sprachlich geformt werden, kann das in Kommunikation eingespeist werden. Peter Fuchs (2010; siehe auch Lieb, 2014a) beschreibt die Psyche als eigenes System, in dem viele Ereignisse und Prozesse gleichzeitig oder nacheinander ablaufen: Gefühlszustände, mehr oder weniger bewusst formulierbare Regungen, oft widersprüchliche und gleichzeitig, Gedanken folgen auf Gedanken.

In der Psyche gibt es eine Instanz, die das alles und damit sich selbst beobachten kann. Was sie dabei wahrnimmt, ist zunächst nichts anderes als ein breiter Strom von verschiedensten Wahrnehmungen, ohne Anfang, ohne Ende und ohne *Bedeutung an sich*. Die Psyche muss für sich und vor allem dann auswählen, wenn sie anderen davon etwas mitteilen will: Was ist wichtig und wie kann das in Worte gefasst werden, mit denen andere etwas anfangen können?

Das ist der Bereich der Sprache oder der Symbolisierung innerer Erfahrungen. Diese Wahrnehmungen der Psyche sind immer privat. Niemand kann an meiner Wahrnehmung teilhaben. Sprache kann diese Erfahrung anderen mitzuteilen versuchen. Aus persönlichen Wahrnehmungen werden so sozial kommunizierte Formen. Wir dürfen aber nicht verkennen: Was und wie wir wahrnehmen und wie wir das in Worte fassen, ist immer schon durch die Kultur und durch die uns von ihr zur Verfügung gestellten Sprache geprägt. Die Formulierung »Ich sitze mit geballter Faust in der Hosentasche da!« enthält einen Fokus auf die körperliche Ebene und verweist gleichzeitig auf eine Sozialisation, die bestimmte psychosoziale Zustände mit dieser Metapher erfasst.

In die Psyche speist sich Sinn ein, der sozial *angeliefert* wird durch Kommunikation. Was die Psyche in sich selbst als Sinngehalt identifizieren und sprachlich formen kann, ist daher immer schon sozial determiniert. Deshalb lernen manche Menschen, über bestimmte Gefühlszustände zu sprechen, andere haben dafür keine Worte. Und weil sie diese nicht haben, richten Sie auf das, was andere da für ihr Innenleben sprachlich alles benennen, weniger Aufmerksamkeit. Wir lernen auch dadurch etwas von etwas anderem zu unterscheiden, weil uns jemand beigebracht hat, wie das genannt wird.

Psychische Selbstbeschreibungen und ihre sozialen Quellen: Was die Selbstbeschreibungen eines Klienten betrifft, lässt sich genau hinhören, welche Worte ein Klient dabei verwendet und in welchem Umfang dabei psychische, körperliche und soziale Aspekte enthalten sind. Man kann dazu auch die sozialen Quellen dieser Sprechweisen erkunden. Wenn ein Klient sagt: »Ich habe zu wenig Selbstbewusstsein«, lässt sich fragen: »Woher haben Sie dieses Wort? Wer hat Ihnen das so erzählt? Wo wird oder wurde dieses Wort verwendet? Was bedeutet dieses Wort in ›diesen Kreisen‹?« Hier gilt, was in Kapitel 4.3 über das »Sprachlich-in-der-Welt-Sein« gesagt wurde: Die Art, wie die Psyche in sich selbst zu Hause ist, ist durch das geprägt, was ihr bewusst oder unbewusst dafür sprachlich an Begriffen, Symbolen und Generationen zur Verfügung gestellt wurde. Man kann in Therapie und Beratung daher hinhören und in dem, wie und was ein Klient berichtet, viel über sein In-der-Welt-Sein erfahren mit der Möglichkeit hier anzukoppeln und nachzufragen. Die Therapeutin wird so zu einem begleitenden Ko-Beobachter des Klienten von sich selbst, seiner Psyche, seinem Körpererleben und seiner sozialen Welt. Man sollte aber nie der Illusion verfallen, dadurch irgendeinen Einblick in das innere Erleben des anderen zu bekommen. Erstens ist alles, was der Klient in Sprache fasst, nur ein kleiner Teil seines Innenlebens und immer Resultat entsprechender Selektionen. Und zweitens erhalten wir nur sprachliche Botschaften darüber im System der therapeutischen Kommunikation und haben keinerlei Zugang zum Innenleben selbst. Therapeuten und Beraterinnen teilen mit ihren Klienten ausschließlich die soziale Welt, und das primär im Bereich der Sprache.

Rolle und Funktion des Bewusstseins: An dieser Stelle soll kein Versuch gemacht werden, zu definieren, was in Psychologie und Philosophie unter Bewusstsein verstanden wird. Eine einfache pragmatische Bestimmung soll genügen: Bewusstsein hat drei Komponenten: Es ist (1) das, *was* ich von mir und anderen in Sprache oder anderen Varianten der Verdichtung und Symbolisierung bringen bzw. darstellen kann (also ein Inhalt wie: »Ich habe Hunger«). Das geht (2) mit Wörtern, Bildern, Symbolen und Gesten einher – hier mit dem Wort »Hunger«. (1) und (2) umfassen also das, was im oder mit Bewusstheit mit einem Zeichen dargestellt wird (das Signifikat) wie auch die dafür verwendeten Zeichen und Wörter (die Signifikanten). Und schließlich wird (3) mit Bewusstsein eine Art Instanz angesprochen, die wahrnimmt, bezeichnet und ggf. spricht. Wir wollen diese drei Facetten des Bewusstseins hier nicht trennen, auch wenn mal die eine und mal die andere im Mittelpunkt steht.

Über die Funktion des »Bewusstseins« – im Unterschied zum Nichtbewussten (Inhaltsebene) oder zum Nichtbewusst*sein* (Prozess) – wurde und wird viel gedacht und geschrieben (grundlegend Fuchs, 2003, 2005, 2010; Luhmann, 1985, 1988c; Simon, 2018). Was die Koppelung von Psyche und sozialer Welt betrifft, gilt es festzuhalten: Ein individuelles Bewusstsein, z. B. in der Form, dass ich weiß, dass ich ich bin, setzt soziale Erfahrungen und Konstruktionen voraus. Wenn mir nicht jemand beigebracht hätte, dass ich ich bin und mich so angesprochen hätte, hätte ich kein Konzept von mir. Stellt man sich das Bewusstsein als sich innerlich beobachtende psychische Instanz vor, gehören zu ihren Aktivitäten Wahrnehmungen, Selektionen und Akte des Bezeichnens, die sich natürlich gegenseitig bedingen und beeinflussen. Würde man es personifizieren, könnte einem das Bewusstsein leid tun: Es muss nach innen beobachten, das Beobachtete sortieren, dabei kräftig selegieren, benennen und dann, wenn es damit nach außen in die Kommunikation gehen soll, auch noch darauf achten, wie das sinnvoll mitgeteilt werden kann und welche Regeln dabei befolgt werden müssen. Manchmal kann man bei sich selbst oder bei Klienten dieses Ringen hautnah miterleben: wie schwer es ist, sich darauf zu konzentrieren, das zu formulieren und dann auch noch zu erfahren, wie andere darauf reagieren.

➡ Fallbeispiel: Eine Klientin berichtet, dass sie in ihrer Familie immer für andere da und für diese in die Rolle einer Beraterin geraten ist. Sie profitiere davon ebenso, wie sie darunter leide. Auf die Frage, was sie von anderen bräuchte, reagiert sie ratlos: »Ich weiß nicht, was ich eigentlich will.« Und nach genauerer Exploration fügte sie hinzu: »Und ich wüsste gar nicht, wie ich das in Worte fassen könnte.« Auf die Frage »Von wem bräuchten sie am ehesten etwas?« kommen ihr die Tränen und sie sagt nach einer Zeit: »Von meinem Bruder.« Man kann ihr von außen das innere Ringen nach einer Antwort auf die Frage ansehen: »Und was genauer bräuchten Sie von ihm?« Schließlich kann sie eine Antwort finden, als sie sich darauf zentriert, was sie bei diesem Thema körperlich erlebt – hier spürt sie etwas, das sie als Sehnsucht bezeichnet und so auf ihren Bruder richten kann. Sie formuliert es schließlich als direkte Anrede: »Ich brauche von dir, dass du dich für mich interessierst und mir Fragen stellst. Du bist mir sehr wichtig!« Das ist ein schönes Beispiel dafür, wie das Bewusstsein um Wahrnehmung und sprachliche Formulierung ringt, dabei das Körpererleben hilft und dieser Prozess durch therapeutische Fragen und Anregungen geleitet und unterstützt werden kann.

Was die Position des Bewusstseins als Nahtstelle zwischen innen und außen betrifft, finden wir interessante Bezüge zu in diesem Buch dargestellten sprachphilosophischen Überlegungen. Einer betrifft die Frage, was ein »Zeichen« ist, was der Signifikant und was das Signifikat. Zur Erinnerung: Wörter bzw. Symbole sind Signifikanten, die etwas anzeigen. Das Signifikat ist das, was angezeigt wird. Wenn das Bewusstsein vor sich selbst oder anderen sagt »Ich bin traurig«, ist das Wort »traurig« der Signifikant und das Signifikat der damit bezeichnete innere Zustand. Zustand und Wort sind nicht identisch, andere hätten für den gleichen Zustand vielleicht ein anderes Wort gewählt. Wenn etwas in der Welt als »draußen« bezeichnet wird (mein Partner, der Apfel), hatte de Saussure (siehe Kapitel 3.2.9) dafür herausgearbeitet: Auch in diesen Fällen bezeichnet das von der Psyche verwendete Wort oder Symbol immer etwas Inneres, nämlich die Vorstellung oder das innere Konzept von der Welt da draußen (mein Bild von meinem Partner oder dem Apfel). Immer geht es um Begriffe, die das anzeigen, was der Sprecher damit innerlich verbindet, auch wenn andere und der Sprecher selbst meinen, die Wörter bezögen sich auf reale Aspekte draußen im realen Leben. Diese theoretischen Aspekte haben praktische Relevanz:

Wie die Psyche Worte erzeugt: Normalerweise beschäftigen wir uns in Therapie, Beratung und Supervision mit dem, was uns erzählt wird. Wir zentrieren uns auf unseren eigenen sprachlichen Output und den anderer und weniger auf den Prozess, wie dieser in uns oder bei anderen erzeugt wird. Man kann aber auch diesen spezifischer in den Blick nehmen. Man kann gezielt Schweigephasen in Therapie und Beratung initiieren, in denen sich die Aufmerksamkeit weg von Interaktion und Kommunikation auf das intrapsychische Geschehen richtet (vgl. dazu Kapitel 4.1.3 zum Thema Schweigen). Man kann dann spezifische Fragen zu diesem inneren Prozess stellen: »Was ging oder geht gerade in Ihnen vor, bevor Sie ›…‹ gesagt haben? Wenn Sie diese Worte ›…‹ (z. B. ›traurig‹, ›mein lieber verschiedener Mann‹, ›ich Trottel‹) aussprechen, was erleben Sie innerlich, wenn Sie das sagen?« Wenn in der Therapie der Fokus so auf die inneren Operationen der Psyche und nicht auf die Kommunikation gerichtet wird, lassen sich viele neue, ungewöhnliche und oft unerwartete Fragen formulieren.

In normalen Interaktionen des privaten und vor allem beruflichen Lebens wäre es seltsam oder ein Affront, wenn man seinem Gegenüber solche Fragen stellte. Deren Passung und Akzeptanz setzt von beiden Seiten akzeptierte Rollen voraus, demzufolge die eine Seite sich über das Innenleben der anderen erkundigen darf. Außerdem muss der Klient hinreichend Vertrauen haben, dass das gut für ihn ist. Das kann dann ein Baustein zu einer Veränderung sein: Manchmal entstehen nach solchen Fragen ganz neue Selbstbeobachtungen und dann neue Beschreibungen des psychischen Innenlebens (»Ich merke, das Wort ›Wut‹ passt jetzt viel besser als ›Unmut‹ oder gar ›Angst!‹).

Diesen und den nachfolgend genannten Möglichkeiten, in Therapie und Beratung die Aufmerksamkeit von Therapeut und Klient explizit auf intrapsychische Prozesse zu richten und danach zu fragen, unterbricht gewöhnliche Routinen der sprachlichen Kommunikation. Es wechselt auf Seiten der dazu befragten Klienten von sogenannter »Fremdreferenz« (der Inhalt, den sie berichten) zu »Selbstreferenz« (Therapeut und Klient richten die Aufmerksamkeit der Psyche des Klienten auf diese selbst). Und wenn man dann darüber spricht, wird genau das der Inhalt des Gesprächs und so schließlich selbst seine besprochene Fremdreferenz (Inhalt des Besprochenen). Das ist permanent möglich, aber keineswegs permanent notwendig und auch nicht immer nützlich. Zu wissen, dass und wie man diese Perspektive in therapeutische Prozesse integrieren kann, erweitert aber den therapeutischen Optionsraum.

Denken und Sprechen, Bewusstsein und Sprache: Ist Denken eine Art inneres Sprechen? Bestehen Gedanken aus Worten? Können wir ohne Worte denken? Das Verhältnis zwischen beiden ist essenziell und die Antworten auf diese Fragen können sehr verschieden sein. Vielleicht gibt es ein Denken ohne Sprache. Sicher ist aber, dass viele Denkakte sprachlich verfasst sind. Jeder kennt zudem Vorgänge, in denen man innerlich zu sich selbst spricht. Das wird deutlich bei Menschen, die zwei Sprachen sprechen und oft sehr klar feststellen können, in welcher Sprache sie gerade zu sich selbst sprechen oder ihre Gedanken formulieren. Man kann zu diesen Selbstgesprächen explizit Fragen stellen: »Wie sprechen Sie mit sich selbst? Was sagen Sie sich da? Welche Worte verwenden sie dabei? Könnten Sie ihre Gedanken zum Thema X einmal laut aussprechen?«

Das Verhältnis von Denken und Sprache kann man sich ähnlich vorstellen wie das in diesem Buch wiederholt beschriebene zwischen der Sprache mit ihren Normen und Regeln und den konkreten Sprechakten (Performanz). Der gedachte Satz *ist* sicherlich nicht der Gedanke, weil dieser einen spezifischen Inhalt hat, etwas bezeichnet, was außerhalb der Wörter als Zeichen liegt. Andererseits können die Inhalte von Gedanken zu einem großen Teil nur mit und über eine Art innere Sprache artikuliert werden. Man muss also von einer Wechselwirkung zwischen (sozial erlernter) Sprache und den konkreten innerlich in Sprache formulierten Gedanken ausgehen. Kulturanthropologisch kann man sicher sagen: Die Art der Sprache der Kulturgemeinschaft beeinflusst die Art des Denkens. Wenn eine Kulturgemeinschaft bzw. bestimmte indigene Völker keine Zahlenbegriffe haben oder ihr Handeln und Tun fast immer passiv ausdrücken (»etwas in mir isst« und nicht »ich esse«), prägt das sicherlich nicht nur die Art, wie miteinander gesprochen wird, sondern auch die, wie man sich selbst und die Welt innerlich erlebt, für sich selbst beschreibt und denkt.

Insofern steuern Sprache und Sprechen das Denken und das Fühlen. Darauf haben wir als Therapeuten, Beraterinnen und Supervisoren wenig Einfluss: Wir leben ja selbst in derselben Sprache wie unsere Klienten. Wir können aber sehr sensibel hinhören und nachfragen, wie und mit welchen Worten eine Person mit sich selbst spricht, ihre Gedanken formuliert und wie das dann zu Äußerungen in der sozialen Kommunikation führt. Wir können zusammen mit den Klienten Überlegungen anstellen, wie die Art ihres sprechenden Denkens und die dabei verwendeten Sprachfiguren wiederum ihr inneres Erleben prägen.

Stellen wir uns dazu eine sehr belastende Situation für eine berufstätige Frau, Partnerin und Mutter vor und stellen einmal folgende von ihr hierzu potenziell sprech-

bare Sätze einander gegenüber: »Das ist schlimm, das kann dir keiner abnehmen!« –
»Ich weiß nicht, wie ich das packen soll!« – »Ich schaffe das nicht mehr allein, jetzt
brauche ich Beistand!« Diese verschiedenen Sätze zur gleichen Konstellation drücken
das Erleben der Belastungen aus und gleichzeitig prägen diese Worte und Formulierungen das Erleben in unterschiedlicher Weise. Man kann solche Sätze in der Therapie auch probeweise verändern lassen. Wenn z.B. jemand seinen inneren Dialog
so wiedergibt: »Oh Gott, was werden andere sagen, wenn sie *das* mitbekommen?!«,
prägt das Erleben anders als eine in der Therapie vielleicht erzielte Modifikation dessen: »Ich merke, wie wichtig mir die Meinung anderer über mich ist. Das ›das‹, was
da in mir vor sich geht, ist mir selbst aber ebenso wichtig! Ich werde also X- oder
Y-mal fragen, wie sie das ›das‹ in mir finden und ich könnte sie darum bitten, dabei
mir gegenüber wohlwollend zu sein.«

Spricht das Unbewusste? Dem Psychoanalytiker Jacques Lacan (1901–1981) sind wir
bereits in Kapitel 4.4.2 begegnet. Er beleuchtet die Gedanken von Sigmund Freud
bzw. der Psychoanalyse aus den Augen der Linguistik und der Sprachphilosophie
und entwickelt sie weiter. Aus seiner Sicht ist der Mensch ganz grundsätzlich durch
die Symbolik der Sprache geprägt. Für ihn ist auch das Unbewusste sprachlich strukturiert. Der Mensch wird das, was er ist – bewusst, vorbewusst, nicht bewusst und
unbewusst – gerade durch seine Teilhabe an der Sprache. Lacan meint mit Sprache
nicht bestimmte Wörter, Sätze und die Grammatik, sondern primär deren Symbolik:
Das Unbewusste ist bei ihm symbolisch strukturiert und in diesem Sinne sprachlich
organisiert (zusammenfassend Krämer, 2017, S. 196 f.; Lacan, 1973).

Der Bereich des Psychischen folgt bei Lacan im Bewussten wie im Unbewussten
einer Ordnung, die de Saussure für das System Sprache beschrieben hat: Er operiert
mit Symbolen, die die Rolle von Signifikanten haben (»Bezeichnende«), die damit
etwas zum Ausdruck bringen bzw. auf etwas, das Signifikat (»Bezeichnetes«), verweisen. Zwar lebe der Mensch in der *realen Welt*. Er habe zu dieser selbst aber keinen
direkten Zugang. Diesen erlangt er durch die Symbolisierung der Realität und insbesondere durch die Sprache. In diese wiederum ist er hineinsozialisiert über Mutter
und Vater, die selbst zu Symbolen werden und dann auch Namen haben. Nach Lacan
muss man sich das Unbewusste also als ein permanentes symbolhaftes Geschehen
vorstellen, wie das im Grunde für jede Sprache gilt.

Wie in Kapitel 4.2 bereits ausgeführt, *haben* wir nicht zuerst eine Realitäts-
erfahrung, um diese in einem zweiten Akt sprachlich oder symbolisch zum Ausdruck zu bringen. Vielmehr ist im psychischen Leben alles immer schon symbolhaft
organisiert wie in einer Sprache.

Lacan unterscheidet hierzu zwischen einer ersten und einer zweiten Sprache. Erstere ist das, was sich in »primären Symbolen« ausdrückt: Bilder, Träume, aber auch
Symbolhandlungen im Sinne ritualisierter Verhaltensweisen und Beziehungshand-
lungen (z.B. der Gutenachtkuss oder das Familientreffen an Weihnachten). Auch

Objekte werden zu Symbolfiguren – vom Teddybär bis zum Porsche und zu High Heels.

Die zweite Sprache umfasst, was wir gewöhnlich unter Sprache verstehen: Wörter, Sätze, Texte – organisiert durch eine dem zugrunde liegende Grammatik. Freud hatte wohl noch eine »hermeneutische Einstellung« gegenüber der Rede von Klienten, er »sieht«, »hört«, »interpretiert« das darin Verborgene. Für Lacan gibt es dieses »Objekt jenseits des subjektiven Sprechers« nicht, das der Analytiker erschließt (Lacan, 1973, S. 91, zit. nach Krämer, 2017, S. 201). »Das, worauf sich die Aufmerksamkeit des Therapeuten zu richten hat, liegt nicht hinter, sondern im Sprechen« (Krämer, 2017, S. 201). Demnach sind Wünsche, Fantasien oder Affekte für Lacan selbst bereits sprachliche Phänomene.

Wenn die Psyche selbst bereits symbolhaft organisiert ist – praktische Konsequenz der Lacan'schen Theorie: Wenn man diese Idee Lacans aufgreift und umsetzt, hat das bei genauer Betrachtung eine erhebliche praktische Relevanz: Symbole (im Unbewussten z. B. Träume oder symbolträchtige Bilder) geben also nicht *etwas wieder,* was Therapeuten und Berater erst herausfinden oder deuten müssten und das vielleicht schon zu wissen glauben, bevor der Klient das dann auch weiß. Diese Symbole sind demgegenüber selbst die psychische Realität. Mit Lacan müssen Therapeuten nicht herausfinden, was mit einem Klienten zumindest hinsichtlich seines inneren Erlebens *wirklich los ist. Es genügt,* sehr genau auf die Sprache oder die Symbolik des Klienten zu achten und sich mit ihm in dieser Welt zu bewegen. Es gibt dann auch keine Interpretations- oder Deutungshoheit des den wirklichen symbolischen Gehalt irgendwie *wissenden* Therapeuten oder Beraters.

Dass man aus Sprache selbst nicht herauskommt, gilt mit Lacan auch für die Symbolik des Unbewussten. Diese präsentiert der Klient selbst und man kann sie zusätzlich und weiter erheben durch Fragen nach Träumen, Fantasien, inneren Bildern, Metaphern, oder man kann Klienten ihr Innenleben symbolhaft darstellen lassen durch Zeichnungen, Skulpturen, vielleicht auch Melodien in der Welt der Kunst- oder Musiktherapien. Zuhören und Hineingehen in diese erste Sprache ist dann wichtiger als die Interpretation dessen durch Therapeuten. Man kann die Aufmerksamkeit sehr wohl mit der von Lacan sogenannten zweiten Sprache darauf richten im Sinne von Nachfragen und Hypothesenbildungen, die ebenfalls sprachlich verfasst sind. Man muss aber unterscheiden, ob die Deutung eines Therapeuten so verstanden wird, dass er damit (wie ein Dolmetscher) vom symbolischen *Richtig* auf das darin zum Ausdruck gebrachte *Eigentliche* schließt, oder ob man sich bewusst ist, dass es dabei kein objektives Kriterium gibt. Man befindet sich stattdessen mit dem Klienten in einem gemeinsamen Sprachraum, in dem der Therapeut oder Berater seine Konstruktionen zur Verfügung stellt.

Mir persönlich haben diese Gedanken von Lacan, die an dieser Stelle mit denen des Konstruktivismus kompatibel sind, Mut gemacht, mit der ersten und zweiten Sprache meiner Klienten und auch meiner eigenen kreativ umzugehen und das zu nutzen (siehe dazu die Fallbeispiele in Kapitel 4.2.5. zum therapeutischen Spiel mit Metaphern).

 Vertiefende Literatur zu Lacan

Gondek, H.-D., Hofmann, R., Lohmann, H.-M. (Hrsg.) (2001). Jacques Lacan – Wege zu seinem Werk. Stuttgart: Klett-Cotta.
Krämer, S. (2017). Sprache, Sprechakt, Kommunikation – Sprachtheoretische Positionen des 20. Jahrhunderts (S. 196 f.). Frankfurt a. M.: Suhrkamp.
Krämer, S., Lacan, J. (1973/2017). Die vier Grundbegriffe der Psychoanalyse. Das Seminar, Buch XI. Hrsg. v. J. A. Miller. Wien/Berlin: Turia + Kant.
Lang, H. (1986). Die Sprache und das Unbewußte: Jacques Lacans Grundlegung der Psychonalyse. Frankfurt a. M.: Suhrkamp.

5.4 Körper, Gefühl und die Rolle der Sprache

Im Zentrum soll nun der Körper stehen. In der Regel haben Klient und Therapeut ihren Körper *dabei*. Es gibt aber auch Therapie und Beratung am Telefon, über Chatrooms oder per Skype. Aber auch dabei kann ohne Körper an beiden Enden nichts stattfinden. Welche Veränderung Therapie und Beratung nehmen wird, wenn am einen Ende kein Therapeut mit einem Körper mehr sitzt, sondern eine intelligente Maschine, ist eine für diesen Kontext enorm wichtige Frage, der wir in diesem Rahmen aber nicht weiter nachgehen können.

Welche Rolle spielt der Körper in den sprachlichen Darstellungen von Problemen und bei der Suche nach Problemlösungen – nicht nur dann, wenn der Klient über körperliche Symptome oder körperbezogene Ängste berichtet? Als generelle Fragestellung formuliert: Welche Rolle spielt der Körper in der Sprache, welchen Platz hat er darin?

Im Drei-Welten-Modell ist psychisches Geschehen ohne dabei anwesenden Körper, mit dem die Psyche gekoppelt ist, nicht denkbar. Diese phänomenologische Banalität kann theoretisch unterschiedlich beschrieben werden: der Körper als permanente Referenz (Bezugsobjekt) oder als lebensnotwendige Umwelt für die Psyche, als von der Psyche beobachteter und von ihr dann symbolisierter und in Sprache gebrachter oder in einer häufig verwendeten topografischen metaphorischen Form als Ort, in dem die Psyche wohnt (was sich theoretisch nicht halten lässt – dazu siehe später). Manche biologischen Modelle sehen in Körperprozessen, etwa neurochemischen, die Basis oder sogar die Ursache aller psychischer Phänomene. In manchen Konzepten ist der Körper ein etwas unabhängig von der Psyche *Wissender* oder sogar *Tätiger,* der etwas (symbolisch) zum Ausdruck bringt oder in einer Weise *handelt,* was die Psyche erst noch verstehen muss. Dann ist z. B. von der »Intelligenz des

Darmes« bzw. vom »Darm-IQ« die Rede (z. B. bei Vollmer, 2014). Im Folgenden wird
die Rolle des Körpers im Drei-Welten-Modell dargestellt.

Körperliche Prozesse können und müssen die Psyche bzw. das Bewusstsein irritieren. Das ist z. B. der Fall, wenn man müde wird (was ein primär körperlicher Vorgang ist) oder wenn man plötzlich eine körperliche Unruhe in einer sozialen Situation erlebt, die den Ablauf des aktuellen psychischen Geschehens erst mal verstört.
Sprechen über Probleme kommt kaum ohne körperbezogene Begriffe und Metaphern
aus. Vom Begriff der »Leichtigkeit« bis zu dem, »seinen Mann zu stehen«: Problembeschreibungen sind körpermetaphorisch durchtränkt. Die Sprache bzw. Eigensprache von Klienten präsentiert stets viele uns vertraute körperbezogene Begriffe
und Metaphern – etwa in Form von Verben: buckeln, sich aufrichten, etwas ent-
gegenstellen, die Zunge zügeln, sich auseinandersetzen usw. Der Körper reagiert auf
psychische Ereignisse mit somatischen und umgekehrt die Psyche auf körperliche
Ereignisse mit psychischen wie alle Systeme auf ihre relevanten Umwelten mit ihren
eigenen Operationen reagieren.

Körper und Psyche: Es gibt in der Interaktion bzw. gegenseitigen Koppelung von
Körper und Psyche aus Sicht des Drei-Welten-Modells einen entscheidenden Unterschied zur Interaktion zwischen Psyche und Kommunikation in der sozialen Welt:
Psyche und Kommunikation *operieren* beide in einem gemeinsamen Medium – im
Medium Sinn (siehe dazu Kapitel 4.3.5). Beide formen aus vielen möglichen Sinnfiguren immer einen bestimmten Sinn. Dieser formt sich oder wird in der Sprache
geformt mit Wörtern, Sätzen, Texten, Narrationen. Diese sprachlichen Phänomene
oder Ereignisse finden nacheinander und manchmal gleichzeitig in der sozialen Kommunikation und in der Psyche statt. Sie sind auf diese Weise und innerhalb dieses
gemeinsamen Mediums aneinandergekoppelt.

Ein solches gemeinsames Medium haben Körper und Psyche nicht. Es hat keinen Sinn anzunehmen, dass Nervenzellen mit Sinn operieren und sich z. B. als Zellen
selbst fragen, wie lange sie noch leben oder ob sie ein biochemisches Signal weiter-
leiten sollten oder nicht. Würde man das ernsthaft und nicht im Sinne eines metaphorischen Sprachspiels annehmen, geriete man in logische Sackgassen, wie z. B. die,
dass man nun innerhalb des Soma wieder eine psychische Instanz installiert hat und
man nun wieder beantworten müsste, wie man sich die Beziehung dieser »Psyche in
der Nervenzelle« (oder die in einem anderen Organ) zu den somatischen Komponenten der Zelle oder gar die zwischen der »Nervenzellenpsyche« und der »Gesamt-
psyche« der Person vorstellen sollte.

Da der Körper selbst nicht im Medium Sinn operiert und er dieses Medium nicht
für das eigene Überleben nutzt und nicht nutzen kann, kann der Körper auch nicht
sprechen. Der metaphorische Begriff der »Körpersprache«, der »Symptomsprache«
oder die Aussage, körperliche Prozesse und Symptome drückten symbolisch aus,
was – unbewusst – in der Psyche oder in der Seele geschehe, kann als Sprachspiel

und Modell pragmatisch manchmal ausgesprochen nützlich für die therapeutische und beraterische Praxis sein. Logisch konsistent wäre es allerdings nur, wenn auch der Körper im Medium Sinn und Sprache tätig wäre. Auch wenn diese Annahme eine hohe Anziehungskraft hat, sie ist mit vielen weiteren Annahmen verbunden, die sich am Ende nicht oder nur mit vielen bisweilen eigenartigen Zusatzannahmen konzeptuell halten ließen.

Zumindest aus der systemischen Sicht des Drei-Welten-Modells ist es nützlicher und logisch konsistenter, von Folgendem auszugehen: In dem Moment, in dem jemand davon spricht, dass er seinen Körper wahrnehme, erfahre, erlebe, bezieht sich das auf Ereignisse in der Psyche. Wenn Sie als Leser jetzt gerade an Ihren rechten großen Zeh denken, kommt dieser selbst mit all seinen organischen Komponenten in Ihrer Psyche nicht vor, wohl aber Ihr Zeh als von Ihnen und Ihrer Psyche wahrgenommener, erlebter, vielleicht auch bezeichneter. Sie können auch eine Beziehung zu Ihrem Zeh herstellen (freundlich, missmutig usw.), es ist aber immer eine Beziehung zu dem Zeh, den Sie sich dann in Ihrer Psyche konstruieren, vorstellen, erleben, erfahren. In den Gesprächen von Therapie und Beratung kommt der Körper also immer nur als besprochener, beschriebener, bezeichneter vor.

Bei Körperwahrnehmungsübungen kommt der Körper in der Psyche als dort wahrgenommener und nicht als real somatischer vor. Im Therapiesystem selbst (und nicht als dessen Umwelt!) kommt der Körper nur vor, wenn über ihn bzw. seine Wahrnehmung gesprochen oder die Psyche zur Wahrnehmung ihres Körpers angeleitet wird. Therapeuten haben in therapeutischen Dialogen keinerlei direkten Zugang zum Körper ihrer Klienten selbst. Die sprachliche Koppelung zwischen Klient und Therapeutin kann gezielt beinhalten, dass der Klient durch (sprachliche!) Instruktionen der Therapeutin angeregt wird, seinen Körper genauer wahrzunehmen oder bestimmte Körperhaltungen einzunehmen. Es ist empirisch vielfach belegt, dass bestimmte Gefühlszustände mit bestimmten körperlichen Zuständen und Haltungen einhergehen. Um auf die richtige Weise depressiv zu sein, muss der Körper in eine entsprechend depressive Position gebracht und darin gehalten werden. Das gilt auch umgekehrt: Bestimmte Körperhaltungen oder Bewegungsformen sind in der daran gekoppelten Psyche mit bestimmten (positiven) Gefühlen verbunden oder können diese hervorrufen. Diese Koppelung zwischen Psyche und Körper machen sich körpertherapeutische Verfahren und das Embodiment-Konzept zunutze (Cantieni, Hüther, Storch u. Tschacher, 2007).

Ohne Körper keine Psyche: Die sprachlich-konstruktivistische Orientierung auf den Körper im Drei-Welten-Modell muss dessen existenzieller Bedeutung darin und demnach in *jeder* Therapie und Beratung gerecht werden. Sprachlich können und müssen in alle Komponenten, die wir in Kapitel 4.4.4 zu Subjekt, Prädikat und Objekt angeführt haben, körperbezogene Aspekte und Begriffe eingesetzt werden. Das gilt etwa für den Körper als Objekt: »Ich habe Angst, dass ich Krebs habe.« In Haupt- und

Nebensatz ist »Ich« das Subjekt, das Objekt im Hauptsatz ein Gefühl, das man ohne ein dazugehöriges Körpererleben gar nicht haben kann, im Nebensatz ist »Krebs«, und damit ein Prozess im Körper, das Objekt. Der Satz ist also *voller Körper.*

Dieses Beispiel zeigt exemplarisch auch die Bedeutung des Körpers für die (hier bedrohte) Identität der Psyche. Ohne Körper hätten wir keine Identität. Auf wen würden denn andere zeigen oder wen ansprechen, wenn die Psyche an keinen Körper gebunden wäre, es keinen Körper gäbe? Der Körper ist also ein entscheidender Teil der Identität der Psyche. Man kann sich das therapeutisch zunutze machen und bei Klientenberichten bewusst körperbezogene Erfahrungen einbeziehen: »Wenn Sie dieses Wort verwenden (z. B. »kritischer Zustand«, »gelähmt«, »allein gelassen«), wie und wo erfahren Sie das in Ihrem Körper?« Man kann das auch bei der Formulierung von Zielen oder Ressourcen tun: »Wenn das Problem gelöst ist, wie würde sich das in Ihrem Körper anfühlen? Wie wäre Ihre Körperhaltung – können Sie diese einmal einnehmen?«

Die sprachliche Verfassung des Körpers: Die sprachphilosophische Aussage, dass das In-der-Welt-Sein sprachlich verfasst sei, gilt auch für den Körper: Körpererfahrungen, Körpererleben und jeder weitere Körperbezug kann und muss nicht nur sprachlich verfasst werden, um es anderen mitzuteilen. Deren Erfahren und Erleben ist selbst schon durch die Sprache mitdeterminiert. Für jeden Teil des Körpers haben wir ein Wort. Jeder in einem Augenblick bewusst wahrgenommene Körperzustand kann mit einem Symbol oder einem Wort bezeichnet werden. Die uns sozial angelieferten Begriffe für Körperbereiche oder Körpererleben prägen Letzteres. Das gilt z. B. auf dem Gebiet von Erotik und Sexualität, wo die dafür bereitgestellten Begriffe für dabei relevante und aktive Körperteile und Körpererfahrungen auch deren Erleben und Bewerten beeinflussen.

Es lässt sich nur schwer an den eigenen Körper denken oder diesen erleben, ohne dass das sprachlich verfasst wird. Man kann das im Selbstexperiment prüfen, indem man an einen beliebigen Teil seines Körpers denkt und sich dessen bewusst wird: Sofort stellen sich dazu Bilder und Wörter dafür ein. Für nahezu jeden Bewusstseinszustand gilt, dass er mit einem Körperbezug einhergeht, der wieder explizit oder implizit sprachlich verfasst ist (*mein* Kopf, *mein* Bauch, *mein* Fuß, Hirn usw.). Eine Ausnahme sind vielleicht meditative Momente, in denen eine reine Wahrnehmung ohne jede Symbolisierung, Codierung, Versprachlichung stattfindet (vgl. die Hinweise auf eine differenzlose Wahrnehmung in Kapitel 4.3.3).

Was den intrapsychischen Prozess der Wahrnehmung und Versprachlichung körperlicher Vorgänge betrifft, wird das in der Systemtheorie so beschrieben (Fuchs, 2010, 2012, S. 224 f.; Simon, 1994, S. 66; 2004, S. 134; 2018, S. 64 f.; Lieb, 2014a; Emlein, 2017): Aus einem umfangreichen intrapsychisch wahrnehmbaren »Rauschen« werden Formen gebildet. Das ruht auf Unterscheidungen, insofern dabei das eine vom anderen unterschieden wird. Dieser Unterscheidungsvorgang wird »Distinction«

genannt. Im Rahmen der sprachlichen Sozialisation wird das so Unterschiedene mit Symbolen oder Begriffen markiert. Wir lernen das als Schmerz, Kribbeln, Übelkeit, Erregung, Wärmegefühl und später z. T. auch als Emotionen wie Angst oder Liebe zu bezeichnen. Der Bezeichnungsvorgang wird »Indication« genannt. Man kann es auch so formulieren: Reine Körperwahrnehmung kann »sinn-los« sein. In dem Moment aber, in dem das eine im Körper vom anderen unterschieden wird, startet man, dem eine Bedeutung, einen Sinn und oft auch ein Wort zu geben oder zuzu*sprechen*. Nun wird bezeichnet und bewertet. Und erst mit dieser Verknüpfung mit Sprache wird es möglich, mit anderen über den Körper zu kommunizieren.

Diese theoretischen Ausführungen können in Therapie und Beratung u. a. in zwei Arten praktischen Handelns umgesetzt werden, zum einen in das gezielte Aufgreifen von körperbezogenen Wörtern und Sätzen bei Klienten und zum anderen durch Einführung körperbezogener lösungsorientierter Sprachakte. Diese beiden Strategien gehen im optimalen Fall ineinander über. Man kann sich zuerst darin üben, körperbezogene Wörter zu hören und aufzugreifen: mulmiges Gefühl – Kloß im Hals – Kribbeln – Nackenschlag usw. Man kann diese Körpermetaphorik dann wörtlich nehmen und nachfragen, etwa zum Begriff »mulmiges Gefühl«: »Wo genau spüren Sie das? Wo in Ihrem Körper sitzt dieses Gefühl? Welche Form, Figur, Farbe, Temperatur hat das? Wann tritt es auf, wann verschwindet es? In welcher Beziehung stehen Sie zu diesem Gefühl? Haben Sie Einfluss darauf oder hätten Sie das gern? Wenn das ein Freund von Ihnen wäre, was könnte es Gutes wollen? Woran könnte es Sie erinnern?« Das kann lösungsorientiert genutzt werden, um Veränderungsideen zu generieren, wie folgendes Fallbeispiel zeigt:

Fallbeispiel: Eine Klientin berichtete von ihrer Essstörung, mit der sie sich seit vielen Jahren »herumschlage« und deren Fortbestand ihr zeige, dass sie als Person versage. Zuerst wurde der körperorientierte Terminus »herumschlagen« aufgegriffen und erfragt, was die Klientin explizit und auch implizit damit meine. Das wurde dann sprachlich rekonstruiert als Macht-Ohnmacht-Beziehung zwischen der Klientin »selbst« (was immer dieses Selbst ist) und jenem Teil in ihr, der für das Essverhalten zuständig sei und gegen den sie nicht ankomme. Diesen sollte sie körperlich lokalisieren: Wo genau »sitze« der, wie »melde« er sich« und wie genau könne sie körperlich dessen Anwesenheit und Tätigkeit erleben?

Ich hatte ganz bewusst den Fokus auf den Körper gewählt, weil sie selbst mit genanntem Wort den Körper angesprochen hatte und es sich bei den von ihr berichteten »Fressattacken mit anschließendem Erbrechen« auch um primär körperliche Vorgänge handelte, die gegen ihren Willen im Körper stattfänden. Ich habe sprachlich und symbolisch die Beziehung zwischen ihrem Selbst und ihren Körpervorgängen oder nun besser der Instanz, die diese ablaufen lässt, rekonstruiert.

Wir landeten im Drei-Welten-Modell bei der Beziehung zwischen Psyche und Körper und damit bei Veränderungsmöglichkeiten. Denn es liegt nun an der Psyche, wie sie ihre Beziehung zu dieser ihr Essverhalten steuernden Instanz in ihrem Körper gestalten möchte. Und vielleicht kann die bisherige symmetrische Eskalation zwischen dem Selbst und der das Essverhalten steuernden Instanz in eine andere Beziehungsform umgewandelt werden in der Hoffnung, dass das eher zur Lösung beiträgt als der bisherige Kampf zwischen beiden Seiten. Zur Sicherung einer logischen Klarheit sei noch einmal angemerkt: Auch wenn man sich bei diesem Fallbeispiel die erwähnte Instanz als eine im realen Körper der Klientin existierende vorstellt, es ist und bleibt eine sprachlich erzeugte Figur in der Psyche der Klientin.

Der Körper in der Psychotherapie: Unter Sprachgesichtspunkten geht es nicht um Körpertherapien im Sinne von Körperübungen oder direkt körperbezogenem Handeln von Therapeuten. Im Drei-Welten-Modell gilt für Therapie und Beratung: Der Körper kommt darin als beobachteter und ggf. besprochener vor. Es lässt sich in Berichten von Klienten genau registrieren, ob oder wie darin Bezug auf den Körper genommen wird oder körperbezogene Begriffe verwendet werden (»den Rücken stärken« usw.). Therapeuten können die Aufmerksamkeit des Klienten auf dessen körperliches Erleben richten (Körperwahrnehmung). Was dann darüber erzählt wird, ist eine psychisch-sprachliche Form des Körpers und nicht dieser selbst. Es lässt sich nachfragen, ob und welche Körpererfahrungen relevant waren für bestimmte Formulierungen eines Klienten, bspw. mit der Frage »Woran in Ihrem Körper merken Sie, dass Sie ängstlich oder wütend sind?« Visionen über positive Veränderungen oder Ziele können durch eine Beschreibung dessen, was der Klient im Körper erlebt (Körperhaltung, Körpergefühl etc.), markiert bzw. aus solchen Markierungen weitere Problemlösungskomponenten oder Wege dorthin rekonstruiert werden.

5.4.1 Das Drei-Welten-Modell in der Sprache der Therapieschulen: Psychosomatik – Psychoanalyse, Gesprächstherapie, Verhaltenstherapie, Systemtherapie

Die Rolle von Psyche, Körper und sozialer Welt und vor allem ihrem Verhältnis zueinander wird von verschiedenen Therapieschulen unterschiedlich konzipiert und in Sprache gefasst. Das spiegelt sich u. a. in ihren diesbezüglich spezifischen Begriffen wider, insbesondere auf dem Gebiet sogenannter psychosomatischer Störungen. Die Abbildungen 3 bis 5 zeigen die Psyche, den Körper (Soma) und den diese beiden jeweils beobachtenden Experten mit dem, was er sieht und was er nicht sieht.

Abbildung 3 zeigt das traditionelle »psychoanalytische Modell«. Unbewusste Konflikte, durch die Abwehrmechanismen abgewehrte Regungen und andere intrapsychisch relevante Aspekte, die im psychischen Erleben nicht offiziell sprachlich benannt werden können oder dürfen, kann der Körper in diesem Modell in Form eines somatischen Symptoms *zum Ausdruck bringen* oder darin symbolisch anzeigen. Mit welchen Fachtermini oder alltagssprachlichen Begriffen das dann auch immer

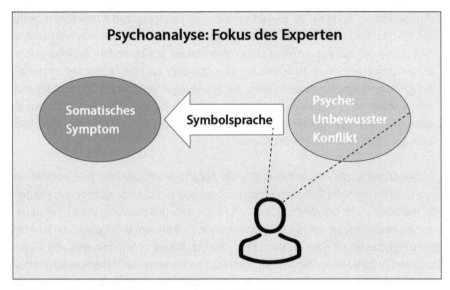

Abbildung 3: Psyche und Körper im psychoanalytischen Konzept

beschrieben wird (Körpersprache, Konversion psychischer Aspekte in somatische Symptome, Symptomsprache usw.), es wird wie bereits dargestellt konzeptuell davon ausgegangen, dass Psyche und Soma dasselbe Medium nutzen: Sinn, Zeichenverwendung, Symbolik und Sprachnutzung. Ohne die Unterlegung dessen wäre es sinnlos, in körperlichen Vorgängen symbolhafte – und durch Therapie ggf. zu entschlüsselnde – Zeichen für etwas zu sehen, das sich in der Welt der Psyche abspielt.

Die sogenannten Konversionsmodelle erklären körperliche Symptomatiken dadurch, dass sich seelische Konflikte und damit korrelierende Erregungen ins Körperliche umwandeln. Das wird oft so gedeutet, dass sich in Körpersymptomen das Seelische *ausdrücke* bis hin zu der Annahme, die »Seele spreche durch den Körper«. Das unterlegt logisch, dass Vorgänge im einen und anderen Bereich demselben Sinnmedium angehören und daher ineinander übersetzbar sind (zum Konversionsmodell siehe Mertens, 2014, S. 783 u. 930; Freyberger u. Spitzer, 2007; List, 2009, S. 211 f.).

In der Gesprächspsychotherapie wird bei allen sonstigen Unterschieden zur Psychoanalyse dem körperlichen Geschehen eine ähnliche Funktion zugeschrieben. Auch hier wird angenommen, dass Körpervorgänge etwas inhaltlich Relevantes und Sinnbesetztes zum Ausdruck bringen. Das geht deutlich darüber hinaus, dass Körpervorgängen von der Psyche oder in der sozialen Kommunikation eine Bedeutung zugeschrieben wird. Das wären ausschließlich in der Psyche oder in der sozialen Kommunikation stattfindende sinngenerierende Aktionen. Vielmehr wird körperlichen Vorgängen selbst darin enthaltene und zum Ausdruck gebrachte Komponenten von Sinn, Botschaft und Mitteilung zugesprochen, zu denen man Zugang finden kann.

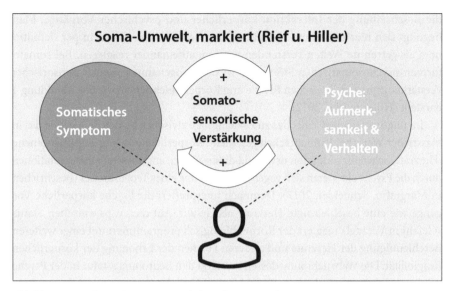

Abbildung 4: Psyche und Körper im verhaltenstherapeutischen Konzept

Eugene Gendlin bringt Klienten bei, diese bei der Wahrnehmung von Körperzuständen achtsam zu beobachten und zu warten, welche Bilder, Symbole oder sprachlichen Beschreibungsmöglichkeiten aus dem darin enthaltenen Sinn hervortreten. Das entspricht einem hermeneutischen Vorgang im Sinne eines bedeutungsgenerierenden Lesens von Körpervorgängen. Gendlin schreibt den leiblichen Erfahrungen einen eigenen Sinn (»Subtilität«) zu (Gendlin, 1993; Gendlin u. Wiltschko, 2007). Damit wird wie bei der Psychoanalyse dem Körper selbst ein Operieren im Medium Sinn zugeschrieben.

In früheren Arbeiten spricht er von »felt meaning« (»gefühlte Bedeutung«). Er hat dieses Konzept in einem »Focusing« genannten therapeutischen Ansatz praxisbezogen ausgearbeitet. In diesem lernt der Klient, sich seinen Körpervorgängen im Sinne einer propriozeptiven Erfahrung zuzuwenden und den in diesem enthaltenen Sinn zu erspüren.

Es macht einen theoretischen – und dann wohl auch praktischen – Unterschied, welchem System man nun die Sinnproduktion zuschreibt: dem Körper im gemeinsamen Sinnraum (Eine-Welt-Modell) oder ausschließlich der mit Sinn operierenden Psyche (im Drei-Welten-Modell). Im Eine-Welt-Modell läuft die Sinnvermittlung vom Körper zur Psyche innerhalb des geteilten Sinnraums, und im Drei-Welten-Modell ist es die Psyche in Koppelung mit dem sozialen System, das im Rahmen ihrer Selbstorganisation Körpervorgängen einen Sinn zuschreibt.

Die moderne Verhaltenstherapie verzichtet auf die Annahme, dass in Körpersymptomen oder -vorgängen selbst Sinn enthalten ist. An dessen Stelle setzt sie die Beschreibung der Interaktion körperlicher und psychischer Vorgänge. Man begnügt sich hier mit einem Modell, in dem beide Seiten, die darin per definitionem als getrennte Welten verstanden werden, aufeinander reagieren. Bei somatoformen-psychosomatischen Störungen wird ein sogenannter »somatosensorischer Verstärkungsprozess« zwischen Psyche und Körper beschrieben, wie das Abbildung 4 darstellt (Hiller u. Rief, 2012).

Im ungünstigen Fall führt das zu Eskalationen zwischen beiden Seiten, wie das in klassischer Weise bei Panikattacken geschieht: Körperliche Aktivierungsphänomene (Herzrate, Schweißproduktion usw.) und diesbezüglich angstbesetzte Interpretationen durch die Psyche aktivieren sich gegenseitig im Sinne eines Teufelskreises (beschrieben in Margraf u. Schneider, 2017). Demnach interpretiert die Psyche körperliche Vorgänge wie eine beschleunigte Herzrate als Gefahr. Auf diesen psychischen Status »Gefahr in Verzug!« reagiert der Körper biologisch programmiert mit einer weiteren Beschleunigung der Herzrate und anderen Formen der Erhöhung der körperlichen Reagibilität. Die Wahrnehmung dessen verstärkt den Bedrohungsstatus in der Psyche mit entsprechenden Gedanken, Gefühlen und Verhaltensweisen usw.

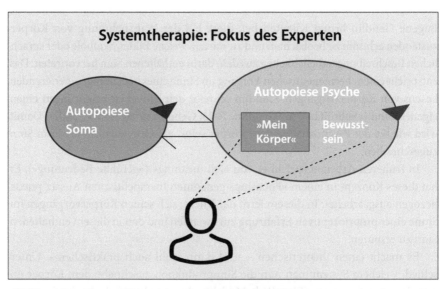

Abbildung 5: Psyche und Körper im systemtherapeutischen Konzept

Abbildung 5 zeigt das im Drei-Welten-Modell dargestellte Konzept der modernen Systemtheorie über die Koppelung der beiden (autopoetischen) Systeme »Körper« und »Psyche mit Bewusstsein«. Der Körper erscheint hier als ein innerhalb der Psyche wahrgenommener und dort sprachlich bezeichneter und bewerteter. Ähnlich wie in der Verhaltenstherapie wird auch hier eine Interaktion angenommen: auf die Art und Weise, wie die Psyche ihren Körper konstituiert, bewertet und versprachlicht, reagiert das Körpersystem und vice versa. Der Körper kann selbst nicht sprechen, nicht mit Symbolen operieren und damit auch keine Botschaften senden.

5.4.2 Zum Konzept sprechender Körper

Diese zentriert dargestellten Konzepte zur Interaktion zwischen Psyche und Körper können als Landkarten für diese Beziehung zwischen diesen beiden Bereichen angesehen werden. Anstelle der Frage nach ihrer logischen Konsistenz kann man fragen, wie nützlich sie mit ihren jeweiligen Prämissen für Klienten sind. Diese Landkarten können ebenso positive Wirkungen wie problematische Nebenwirkungen haben. Aufgrund des großen Bekanntheitsgrades, der damit zusammenhängenden Nützlichkeit und der erheblichen Nebenwirkungen dessen soll hier auf eine noch einmal näher eingegangen werden: die der »Körpersprache« oder der »Symptomsprache«.

Damit ist die Vorstellung verbunden, der Körper teile dem Patienten etwas mit, drücke etwas aus oder symbolisiere etwas, das es etwa in Therapieprozessen zu verstehen gelte. In ihrem dafür protypischen Buch »Krankheit als Weg« haben Dahlke und Dethlefsen ausgeführt, dass Krankheitssymptome Botschaften vermitteln (Dahlke u. Dethlefsen, 2015).

Abbildung 6: Das sprechende Herz (aus: Lieb u. von Pein, 2009)

Abbildung 6 stellt das szenisch dar: Das Herz teilt dem Klienten Otto etwas mit, aber dieser scheint das nicht zu verstehen. Erforderlich ist dann ein Dolmetscher, der Otto hilft, die Botschaften seines Herzens zu erfassen. Therapeuten werden insofern zu Interpreten von Körpersymptomen oder zu Hermeneutikern, die Klienten helfen, Zugang zu in der Körpersprache enthaltenen Informationen zu bekommen.

In welcher Form dieses Konzept umgesetzt wird und wie dadurch die Beziehung zwischen Expertin und Klient gestaltet wird, kann wesentlich für den Therapieprozess sein. Es ist ein Unterschied, ob die Therapeutin dieses Konzept als potenziell nützliche Konstruktion ansieht oder ob sie daran glaubt, dass es wirkliche Körperbotschaften gibt, die zu verstehen und ihnen zu folgen der Klient lernen müsse.

Wenn der Klient diese Botschaft offen oder verdeckt ablehnt und die Therapeutin das als Widerstand deutet, kann es im Therapieprozess Probleme geben. Diese sind dann ein Produkt bzw. eine Nebenwirkung des hier unterlegten Konzeptes. Dazu gehört auch eine ggf. damit verbundene Machtposition der Expertin über den Klienten. Denn diese *weiß* ja ggf. etwas über die Sprache des Körpers des Klienten, was der Klient noch nicht weiß.

Die entscheidende Frage ist hier nicht, ob die Landkarte über sprechende Körper richtig oder falsch, sondern wie nützlich sie im Einzelfall und ob sie womöglich mit Nebenwirkungen verbunden ist. Nützlich ist sie, wenn sich damit für die unter Körpersymptomen leidenden Klienten neue Optionen und Problemlösungen eröffnen, die ihnen das Leben erleichtern. Sie ziehen aus den Botschaften des Körpers z. B. die Konsequenz, einen belastenden privaten oder beruflichen Kontext zu verlassen und Bereiche ihres Lebens neu zu organisieren. Der Körper hatte sie auf die Notwendigkeit dafür hingewiesen.

Es gibt aber auch Beispiele, in denen dieses Modell für Klienten nicht nützlich oder sogar schädlich ist. Das kann der Fall sein, wenn direkt oder subtil einem Klienten, der an körperlichen Symptomen oder an einer körperlichen Erkrankung leidet (bis hin zu einer Krebserkrankung), vermittelt wird, der Körper bringe damit etwas zum Ausdruck, was in der Psyche Ungutes geschehen sei bzw. was diese zu klären oder zu lösen versäumt habe: verdrängte Konflikte, sich selbst auferlegte unangemessene Belastungen usw. Wenn das mit dem Begriff »psychogen« (»psychisch verursacht«) verbunden wird, wird damit eine Erklärung dafür geliefert, warum es zu den körperlichen Symptomen gekommen ist. Wenn das eher als Botschaft oder als Information gedeutet wird, die der Körper der Psyche anbietet, wird das als Kommunikation zwischen Soma und Psyche interpretiert. Auch wenn das keineswegs die Intention dieses Konzeptes ist: Damit kann dem Klienten eine Verantwortung oder eine Art Schuld für eine körperliche Symptomatik zugesprochen werden.

Dann ließe sich besser mit einem Modell arbeiten, wonach Psyche und Körper *nur* im Sinne einer Koppelung zweier Systeme miteinander in Beziehung stehen. In diesem Modell kann kein System verursachen, was im anderen geschieht, und es gibt auch keine gelungene oder misslungene Kommunikation zwischen beiden. Allerdings lässt sich auf diese Art genauer ansehen, wie die Psyche ihre Beziehung zum Körper gestaltet. Die Prämisse lautet hier: Keine Seite macht hier etwas falsch. Man kann dann zusammen mit dem Klienten (mit »seiner Psyche«) lösungs- und zukunftsorientiert beleuchten, ob und wie er seine Beziehung zum Körper bisher gestaltet hat und in Zukunft vielleicht anders gestalten will – in der Hoffnung, dass der Körper darauf dann anders und symptomfreier reagiert. Aus diesem Modell kann und muss nicht abgeleitet werden, dass es den Körpersymptomen zugrunde liegende psychosoziale Probleme gibt, die es herauszufinden und zu lösen gelte (vgl. dazu in Form einer Bibliotherapie Lieb u. von Pein, 2009; in der Verhaltenstherapie Hiller u. Rief, 2012).

Das hat im Hinblick auf die Rolle der Sprache und des Klartexts in Therapie und Beratung wieder die zwei oben erwähnten Konsequenzen. Die eine betrifft das genaue Hinhören, welche Landkarte über die Beziehung zwischen Körper und Psyche mit welcher jeweiligen Konsequenz in den Berichten eines Klienten enthalten oder ihm bisher vermittelt worden sind. Beispiele sind folgende Klientenäußerungen: »Mein Arzt sagt, das sei psychosomatisch!« – »Immer diese Kopfschmerzen – ich weiß nicht, was die mir sagen wollen!« – »Ich weiß nicht, warum meine Symptome ›psychisch verursacht‹ sein sollen – bei mir ist doch alles in Ordnung!« Jede dieser Äußerungen enthält Hinweise auf unterlegte oder abgewehrte Landkarten. Es ist nicht schwer und meistens recht produktiv, explizit nach diesen zu fragen, ohne sie vorschnell zu bewerten.

Die andere Möglichkeit besteht darin, dass der Therapeut mit entsprechenden Sprachfiguren sein bevorzugtes Modell in die therapeutische Beziehung und Arbeit einführt – explizit oder implizit, bewusst oder unbemerkt. Ich habe gute Erfahrungen damit gemacht, Klienten das Drei-Welten-Modell transparent vorzustellen (ggf. mit dem bibliotherapeutischen Verweis auf Lieb und von Pein, 2009) und mit ihnen zu klären, ob sie diese Landkarte für ihre weitere Therapie nutzen wollen.

➡ Fallbeispiel: Herr Zimmer sorgt sich »hypochondrisch« um seinen Körper. Dieser quäle ihn mit vielen Symptomatiken (Herzrasen, Schwindel, Kopfschmerzen). Das Ganze dauere nun schon zehn Jahre. Er war jahrelang bei seinem Hausarzt, der am Ende »nichts findet« und deshalb die Diagnose stellt: Das muss »psychisch« sein. Mit dieser komme er nun zu mir als Psychotherapeut. Wir haben dann therapeutisch viele Bereiche seines Lebens angesehen und bearbeitet, etwa seine familiäre Situation, seine beruflichen Belastungen usw. Das war auch jeweils hilfreich für ihn, hat allein aber nicht genügt. Das ging mit keinerlei Veränderung seiner spezifischen somatoformen Störungen und seinen körperbezogenen Ängsten einher.

Dies wurde möglich, als wir die Beziehung zwischen seiner Psyche und seinem Körper explizit ins Auge fassten. Ich fragte nach seiner diesbezüglichen Landkarte und seiner Bewertung der Landkarte seines Hausarztes. Eine Symptomdeutung im Sinne einer Körpersprache und ein »Psychogenesemodell« waren ihm nicht nur fremd, er lehnte das explizit ab – Symptome waren für ihn nicht Zeichen für ungelöste psychische Probleme.

Hilfreich erwies sich der auf dem Drei-Welten-Modell ruhende Ansatz, einmal *nur* die Beziehung zwischen seiner Psyche und seinem Körper anzusehen. Wir konnten herausarbeiten, dass seine Psyche dem Körper gegenüber schon lange misstrauisch und feindlich war. Das hatte bei ihm einen realen Hintergrund: Vor 15 Jahren hatte er eine Synkope (Ohnmachtsanfall) bei einer öffentlichen Veranstaltung. Die damals konsultierten Ärzte konnten ihm nicht erklären, was da bei ihm los war – sie hatten keine somatisch erklärende Landkarte, kein »ärztliches Erklärungsmodell«. Also bastelte er sich diese notgedrungen selbst und landete bei folgendem Konzept: »Da muss körperlich ›etwas‹ sein, was die Ärzte übersehen haben. Und das ist etwas Gefährliches.«

Diese Rekonstruktion seiner Landkarte »Psycho – Körper« und deren Anerkennung meinerseits mündete in eine von mir als Therapeut aktiv angeleitete neue Konstruktion. An die Stelle der in seiner bisherigen Landkarte starken Assoziationen zwischen »Körpersymptom – Ohnmacht – Todesgefahr« baute der Klient in seine Landkarte über

seinen Körper neue Assoziationspfade ein mit der Verknüpfung »Körperaktivität – Wärme, Kraft, Energie«.

In Rollenspielen inszenierten wir im Verlauf dessen auch Dialoge zwischen Psyche und Körperorgan und benutzten dabei ganz bewusst das Modell des sprechenden Körpers. Das Ziel war aber nicht herauszufinden, was der Körper mit den Symptomen eigentlich mitteilen will, sondern, dass die Psyche (Herr Zimmer) zu seinem Körper einmal eine andere als misstrauisch-feindliche Haltung einnimmt. Er sagte im Dialog seinen Körperorganen, dass er deren Reaktionen nun nicht mehr als Bedrohung ansehen wolle, sondern als Teil ihres guten Funktionierens zum Überleben von Körper und Psyche zusammen. Wenn das von ihm selbst (oder manchmal auch vom Therapeuten) gespielte Herz mitteilte, es sei gesund, reagiere aber in bestimmten Stresssituationen mit hoher energetischer Rate und wolle dabei nicht als krank oder schwächelnd interpretiert werden, lernte der Klient diese »positive Botschaft« zu hören und dem mehr und mehr zu vertrauen. Das wurde gestützt durch neue reale Erfahrungen: Er begann wieder Fahrrad zu fahren und dabei die Gesundheit und Kraft seines Körpers neu kennenzulernen. In der Katamnese mehrere Jahre nach Therapieende berichtete Herr Zimmer, dass er auf diese Weise seine Beziehung zum Körper verändert und letztlich diesem zu vertrauen gelernt habe. Wir sind in all dieser Zeit nie davon ausgegangen, Herr Zimmer habe psychische Probleme, die seinen Symptomatiken zugrunde lägen oder auf die diese hinweisen würden.

Sprechende Körper in Psychotherapie und Beratung: Folgt man der Logik des Drei-Welten-Modells, kann unterschieden werden zwischen der wissenschaftlich-hypothetischen Annahme, Körperprozesse brächten symbolhaft etwas zum Ausdruck, und der Nutzung dieser metaphorischen Figur für therapeutische Prozesse. Ersteres unterstellt etwas, was es in dieser Theorie nicht gibt: Der Körper operiert nicht im Medium Sinn – er spricht nicht. Zweiteres kann eine sehr nützliche Figur sein, wenn Therapeuten mit Klienten dadurch zu Sichtweisen und Lösungen kommen, die sonst unzugänglich sind. Aus der Nützlichkeit einer solchen Konstruktion soll der Therapeut aber nicht auf deren Wahrheitsgehalt schließen.

Auf der Basis dieser klaren logischen Buchführung lässt sich therapeutisch damit arbeiten: Man kann Klienten fragen, ob sie oder andere glauben, ihre Körpervorgänge enthielten eine *Botschaft,* und wenn ja, welche. Man kann mit diesem Konzept spielen: »Nehmen wir an, Ihr Körper würde Ihnen etwas mitteilen: Was wäre das?« Man kann auch Dialoge zwischen Klient und Körper inszenieren mit dem Ziel einer guten Kooperation zwischen beiden. Therapeuten sollten allerdings darauf verzichten, in Art eines Dolmetschers Klienten zu vermitteln, was der Körper *eigentlich* zum Ausdruck bringt. Wenn deutlich ist, dass ein Klient an dieses Modell nicht nutzbringend ankoppeln kann, sollte man es nicht nutzen und zu einem anderen, z. B. zum Drei-Welten-Modell, übergehen.

5.5 Koppelung Psyche – soziale Kommunikation

Wenn ein Klient einem Therapeuten einen Traum erzählt, koppeln dieses psychische Ereignis im Klienten und die kommunikative soziale Welt der Therapie aneinander an. Zuerst muss der Klient nach seinem Erwachen den Traum intrapsychisch erinnern. Dann muss er in der Therapie dieses Traumerleben für sich und für seinen Therapeuten sprachlich verfassen und beschreiben, Damit wird der erzählte Traum Teil der Welt der Kommunikation. Sprache ist das Koppelungsinstrument beider Welten: Psyche und therapeutisch-sprachliches System.

Mit Beginn des Spracherwerbs startet die lebenslange Koppelung zwischen psychischer sozialer Welt mit allen diesbezüglichen positiven und negativen Erfahrungen. Wie teile ich anderen mit, was in mir vor sich geht? Wie beeinflusse ich dadurch, was in der sozialen Welt (Familie, Partnerschaft, Arbeitsplatz usw.) vor sich geht? Wie wirkt sich das, was in der Kommunikation mit anderen geschieht, auf die Psyche aus? Wie nehme ich auf, was andere mir erzählen? Wie viel von dem, was in der Psyche vor sich geht, kann überhaupt in Worte gefasst werden und wie viel davon wiederum in der begrenzt dafür zur Verfügung stehenden Zeit mitgeteilt werden? Wie viele Probleme sind damit verbunden, dass diese Koppelungen nicht gut gelingen, dass man sich nicht verständigen kann, dass man einander trotz vieler gegenseitiger Bemühungen nicht versteht? Diese Liste von Fragen und Problemen ließe sich verlängern. Wir befinden uns damit nicht in der Psyche und nicht in der Sprachwelt, sondern in der Koppelung beider.

Es gibt Sprachfiguren von Therapeutinnen und Beratern, die ein Bewusstsein über den Prozess der Koppelung von Psyche und sozialer Welt zum Ausdruck bringen. Sie können diese Koppelung selbst markieren. Hierzu einige therapeutisch-beraterische Aussagen: »Möchten Sie über das, was da gerade in Ihnen vorgeht, hier sprechen?« – »Wie fühlt sich das bei Ihnen innerlich an, wenn wir beide so über Ihr Problem sprechen?« –

»Wenn ich das, was Sie erzählen, als ›Schicksal‹ bezeichne, gibt dieses Wort das wieder, was Sie innerlich erleben?« – »Sie haben jetzt länger von ihrem Problem XY erzählt und ich habe zugehört oder nachgefragt: Wie viel Prozent von alledem, was Sie bei XY innerlich erleben, ist dabei sprachlich schon zum Ausdruck gekommen und wie viel Prozent fehlen noch?«

Veränderung durch Sprache: Diesem Abschnitt müssen zwei Anmerkungen zu den Wirkfaktoren und Veränderungsprozessen in Psychotherapie und Beratung vorangestellt werden. Es geht um die Frage, wie Sprache zu Veränderungen beitragen kann. Dem unterliegt der Gedanke, dass Therapie und Beratung durch das, was darin gesprochen wird, zu relevanten Veränderungen beitragen soll. Das ist fraglos einer der wichtigsten Aspekte von Psychotherapie und Beratung, und das zu sagen, ist banal. Genau deshalb lohnt es sich, genauer hinzusehen.

Die häufige Verwendung des Begriffs »Veränderung« im Kontext Therapie/ Beratung läuft stets Gefahr, sich angesichts der für alle Systeme wichtigen Balance zwischen Veränderung und Bewahrung zu sehr auf die Seite der Veränderung einer Symptomatik, einer Person oder eines Systems zu schlagen. Statt dieses harten Begriffs der Veränderung soll er hier *weicher* definiert und damit nur darauf verweisen werden, dass etwas Neues geschieht. Das kann in einem Gespräch mit einem Klienten, der wie alle bisher von ihm konsultierten Experten ausschließlich auf Veränderung aus ist und alles Bewahrende negativ konnotiert, bedeuten, dass das Bewahren einmal positiv gewertet wird. Wo immer nur verändert werden soll, ist die Akzeptanz oder gar Würdigung der Bewahrung eine Veränderung.

Zudem sei darauf verwiesen, dass Veränderung über und durch Sprache keineswegs der einzige Veränderungsfaktor in Therapie und Beratung ist. Ich selbst habe viele Therapien erlebt, bei denen ich mich durch entsprechende Gespräche mit meinen Klienten um Veränderungen bemüht habe, die dann doch nicht erfolgten – oder zumindest nicht auf dem Weg der sprachlichen Interaktion. Und unabhängig davon, was jeweils gesprochen wird, ist wohl oft einfach die Tatsache positiv für einen Klienten, dass er bzw. ein Klientensystem regelmäßig zu einem Therapeuten geht, dort von sich berichtet und sich dabei angenommen fühlt. Das kann, muss aber nicht mit einer größeren Veränderung im Leben der Klienten einhergehen. Über die Rolle der therapeutischen Beziehung selbst für Veränderungsprozesse ist viel geforscht und erarbeitet worden (Fiedler, 2018; Grawe, Orlinsky u. Parks, 1994; Schmidt-Traub, 2003). Das soll hier keineswegs ignoriert und vergessen werden. Der Verweis darauf sollte aber nicht von der ebenso wichtigen Frage ablenken, welche Elemente des Sprechens in der Therapie entscheidend für relevante Veränderungen sind. Darum soll es nun gehen.

Die Frage lautet: Wie können Sprechen, Reden, Fragenstellen und Erzählen überhaupt zu relevanten Veränderungen bei Klienten beitragen? Wie oft scheint die Antwort bei grundlegenden Fragen banal zu sein: Der Klient erzählt etwas über sich, der

Therapeut/Berater stellt dazu gute Fragen oder sagt etwas Kluges – da ist etwas für den Klienten Neues dabei und das setzt der Klient dann zu Veränderungen um. Das hängt zwar von einigen weiteren Faktoren auf Seiten des Klienten und der therapeutischen Beziehung im Sinne weiterer notwendiger Bedingungen für Veränderungen ab, dürfte aber die Rolle der Sprache hinreichend benennen.

So einfach das klingt, ist es bei genauer Betrachtung aber natürlich nicht. Wann z. B. beginnt diese Veränderung? Wenn der Klient das in der Therapie Besprochene zu Hause umsetzt oder muss da nicht bereits in der therapeutischen Stunde etwas geschehen sein, das sich später auf sein Leben auswirkt? Und wie kommt diese Veränderung in der therapeutischen Stunde in den Klienten bzw. in seine Psyche hinein? Anders als der Arzt, der eine Substanz durch eine Spritze oder eine verordnete Medikation in den Körper eines Klienten injizieren kann, kann der Therapeut seine Gedanken nicht in die Psyche (in die Seele, in den Geist, usw.) des Klienten hineininjizieren. In der Logik des bereits dargestellten Drei-Welten-Modells kann er das Innenleben eines Menschen ja nicht einmal wahrnehmen, geschweige denn direkt kontaktieren. Er kann mit dem Klienten nur die Welt der Kommunikation betreten, also nur die Welt der Worte über das Innenleben. Und wie kommt es dann, dass die Welt der therapeutisch-beraterischen Kommunikation zu einer Veränderung in der Psyche des Klienten führt?

Die Antwort des Drei-Welten-Modells und der ihm zugrunde liegenden Systemtheorie darauf verdichtet sich in dem von Luhmann stammenden Begriff der »Interpenetration«. Das ist eine Bezeichnung dafür, dass ein bestimmtes Ereignis gleichzeitig in zwei Systemen stattfindet und insofern in beiden etwas bewirken kann. Luhmann hat das anhand einer kleinen Episode erläutert: In einer Bar begegnen sich die private Welt einer berühmten Schauspielerin und die Medienwelt. Man kann das als zwei verschiedene Systeme mit jeweils verschiedenen Mitspielern und Logiken ansehen. Sie erzählt dort ihrer Freundin, dass sie neu verliebt ist und sich trennen will. Das ist ein Ereignis in ihrer privaten Welt. Nun sitzt ein Journalist dabei, hört das und gibt das sofort seiner Redaktion als sensationelle Neuigkeit weiter. Diese Information hat in der einen Welt eine ganz andere Bedeutung mit ganz anderen Konsequenzen als in der anderen. Stattgefunden aber hat es in beiden Systemen gleichzeitig.

Wir können uns das therapeutische Gespräch analog als Gleichzeitigkeit verschiedener Systeme vorstellen: Hier findet parallel etwas in der kommunikativen Welt zwischen Therapeut und Klient und in der Psyche des Klienten (und natürlich auch in der des Therapeuten) statt. Nicht alles, was in der kommunikativen Welt der Therapie stattfindet, geht mit einer Veränderung in der Psyche des Klienten einher, auch wenn diese daran aktiv teilnimmt.

Die Begegnung beider Welten allein heißt keineswegs, dass in einer oder in beiden eine relevante Veränderung stattfinden wird. Sicher geht der Klient manchmal genauso in das Gespräch hinein, wie er herausgeht. Und vielleicht hat sich in manchen Gesprächen eher beim Therapeuten als beim Klienten etwas verändert. Der Klient kann eine ganze Stunde von seinen Problemen erzählen, der Therapeut zuhören, fragen und sich dazu äußern, ohne dass sich beim Klienten etwas ändert.

Im Gegenteil. Therapeutische Gespräche können ungewollt auch etwas verfestigen. Systemtheoretisch lässt sich das so beschreiben: Im einen Fall koppeln Psyche und soziale Kommunikation zwar aneinander an, aber sie *verstören* sich gegenseitig nicht. Sie reagieren aufeinander mit den alten Mustern entsprechend ihren eigenen Logiken. Das bedeutet dann: Was die Psyche durch ihre Teilnahme an der therapeutischen Kommunikation erfährt, kennt sie im Grunde schon oder es ist ihr so fremd, dass sie damit nichts anfangen kann und daher entweder übergeht, überhört oder in einer Weise verarbeitet, dass sie daraus eine Bestätigung oder gar Bestärkung des bisherigen Denkens, Fühlens und Handelns macht. Das von außen beschreibend könnte man sagen: Es hat nichts Neues stattgefunden, das zu etwas Neuem führt. Bateson formulierte das in seiner berühmten Definition einer Information so: Es wurde kein Unterschied gemacht, der einen Unterschied macht (vgl. Bateson, 1979/2002, S. 39).

Was ist anders bei Gesprächen, die – in welcher Zeitpanne auch immer – zu kleineren oder größeren Veränderungen führen? Offenbar müssen dafür zwei Bedingungen erfüllt sein: Zum einen muss ein therapeutisch-beraterisches Gespräch so an die Eigenlogik der Psyche des Klienten oder des Klientensystems ankoppeln, dass es nicht zu fremd oder zu unangenehm ist, weil die individuelle Psyche oder das System sich dann *abwendet*, das Gehörte ignoriert oder als zu bedrohlich abwehrt. Zum anderen muss es so neu, irritierend und wohlwollend erlebt verstörend sein, dass die Psyche nicht mit ihren alten Interpretationen, Gefühlen, Denkweisen und sonstigen Mustern antworten oder weitermachen kann. Es muss also a) im Gespräch etwas Neues geschehen, damit b) danach etwas Neues geschieht. Das hat Bateson mit dem eingangs genannten Hinweis gemeint, es gehe um Unterscheidungen, die Unterscheidungen machen. Und dazu ist im Sinne der Interpenetration die Gleichzeitigkeit von kommunikativem Gespräch und psychischem Geschehen wichtig.

Natürlich geschieht oft innerhalb von Therapie und Beratung in diesem Sinne in der Psyche etwas Neues. Oder es werden dort Gespräche in einer Art geführt, die von sonstigen Gesprächen des Klienten in seinem Leben relevant abweichen. Es kann aber sein, dass sich die Psyche des Klienten, nachdem sie den Therapieraum wieder verlassen hat, *regeneriert* und in ihr altes Denk-, Fühl- und Verhaltensmuster zurückkehrt. Dann weiß der Klient beim nächsten Mal vielleicht gar nicht mehr, worüber gesprochen wurde, oder er fand das zwar wichtig, konnte daraus aber keine weitere Veränderung (keinen weiteren Unterschied) machen. Man kann in einer Sitzung nicht vorhersagen, ob die Koppelung von Psyche und therapeutischer Kommunikation und die innerhalb dieser Sitzung beim Klienten dadurch ausgelöste potenzielle Veränderung (Verstörung) auch eine nachhaltige Wirkung haben wird. Man muss sich davon immer überraschen lassen (vgl. zur Nichtvorhersagbarkeit von Veränderungen bei Menschen die Unterscheidung von trivialen und nichttrivialen Maschinen bei von Foerster, zusammenfassend in Simon et al., 2004, S. 334).

Sprechende Personen – Kommunikationssystem: Auch wenn das in diesem Buch bereits mehrfach gesagt wurde – ob der Bedeutung dessen auch für den Prozess der Veränderung sei eine Wiederholung erlaubt: Therapeutische Kommunikationen können zum einen so beschrieben werden, dass zwei Personen (Klient, Therapeut) zusammentreffen und sich austauschen. Das ist die individuum- oder handlungsorientierte Beschreibung. Zum anderen lässt sich das als Sprachspiel darstellen, in dem beide Seiten Mitspieler sind und das sowohl den allgemein dafür geltenden Regeln folgt wie auch solchen, die sie bewusst und unbewusst (»emergent«) selbst für ihr spezielles Spiel generiert haben. In der einen Beschreibung gestalten sie diese Beziehung, in der anderen werden sie selbst vom Sprachspiel gestaltet (vgl. dazu genauer Lieb, 2018). Man kann beide Perspektiven in einem Sowohl-als-auch verbinden: Beide Seiten werden ohne willentliches Zutun von den Regeln des Kommunikationssystems geprägt und prägen diese auch selbst mit.

Wenden wir das nun auf die Frage an, wie es in Therapie und Beratung zu relevanten Veränderungen kommt, dann lautet die Antwort aus der Perspektive des Therapeuten: Er kann und muss danach streben, das Gespräch so zu führen, dass darin für den Klienten Unterschiede erzeugt werden, die bei ihm weitere Unterschiede machen. Und er muss gleichzeitig akzeptieren, dass es nicht in seiner Hand allein liegt, was im konkreten Fall dabei herauskommt. Er kann etwas dafür tun, an die Logik seines Klienten sachlich und emotional anzukoppeln, Fragen zu stellen oder Äußerungen zu machen, die im Sinne der Interpenetration im Gespräch mit der Psyche des Klienten etwas Neues bewirken. Er muss sich aber überraschen lassen, ob und wie das stattfindet.

Mit Blick auf die Relation von Kommunikation und Psyche bei Veränderungsprozessen können wir gelegentlich auf Gespräche blicken, die wir gerade mit Klienten führen oder geführt haben und dann Fragen an diese stellen, um herauszubekommen, ob sich dabei etwas relevantes Neues in der Psyche des Klienten ereignet hat: »Haben Sie den Eindruck, dass unser Gespräch für Sie nützlich ist? Haben Sie diese Art von Gesprächen schon oder sogar häufiger geführt? Was ist für Sie gerade besonders wichtig und ist da etwas für Sie Neues dabei? Wenn wir beide so miteinander sprechen und Sie einmal den Blick nach innen und auch in Ihren Körper richten, was passiert da gerade in Ihnen? Findet da etwas Neues, eine Veränderung statt? Oder bleibt alles beim Alten?« Man kann das auch andersherum gestalten: »Es sieht von außen für mich so aus, als ob in Ihnen gerade etwas Wichtiges geschieht – Ihre Körperhaltung verändert sich, Sie wirken angespannt (oder traurig oder …). Wie würden Sie das beschreiben, was da in Ihnen geschieht? Ist das etwas Bekanntes oder ist etwas Neues dabei?«

Auf einer sehr grundsätzlichen Ebene gilt, dass psychische und sozial-kommunikative Systeme nur in gegenseitiger Koevolution überleben können. Sie sind voneinander unabhängig, insofern jedes seinen eigenen Gesetzmäßigkeiten folgt und auf das andere nur nach den eigenen Logiken reagiert. Das eine System kann aber nur überleben, wenn das andere als Umwelt zur Verfügung steht. Eine Psyche kann nicht ohne soziale Kommunikation existieren. Eine soziale Kommunikation ohne Psyche ist nicht möglich.

Übertragen auf Therapie und Beratung bedeutet das: Es gibt kein therapeutisches Gespräch ohne Mitwirken der Psyche von Therapeut und Klient. Und es gibt keinen Klienten in seiner Rolle und keinen Therapeuten in seiner ohne die dafür maßgeblichen Gesetze und Spielregeln des Therapiekommunikationssystems. Wenn ein Klient von seinen Problemen berichtet und der Therapeut gegen die üblichen therapeutischen Spielregeln verstößt, indem er dem Klienten lange von seinen eigenen Problemen berichtet, wird dieses Therapiekommunikationssystem wohl nicht lange dauern – vermutlich gibt der Klient bald auf und diese Form der Kommunikation wird sicher nicht zu erwünschten Veränderungen in der Psyche des Klienten führen.

Umgekehrt gilt: Die Regeln eines Therapiesystems allein reichen nicht, um damit bei Klienten relevante Veränderungen zu erzielen. Es muss schon in der Psyche des daran teilnehmenden Therapeuten parallel etwas Relevantes stattfinden. Und etwas davon muss wiederum in das Kommunikationssystem eingespeist werden, damit dieses daran ankoppeln kann. Würde von Seiten der therapeutischen oder klientenseitigen Psyche kein hinreichend neuer Input in das therapeutische kommunikative System erfolgen, bräche dieses zusammen oder bliebe zumindest irrelevant.

➡️ Fallbeispiel aus einer Supervision: Der männliche Supervisand berichtet von einer frustrierenden Therapie mit einer 55-jährigen Klientin. Diese war wegen somatoformen Störungen (hoher Blutdruck, innere Spannungen, Schwindel, Herzrasen) zur Therapie gekommen. Ohne die diesbezüglichen Inhalte wiedergeben zu müssen: Der Therapeut war sehr bemüht, auf vielen Ebenen zu Veränderungen beizutragen, u. a. mit paartherapeutischen Gesprächen, in der Einzeltherapie mit der Beleuchtung der Beziehung zwischen Psyche und Soma, mit versuchten neuen Formen der Selbstfürsorge und vielem mehr. Das Ergebnis war: Die Klientin klagte weiterhin über ihre Probleme und Symptome, der Therapeut war frustriert. Eine Beleuchtung der Koppelungen der Psyche von Klientin und Therapeut (die sich auf Seiten der Klienten nicht wie erhofft verändert hatte und die auf Seiten des Therapeuten von einem hohen Veränderungsengagement gekennzeichnet war) und dem therapeutischen kommunikativen System ergab, dass es nach anfänglicher Etablierung eines Beziehungsmusters zwischen beiden keinerlei Veränderungen mehr gegeben hatte. In jeder Stunde begann die Klientin über ihr Leid zu berichten oder aus Sicht des Therapeuten zu »klagen«. In jeder Sitzung griff der Therapeut das auf und suchte und arbeitete mit ihr nach Möglichkeiten, was sie dabei ändern könne. Das kommunikative System war aus dieser Perspektive recht schlicht: Klientin klagt, Therapeut sucht nach Veränderung und bringt diese ein. Die Klientin findet das jeweils gut, kann das dann zu Hause aber nicht oder nicht anhaltend umsetzen. In diesem System fanden keine relevanten Verstörungen mehr statt, es wurden keine Unterschiede erzeugt, die Unterschiede machen.

In der Supervision haben wir deshalb Möglichkeiten erwogen, wie der Therapeut das Seine tun kann, um dieses kommunikative therapeutische Muster zu unterbrechen und zu verändern. Es ging dabei nicht primär um Veränderungen der Klientin und auch nicht von ihm, sondern ausschließlich um eine im therapeutisch-kommunikativen System. Dazu wurden verschiedene Ideen entwickelt. Die erste war, dass er in das Therapiesystem Selbstoffenbarungen über sich einspeise. Er könne der Klientin – ohne ihr damit Vorwürfe zu machen und ihr dafür Verantwortung zu geben – mitteilen, wie enttäuschend es für ihn sei, von der Klientin keine Bestätigung zu erhalten, dass seine Therapie bei ihr größere Effekte erzielt habe und dass ihre Zufriedenheit damit sein entscheidendes Kriterium dafür sei. Er könne das mit einer differenzierteren Exploration ihrer Gesamtbilanz dahingehend verbinden, womit genau sie denn zufrieden und womit nicht zufrieden sei.

Die zweite bestand darin, dass er der Klientin von sich aus in Aspekten, die er authentisch so vertreten könne, einmal seine Sicht über positive Veränderungen gegenüberstelle, die deren Veränderungsprozess betreffe. Dabei gab es aus seiner Sicht nämlich durchaus positive Resultate, die er nur deshalb nicht in den Dialog eingebracht hatte, weil er die Zustimmung der Klientin dafür zum Kriterium der Gültigkeit solcher Aussagen gemacht hatte und angesichts der Klagen der Klientin gar nicht auf die Idee gekommen war, diese Sichtweise eigenständig einzubringen.

Die dritte Idee war, der weiteren Kommunikation nicht mehr die primäre Leitunterscheidung »Veränderung – Nichtveränderung« zu unterlegen, sondern zu jedem von der Klientin eingebrachten Thema ausschließlich erkundende Fragen zu stellen im Sinne einer positiven Neugierde ohne jede Veränderungsintention.

Der Supervisand berichtet später über die Auswirkung dieser Supervision: Er habe am meisten von Idee zwei profitiert und den Mut gefunden, angesichts klagender Berichte der Klientin oder auch unabhängig davon aus seiner Sicht positive Entwicklungen der Klientin gegenüberzustellen ohne direkte oder indirekte Appelle, die Klientin solle das bestätigen. Er habe das als eine Art Unabhängigkeit des Therapeuten von Bewertungen des Klienten erlebt und sich gefreut, wenn die Klientin das bestätigte und akzeptieren konnte, wenn sie das nicht tat. Er berichtete auch von einem Transfer dieser Gesamtanalysen auf eine andere Therapie (und später auf noch etliche weitere). Er habe sich dabei ertappt, mehr auf eine Veränderung bei einem Klienten aus gewesen zu sein als dieser selbst, genau das angesprochen und in die therapeutische Kommunikation eingebracht mit einem überraschenden Ergebnis: Der Klient habe ihm bestätigt, dass er diese Veränderungsintentionen des Therapeuten wohl wahrgenommen habe. Er sei mit dem in der Therapie mittlerweile Erzielten zufrieden und zur Überraschung beider einige man sich darauf, die Therapie für beide Seiten zufriedenstellend zu beenden.

Verändern durch Reden in Therapie und Beratung: Mit einer Portion Bescheidenheit ist anzunehmen, dass viele Veränderungen auf Faktoren außerhalb der Therapie und Beratung zurückzuführen sind, auch wenn man sich das als Therapeut gern selbst zuschreibt und Klienten das vielleicht sogar bestätigen. Das Drei-Welten-Modell macht dazu folgende Aussagen: Ein therapeutisches Gespräch geht immer mit parallelen Ereignissen innerhalb der Psyche des Klienten einher. Es kann daher dort Veränderungen bewirken. Diese Gleichzeitigkeit therapeutischer Dialoge und intrapsychischer Prozesse ist *die* Chance von Therapie und Beratung.

Eine Kernfrage ist, ob das auch außerhalb der Sitzungen zu hinreichend erwünschten Veränderungen führt. Wir können dann von in den Therapiesitzungen erzeugten Unterschieden sprechen, die zu weiteren Unterschieden führen. Auch die gezielte Akzeptanz einer Nichtveränderung kann eine Veränderung sein. Die Wahrscheinlichkeit von Veränderungen ist höher, wenn das, was Therapeut und Klient miteinander besprechen, gleichzeitig hinreichend irritierend und verstörend und hinreichend vertraut und bestätigend ist. Als Therapeut und Berater kann und sollte man sich überraschen lassen, ob solche Veränderungen eintreten. Man kann sie nicht erzwingen und nicht vorhersagen.

Was die Rolle der Sprache betrifft, kommen die hier im Buch vorgestellten Überlegungen und Erfahrungen zu einem einheitlichen Ergebnis: Die Koppelung von Psyche und sozialer Kommunikation erfolgt anhand von Sprache als Formulierung und Formung von Sinn. In beiden Systemen geht es um Sinn und in beiden wird Sinn sprachlich formiert, konfiguriert, vermittelt. Weil in bestimmten Sprachfiguren, Satzwendungen, Sätzen und einzelnen Wörtern enthaltene Sinnkomponenten gleichzeitig im sozialen Kommunikationssystem und in der daran jeweils teilnehmenden Psyche von Klienten und Therapeuten stattfindet, kann und sollte das eine das andere wohlwollend verstören. Bei expliziter Anerkennung der Bedeutung der oben angesprochenen anderen Wirkfaktoren darf nicht unterschätzt werden, welche herausragende Rolle die Ebene der sozialen Kommunikation in der Therapie mittels der Sprache mit ihren Wörtern, Sätzen und Sprachspielen dabei spielt. Deshalb lässt sich sagen: Sprache ist das entscheidende Werkzeug für Veränderungen durch Therapie und Beratung. Deshalb soll dieses Werkzeug nun in Teil II vorgestellt werden.

📖 Vertiefende Literatur zum Drei-Welten-Modell

Alloa, E., Fischer, M. (2013). Leib und Sprache. Zur Reflexivität verkörperter Ausdrucksformen. Weilerswist: Velbrück Wissenschaft.

Buchheim, T., Hermanni, F. (Hrsg.) (2006). Das Leib-Seele-Problem. Antwortversuche aus medizinisch-naturwissenschaftlicher, philosophischer und theologischer Sicht. München: Wilhelm Fink.

Eder, L. (2008). Systemische Psychosomatik. Familiendynamik, 33 (1), 90–105.

Fuchs, P. (2003). Der Eigen-Sinn des Bewußtseins. Die Person, die Psyche, die Signatur. Bielefeld: Transcript.

Fuchs, P. (2010). Das System SELBST. Eine Studie zur Frage: Wer liebt wen, wenn jemand sagt: »Ich liebe dich!«?. Weilerswist: Velbrück Wissenschaft.

Fuchs, P. (2012). Körper. In J. V. Wirth, H. Kleve (Hrsg.), Lexikon des Systemischen Arbeitens. Grundbegriffe der systemischen Praxis, Methodik und Theorie. Heidelberg: Carl-Auer Verlag.

Lieb, H. (2014a). Störungsspezifische Systemtherapie. Konzepte und Behandlung. Heidelberg: Carl-Auer Verlag.

Luhmann, N. (1988b). Soziale Systeme. Grundriß einer allgemeinen Theorie. Frankfurt a. M.: Suhrkamp.

Simon, F. B. (2018). Formen. Zur Kopplung von Organismus, Psyche und sozialen Systemen. Heidelberg: Carl-Auer Verlag.

Teil II THEORIEGELEITETE PRAXIS

6 Klartext: Merkmale, Regeln, Praxis

Jede Festlegung einer Sprachnorm kann als Herrschaftsinstrument in den Händen der Vertreter und Gewinner dieser Norm gewertet werden. Das gilt auch für die Normen von Klartext. Im Sinne von Bourdieu (siehe Kapitel 3.2.13) können Normen auf gesellschaftlicher Ebene stets benutzt werden, um andere Sprechweisen zu diskreditieren. Deren Kenntnis kann aber auch dazu genutzt werden, die subtile Macht der legitimierten herrschaftlichen Sprachen zu markieren und zu demaskieren. Ob, wann und mit welchen Folgen das eine und das andere geschieht, liegt nicht in der Sprache selbst, sondern in den gesellschaftlichen Verhältnissen und Rollen bzw. Positionen, aus denen heraus gesprochen wird.

Sprache kann auch innerhalb von Therapie, Beratung und Supervision Machtverhältnisse zum Ausdruck bringen, soziale Positionen und damit verbundenes Sozialkapital bestätigen oder erhöhen. Eine Sprachsensibilität sollte diese Machtperspektiven daher immer mit im Auge haben und je nach Kontext und Anlass auch selbst zum Gegenstand von (Klartext-)Kommunikation machen. Wenn bspw. im Folgenden definiert wird, was im Sinne von Subjekt, Prädikat und Objekt vollständige Sätze sind, lässt sich immer fragen: Wer hat oder maßt sich an, diese Norm der Vollständigkeit aufzustellen und so definierte Unvollständigkeiten negativ zu bewerten? Ein Sprachstil, der dem nicht entspricht, muss nämlich nicht a priori als weniger legitim oder weniger berechtigt angesehen werden. Pragmatisch lässt sich für unseren Kontext daher formulieren: Klartext in Therapie, Beratung und Supervision haben dann und nur dann ihre Berechtigung, wenn sie für Klienten oder Supervisanden nützlich sind, unabhängig davon, wer diese Normen aufstellt.

> **(!)** Man kann unterscheiden zwischen der Ebene der Regeln von Klartext als Sprachpragmatik und der Ebene der reflexiven Meta-Klartext-Klarheit.

Abbildung 7 gibt diese beiden Ebenen wieder. Sie folgt dabei der Logik des Zwei-Welten-Modells der Sprache von Krämer (siehe Abbildung 1, Kapitel 3.3). Die Ebene »Klartext« repräsentiert darin die Anwendung der Regeln der »Klartext-Sprachperformanz«, die Ebene der Meta-Klartext-Klarheit die metaperspektivische Beobachtung realer Sprechakte aus der Perspektive der Klartextregeln.

Man kann die Ebene des realen Klartextsprechens bzw. die Klartext-Sprachperformanz als Anwendung von Klartextregeln und ihrer Normen sehen und die Ebene der Meta-Klartext-Klarheit als Beobachtung und Beschreibung von Sprachperformanzen in konkreten Situationen aus der Perspektive der Regeln von Klartext.

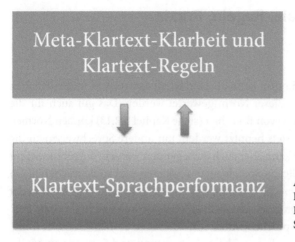

Abbildung 7:
Die Ebenen Meta-Klartext-
Klarheit und der Klartext-
Sprachperformanz.

6.1 Klartext und andere Texte

Mit Bezug auf bisher dargestellte sprachphilosophische Konzepte kann der Begriff
»Klartext« zweierlei bezeichnen: eine Sprachpraxis (Performanz) und im Sinne des
Zwei-Welten-Modells nach Krämer (Kapitel 3.3) eine Sprachnorm (Sprachideal). Wer
den Begriff »Klartext« verwendet, grenzt das damit Bezeichnete von etwas anderem
ab, hier von anderen Sprachstilen und anderen Sprachnormen. In der Regel ist dieser
Begriff positiv konnotiert in Abgrenzung vom negativer bewerteten »Nicht-Klartext«.

Beginnen wir hier mit der Innenseite dieses Begriffs, d. h. mit dem, was er
bezeichnet, dann gehört dazu laut Duden oder Wikipedia[7]: Eine Meinung offen
sagen, verständlich sprechen und den Text nicht verschlüsseln. Mit Letzterem wird
die Innenseite (das, was Klartext ist) durch das definiert, was er nicht ist, also durch
dessen Außenseite. Dazu gehören versteckte oder widersprüchliche Botschaften und
Aussagen, nebliges Reden mit schwammigen Formulierungen. In der Kryptografie
bzw. bei Nachrichtendiensten ist das Gegenteil von Klartext der verschlüsselte Text,
zu dessen Entschlüsselung es eines Entschlüsselungscodes bedarf.

Klartext ist bei Geheimdiensten der dann entschlüsselte Text. In der Alltagssprache ist er eine Bezeichnung dafür, dass ein Text unmittelbar und klar sagt, was er
sagen will. Klartext ist für jedermann verständlich. Er kann auch eingefordert werden,
z. B. »Was heißt das im Klartext?« oder »Sprich Klartext mit mir!«, bzw. erlaubt werden, wie bspw. »Sie können Klartext mit mir sprechen«. Mit Klartext wird verbunden:
Gedanken direkt aussprechen, Meinungen offen sagen. »Sagen« und »meinen« sind
weitgehend identisch – es bedarf keiner nachträglichen Interpretation des Gesagten,

---

7   www.duden.de; Wikipedia-Artikel »Klartext (Kryptographie)« (Zugriff Oktober 2019).

das Gemeinte ist das Gesagte. Klartext heißt also, die *eigentliche* Botschaft zu übermitteln ohne mehrdeutige Metaphern und Bilder und ohne relativierende Kommentare. Es soll keine Botschaft hinter oder zwischen den Zeilen geben.

Klartext ist kurz, aber im Satzbau auch vollständig: Subjekt – Prädikat – Objekt. Im Journalismus wird dazu gelegentlich die Metapher des »Wortstaubsaugers« verwendet: Bei Reportagen könnten 15–20 % der Wörter gestrichen werden ohne Änderung des Inhaltes. Als Synonyme für Klartext werden im »Openthesaurus.de« (Januar 2019) u. a. angegeben: »offen aussprechen, auf den Punkt kommen, deutlich werden, die Karten auf den Tisch legen, Fraktur reden, kein Blatt vor den Mund nehmen, klare Ansage machen, nicht hinterm Berg halten, die Meinung unbeschönigt äußern, sich unmissverständlich und unverblümt ausdrücken, das Kind beim Namen nennen, Tacheles reden, reinen Wein einschenken«. Man spürt schon bei Nennung dieser Synonyme sowohl die Kraft von Klartext als auch die damit verbundenen Konfliktpotenziale und auch Gefahren.

Angesichts der üblichen positiven Wertung des Begriffs »Klartext« wundert es nicht, dass er oft als Label genutzt wird – für Sendungen (z. B. als Titel einer Sendung im HR-Fernsehen: »Jetzt mal Klartext«) oder als Titel etlicher Zeitschriften. Das Magazin der kassenärztlichen Bundesvereinigung nennt sich so. Die Artikel des populärwissenschaftlichen Magazins »Bild der Wissenschaft« wurden bis 2017 in einer jeweils als »Klartext« bezeichneten Sonderbeilage publiziert. Ein Magazin der Deutschen Journalistenschule nennt sich »Klartext«, ein Verlag gibt sich selbst den Namen »Klartext« und das soziale Netzwerk Xing nennt sein Onlinemagazin »Klartext«. Das ist auch der Name einer Punkrock-Gruppe aus Eberswalde. »Klartext reden« wird in Ratgebern oder von manchen Kommunikationstrainern und Medienagenten als Strategie für beruflichen oder sonstigen Erfolg propagiert.

Klartext allein ist keine Therapiemethode und kein Therapieverfahren, hat aber eine starke therapeutische Wirkung.

Klartext hat eine starke therapeutische Wirkung, ist aber selbst noch keine Therapie, keine Therapiemethode und kein Therapieverfahren. Er erzeugt für (fast) alle Therapieschulen relevante Informationen und Optionen. Wie diese dann gedeutet und verwertet werden, hängt von der Person des Therapeuten und seiner jeweiligen Therapieschule ab. Wenn bspw. bei einem Klienten mit Angstzuständen über Klartext herausgearbeitet wird, wie er sich sein Problem erklärt, wie er in Angstsituationen seine Angst erzeugt, dabei sich selbst abwertet und glaubt, durch Vermeiden von Angstsituationen sich und sein Leben bisher *gerettet* zu haben, können verschiedene Therapieschulen ganz unterschiedlich anschließen: Verhaltenstherapeuten könnten die Expositionslogik anwenden (sich gezielt den explorierten Angstsituationen aussetzen), traumatherapeutisch orientierte Expertinnen dazu vielleicht relevante frühere Traumata herausarbeiten mit einer darauf bezogenen Traumatherapie (EMDR etc.) und Tiefenpsychologen könnten die im Hinblick auf intrapsychische Konflikte oder sich im Symptomgeschehen zeigenden Objektrepräsentanten deuten. Klartextregeln können und wollen sich dazu nicht äußern, wohl aber dazu, wie entsprechendes therapeutisches *Material* erarbeitet werden und man rasch auf den Punkt kommen kann. Klartext hält auch keinerlei Theorie oder Norm über das Innenleben oder über ein gutes Beziehungsleben vor.

Man muss die mit positiven Wertungen von Klartext manchmal direkt oder indirekt verbundene negative Wertung anderer Sprachstile nicht übernehmen, um in Psychotherapie, Beratung und Supervision die Chancen des Sprachspiels »Klartext« zu erkennen und zu nutzen.

6.2 Definition, Merkmale, Ziele von Klartext

Im Folgenden beschreibe ich, was ich im Bereich Therapie, Beratung und Supervision unter Klartext verstehe. Die folgenden dazu gehörenden Merkmale decken sich weitgehend mit dem Bedeutungshof der oben erwähnten Synonyme.

- Grammatikalisch werden im Satz Subjekt, Prädikat und Objekt vollständig und möglichst eindeutig genannt.
- Klartext enthält wenig Tilgungen und reduziert so die Notwendigkeit von Nachfragen (»Ich mag so was nicht!« – »Was genau mögen Sie nicht?«).
- In Aussagen werden die damit Adressierten/Angesprochenen möglichst klar benannt (statt »Ich hätte gern mehr Anerkennung« »Vater, von dir fehlt mir eine Anerkennung für meinen guten Schulabschluss«). In manchen Aussagen wird bewusst oder unbewusst eine *falsche Adresse* genannt, »Ich frage *mich,* was dich so traurig macht«, im Unterschied zur nach Klartext korrekteren Adresse: »Was macht *dich* so traurig?« Oder: »Ich entschuldige *mich* bei dir« vs. »Ich bitte *dich* um Entschuldigung«.
- Klartext reduziert das Ausmaß an Decodierungsarbeit bzw. Textauslegung auf Seiten der Hörer – das Spektrum dessen, wie eine Aussage gedeutet werden kann, wird geringer.
- Die sprechende Person ist bei Klartext sehr präsent, weil die Merkmale ihrer Präsenz (z. B. die Person als etwas mitteilende, um etwas bittende, anklagende etc.), von der sprechenden Psyche primär selbst definiert wird und diesbezüglich von Hörern darüber weniger spekuliert und interpretiert werden muss. Ein Beispiel: Karl vermutet, dass Monika von ihm einen Ausgleich für ihr in der Familie erlit-

tenes Leid haben will. Die Klartextselbstpräsentation von Monika stellt klar: »Ich will von dir keinen Ausgleich, sondern dass du siehst und anerkennst, was ich für euch geopfert habe.«

- Klartextaussagen und Klartextfragen sind Low-Kontextfiguren (siehe Kapitel 3.2.15): Die relevante Information ist so weit wie möglich innerhalb des gesprochenen Satzes enthalten. Es muss nicht oder nur wenig aus dem Kontext (nonverbale Kommunikation wie Gestik, Mimik, Tonfall; Gesprächsumstände; Sprecherrollen) erschlossen werden.

- Definition und Merkmale von Klartext sind auch Anleitungen zur Formulierung von Aussagen und Anregungen zur Sprachselbstreflexion: Wem will ich was genau mitteilen oder von wem was genau wissen? Bei strenger Regelbefolgung wird erst gesprochen, wenn das innerlich hinreichend geklärt ist.

- Insofern Klartext ein Sprachspiel ist, das eigenen Regeln folgt, kann und muss es Regeln anderer Sprachspiele stören oder verletzen. Man muss sich daher auf Gegenwind gefasst machen. Das gilt etwa für Fragen, die sonst nicht gestellt, oder für Aussagen, deren Inhalte sonst nur angedeutet, aber nicht direkt ausgesprochen werden.

- Zur Präsenz der Psyche in der sozialen Kommunikation: Klartext kann die Psyche energetisieren, weil er ihr die Mühen der »Veredelung« oder Verschlüsselung von Aussagen zum Zwecke der sozialen Verträglichkeit erspart und oft Aspekte direkt angesprochen oder erfragt werden, die sonst gefühlt im Raum stehen und lähmend wirken, weil sie nicht angesprochen werden.

- Klartext strebt nach einer engen Zuordnung von Zeichen und Bezeichnetem: Wenn das in einem Satz Ausgedrückte ein Anspruch oder eine Erwartung an jemanden ist oder bloß ein Wunsch, dann wird bei Klartext die Aussage »Ich hätte da doch gern ein wenig mehr Eingehen auf mich« ersetzt durch »Ich erwarte von Ihnen, dass Sie meine Erfahrung auf diesem Gebiet respektieren und meine Verbesserungsvorschläge auch umsetzen.«

- Sprachspiele neigen wie alle Spiele dazu, sich, wenn einmal etabliert, von selbst fortzusetzen. Hat sich Ironie in einem System breitgemacht, wird kräftig weiterironisiert. Das gilt auch hier: Klartext erzeugt Klartext.

- Im Klartext wird zwischen »meinen« und »sagen« unterschieden. Das Meinen gehört aus dieser Sicht in den Phänomenbereich der Psyche (dort wird gemeint), das Sagen in den der Mitteilung und Kommunikation. Deshalb wird nach einem gesprochenen Satz oft länger sprachlich weitererläutert, was damit *eigentlich* gemeint sei. Bei Klartext stimmen meinen und sprechen mehr überein, wodurch sich Erläuterungen zum Meinen erübrigen. Dadurch sind Psyche (fühlen, denken) und Kommunikation (sprechen) enger aneinandergekoppelt und verknüpft – auch wenn beide Systeme (Psyche und Kommunikation) weiterhin zwei getrennte Bereiche bleiben (vgl. dazu die Ausführungen zum Drei-Welten-Modell in Kapitel 5).

- Für Therapeutinnen, Berater und Supervisoren gilt: Sie verzichten bei Klartext-hören bewusst auf die eigene Interpretation des Gehörten im Sinne voreiliger Formen des Verstehens und konzentrieren sich mehr auf die Sprache und die Wortwahl des Sprechenden: Was er sagt, wie und mit welchen zentralen Wör-tern er berichtet. Das Gesagte wird wörtlich gehört und weiter befragt bzw. noch nicht Gesagtes, Getilgtes oder Angedeutetes erfragt. Das ist etwas anderes als das »Verbalisieren emotionaler Erlebnisinhalte« in der Gesprächstherapie, da dort der Therapeut etwas hineinlegt, was die Klientin (noch) nicht gesagt hat. Diese Art des klartextorientierten Verstehen-Wollens transformiert das Gehörte explizit nicht vorschnell in fertige eigene Konzepte.
- Beim eigenen Sprechen strebt Klartext eine zum jeweiligen Kontext passende möglichst hohe Kongruenz an zwischen dem Gesagten oder Gefragten und dem dazu relevanten eigenen psychischen Geschehen. Es geht nicht darum, alles zu sagen, was einem durch den Sinn geht oder was man sagen könnte. Aber was gesagt oder gefragt wird, sollte mit dem, was innerlich gemeint ist, weitgehend übereinstimmen.
- Was den Unterschied zwischen verdichtetem und verdünntem Sprechen (vgl. Kapitel 4.4.2) betrifft, bevorzugt und generiert Klartext die verdünnte Variante mit Unterscheidung der drei Aspekte: Wie wird etwa eine Handlung beschrieben, wie bewertet und wie erklärt?

6.2.1 Klartext und Doppelbotschaften, Paradoxien, Ambivalenzen, Widersprüchlichkeiten

(!)

Klartext markiert und benennt Paradoxien, Ambivalenzen und Widersprüchlich-keiten, hebt diese aber nicht auf. Sie gehören zum Leben.

Wer glaubt, Klartext könne die mit diesen Begriffen bezeichneten Aspekte des sozia-len Lebens auflösen, würde sprachphilosophisch einige Jahrhunderte zurückfallen in das Ringen von Locke, Leibniz oder Frege um eine möglichst klare und widerspruchs-freie Sprache. Klartext steht in seinen Bestrebungen einerseits in der Tradition die-ser Ansätze und ist sich mit dem Rest der Sprachphilosophie andererseits bewusst, dass deren Sprachkonzepte weder der Logik des Sprechens noch des Lebens gerecht werden. Ambivalenzen und Paradoxien gehören zum sozialen Leben und zur Logik psychischer Systeme. Das gilt z. B. für den religiösen Bereich (»Gott will, dass du aus freiem Herzen an ihn glaubst!«) oder für Familienunternehmen (»Ich will, dass du als Nachfolger nicht mich imitierst, sondern eigene Wege gehst!«). In geradezu klassischer Weise gilt das auch für die Psychotherapie als Krankenbehandlung im Gesundheitswesen, insofern ein Verhalten gleichzeitig als Zeichen einer Krankheit eingeschätzt wird und als Ausdruck einer vom Klienten gewählten Problemlösung – das Verhalten also gleichzeitig krank und gesund ist. Wollte man mit Klartext Therapeuten oder Klientinnen auf diesem Terrain zu eindeutigen Aussagen bringen, würde man sie zwingen, nur eine Seite der Paradoxie oder der Ambivalenz zu vertreten, wo es doch stets beide oder mehrere gibt.

Das Bestreben nach sprachlicher Eindeutigkeit in komplexen und in sich widersprüchlichen Konstellationen wäre eine verkürzte Konzeption von Klartext. Eine andere ruht auf der Erkenntnis und der Akzeptanz jeweiliger Ambivalenzen und Paradoxien und erträgt oder ermöglicht dazu Sprachfiguren, die genau diese Paradoxien selbst im Sinne eines Sowohl-als-auch zum Ausdruck bringen. Das kann, wenn bewusst und kreativ gewählt, verschiedene Figuren annehmen: »Ich bin dafür und ich bin dagegen« – »Ein Teil von mir meint, ein anderer Teil hingegen …« Das kann auch zu Formen von Nebeltext oder Schweigen führen, die sich aus der Perspektive von Meta-Klartext-Klarheit als kreativer Umgang mit paradoxen Situationen rekonstruieren lassen.

6.2.2 Ziele von Klartext: Neue Optionen

> **!**
>
> Übergeordnetes Ziel von Klartext ist es, neue Möglichkeiten zu eröffnen, die bisher verschlossen waren und sich durch Sprache öffnen lassen.

Dazu gehört z. B., dass eine Person nun mit Klartext sagen kann, was sie sagen will oder sagen muss, um ein Ziel zu erreichen oder sich angemessen in einer Beziehung zu positionieren. Dazu kann auch gehören, dass sie die Adressen ihrer Appelle oder Mitteilungen klarer benennt bzw. anspricht. Andere wissen dann, dass sie *gemeint* sind. So kann klarer werden, wer was tun und lassen kann. In Paar- oder Familientherapien können Personen mit dem, was sie einander sagen wollen, durch Klartext *präsenter* sein mit ihren Appellen, Mitteilungen, Wünschen, Gefühlen oder auch Fragen an andere. Es kann deutlich werden, wer was von wem erwartet und wer wie darauf (nicht) antworten will oder kann. Auf die durch Klartext mögliche engere Koppelung von Psyche und Kommunikation wurde bereits oben hingewiesen: Was die *Psyche* meint, ist im Dialog dann präsenter.

> **➡** Fallbeispiel aus einer Supervision: In einer psychotherapeutischen Klinik sind in der Teamsupervision alle Berufsgruppen anwesend. Unter anderem geht es darum, welche Rolle die einzelnen Gruppen in der Klinik haben bzw. sich selbst geben und was sie vermuten, welche Rolle die anderen ihnen geben. Wie oft bei solchen Themen berichtet eine Gruppe, wie schwer sie es in der Klinik hat, mit ausführlichen Berichten über ihre Probleme. Das hat keine produktive Wirkung – dieser Gruppe geht es dadurch nicht besser und die anderen fangen an, sich zu verteidigen oder zu beschwichtigen.

Hier hat Klartext geholfen: Der Supervisor fordert die entsprechend berichtende Berufsgruppe auf, sich den anderen und dazu spezifisch und sichtbar positionierten Berufsgruppen gegenüberzusetzen und sich durch Beantwortung folgender Fragen zu positionieren: »Was möchten wir, dass ihr bei uns seht? Was erwarten oder brauchen wir von euch?« Und dann war vor allem wichtig: »Welche konkrete Frage haben wir an euch?« Bei den Antworten der anderen Gruppe achtete der Supervisor sehr darauf, dass diese exakt die gestellten Fragen beantworteten und nicht in allgemeine Erläuterungen, Tröstereien oder Klagen über die eigene Gruppe übergingen. Die Teilnehmer an dieser Supervision fanden das am Ende alle klärend und die Berufsgruppen-Kooperation stärkend.

Im sogenannten Vier-Ohren-Modell von Schulz von Thun (1981) kann man jede Aussage daraufhin überprüfen, welche Botschaft sie auf folgenden vier Ebenen enthält: Sachebene, Appellebene, Selbstaussage, Beziehungsdefinition.

Man kann mit diesem Modell prüfen, was in einer Aussage enthalten ist oder wie eine Aussage jeweils interpretiert werden könnte. Man kann sie aber auch als Anregung nutzen, mit entsprechenden Fragen dazu herauszufinden, was primär gesagt oder gemeint wurde. Man kann sich, bevor man eine Aussage macht, damit auch selbst prüfen, was man auf den jeweiligen Ebenen eigentlich mitteilen will und wie sich das mit Klartext formulieren ließe.

 Fallbeispiel: Ein Klient schildert seine Probleme. Der Therapeut bietet Lösungen an bzw. deutet das bisherige Verhalten und Denken des Klienten jeweils als Zeichen einer Ressource. Jedes Mal reagiert der Klient mit einem »Ja-aber«. Vier-Ohr-Klartextfragen könnten dann sein:
Sachebene: »Zu was genau sagen Sie hier Ja und zu was aber bzw. Nein?«
Beziehungsebene: »Haben Sie den Eindruck, ich dränge Ihnen unpassende Lösungen auf?«
Selbstauskunft: »Ich bin jetzt ratlos, weil keine meiner Ideen wirklich zu passen scheint.«
Appell: »Ich weiß nun nicht, was genau Sie von mir brauchen – können Sie mir das mitteilen?«

6.2.3 Klarheit oder Klarheiten

Klartextaussagen und -fragen führen in der Regel zu mehr Klarheit oder Klarheiten. Erkenntnistheoretisch ist klar, dass es *Klarheit an sich* nicht gibt. Eine solche zu unterstellen, bedeutete eine Ontologisierung dieses Begriffs.

Es gibt keine *eigentliche* Klarheit, man sollte sie nicht suchen und schon gar nicht für sich beanspruchen. Nur der jeweilige Sprecher kann herausfinden, was er *eigentlich* sagen will und das dann als Klartext ansehen. Und nur der Hörer kann definieren, wann er für sich was aus den Aussagen anderer als »Klarheit« herausgefiltert hat. Martin Walser (siehe Kapitel 4.3.4) geht davon aus, dass man sich selbst beim Sprechen oder Schreiben suchen und bisweilen finden kann und muss. Für ihn gibt es keinen zuerst vorhandenen Inhalt, der dann mehr oder weniger klar mitgeteilt werden kann. Also gibt es keine Klarheit, sondern immer wieder neue Klarheiten im Plural.

Nützlich ist es hier, von einer Dialektik auszugehen: Man kann sich beim Sprechen und Hören jeweils um Klartext bemühen. Es gibt aber immer ein Weiterforschen und Weiterfragen, um nochmal Neues, vielleicht auch Klareres, herauszufinden. Insofern macht Klartext selbst per se neugierig, wie es weitergeht, und wirkt daher energetisierend.

6.2.4 Schläft ein Lied in allen Dingen: Die energetische Wirkung von Klartext

Folgt man der Idee, dass inhaltliche Aspekte durch Klartext artikulationsfähig werden, die bisher im psychischen Erleben oder im interaktionellen Klima eines Systems *sprachlos schlummern,* kann das im Sinne von Eichendorff Schlafendes zum Klingen bringen.

Das ist insofern ein energetisierender Vorgang, weil Wichtiges und bisher Unausgesprochenes nun aussprechbar und damit in Kommunikation transformierbar wird. Eichendorff hat in seinem berühmten Gedicht (1835) dafür den Begriff des »Zauberwortes« verwendet – Klartext könnte dann als Zugang zu solchen Zauberworten verstanden werden:

> »Schläft ein Lied in allen Dingen
> die da träumen fort und fort
> und die Welt hebt an zu singen
> triffst du nur das Zauberwort.«

Wird der Gehalt von Aussagen nicht zu schnell vom Hörer *verstanden* oder besser gesagt gedeutet und das Gehörte so in eigene fertige Konzepte eingebaut und wird stattdessen das Gehörte wortwörtlich genommen, um wortspezifisch nachzufragen, was damit gemeint ist oder zum Ausdruck gebracht werden soll, wäre das im Sinne von Eichendorff ein Weg, Schlafendes zu erwecken. Vereinfacht gesagt: In (fast) jedem Satz, den ein Klient spricht, ist eine zum Teil noch schlafende Welt enthalten, die man erwecken kann. Wenn es dann *klingt,* ist immer Energie im Raum.

Dieser romantische Gedanke drückt etwas Ähnliches aus wie die in Kapitel 5.3 vorgestellten Gedanken des Psychoanalytikers Jacques Lacan zur symbolischen Verfasstheit des Unbewussten. Demnach sind Empfindungen, Wünsche, Begehren und Triebe immer schon symbolisch im Sinne einer »ersten Sprache« verfasst. Später kommt die zweite Sprache als die uns vertraute hinzu. Erstere kann dann in zweitere mit ihren klareren Regeln zu Grammatik, Zeichen und Satzbau transformiert werden.

Man kann innerhalb der Psyche eine Verknüpfung zwischen zweiter und erster Sprache annehmen: Vom Klienten verwendete Begriffe und Formulierungen können, wenn durch Klartext angesprochen und angefragt, das, was auf einer anderen symbolhaften Ebene damit verbunden ist, auch zum »Schwingen« bringen. Es gibt dann nichts hineinzudeuten, sondern durch Ansprechen und Nachfragen zum Klingen zu bringen. Voreiliges Interpretieren, Verstehen und Deuten wäre eher ein Weg, das Lied weiterschlafen zu lassen.

6.3 Wann *klar texten:* Indikation und Kontext von Klartext

Klartext ist nicht immer hilfreich. Er kann auch Schaden anrichten.

Klaus Grawe hat in seiner allgemeinen Psychotherapie fünf Wirkvariablen der Psychotherapie identifiziert: Die therapeutische Beziehung selbst, Ressourcenaktivierung, Problemaktualisierung im therapeutischen Setting, motivationale Klärung und Problembewältigung. Klartext kann mehr oder weniger allen Variablen zugeordnet werden. Er hilft zu klären, was gesagt wird oder gesagt werden will, und bietet dazu Interventionen an. Er kann, wenn klarere Aussagen selbst schon hilfreich sind, Teil der Problembewältigung sein. Wenn Klartext zu bedrohlich wird oder direkte Aussagen oder Fragen zu negative Folgen haben, ist Klartext nicht indiziert. Eine Auflistung von Kontraindikationen für Klartext folgt unten. Nun soll der Frage nachgegangen werden, in welchen Kontexten er hilfreich bzw. nicht hilfreich ist.

Klartext ist in Therapie, Beratung und Supervision nur indiziert, wenn eine Problemkonstellation vorliegt, zu deren Aufklärung oder Lösung geeignete Varianten des Sprechens gehören. Die an Klartextdialogen Beteiligten müssen die damit verbundenen Rollen akzeptieren. Wenn Therapeuten, Beraterinnen oder Supervisorinnen Äußerungen ihrer Klienten mit den Normen von Klartext gegenbeobachten, bewerten und dann Klartextfragen stellen, konstituiert das damit einhergehende unterschiedliche soziale Positionen. Nur wenn diese Positionen von allen Beteiligten akzeptiert werden, ist Klartext legitim und nützlich. Und wenn sie das tun, bestätigen sie die damit einhergehenden sozialen unterschiedlichen Positionen, denen zufolge etwa Experten Klienten entsprechend befragen und nicht umgekehrt.

Insofern Klartext von einer Person (in unserem Kontext von einem Therapeuten, Berater oder einer Supervisorin) eingeführt und vertreten wird, bedarf es der Akzeptanz der anderen Seite für die damit korrelierenden Rollen im Klartextspiel und eines Vertrauensvorschusses dahingehend, dass das einen potenziellen Gewinn erbringt. Beide Seiten müssen davon ausgehen, dass ein genaues oder genaueres Sprechen und Denken über ein Problem hilfreich ist, damit etwas besser wird. Den Beleg dafür muss dieses Sprachspiel dann aber auch erbringen.

6.4 Kontraindikation und Risiken von Klartext

Jedes Sprachspiel hat seine Wirkung, seine Nebenwirkung und seine Risiken. Das gilt auch für Klartext. Es gibt soziale Konstellationen und Problemkonstellationen, in denen sich Klartext nicht eignet. Wenn ein Klient die mit der Vertretung von Klartextnormen durch einen Therapeuten einhergehende Beziehungsdefinition nicht als hilfreich oder gar als Bedrohung seiner sozialen Situation erlebt, verliert Klartext seinen therapeutischen Wert. Man kann und sollte als Therapeut oder Beraterin dann andere Formen der Kommunikation positiv werten und ggf. über die Konstellation des Aufeinandertreffens verschiedener Sprachspiele selbst kommunizieren.

Erlebt ein Klient das Klartextspiel als Verhör, als Kritik oder als Infragestellung seiner Person, wird das nicht hilfreich sein. Das kann z. B. für Klienten gelten, die »Verhörtraumatisiert« sind, oder sicher für viele, die in einer Diktatur gelebt haben, in denen Klartext als Offenheit der Rede ungewohnt bis lebensgefährlich war. Wenn das nicht selbst durch Klartext herausgearbeitet und verändert werden kann, sind Varianten von Klartext, die das vom Klienten gesagte be- oder hinterfragen, eher nicht hilfreich. Dann geht es wohl eher um die Klärung der Ziele und der zu ihrer Erreichung passenden Rollen in der therapeutischen Beziehung – was sich allerdings wieder gut mit Klartextaspekten erarbeiten lässt.

Alle »Nicht-Klartext-Sprachstile« haben ihren Sinn, ihren Nutzen, ihre positiven Funktionen für die Sprecher, die Hörer, die Beziehung beider zueinander und das System, zu dem sie gehören. Das gilt für Nebeltexte, Andeutungen, abstraktes Reden und Monologisieren, metaphorisches Sprechen, »Drumherumreden« usw. Sie sind bisweilen unterhaltsam, füllen Schweigelücken, schaffen Beziehung, deeskalieren Konflikte, schützen Sprecher wie Hörer. Sie bestätigen die bisher zum Überleben eines Systems wichtigen Regeln, die mit Klartext womöglich verletzt würden – z. B. dass Jüngere die Älteren achten und deshalb nicht kritisieren oder *klartextbefragen* oder dass man die Männer im System nicht grundsätzlicher kritisiert. Sie helfen, das mit bestimmten Varianten von Klartext oft verbundene offene Austragen riskanter Konflikte zu vermeiden, und schützen so vor realen oder vermuteten Gefahren wie etwa einem Beziehungsabbruch, eine befürchtete Entwertung, eine belastende Schuldzuschreibung oder andere Formen der sozialen Sanktionierung bei Verletzung sozialer Regeln (Simon, 2018, S. 171 f.). All das kann mit Klartext riskiert werden. Gleichzeitig gilt aber auch: Die mit solchen *Gefahren* verbundenen Ängste könnten wiederum mit Klartext herausgearbeitet werden: »Was glauben Sie, wie andere auf Sie reagierten, wenn Sie eine Kritik ganz direkt aussprächen?« Und man könnte dann alle fragen: »Wie heißt die Regel, die dabei verletzt würde?«

Der Klartext nutzende Experte sollte sich also bewusst sein, wie bedrohlich seine Fragen und Äußerungen sein können. Umgekehrt gilt aber auch: Wenn er sich von diesen Befürchtungen leiten lässt, kann er schnell zum Mitspieler von Sprachstilen werden, die zur Aufrechterhaltung jener Probleme beitragen, die Anlass für die Therapie oder Beratung waren. Wenn Klienten auf den Klartext einer Therapeutin zunehmend mit einem anderen Sprachstil reagieren (und sie z. B. immer unklarer in ihren Äußerungen werden), kann man dieses symmetrische Muster mit der Meta-Klartext-Klarheit erkennen und unterbrechen.

6.4.1 Kontraindikationen: Wann besser nicht *klartexten*

➡ Fallbeispiel einer nur bedingten Klartextindikation: Eine Klientin, 58 Jahre, seit 30 Jahren immer wieder in Psychotherapie, ursprünglich mit heftigen sogenannten konversionsneurotischen Störungen (Lähmung, Sprachunfähigkeit) und Angstzuständen, ist nach einer mehrjährigen therapeutischen Betreuung durch mich mittlerweile deutlich gebessert, in ihrer Lebensführung sehr eigenständig und längere Zeit zufrieden bis glücklich. Dann meldet sie sich plötzlich wieder verwirrt, angstvoll, leidend, klagend bis anklagend.

Wenn ich als Therapeut in dieser Phase Klartext-Fragen stelle, kann sie sie meistens nicht beantworten und oft nicht einmal *hören*. In diesem Zustand ist es wichtig, dass ich ihr als Therapeut zuhöre und sie bestätige. Eine zu starke Ausrichtung auf Klartextfragen führte meistens ins Leere bzw. wurde von ihr als Kritik erlebt, was sich innerhalb dieses Klimas dann auch mit Klartext nicht klären und auflösen ließ. Hier war es besser, als Therapeut *da* zu sein, zuzuhören auch und gerade wenn sie sich beklagt – auch über den Therapeuten, der ja als *Gesunder* keine Ahnung habe, wie sich so eine echte *psychische Krankheit* anfühle. Oder es war gut, für manche Realbelastungen (etwa ein bestimmter Nachbarschaftsstreit) ohne lange Exploration ihrer Aussagen konkrete Hilfen dazu zu offerieren.

In einer anderen Phase der Therapie war es wieder sehr hilfreich, mit Klartext an bestimmten Fragen *dranzubleiben,* z. B. an der Frage hinsichtlich eines Partnerkonfliktes: »Was genau erwarten Sie von ihrem Partner?« Es kann also wie bei den meisten guten Interventionsansätzen gute und schlechte Phasen dafür geben.

Ohne das mit empirischen Studien belegen zu können: Bei manchen »Störungs-
bildern«, zu deren Kernmerkmal eine »Nicht-Klartext-Sprache« gehört, lässt sich mit
Klartext wenig erzielen. Ein Verzicht darauf ist dann keine mangelnde Musterunterbrechung, sondern eine angemessene Adaptation an die Sprechweise von Klienten.

Ein Beispiel aus meiner Praxis ist ein erwachsener Mann, dessen Probleme aus
seiner Sicht explizit passend mit der Diagnose »ADHS bei Erwachsenen« codiert worden seien. Er kommt in seinem Sprechen von einem Punkt zum anderen und verliert
dabei den roten Faden. Klartextfragen, wie sie bisher und nachfolgend beschrieben
werden, führten zu keinerlei Änderung dieses Sprachduktus, waren für den Klienten
und den Therapeuten selbst nur jeweils anstrengend und erwiesen sich so als *nutz-
loses Instrument*. Besser war es, hier auf ganz andere Interventionsformen und Sprachspiele zu setzen: zuhören, gelegentliches Paraphrasieren, einspeisen von Hypothesen
zu einigen Aspekten und vor allem das direkte Vorschlagen konkreter Lösungen für
erwähnte Probleme – z. B. hinsichtlich des Umgangs mit seiner ihn kritisierenden
Frau. Das erwies sich für ihn jedes Mal nützlicher als jede Form von Klartextdialogen.
Es blieb immer ein großes Feld von Nichtklarheit und von Ungewissheit im Raum
und für mich fast immer auch dazu, ob und welche Bedeutung die jeweiligen Sitzungen für den Klienten hatten.

Klartext als vom Therapeuten genutztes Sprachspiel ist nicht indiziert (wenngleich
dadurch nicht kontraindiziert), wenn die entscheidende Wirkvariable von Therapie und
Beratung nicht die inhaltliche Bearbeitung eines Problems ist, sondern die therapeutische Beziehung selbst. Dann kann man vielleicht partiell *klartexten*. Das entscheidend
Wirksame ist dann aber etwas jenseits von inhaltsbezogenem Sprechen und Hören.

Klartextnachfragen zu Klientenäußerungen passen nicht in manche Phasen innerhalb einer Therapiestunde, manchmal nicht in bestimmte Phasen eines Behandlungs-
prozesses. Wenn ein Klient zu Beginn der Stunde erzählt, wie es ihm ergangen
ist oder geht, dabei viele Bereiche anspricht und Therapeut und Klient erst (wieder) zueinanderfinden und ankoppeln müssen, sind exakte Nachfragen, was mit
bestimmten Äußerungen gemeint ist, unpassend. Sie gehören in jene Phase der
Therapiestunde, in der es um Klärung oder Veränderung geht.

Klartext ist möglicherweise nicht geeignet für eine Klientel, für die folgende Konstellation gilt: (1) ein hohes Maß an Ambiguität, Ungewissheit, Widersprüchlichkeit
mit damit einhergehenden sprachlichen Unklarheiten und Ungereimtheiten, die aller
Wahrscheinlichkeit nach (2) vor oder bei etwas schützen (hinsichtlich welchen Themas
oder in welcher Beziehung auch immer) und für die mit gleicher Wahrscheinlichkeit
(3) gelten dürfte, dass zur Aufrechterhaltung dieser positiven Funktionen diese selbst
nicht durch Klartext als solche markiert werden sollten. Das gilt bspw. für folgende
intrapsychischen oder interpersonalen Zustände oder Umstände, die nur dann ihren
positiven Sinn behalten, wenn sie nicht als solche sprachlich eindeutig markiert werden: die Verheimlichung einer Verheimlichung; die als solche nicht markierte, weil
sonst zu riskante Leugnung einer Zustimmung zu oder einer Ablehnung von etwas;

die gelebte Gleichzeitigkeit logisch widersprüchlich erscheinender Haltungen oder Meinungen (Liebe und Hass, Bleiben und Gehen usw.) in Kontexten, die ansonsten nach einer zweiseitigen Logik des Entweder-oder funktionieren. In solchen Kontexten kann Klartext ggf. zu bedrohlich wirken. Dann kann im Sinne einer expliziten Meta-Klartext-Klarheit gezielt auf das Sprachspiel Klartext verzichtet werden. Man kann aber im Einzelfall nie wissen, ob diese Komponenten nicht ganz explizit mithilfe von Klartext zum Nutzen des Klienten angesprochen werden könnten, z. B. mit Aussagen oder Fragen wie diesen: »Vielleicht gibt es in Ihnen gerade mehrere Seiten und es wäre besser, diese ruhen zu lassen, statt sie in Worte zu fassen?!« – »Vielleicht weiß etwas in Ihnen, dass es jetzt besser für Sie ist, Ihnen keine sprachliche Gewalt anzutun und Sie mit Fragen in die Enge zu treiben?!« – »Sie befinden sich vermutlich in einer schwierigen Situation. Manchmal hilft es, darüber zu sprechen. Manchmal ist etwas anderes besser. Was meinen Sie? Wollen wir lieber etwas anderes tun als darüber reden?«

6.4.2 Nichtsprachliche Interventionen

Die Frage, was man tun kann, wenn in Therapie und Beratung einmal nicht geredet werden soll bzw. wann reden im Allgemeinen und Klartext im Besonderen nicht indiziert ist, kann und soll in diesem Buch nicht ausführlicher behandelt werden. Eine wichtige Alternative zum hier als Klartext definierten Sprachspiel sind metaphorische Sprachstile und Sprachspiele. Ohne Metaphern lässt sich nicht sprechen, auch und gerade nicht in Therapie und Beratung. Auf die Rolle der Metaphern im Kontext von Klartext sind wir bereits in Kapitel 4.2.5 eingegangen. Einige Beispiele seien hier hinzugefügt:

➡ Fallbeispiel 1: Ein Klient schildert sein Leiden in und an seiner lange bestehenden Ehe. Er fühlt sich von seiner Partnerin entwertet, übergangen und mit widersprüchlichen Botschaften konfrontiert (»Ich liebe dich – ich hasse dich; ich bleibe bei dir, ich gehe« usw.). Klartextfragen haben in Paargesprächen Erwartungen des Paares aneinander und deren Interaktionsmuster herausgearbeitet. Auf konkreter Ebene (Verhalten, Erleben) hat sich dadurch aber wenig verändert. Hier erwies sich der bewusste Umstieg in ein rein metaphorisches Sprachspiel hilfreicher. Wir verwendeten das Bild eines Kapitäns auf hoher stürmischer See, der sehr am Leben und an seinem Schiff hängt, beständig widersprüchliche Botschaften über das Wetter und daraus abzuleitende Navigationsmanöver erhält, von seiner Crew in seiner Notlage nicht anerkannt wird und sich von dieser eher hintergangen und infrage gestellt sieht.

Mit dieser Metapher wurde sein bisheriges Leben beschrieben und sein bis dato würdevoller und leiderprobter Umgang damit gewürdigt: sein Glaube an sich, an ihn stützende transzendentale Kräfte und auch speziell jene Kraft, die er und andere in ihm spüren angesichts seiner erlittenen er- und überlebten Widrigkeiten. Diese Metapher und die darauf gründende Würdigung seiner Person waren für ihn tröstlicher und hilfreicher als die klärungsorientierten Klartextversuche.

Fallbeispiel 2: Eine Klientin erzählt mir zum wiederholten Male von der großen Zahl schwerer Belastungen in ihrem aktuellen Leben (pflegebedürftige Mutter, Druck und Kritik am Arbeitsplatz, belastende Partnerschaft nebst anderem). Bei den Darstellungen verliert sie sich rasch im Detail. Ich bin zunächst um eine Strukturierung ihrer Erzählungen bemüht. Angesichts der Wiederholung dieser Thematiken in den Therapiestunden entscheide ich mich dann aber, das Problem nicht mit sprachlichen Konstruktionen und Dekonstruktionen der Problemerzählung und dem Generieren von Problemlösungen zu begegnen, sondern das Gebiet der Imaginationen zu betreten.

Die Klientin, entsprechend instruiert, schildert hinsichtlich ihres Problemerlebens: Sie sehe und fühle sich auf einer recht kleinen Scholle auf dem Meer stehend. Ihr Mann sei auf einer anderen in der Nähe. Sie dürfe sich nicht bewegen, sonst kippe die Scholle. Sie selbst könne hier nichts steuern, nichts bewegen, eben nur wartend aufrecht bleiben. Mit sprachlichen (!) Instruktionen, denen die Klientin folgt, ändert sich diese Imagination zum Teil von selbst, zum Teil bewusst von der Klientin gesteuert, manchmal durch den Therapeuten: Ihrem Wunsch folgend taucht ein Segelboot auf – in diesem segelt das Paar zusammen los – es landet an einem Strand – dort geht sie an Land, der Partner segelt allein weiter (wobei sie sich mit ihm innerlich weiter verbunden fühle). Sie beginnt am Strand zu laufen, dort sind keine Menschen, aber es gibt viel zu sehen. Sie erwärmt sich an den Sonnenstrahlen und an der frischen Luft. Auf die entsprechende Instruktion des Therapeuten lenkt sie nun ihre Aufmerksamkeit auf ihr inneres Erleben dieses Kontexts. Dazu schildert sie: In ihr sei ein vages Gefühl von *frei sein,* von *Luft,* was hier auch als Metapher für damit verbundene positive Erlebensweisen verstanden wird. Das tue ihr gut.

Der Therapeut instruiert dann folgenden Transfer: »Wie wäre es, wenn Sie diesen *Luft*-Zustand in Ihr alltägliches Leben mit all seinen Belastungen mitnehmen könnten? Darauf lässt sie sich ein und stellt dann fest: »Ich erlebe alles anders: leichter, kräftiger.« Die Sitzung beende ich mit folgender Intervention: »Ich möchte die Stunde mit einem Wunsch an Sie beenden. Ich formuliere das als eine Art Anrufung: ›Ich rufe die Luft an, die Ihnen gut tut, und alle Engel und Götter, die Einfluss darauf haben, wo diese Luft sich hinbegibt: dass sie diese Luft stets zu Ihnen führen, und das vor allem dann, wenn Ihnen das in belastenden Momenten Ihres Alltages gut tun würde.‹« Ich habe hier als handelnde Subjekte ganz bewusst nicht die Klientin selbst, sondern ihr helfende Instanzen erwähnt. Die Klientin war berührt davon und sagte, sie nehme das gern mit.

Zwei Monate später habe ich sie nach der Wirkung dieser Intervention gefragt. Sie sagte, sie hätte sich sofort freier und entlastet gefühlt, das Bild habe ihr Kraft gegeben. Sie habe dieses Bild und das damit verbundene Gefühl mitgenommen. Manchmal versuche sie, es wieder hervorzuholen, mal mit und mal ohne Erfolg. Fazit: Die Intervention hatte allein keinen langfristig andauernden positiven Effekt, ist aber Teil eines Veränderungsprozesses.

6.5 Klartextregeln

6.5.1 Allgemeine Sprachspielregeln

Alle Sprachspiele haben Regeln, die bewusst oder unbewusst befolgt werden. Die Regeln des einen Spiels können die eines anderen verletzen. Wer bei einem Vorstellungsgespräch Klartext spricht, kann den Job verspielen. Wer stets vage und unverbindlich bleibt, auch. Jedes Spiel hat seine Risiken und seine Chancen. Klartext birgt große Chancen. Um diese nutzen zu können, sollte man dessen Regeln kennen und sie anwenden können. Bevor sie vorgestellt werden, werden sie noch in den Kontext von zwei für Therapie und Beratung wichtige allgemeine Sprachperspektiven gestellt: in die Relation von Individualität und Verallgemeinerung und in das Konzept des Verstehens.

Klartext erhöht das Ausmaß an individuell-ideografischem Erzählen und Sprechen.

Das liegt daran, dass er konkretisiert, positioniert, zwischen Landkarte und Land unterscheidet und dann spezifiziert, was im Land gemeint und beschrieben wird. Aus verallgemeinerten Begriffen wie »Unsicherheit«, »Angst« oder »Passivität« werden dann hochindividualisierte Denk-, Fühl- und Verhaltensweisen. Diese lassen sich unter allgemeinen Oberbegriffen subsumieren. Letztere tilgen aber das Individuelle. Sie geben nicht mehr wieder, was individuell geschieht.

Auf der anderen Seite gilt: Keine Profession kommt ohne verallgemeinernde Begriffe aus, die Teil jeder Professionalität sind. Wenn ein Klient bei einem Arzt eine Vielfalt von Leiden und Symptomen schildert und dieser dann feststellt, »Sie haben Krankheit X«, macht er aus dem hochgradig individuellen Leiden des Klienten »einen Fall von X«. Dann ist der Klient froh, dass der Experte weiß, worum es geht und was nun zu tun ist. Jeder Therapeut und Berater fasst das, was ihm sein Klient an Details erzählt, zu seiner solchen Art von »Fall-Verstehen« zusammen, macht also aus den vielen ideografischen Einzeltaten einen »Fall von …«. Dann weiß er, was er weiter tun, weiter fragen und was er besser sein lassen kann.

Verallgemeinerungen sind aber nicht allein Sache von Experten. Auch der Klient kann nicht alles, was er in sich und mit anderen erlebt und erfährt, detailliert berichten. Auch er muss verallgemeinern und dafür allgemeine Begriffe verwenden wie »Eheprobleme«, »Angstzustände« usw.

Darauf hat nebst anderen der Sprachphilosoph Derrida auf seine Weise hingewiesen (vgl. Kapitel 3.2.10): Es sind immer die Wiederholungen, die etwas zu etwas Relevantem machen und das dann von anderen, sich nicht wiederholenden Ereignissen zu unterscheiden. Um das sprachlich darzulegen, braucht man passende verallgemeinernde

Begriffe. Anderenfalls müsste man jede sich wiederholende Episode genau beschreiben, was den zur Verfügung stehenden Sprachraum völlig sprengen würde. Gerade im Bereich von Therapie, Beratung und Supervision pendeln Beschreibungen, Erklärungen und auch sprachliche Interventionen daher immer zwischen Konkretem, Individuellem (das persönliche Land) und Komprimierung dessen in allgemeinen Begriffen und oft auch in diagnostischen Kategorien (zur Vertiefung: Lieb, 2019). Man kann also das, was in Therapie und Beratung gesprochen wird, daraufhin beleuchten, wie viel an individueller Einzigartigkeit berichtet und erfragt wird und wo und wie davon abstrahiert und verallgemeinert wird. Man kann dieses Hin- und Herpendeln zwischen Individualität und Verallgemeinerung auch selbst im Auge haben. Das kann für Verlauf und Ergebnis eines therapeutisch-beraterisch-supervisorischen Dialoges eine große Bedeutung haben. Wenn zu viel verallgemeinert oder zu allgemein gesprochen wird (man redet etwa über den *Zwang*, ohne konkret zu erheben, was damit im individuellen Fall genauer gemeint ist), wird das Gespräch oft verkrampft, anstrengend und manchmal auch energielos bis langweilig. Wenn zu viel Individuelles erzählt und befragt wird, wirkt das oft verwirrend und man verliert den Faden.

> **!**
>
> Klartextregeln können keine Aussagen dazu machen, wie man in angemessener Weise vom Konkret-Individuellem zum Allgemeinen kommt und wie das sprachlich benannt werden kann.

Das gilt für diagnostische Zuordnungen ebenso wie für therapieschulen-spezifische Verallgemeinerungen. Klartextregeln geben aber Hinweise, wie diese Relation von Allgemeinem und Konkretem angemessen erfasst und beachtet werden und wie man vom Allgemeinen wieder zum Konkreten kommen kann. Zum Konkretisieren in Richtung Individualisierung geben sie konkrete Anweisungen – was in der Psychologie »Operationalisierung« genannt wird.

Je erfahrener eine Therapeutin, Beraterin oder Supervisorin ist und dabei ihren eigenen Sprachstil entwickelt hat bzw. je mehr sie sich einer bestimmten therapeutischen Richtung zugehörig fühlt, umso mehr und automatisiert wird sie für sich selbst und im Dialog mit Klienten ihre spezifischen begrifflichen Verallgemeinerungen vornehmen. Dazu gehören bevorzugte Diagnosen, Problembeschreibungsformen und Lösungsperspektiven. Das führt im guten Fall zu rasch passenden Problemlösungen, im anderen in für bestimmte Klienten nicht passende Sackgassen.

Klienten übernehmen in der Regel bewusst und unbewusst die Konzepte und Begriffe ihrer Therapeuten – wieder mit guten und manchmal unguten Resultaten. Zu Letzteren kann gehören, dass der Therapeut pathologieorientierte Verallgemeinerungen vorgenommen hat und der Klient ein entsprechend negativ gefärbtes Bild von sich annimmt. Im Extremfall sieht er sich z. B. nach Einführung

der Diagnose »Persönlichkeitsstörung« als *gestörte Person*. Das Gleiche kann aber
auch positiv wirken: Er *weiß* jetzt, welche *Störung* er hat, z. B. eine »Hypochondrie«
und nicht, wie von ihm befürchtet, eine somatische Erkrankung – mit spezifischen
Hinweisen, wie er das mithilfe seines Therapeuten lösen kann.

> Zu jedem Sprachspiel gehört, dass man sich damit anderen verständlich zu
> machen versucht und man anderen zu verstehen gibt, wie man sie verstanden
> hat. Es geht also auch darum, das Verstehen zu verstehen.

Was immer mit »Verstehen« gemeint ist – es ist ebenso positiv bewertet wie ein
»Nichtverstehen« negativ. Bei nüchterner Betrachtung lassen sich aber ebenso gute
praktische und theoretisch Argumente dafür finden, warum ein klares und bewusst kommuniziertes »Nichtverstehen« für Sprecher und Hörer konstruktiv sein
kann.

Auf den Begriff des Verstehens wurde bereits in Kapitel 4.2.2 ausführlicher eingegangen. Das soll nun mit Bezug auf Klartext noch etwas vertieft werden. Die diversen Richtungen der Sprachphilosophie geben uns hierfür Verschiedenes bis Gegen-
sätzliches an die Hand.

Das gilt im Besonderen für die Systemtheorie von Niklas Luhmann. Als wichtig erwies sich hier sein Konzept von Kommunikation als Einheit von Selektion von
Mitzuteilendem, Mitteilen und Verstehen (siehe Kapitel 3.2.14). Das Entscheidende
für unseren Kontext dabei ist, dass bei ihm die *Information an sich,* die bei anderen
Sprachtheorien vom Sender losgeschickt und dann vom Empfänger empfangen wird,
als eigene Einheit eliminiert worden ist. Das hat für das Konzept von Verstehen eine
große Bedeutung: Die Vorstellung von einem »richtigen Verstehen« basiert nämlich
auf jenen Konzepten von Information, die diese noch als eigene gesandte und emp-
fangene Einheit ansehen. Richtig verstehen heißt dann, dass der Empfänger genau
das aus der Botschaft macht, was der Sender damit gesendet hat oder zumindest
ausdrücken wollte. Nach Luhmann bedürfte dieser Anspruch aber einer objektiven
und neutralen Instanz, die vergleichen könnte, was der Sender gesandt hat und was
der Empfänger empfangen oder daraus gemacht hat. Einen solchen objektiven Status gibt es aber ebenso wenig wie die *Information* an sich.

Luhmann geht demzufolge davon aus, dass kommunikative *Erfolge,* wenn sie als
Übereinstimmung von Mitteilung und decodiertem Verstehen definiert werden, eher
unwahrscheinlich sind. Denn wie sollen sich Alter und Ego, in denen psychisch ja
vieles, Eigenes, Verschiedenes abläuft, durch Sprache abgleichen können? Wenn es
dafür überhaupt ein geeignetes *Verfahren* gibt, wäre das wieder nur durch die Sprache möglich. Was in Sprache gefasst bzw. erfragt wird, ist mit diesem individuellen
Erleben ja nicht identisch.

Was bleibt, ist dies: Der Sender sendet irgendwas und der Empfänger macht in seinem Decodierungsprozess gemäß seiner eigenen Logik irgendwas für ihn Sinnvolles daraus. Es gibt also nur noch Mitteilen und Verstehen, aber kein *richtiges* Verstehen mehr. Die Wahrscheinlichkeit, dass das, was beim Sender, und das, was beim Empfänger geschieht und *gemeint* ist, ganz oder weitgehend identisch ist, ist relativ gering und für den Fall vorbehalten, dass beide zu einem bestimmten Begriff, Satz oder einer Erzählung im Grunde eine ähnliche bis gleiche Erfahrung im Land des Lebens haben.

Das ist nicht der Fall, wenn eine Mutter vom Tod ihres Kindes erzählt und ein Therapeut, der nie ein Kind verloren hat, antwortet: »Ja, ich verstehe, wie das für Sie ist.« Das ist gut gemeint, bedeutet aber nach der Theorie von Luhmann nur: Er hat die Informationen in sein Konzept von Verlieren, Schmerz und Leiden eingeordnet. Es mag so aussehen, als ob hier Sender und Empfänger vom Gleichen reden. Vielleicht ist das so. Vielleicht ist das nicht so und sie merken das. Vielleicht ist das aber auch nicht so und sie merken das nicht. Um zu entscheiden, was hier stimmt, gibt es keine objektive Position.

(!)

Man muss mit der Ungewissheit leben, ob man versteht oder verstanden wird. Es gibt keine Außenposition, aus der heraus entscheidbar wäre, ob *richtig* verstanden wurde. Daher lautet die Quintessenz dieser »Verstehenskonzeption« für Therapie und Beratung: Es ist nützlicher, den Anspruch auf ein *richtiges Verstehen* aufzugeben. Gerade deshalb sind Mitteilungen und Rückfragen, die das Verstehen innerhalb eines Dialoges selbst betreffen, von elementarer Bedeutung.

Es gibt gute Gründe anzunehmen, dass diese Ungewissheit zu akzeptieren mehr Vorteile hat, als sich um ein *richtiges Verstehen* zu bemühen und zu leiden, wenn dieses Ziel nicht erreicht wird. Vermutlich gibt es in der Mutter, die das genannte erlebt hat, Aspekte, die der andere, der das nie erlebt hat, niemals rekonstruieren kann: Woher sollte er das nehmen? Das spricht nicht gegen, sondern explizit für das Bemühen, das von anderen Berichtete nachzuvollziehen. Man geht im Bemühen darum aber immer oder zumindest eher vom Nichtverstehen aus und leitet daraus Fragen ab. Man kann sich einem Verstehen so besser nähern – ohne dass vollständiges Verstehen ein Ziel ist. In der Systemtheorie wird das die »Expertise des Nichtwissens« genannt (Buchinger u. Schober, 2006, S. 48 f.). Manche Sprachwendungen werden dann eigentlich obsolet, z. B. die Frage: »Hast du mich richtig verstanden?« Die korrekte Antwort wäre ja immer: »Keine Ahnung!«

Für Klartext bedeutet das in einem sehr positiven Sinne, dass zuerst immer das Fragen und Nachfragen im Vordergrund steht. Da der Empfänger (hier Therapeut und Beraterin) alles, was erfragt und mitgeteilt wird, auf seine Weise zu seinem

»Fall von …« verallgemeinert, lässt sich daraus ableiten: Bei Klartext werden diese Verallgemeinerungen dem Klienten immer wieder mitgeteilt im Sinne von: »Was ich aus Ihrer Erzählung gerade gemacht habe, ist Folgendes …« Und diese Mitteilung sollte selbst wieder den Klartextregeln folgen: möglichst klar, alle relevanten Aspekte transparent offenbarend, und das alles klar als vom Therapeuten zu verantwortende Form der Decodierung des Mitgeteilten markiert. Der Therapeut gibt nicht als Experte wieder, was der Klient wirklich *hat* oder was bei ihm *tatsächlich der Fall ist*. Er gibt immer nur wieder, was er daraus gemacht hat, und stellt das zur Verfügung mit der Option, das zu verwerfen. Das fördert ganz nebenbei die therapeutische Beziehung in jene Richtung, bei der ein Experte zwar Experte bleibt, damit aber verantwortlich, fürsorglich, transparent und insofern wieder auf gleicher Höhe mit dem Klienten umgeht.

Das alles bedeutet keineswegs, dass *verstehen* als reale oder angestrebte Momente in Dialogen unrealistisch, obsolet oder unwichtig werden. Die Erfahrung eines gegenseitigen Verstehens und das Bemühen darum sind für das menschliche Zusammenleben und Zusammenarbeiten fundamental. Wenn Sprache der Koordination von Verhaltensweisen dient (wie etwa bei Maturana u. Varela, 1985, siehe Sprache als soziale Koordination in Kapitel 3.2.14) oder dazu, sich gegenseitig am eigenen Innenleben Anteil haben zu lassen (nach Wittgenstein am Käfer in der eigenen Schachtel, siehe den Abschnitt zu Land und Landkarte in Kapitel 3.2.14), dann ist das Bestreben darum und das gelegentliche Erleben dessen ein notwendiger Teil des Lebens. Das Bemühen darum ist ein Motor für Interaktion und Kommunikation. Der Satz »Sie haben mich falsch verstanden« löst in der Regel Anschlusskommunikationen aus, die auf Verstehen orientiert sind. Ein teilnehmendes »Da verstehe ich dich gut!« kann wohltuend und stärkend sein.

Mitteilungen von Expertinnen an Klienten, wie sie den Klienten verstanden haben, sind wichtige Bestandteile klartextorientierter Dialoge. Es gehört ja gerade zu den wichtigen Momenten in privaten, beruflichen und therapeutisch-beraterischen Gesprächen, in denen sich die eine Seite von der anderen auf eine neue, produktive, wohltuende und bisher nicht gesehene Möglichkeiten aufzeigende Weise verstanden fühlt. Dann ist das Verstehen durch den anderen im Sinne des »Einbauens des anderen in das eigene Konzept« eine Bereicherung. Ohne solche Perspektivenerweiterungen wären Therapie und Beratung fruchtlos und leer.

➡ Fallbeispiel: Eine Klientin erzählte von ihrer ohnmächtigen Wut auf eine Kollegin, deren Verhalten einem ihr sehr wichtigen Wert widerspreche. Sie leide regelrecht an dem, was die Kollegin tue: Diese flirte mit einem verheirateten Mann und suche offenbar einen intensiveren Kontakt zu diesem. Der Therapeut, der die Lebensgeschichte dieser Klientin kennt, äußert hierzu im Sinne seines *Verstehens* der Klientin: Er vermute, dass ihr Leid und ihre Wut ihrer eigenen Lebenserfahrung entspringe, in der ihr Vater sich wiederholt zum Leid ihrer Mutter und auch ihrer selbst anderen Frauen zugewandt hatte.

Seine verstehensorientiert mitgeteilte Hypothese lautete: Im Leid und in der Wut auf die Kollegin ist sie mit ihrem eigenen inneren Kind verbunden und vielleicht auch mit den Kindern des verheirateten Mannes identifiziert. Diese Idee berührt die Klientin, sie stimmt zu und ihr hilft diese interpretierende Art zu verstehen, nun zu trennen zwischen *damals* (Kindsituation) und *heute* (Kollegenkontext).

Angemessen erscheint also beides: Verstehen als Potenzialität einer positiven Erfahrung und als kommunikatives Ziel ebenso beizubehalten wie theoretisch und lebenspraktisch zu akzeptieren, dass verstehen eben doch immer bedeutet, den anderen in das eigene Konzept einzubauen.

6.5.2 Klartext: Hör- und Frageregeln

Hörregeln

Wenn im Folgenden zum Hören und Fragen und später zum Sprechen Regeln und Tipps formuliert werden, gilt das immer unter einem Vorbehalt: Sie zu beachten ist zwar permanent möglich, aber keineswegs permanent sinnvoll und schon gar nicht permanent notwendig.

In der sprachlichen Kommunikation ist Hören ein aktiver Vorgang mit vielen Komponenten: Der Hörer generiert, was er hört bzw. welchen Sinn er aus dem macht, was an Schallwellen auf sein Ohr trifft. Nachfragen sind entscheidende Teile von Klartexthören. Das Ziel ist, dass Therapeut und Klient möglichst nahe an das herankommen, was der Klient mitteilen will.

Wenn man jemandem 30 Minuten zuhört, kann man nicht alles wiederholen, was gesagt wurde. Man muss selegieren, was behalten und was vergessen wird. In Wittgensteins Käfer-Schachtel-Metapher kreiert sich der Hörer die Käfer, von denen berichtet wird.

Wenn es um Klartext im hier vertretenen Sinn geht, lassen sich einige Regeln dazu aufstellen. Übergeordnet geht es dabei um zwei Ziele: (1) Zum einen soll bei Klartext die Hörrekonstruktion möglichst nahe an dem bleiben oder an das herankommen, was der Klient berichtet oder berichten möchte. Dazu dient vor allem eine spezifische Form des Nachfragens. (2) Neben dem Therapeuten/der Beraterin kann zum anderen auch der Klient selbst der Welt möglichst nahekommen, die in seiner eigenen Sprache enthalten ist. Das entspricht der Idee von Martin Walser, dass man sich bei der sich entwickelnden Sprache selbst entdecken kann (vgl. Kapitel 4.3.4). Wenn man gelernt hat, gut nachzufragen, entdecken Klienten in der Regel in ihrer eigenen Sprache mehr, als ihnen bewusst war. Folgende Regeln dienen diesen Zielen:

Rekonstruktion des Gesagten ist wichtiger als Verstehen: Diese provokante und in diesem Buch oft vorgestellte Formulierung besagt: Der Hörer verzichtet darauf, das Gesagte voreilig in seine eigenen Konzepte einzubauen und das als »Verstehen« zu verstehen. Vielmehr konzentriert man sich ganz auf das, was wörtlich gesagt wird. Man richtet die nächste Frage genau darauf. Mit einiger Übung kann man sich selbst dabei beobachten, wie man eine Äußerung gerade *verstehend interpretiert* (und sich damit möglicherweise vom Klientenerleben entfernt) und das durch Nachfragen *korrigiert:*

➡️ Fallbeispiel: Klient: »Darüber möchte ich nicht sprechen.« Der rasch *verstehende* Therapeut deutet das so: Da berührt etwas beim Klienten wohl einen wunden Punkt. Er folgert daraus, das zu respektieren und nicht weiter nachzufragen.

Eine andere und nicht gleich interpretierende Variante fragt nach: »Damit ich das besser nachvollziehen kann: Was genauer meinen Sie damit? Dass ich dazu keine Fragen stellen soll? Dass Sie etwas Unangenehmes befürchten, wenn wir darüber reden? Oder meinen Sie etwas anderes damit?«

An diesem Beispiel ist gut zu erkennen, wie rasch Klartext sonst gültige Regeln brechen kann. Klartext ist ein Risiko. Rasches Verstehen oder Nichtklartext auch.

❗ Das zuerst Gesagte enthält oft deutlicher das, was die Psyche erlebt und zum Ausdruck bringen will, als deren nachträgliche Interpretationen. Spätere Erläuterungen, was damit gemeint sei, folgen oft dem Bemühen, durch das Gesagte keine sozialen Regeln zu verletzen oder Kontrolle darüber zu erlangen, wie andere das Gesprochene auffassen und bewerten können. Das kann das Verstehen fördern, oft tut es das nicht oder macht es nur noch schwerer.

Trennen von meinen und sagen: Ausgangspunkt für diese Unterscheidung ist der nicht seltene und jedem vertraute Vorgang, dass etwas gesagt und dann erläutert wird, was damit eigentlich gemeint sei. Das ist wichtig und in der Kommunikation notwendig. Vorgeschlagen wird, diesem Vorgang gelegentlich die hier genannte Unterscheidung zu unterlegen.

➡️ Fallbeispiel: Erste Klientenäußerung: »Das mag ich gar nicht!« Anschließende Erläuterung: »Ich meine natürlich nicht, dass alles nach meinen Wünschen laufen muss. Ich will nur zum Ausdruck bringen, dass …« Und möglicherweise wird nun die recht deutliche erste Aussage relativiert. Klartextnachfragen könnten hier näher am Gesagten bleiben: »Was genau ist das, das Sie nicht mögen«? Man könnte aber auch den Unterschied zwischen *Gesagtem* und *Gemeintem* erforschen: »Was befürchten Sie, wie Ihr erster Satz von anderen verstanden oder interpretiert werden könnte? Welche Art von *verstehen* der anderen möchten Sie da vielleicht verhindern?«

Subjekt – Prädikat – Objekt identifizieren: Subjekt, Prädikat und Objekt sind die fundamentalen Bestandteile eines Satzes. Sie sind so elementar, dass sie nicht nur unser Sprechen bestimmen, sondern auch unser Denken und unsere Sicht auf die Welt und uns in ihr: Irgendein Subjekt tut etwas, irgendjemand oder irgendetwas ist Objekt dieser Handlung und es muss etwas geben, das getan oder unterlassen wird (Prädikat).

Diese Satzglieder waren immer wieder Thema in diesem Buch (vgl. Kapitel 4.4.2) und wir müssen bei Klartext darauf zurückkommen. Um sie herum positionieren sich die weiteren Satzelemente und Nebensätze. Klartext achtet darauf, wie sie in konkreten Sätzen präsentiert werden. Die Satzzusammenstellung folgt grammatikalischen Regeln.

Die Klartexthörregel hierzu lautet: *Richte die Aufmerksamkeit bewusst darauf, ob, wie und vor allem wie klar oder unklar diese drei Elemente im Reden des Klienten vorkommen.*

Wenn ein Klient berichtet: »Mein Vater trinkt«, sind Subjekt und Prädikat benannt, nicht aber das Objekt (was trinkt er?). Das wird an der Alltagskommunikation durch den Hörer unter Verwendung des Kontexts gefüllt, in dem dieser Satz gesprochen wird (und man interpretiert: Gemeint ist vielleicht »viel Alkohol«.) Das Füllen getilgter Inhalte durch den Hörer dürfte häufiger vorkommen als das Nachfragen: »Was trinkt Ihr Vater denn?«

Wenn Menschen über ihr Leben und ihr Leiden berichten oder dazu Appelle an jemanden richten, kann ein genaues Hinhören aufschlussreich sein, wer wie als Subjekt (Täter), als Objekt (Opfer) und mit Bezug auf welche wie markierten Handlungen (Prädikat) formuliert wird. Denn darauf können oder sollten sich dann die nächsten Fragen des Therapeuten richten.

Wenn ein Klient in einer Paartherapie oder Einzeltherapie bspw. mit Bezug auf seine Partnerschaft sagt: »Wir mögen das nicht …«, dann lässt sich hinsichtlich des Subjektes nachfragen: »Wer ist dieses ›wir‹: Sie beide gleichermaßen, wer mehr und wer weniger?«, oder eher provokativ: »Meinen Sie mit ›wir‹ Sie beide und handeln Sie immer im Doppelpack?« Oft bleibt das Subjekt vage und die Klärung des Subjektes ist dann erhellend und konfliktträchtig zugleich: »Das stört mich« – »Wer oder was genau ist ›das‹?«

Fallbeispiel zur Objektklärung: Im Satz »So etwas mag ich nicht!« bleibt das Objekt mit »so etwas« vage. Man kann das klären: »Was genau ist es, das Sie nicht mögen?«

➡️ Fallbeispiel aus einer Teamsupervision: Ein Team erhält eine neue Leiterin. Eine dienst-
älteste Kollegin aus dem Team wollte diese Position nicht haben. Die neue Leiterin sagt
zu dieser Konstellation mit Blick auf diese Kollegin den recht allgemeinen Satz: »Ich
bedauere das!« Eine genauere Befragung, auf was sich das Objekt »das« bezieht, ergab:
»… dass ich in eine Rolle gekommen bin, die jetzt eine andere (gemeint ist die dienst-
ältere Kollegin) nicht hat.« Und bei noch genaueren Nachfragen: »… dass das Gelingen
meiner Leitungsarbeit jetzt davon abhängt, dass diese Kollegin loyal zu mir ist.« Mit dieser
so erzeugten Klarheit können sich diese beiden Kolleginnen austauschen, wie sie auf
dieser Basis ihre Kooperation zum gegenseitigen Nutzen gestalten wollen.

➡️ Fallbeispiel Prädikatsklärung zum Verb »ablehnen«. Klient: »Das lehne ich ab!« Man
kann nachfragen: »Was meinen Sie mit ›ablehnen‹: dass Sie ›das‹ nicht mögen? Dass
Sie es schlecht finden, dass ›das‹ doch jemand tut? Oder etwas ganz anderes?«

Sprachfloskeln erkunden: Nie in der Schrift, aber oft in der Sprache werden zunächst
nichtssagende Floskeln eingefügt, meistens am Anfang oder am Ende eines Satzes:
»Na gut …« – »… nicht wahr?« – »Tja …« In der Regel schließt die weitere Kommunikation anderer daran nicht spezifisch an. Das wird einfach *überhört.* Daran doch
einmal anzuschließen, bricht eine soziale Regel und kann bisweilen zu interessanten Ergebnissen führen.

➡️ Fallbeispiel: Ein Klient berichtet, dass er mit seiner Rolle als ehrenamtlicher Helfer
im Sportverein unzufrieden ist. Bei 60 % aller Fragen des Therapeuten stellt er ein »Na
gut …« an den Anfang seiner Antworten. Eine Klartextintervention bezog sich darauf
mit der Frage: »Was genau meinen Sie mit ›Na gut‹ – was ist ›gut‹?« Natürlich ist dem
Sprecher in der Regel die Verwendung einer Floskel gar nicht bewusst und er reagiert
erstaunt auf ein diesbezügliches Nachfragen. Das Ergebnis des auf diese Frage folgenden Dialoges war in diesem Fall, dass das ein jahrelang eingeübter Kommentar an sich
selbst mit dem Ziel einer Selbstbeschwichtigung war – auch das Schlechte würde so
*gut*geredet. Das führte zu authentischeren Formulierungen seiner diversen Unzufrieden-
heiten und schließlich zu einer Honorarforderung an den Vereinsvorstand.

Sich selbst kommentierende Satzteile registrieren[8]: Manche Aussagen oder Satz-
komponenten können als Metakommentar zu dem, was gerade gesagt wird, angesehen
und hinsichtlich ihrer Bedeutung erkundet werden. Diese können die Gestalt nonverbaler Gesten über das haben, was gerade gesagt wird, oder die Form einer verbalen Selbstkommentierung wie z. B. »Ich sag ja nur …!«.

---

8   Gute Beispiele für solche Metakommentare finden sich bei Mickley, 2017, Sprachsensibilisierungs-
     liste. Unveröffentlichtes Manuskript.

Der Inhalt solcher Selbstkommentare kann sein, dass
- man das Gesagte nicht so ernst nehmen muss,
- man zwar etwas sagt, aber selbst nicht ganz dahintersteht,
- etwas besonders Wichtiges gesagt wird,
- hinter dem Gesagten das eigentlich zu Sagende noch verborgen ist usw.

Es gibt nebst anderen folgende Varianten solcher Selbst-Metakommentare:
- die Verwendung des Konjunktivs (»ich würde mir wünschen« statt »ich wünsche« oder noch stärker »ich erwarte«),
- das Wort »eigentlich«,
- verniedlichende oder bagatellisierende Metakommentare wie »ein bisschen« (»Das ist schon ein bisschen schade«), »ein wenig« oder »quasi«.

Bei Klartext kann sich ein expliziter kommunikativer Anschluss an diese Begriffe lohnen. Das Ergebnis ist meistens, dass das, was darin inhaltlich enthalten ist, nun explizit mitgeteilt wird oder werden kann oder dass solche bagatellisierende und verniedlichende Metakommentare bewusst weggelassen werden. Sprecher, die sich dessen bis dato gar nicht bewusst waren, berichten meistens, dass das Weglassen dieser Satzteile ein anderes Gefühl beim Sprechen im Sinne einer klareren Positionierung ergibt. Mögliche Anschlusskommunikationen oder Nachfragen sind: »Was meinen Sie mit ›eigentlich‹ – was wäre ›uneigentlich‹? Was meinen Sie mit ›ein bisschen‹?« Der so befragte Klient kann entscheiden, welche Variante der Deutung solcher Füllwörter für ihn zutrifft.

Die »Entwertung einer Aussage« ist ein »Kommunikationsmodus, der die eigene Mitteilung oder die eines Partners einer klaren Bedeutung beraubt« (Simon et al., 2014, S. 78). Dazu können auch die sich selbst kommentierenden Satzteile dienen. Es geht hier nicht um die Entwertung einer Person, sondern um die der Botschaft. Der Vorteil ist, dass man gleichzeitig etwas sagen und seine Positionierung offenhalten bzw. das Gesagte infrage stellen oder zurücknehmen kann. Eindeutige und dadurch bedrohliche Beziehungsdefinitionen werden so vermieden. Die sprachlichen Möglichkeiten einer Entwertung von Aussagen anderer sind Varianten des Themawechsels in der Anschlusskommunikation (man geht einfach nicht auf das ein, was der Vorredner gesagt hat), gezieltes Missverstehen etwa in Form von »Wörtlichnehmen« einer Metapher (»Ich kann doch nicht aalglatt sein, ich lebe doch nicht im Wasser!«). Man kann auch eigene Sätze entwerten durch Gesten, ironische Selbstkommentare oder Floskeln (»Ich sag ja nur …«). Registriert und interpretiert man manche Sprechakte oder nonverbale Komponenten als Entwertung, kann man sie als solche ansprechen oder auch als solche markieren (»Sie sagen dies … und sagen gleichzeitig, dass Sie das gar nicht so meinen …« – »Sie schütteln den Kopf, wenn Sie das sagen«). Man kann auch mit beiden Seiten gezielt umgehen: »Nehmen wir einerseits an, Sie meinen das, was Sie sagen und mindern es nicht ab, was würde das bedeuten und was würden

Sie vielleicht befürchten?« und dann »Nehmen wir andererseits an, Sie nehmen das wieder zurück oder meinen etwas ganz anderes – was wäre das dann?«

Nicht selten wird durch Klartextfragen klar, dass es bei Sätzen im Konjunktiv oder bei Sätzen mit sich selbst kommentierenden Satzteilen um mehrere darin enthaltene gleichermaßen wichtige Botschaften geht, z. B. die, dass A sich etwas Bestimmtes von B wünscht oder sogar erwartet (bspw. eine Entlastung in der Kindererziehung), gleichzeitig aber Angst hat, dass eine klare Formulierung dieses Wunsches oder dieser Erwartung zu einem Konflikt führen würde. Klartext kann helfen, jeden dieser Bestandteile separiert und klar zum Ausdruck zu bringen und beide als wichtig anzuerkennen. Das ermöglicht dem Angesprochenen, nun ebenso explizit auf jede dieser Teilbotschaften antworten zu können. Man kann so rascher *auf den Punkt kommen.*

Implizites und Getilgtes. Gesprochene Texte enthalten Implikationen, derer sich die Sprecher oft selbst nicht bewusst sind. Ein Ergebnis der Sprachphilosophie ist, dass es keinen Satz, keinen Text gibt, der in sich selbst *alles* sagen kann.

»Lange mache ich das nicht mehr mit!« – »So kann das nicht weitergehen« – »Ich will ja nichts sagen, aber …« Mit diesen Sätzen wird z. B. eine unangenehme Zukunft impliziert. Als Sprechakt hat das vermutlich Wirkung auf den Adressaten (bewusst oder unbewusst). Möglicherweise reagiert der adressierte Hörer dann mehr auf die Implikationen, z. B. den implizierten Zukunftsentwurf, als auf alles andere. Und möglicherweise ist sich der diese Sätze Sprechende der Bedeutung dieser implizierten Zukunftsentwürfe nur zum Teil bewusst. Klartexthören erkennt das und kann entsprechend nachfragen: »Was würde passieren, wenn Sie das doch noch lange mitmachten? Was meinen Sie mit ›mitmachen‹ im Unterschied zu ›nicht mehr mitmachen‹? Und wie lange ist vermutlich ›lange‹?«

Frege hat darauf verwiesen, dass jeder Satz zu dem, was er sagt, etwas Zusätzliches mitsagt oder auf Zusätzliches verweist. Jeder Satz und jeder Text enthält Implikationen, die mitschwingen und dem Gesagten Bedeutung verleihen. Und immer definiert der Kontext mit, was gemeint ist. Der unvollständige Satz: »Mein Beileid!« wäre vielfach zu interpretieren und zu hinterfragen: Wem wird da etwas gesagt? Was ist mit »bei-leiden« gemeint? Auf welches Leid bezieht sich das? Es ist klar, was damit im Rahmen einer Kondolenz nach einem Todesfall gemeint ist. Das ist ein Beispiel für einen Kontext, in den Klartextfragen nicht passen (»Wem wollen Sie damit was genau sagen?«).

In therapeutisch-beraterischen Kontexten kann demgegenüber folgende Klartexthörregel nützlich sein: *Erforsche und erfrage Implizites und Getilgtes, fülle das Implizite und Getilgte nicht durch deine eigenen Interpretationen oder Verstehensvarianten.*

Beispiele impliziter oder getilgter Subjekte, Prädikate und Objekte wurden eingangs genannt. Da ein Satz nie alles sagen kann, verweist er immer auf implizit Mitgesagtes, worauf Frege bereits hingewiesen hatte. Man muss also entscheiden, ob es für das gerade erörterte Thema relevante Implikationen oder Tilgungen gibt, die eben nicht a priori klar sind wie z. B. die Tatsache, dass A und B einmal ein Paar waren, wenn einer von beiden sagt, sie hätten sich getrennt.

Im erwähnten Vier-Ohren-Modell von Schulz von Thun werden vier einer Äußerung potenziell enthaltene oder mitschwingende Bedeutungsebenen genannt (Sachinhalt, Selbstbekundung, Appell, Beziehungsdefinition). Zu jeder Ebene kann man dialogisch das darin womöglich implizit Enthaltene explizit erfragen: »Was teilen Sie da gerade von sich selbst mit? Welchen Appell richten Sie dabei an wen? In welcher Rolle sehen Sie sich dem Hörer Ihres Satzes (z. B. jetzt gerade mir) gegenüber bzw. umgekehrt? Oder den Hörer Ihnen gegenüber, wenn Sie das jetzt so formulieren?«

Natürlich muss man diese abstrakten Fragen für den jeweiligen Klienten verständlich und konkret formulieren. Abstrakte Themen fallbezogen konkret zu formulieren, gehört zur Sprachkompetenz von Therapeuten. Man kann sie, wenn man das beherrscht, auch einmal im Dialekt vortragen, z. B. im bayerischen Klartext: »Wo's wolln's denn etza wem damit sog'n?« Die Explikation all dessen ist nicht immer möglich und sicher nicht immer nützlich. Manchmal erzeugen solche Nachfragen interaktionelle Turbulenzen, die man sich auch ersparen kann.

Nachfolgend drei Beispiele für Getilgtes oder Impliziertes im Sinne unvollständiger Sätze mit Klartextfragen dazu:

»Ich will zunächst nur …« – Klartextfrage: »… und was danach?«
»Ich habe mir ein Alibi geschaffen« – Klartextfrage: »Alibi wofür?«
»Ich bin in einer Warteposition« – Klartextfrage: »Worauf warten Sie?«

Beispielhaft sei noch auf einige Begriffe verwiesen, die, wenn sie diesbezüglich nicht weiter erläutert werden, auf Implizites oder Getilgtes hinweisen: »Schuldgefühl« verweist auf eine Tat dessen, der dieses hat. »Angst« verweist auf etwas, wovor oder worum man Angst hat. »Alleinsein« verweist auf etwas, das nicht anwesend ist und man vielleicht vermisst.

Nonverbale Aspekte der Kommunikation. Gesagtes kann durch »nonverbale Aspekte« (Tonfall, Gestik, Mimik) kommentiert, verstärkt, abgeschwächt oder auch negiert werden. In einer nonverbalen Komponente kann eine elementare Beziehungsdefinition enthalten sein. Verbale und nonverbale Kommunikation müssen als Einheit gesehen werden. Die Nonverbalität gehört in toto zur Intimität einer Person, weshalb deren Ansprechen in Therapie und Beratung einer Legitimation bedarf.

In Kapitel 4.1.2 wurde bereits auf nonverbale Aspekte in der Kommunikation eingegangen. Sie können zu zentralen Aspekten dessen führen, was offen oder verdeckt mitgeteilt werden soll. Das zu registrieren und ggf. anzusprechen – Nonverbales in Verbales zu transformieren –, kann helfen, *auf den Punkt zu kommen.* Insofern hat die Berücksichtigung dessen für Klartext eine hohe Relevanz.

Als Klartextregel lässt sich hierzu formulieren: *Richte die Aufmerksamkeit einmal weniger auf die verbal kommunizierten Komponenten und beachte stattdessen Rhythmus und Melodie der akustischen Begleitmusik (Hinhören) und/oder die Choreografie von Mimik und Gestik (Hinsehen).* Dazu gehört auch die Regel: *Sei dir dabei stets bewusst und stehe dazu, dass alles, was du hier (hinein-)hörst und (hinein-)siehst, immer nur deine Konstruktion als Beobachter ist und du mit dieser Beobachtung einen Intimitätsraum des anderen betrittst.*

In der Tonlage sowie in Mimik und Gestik können implizite Beziehungsbotschaften enthalten sein oder genauer hypothetisch hineininterpretiert werden, was man durch Klartext dann erforschen bzw. verifizieren oder falsifizieren kann: eine Drohung, ein Vorwurf (z. B. ein anklagender Tonfall) oder eine Verteidigung (rechtfertigend klingende Intonierungen). Anklagen gehen z. B. in der Stimmlage am Satzende oft in die Höhe und werden dort lauter, sich verteidigende Sprechakte werden am Ende eher leise und senken den Tonfall. Es können auch positive Implikationen hineingehört oder hineingedeutet werden: eine Begeisterung des Sprechers von sich selbst, eine Fürsorge für andere, eine Liebesbotschaft oder andere Varianten der Zuneigung an andere.

Man kann innerlich (oder, wenn man provozierend arbeitet, demonstrativ imitierend) den Tonfall, die Sprachmelodie des anderen nachmachen oder imaginativ Mimik und Gestik wiederholen, um damit Hypothesen zu entwickeln, was darin implizit an Botschaften auf der Beziehungsebene, an Selbstoffenbarung oder an Appellen enthalten sein könnte. Wenn man das dann nicht im Duktus des Wissenden oder des Jemand-bei-etwas-Ertappenden vorträgt, sondern als Einladung zur gemeinsamen weiteren Klartextforschung, lässt sich hier oft viel herausarbeiten: Wem wird mit Ton und Gestik was mitgeteilt? Was würde geschehen, wenn das nicht nonverbal implizit, sondern verbal explizit geäußert würde? Was, wenn das implizit geschieht und der Adressierte das aber gar nicht *merkt?*

➡ Fallbeispiel für eine nonverbale »Begleitmusik« und die therapeutische Arbeit damit: Ein 62-jähriger Klient erlitt innerhalb eines Jahres zwei Schicksalsschläge. Seine Frau war nach kurzem Krankheitsprozess an Krebs verstorben und er selbst erlitt einen von jemand anderem verschuldeten Arbeitsunfall mit der Folge Berufsunfähigkeit und fortbestehender Körperbeschwerden.

Zwei Jahre nach diesen Ereignissen berichtet er in einer Therapiestunde über seinen psychischen und körperlichen Zustand. Dabei sind bei ihm zwei »Sprachmelodien« zu vernehmen. In Melodie 1 klingt er ruhig, gefasst, sachlich und in Melodie 2 ist seine

Stimme gepresst, schimpfend und anklagend. Als Therapeut entscheide ich mich, das anzusprechen und mit seiner Zustimmung, und bei ihm selbst nun dafür geweckter Neugier, explorieren wir, was die jeweiligen in diesen Sprachmodi enthaltenen Aussagen, Botschaften und Adressen sein könnten.

Dabei ergeben sich sukzessive folgende Ideen und *Erkenntnisse* zu Melodie 2: Der Klient klage sowohl sich selbst (»Du hast das Problem immer noch nicht gut gelöst!«) wie andere Instanzen an (v. a. den den Unfall verursachenden Kollegen). Seine Selbstanklagen dominierten. Hierzu ließ sich ein permanentes Switchen zwischen zwei Selbstaussagen herausarbeiten: 1) »Ich sollte mein Schicksal endlich akzeptieren« und 2) »Ich kann mein Schicksal nicht akzeptieren«. In dieser Ambivalenz sei er auf lähmende Weise gefangen. Auf der Suche nach einer *Entlähmung* kamen wir zu dem Ergebnis: Er könne den »gefühlten Totalverlust seines früheren Lebens« nicht akzeptieren. Ich bat ihn, sich dieses verlorene Leben innerlich anzusehen, woraufhin sich seine Klage in Schmerz und Trauer wandelte. Dieser Wandel tat ihm gut und erwies sich als eine Alternative zur vorherigen Lähmung.

Die Sitzung endete in einer Aufgabe: Er habe zu Hause zwar ein Symbol für sein aktuelles beschädigtes Leben, das er öfters ansehe. Aber er habe keines für sein früheres Leben. Ihm gefiel die Idee, nun auch dafür ein Symbol zu finden und auch das öfter anzusehen und zu betrauern.

Zur Auswirkung dieser Intervention berichtete der Klient später, er habe kräftige Symbole gefunden – ein neues für sein aktuell beschädigtes Leben und auch eines für sein früher unbeschädigtes Leben: für das jetzige Leben ein in sich verdrehtes Rebenholz und für das frühere Leben den von ihm selbst vor etlichen Jahren gepflanzten Ginkgobaum in seinem Garten. Er betrachte immer wieder beide Symbole, was eine tröstende Wirkung auf ihn habe. Der Anblick des Baumes gebe ihm Kraft, das sei nun sein »Kraftbaum«.

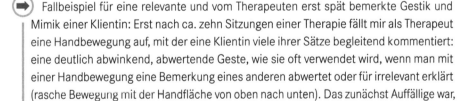 Fallbeispiel für eine relevante und vom Therapeuten erst spät bemerkte Gestik und Mimik einer Klientin: Erst nach ca. zehn Sitzungen einer Therapie fällt mir als Therapeut eine Handbewegung auf, mit der eine Klientin viele ihrer Sätze begleitend kommentiert: eine deutlich abwinkend, abwertende Geste, wie sie oft verwendet wird, wenn man mit einer Handbewegung eine Bemerkung eines anderen abwertet oder für irrelevant erklärt (rasche Bewegung mit der Handfläche von oben nach unten). Das zunächst Auffällige war, dass mir etwas so Auffälliges zuvor nie aufgefallen war. Das andere spannende Ergebnis war eine Explikation des in dieser Gestik auf Seiten der Klientin implizit Enthaltenen.

Ich holte mir die Erlaubnis der Klientin, diese Geste einmal mit dem Ziel der Explikation von darin vielleicht Enthaltenem näher erforschen zu dürfen. Nachfragen dazu und die dadurch ausgelösten »Selbstexplorationen« der Klientin (der das so gar nicht bewusst gewesen war) ergaben: Sie entwerte innerlich (unbewusst) viele ihrer eigenen Äußerungen – bis hin zur Entwertung ihrer eigenen Existenz. Bei der biografischen Exploration wurde ihr klar, dass sie genau diese Bewertungen (und vermutlich auch Gesten) von ihrem Vater erhalten hatte.

Man kann das je nach Therapieschule verschieden weiterverwerten. Jeder Therapeut hat die Möglichkeiten, das für die weitere Therapie konstruktiv zu nutzen. Hier sollte nur gezeigt werden, wie ein genaues Hinhören und Hinsehen auf Nonverbalitäten mit Klartextfragen zu hoch relevanten Themen führen kann.

(!)

Leitunterscheidungen erfragen und erforschen. Von besonderer Bedeutung im Bereich relevanter Unterscheidungen sind die sogenannten Leitunterscheidungen. Nach ihnen richten sich bestimmte Systeme fundamental aus, vor allem die gesellschaftlichen Funktionsbereiche. Die Analyse von Leitunterscheidungen kann man auch auf Narrationen und Erzählungen von Personen, privaten Systemen (Paare, Familien) oder Teams anwenden. Wir können gar nicht anders, als uns in unserer Lebensgestaltung an solchen grundlegenden Unterscheidungen auszurichten.

Auf die Rolle des Unterscheidens als Basis der Weltkonstruktion und des Sprechens wurde bereits in Kapitel 4.2.3 eingegangen. Das spielt auch für die Praxis von Klartext und für die Meta-Klartext-Klarheit eine wichtige Rolle.

Der Begriff der Leitunterscheidung entstammt der Systemtheorie von Niklas Luhmann. Im Funktionsbereich Justiz orientiert man sich bei Gerichtsprozessen bspw. an der Leitunterscheidung von »Schuld – Unschuld«, in der Wissenschaft an der von »wahr – unwahr« und im Gesundheitswesen an der von »krank – gesund«. Den Erzählungen von Klienten über ihr privates oder berufliches Leben liegen ähnlich relevante Unterscheidungen zugrunde, an denen sich Verhalten, Denken, Fühlen und Bewerten prägend ausrichten.

(➡) Fallbeispiel: Ein Klient erzählt seine Lebens- und Leidensgeschichte. Beim genauen Hinhören bekommt man den Eindruck, dass er immer wieder seine Unschuld hinsichtlich verschiedener Ereignisse betont und seine Redeweise partiell den Stil einer Rechtfertigung annimmt. Bei einer »szenischen Rekonstruktion« dieser Narration, bei der man sich zu den Erzählungen einer Person eine soziale Szene vorstellt, könnte man fantasieren, dass der gesprochene Text Teil einer Art Verhandlung ist mit Klagen, Anklagen und Verteidigungen. Dann wäre eine mögliche Leitunterscheidung dieser Narration die zwischen Schuld und Unschuld. Diese Hypothese ließe sich leicht durch ein paar Klartextfragen prüfen (vgl. zu diesem Ansatz des »szenischen Verstehens« Lorenzer, 1974; Wolf, 2014).

Für Klartext sind solche Hypothesen über Leitunterscheidungen in einem Text oder einer Aussage und dann entsprechende Nachfragen deshalb bedeutsam, weil oft erst deren Aufdeckung genau jene Hintergründe und Prämissen offenbar macht, auf denen die Entstehung und Aufrechterhaltung eines Problems als Problem ruht.

Metaphorisch: Man sieht dann den Hintergrund, das Lebensthema oder das ganze Theaterstück, zu dem die referierten Worte und Sätze gehören. Das muss nicht, kann aber zu ganz grundlegend neuen Möglichkeiten und Optionen führen. Dazu kann die Frage gehören, ob man sein weiteres Leben weiterhin nach den bisherigen Leitunterscheidungen ausrichten will.

Für Klartexthören heißt die Regel: *Höre dir die Narration des Klienten/Klientensystems im Allgemeinen oder spezifisch darin gesprochene Wörter oder Sätze daraufhin an, ob sie auf eine (hypothetische) Leitunterscheidung in der Problemarchitektur verweisen. Und wenn du eine Hypothese dazu hast, (1) teile diese transparent mit und/oder (2) leite Fragen daraus ab.*

(!) Während gesellschaftliche Funktionssysteme in der soziologisch-systemischen Theorie von Niklas Luhmann nur wenige Leitunterscheidungen kennen, kann es für die Einzelperson sehr viele und je nach Kontext (Partnerschaft, Familie, Fußballverein, Politik, Arbeitsplatz usw.) verschiedene geben.

Beispiele für typische Leitunterscheidungen in Klientennarrationen sind: Versager – Nichtversager (Leistungsbereich); Treue – Untreue (Partnerbereich); Fremdfürsorge – Eigenfürsorge; Selbstverantwortung – Fremdverantwortung. Leitunterscheidungen dienen dem Überleben eines Systems. Problematisch werden sie dann, wenn sie mit den darin enthaltenen positiven und negativen Bewertungen der beiden Seiten als strenge Landkarten zur Organisation des Lebens im Sinne eines Entweder-oder verwendet werden. Das wird dann der Vielfalt und Vielschichtigkeit des Lebens nicht gerecht, hat auf dieses aber einen enormen Einfluss. Problematisch werden sie auch dann, wenn mit der Positionierung auf einer Seite dieser Leitunterscheidung (Schuld, Versagen, Untreue usw.) soziale Ausschlussprozesse verbunden sind.

Wenn man in einem Fall die Hypothese hat, dass eine relevante Leitunterscheidung Teil des Problems ist, kann man mit Klartext die genannten zwei Wege beschreiten. Zum Ersten kann man im Sinne einer Hypothesentransparenz diese transparent offenlegen, verbunden mit der Frage, ob die Klienten sich darin wiedererkennen. Zum Zweiten kann man die beiden Seiten der Unterscheidung explizit erkunden: Was genau ist in der damit beschriebenen Welt »Schuld«? Wer spricht schuldig? Und was genau wäre die im Raum stehende, aber nicht explizit genannte andere Seite, was also »Unschuld«? Man kann sich erkundigen, wie diese Leitunterscheidung in das Leben eines Menschen oder eines Systems *eingetreten* ist, wofür sie gut war oder ist und welchen Preis man für sie bezahlt. Bei Klartext sollte man das immer entlang den dazu von Klienten selbst gesprochenen Wörtern oder Sätzen tun: »Sie sagten, Sie könnten doch nichts dafür, dass das so gelaufen ist. Was hängt bei Ihnen im System davon ab, ob jemand etwas dafür kann oder nicht? Ist das so ähnlich wie schuldig oder unschuldig sein?

➡️ Fallbeispiel »Akzeptieren – Nichtakzeptieren nach einem Unfalltrauma«: Eine Klientin, 67 Jahre, hat ihren Mann bei einem tragischen Autounfall verloren, als Beifahrerin selbst schwere Verletzungen erlitten mit einer radikalen Veränderung ihres gesamten Lebens. Wir haben in der Therapie viele Aspekte dazu er- und bearbeitet. In einer Stunde ging es um einen von ihr immer wieder geäußerten Satz, der dann auf darin enthaltene Leitunterscheidungen erforscht wurde: »Ich schaffe es bald nicht mehr.« Darin enthalten sind zwei zentrale Leitunterscheidungen: die zwischen »etwas schaffen« und »etwas nicht schaffen« und die in den Worten »bald nicht mehr« enthaltene zeitliche Unterscheidung zwischen der Phase vor und der nach einer Art Wendepunkt.

Zunächst wurde hier im Sinne der Klärung des Satz-Objektes erarbeitet, was genau das »es« sei, was sie schaffe oder nicht mehr schaffe. Als Kern stellte sich heraus, dass es bei »es« jedes Mal um ein Akzeptieren von etwas gehe, das mit dem Unfall zu tun habe. Zuerst meinte sie damit die »Akzeptanz« der Tatsache, dass der Fahrer des unfallverursachenden PKWs mangels Beweisen vermutlich freigesprochen würde. Auch die genauere Untersuchung der beiden Seiten »schaffen« und »nicht mehr schaffen« ergab für sie das Gleiche – der Therapeut deutete da nichts hinein: den Unterschied zwischen »schaffen = akzeptieren« und »nicht schaffen = nicht mehr akzeptieren«. Auch diese beiden Begriffe wurden dahingehend konkretisiert, was das jeweils im Denken, Fühlen und Handeln bedeutet.

Beim Begriff »Akzeptieren« spielte eine weitere Objektkomponente eine Rolle. Die Klientin klärte von ganz allein und mit sich selbst, dass es im Kern doch weniger um den Beweis der Schuld des Unfallverursachers gehe, sondern um etwas anderes: »Um die Tatsache, dass mein Mann tot ist, dass ich körperlich durch den Unfall versehrt bin und dass sich dadurch mein Leben irreversibel verändert hat.« Das führte zu einem Gefühl, das sie beim »Nichtakzeptieren« nicht, wohl aber beim »Akzeptieren« zuerst fühlen musste bzw. dann in einem positiven Sinne fühlen konnte: eine tiefe Trauer mit einem fundamentalen existenziellen Schmerz. Als sie diese beiden emotionalen Zustände spürte und zuließ, konnte sie plötzlich frei atmen.

Zu diesem Ergebnis könnten sicher auch ganz andere therapeutische Interventionen führen. Der Vorteil dieses Klartextweges war, dass er immer ganz eng an den sprachlichen Äußerungen der Klientin entlang entwickelt worden war und der gesamte Prozess innerhalb einer einzigen Stunde gestaltet werden konnte.

➡️ Fallbeispiel »Schuld – Unschuld«: Ein 55-jähriger Klient leidet daran, dass seine als psychisch krank diagnostizierte und weit von ihm entfernt lebende Tochter jeden Kontakt zu den Eltern abgebrochen hat und das mit heftigen Anklagen über ihre Erziehung durch den Vater verbindet. Sein primäres Leid war ein Mitleiden am von der Tochter geäußerten und noch mehr von ihm als Vater vermuteten Leiden der Tochter an sich selbst und ihrer vermutlichen psychotischen Krankheit. Er pendelte – auch im therapeutischen Gespräch – nahezu synchron hin und her zwischen Selbstbeschuldigungen (»Ich habe bei meiner Tochter alles falsch gemacht«) und Unschuldsbekundigungen (»Ich und meine Frau können doch nichts dafür!«). Sein gesamtes soziales Umfeld markiere und betone seine Unschuld und seine früheren und aktuellen positiven Seiten auch und gerade gegenüber seiner Tochter.

Klartextregeln folgend und hier zudem erkennend, dass diese Muster des guten sozialen Zuspruchs, die der Klient zur Genüge kennt, hier nicht wiederholt werden müssen, wird ein anderer Weg beschritten. Der Therapeut zentriert sich Wort für Wort ausschließlich auf das, was der Klient selbst dazu sagt. Dabei wurden beide Seiten jeweils getrennt untersucht: die Seite der Schuld und die der Unschuld.

Ergiebiger war erwartungsgemäß die Beleuchtung der Schuldseite: Worin genau besteht oder bestünde seine Schuld? Was wird von ihm als Folge seines von ihm sich selbst und auch von der Tochter unterstellten schuldhaften Verhaltens angesehen? Welche *Strafe* stünde in seiner Weltsicht auf dieser Schuld? Bei diesem genauen und aus Klartextsicht klientenorientierten Vorgehen (warum sollte ein Therapeut einen Klienten a priori *freisprechen,* wenn dieser sich selbst für schuldig erklärt?) ergab ein interessantes Ergebnis: Er fand heraus, was er sich zentral und konkret vorwirft – vor allem die Tatsache, dass er sich oft lange und mit Freude seiner beruflichen Tätigkeit hingegeben habe, statt sich mehr Zeit für seine Tochter zu nehmen. Das führte zu einer für ihn positiven Veränderung: Wenn er sich mithilfe dieser Art von Klartext ohne synchronen Wechsel zur Seite der Unschuld deutlich zu dieser Schuld *bekannte,* das so auch anderen mitteilte und auf deren ohnehin wirkungslosen *Freisprüche* verzichtete, fühlte er sich stärker und freier. Erst dann konnte auch die andere Seite – die Aspekte der Unschuld etwa mit Blick auf die gelebte Fürsorge für seine Tochter – deutlicher erkannt, anerkannt und im fiktiven Rollenspiel der Tochter gegenüber ebenso kommuniziert werden wie die Schuldseite.

 Fallbeispiel »Lustlosigkeit – Lust«: Als Ausgangspunkt berichtet eine Klientin von Klagen ihres Partners am Mangel an Sexualität. Dieser wie sie selbst führe das auf ihre »Lustlosigkeit« zurück. Damit war die Unterscheidung Lust vs. Unlust (= Lustlosigkeit) im Raum als Basis der Problemerklärung und auch der Problemlösung, derzufolge es eigentlich nur einen Weg gebe: Die Frau müsse wieder auf die Seite der Lust kommen.

Die Beleuchtung beider Seiten führte dazu, dass sich auch auf der *Sexunlustseite* jede Menge Lust finden ließ – nur eben nicht auf Sex. Sie entdeckte z. B. eine Lust zum Schlafen, zum Ruhen und vor allem dazu, in dieser Lust vom Partner akzeptiert zu werden.

In der Therapie wurde die Unterscheidung »Lust – Unlust« (auf Sexualität bezogen) in eine andere Leitunterscheidung umgewandelt: Sexuallust vs. Ruhelust. Das einmal so zu formulieren, gab der Klientin die Kraft, aus den bisherigen und sie pathologisierenden Varianten der Leitunterscheidung auszusteigen und neue, hilfreichere und konstruktivere zu formulieren. Nun war es ja auch möglich, dass sie sich ebenso wünschend bis fordernd hinsichtlich Akzeptanz ihrer Entspannungslust an ihren Partner richten könne wie dieser weiter die Erlaubnis habe, sich mit seinen Wünschen und Erwartungen hinsichtlich Sexualität an sie zu wenden.

!

Ist eine Antwort eine Antwort? Wird eine Frage gestellt, kann jede Reaktion darauf als Antwort gedeutet werden. Manchmal sind Frage und Antwort fest gekoppelt und ihre Relation ist intersubjektiv klar. Manchmal sind sie lose aneinandergekoppelt. Dann bleibt es interpretationsbedürftig, worin die Antwort besteht oder ob eine Reaktion überhaupt als Antwort auf die Frage anzusehen ist. Manchmal lässt sich eine Antwort auch als »Noch-nicht-Antwort« einordnen.

Ein Beispiel für eine feste Koppelung ist folgende Sequenz: »Möchten Sie etwas trinken? Antwort: »Nein, danke«. Ein Beispiel für eine lose Koppelung: »Darf ich Sie zum Essen einladen?« Antwort: »Es gibt hier keine guten Restaurants!« Die Antwort kann verschieden interpretiert werden.

Manchmal kann man es als Therapeutin, Beraterin oder Supervisorin so sehen, dass eine Frage auf der Inhaltsebene nicht beantwortet wird: »Was genau müsste Ihr Partner tun, damit Ihre Erwartung an ihn erfüllt ist?« – »Ich weiß ja gar nicht, ob er überhaupt auf mich eingehen will!« Das ist sicherlich eine wichtige Mitteilung auf der Inhaltsebene, aber keine Beantwortung der Frage.

Viele wichtige Fragen werden inhaltlich zunächst nicht hinreichend klar beantwortet. Das dürfte vor allem dann der Fall sein, wenn eine Frage einen ungewohnt neuen Aspekt einer Problematik anspricht oder gar ein tabuisiertes Thema berührt oder wenn eine klare Antwort eine konfliktträchtige Position zu einem schwierigen Thema zum Ausdruck bringen würde. Dann kann eine »Nichtantwort« im Sinne einer Position der Nichtpositionierung passender sein.

Bei Klartext geht es nicht darum, Klienten sprachlich in die Enge zu treiben und sie zu zwingen, Fragen zu beantworten. Es geht aber sehr wohl darum, zu erkennen, ob eine hinreichend klar artikulierte Frage beantwortet wird oder nicht.

Kommt man zum Ergebnis, dass eine Frage inhaltlich nicht beantwortet wird, gibt es folgende Reaktionsmöglichkeiten: Man kann darauf verweisen, dass der Klient etwas sicher sehr Wichtiges gesagt hat, das aber keine Antwort auf die gestellte Frage sei. Meistens erfolgt dann die Rückfrage: »Was war nochmal Ihre Frage?« Man kann diese dann wiederholen.

Als Faustregel gilt: Wenn eine Frage dreimal hinreichend klargestellt und dreimal nicht beantwortet wurde, sollte man sie nicht wiederholen. Dann passt sie nicht in den aktuellen Prozess oder es gibt gute Gründe, darauf inhaltlich nicht hinreichend klar zu antworten. Auch wenn das hier nicht mit empirischen Studien belegt werden kann: Eine klare Frage zu einem schwierigen, zum Teil tabubesetzten und konfliktträchtigen Thema zunächst nicht zu beantworten, ist häufiger als eine sofortige direkte Antwort.

Klartextregeln des Fragens

Fragen können im Kontext Therapie und Beratung als aktiver Teil des Hörens angesehen werden. Vermutlich bestehen über 60 % der Äußerungen von Beratern und Therapeuten aus Fragen. Klienten stellen in der Summe seltener Fragen an Therapeuten als umgekehrt. Fragen definieren eine Beziehung. Wer einem anderen eine Frage stellt, positioniert sich damit dieser Person gegenüber. Man kann verschiedene Typen von Fragen unterscheiden.

Es ist Kennzeichen vieler Professionen, gute Fragen zu stellen: Detektive, Richter, Rechtsanwälte und Staatsanwälte. Auch zur Arbeit von Therapeutinnen und Beratern gehört es, Fragen zu stellen mit einer dadurch zum Ausdruck gebrachten Intention des Helfenwollens. Es kann aber manchmal eine effektive und Überraschung erbringende Musterunterbrechung sein, wenn man den Klienten dazu bringt, gezielt Fragen an den Therapeuten/die Beraterin zu stellen. Zum Muster sozialer Konflikte gehört es üblicherweise, dass die Kontrahenten sich jeweils ihre Meinungen mitteilen und die andere Seite von etwas überzeugen wollen. Daher kann die Aufforderung, beide Seiten mögen Fragen aneinander stellen, zu einer Veränderung des Klimas und des Streitmusters beitragen.

In Therapie und Beratung drücken Fragen in der Regel Interesse und Zugewandtheit aus. Je konkreter eine gestellte Frage ist, umso konkreter sind gewöhnlich die Antworten und umso näher kommt man sich. Fragen an eine Person, die ein wirkliches Interesse am anderen zum Ausdruck bringen, kreieren eine andere Beziehung, als erklärte man ihr etwas. Fragen können Hierarchien in der Beziehung aufbauen. Sie können inquisitorisch wirken. Der Fragende kann sich aber auch in eine untergeordnete Position bringen, weil ja nun der Antwortende der *Wissende* gegenüber dem Fragenden wird.

Krüger, ein Vertreter der Therapieschule der Idiolektik (Bindernagel, Krüger, Rentel u. Winkler, 2013), hat zur therapeutischen »Kunst des Fragen« Hinweise zum guten und effektiven Fragenstellen gegeben. Nach seiner Sicht zeigt sich der Fragende immer auch selbst mit seiner Frage. Zum effektiven Fragen gehöre, dass diese gezielt und speziell formuliert sei: »Meine Sprache muss offen sein, damit sie der Wirklichkeit des anderen gegenüber offen bleibt und öffnend wirkt« (Krüger, 2013, S. 36).

Fragen sind effektiv, wenn sie den Sprachgebrauch des anderen aufgreifen. Wenn sie konkret sind, muss der Befragte nicht mit seinem »Absichten-Radar nach versteckten Intentionen« des Fragenden suchen (S. 36). Demnach sind gute Fragen konkret, kurz und einfach. Sie regen den Befragten an, sich selbst weiterzubefragen. Sie bleiben nahe an dem vom anderen Geschilderten und »explorieren die Bedeutung von etwas für die Person: was bedeutet für Sie …?« (S. 38). Auch wenn das im jeweiligen Sprachspiel ineinander übergehen kann, kann man doch *wirkliche Fragen* von

Fragen unterscheiden, die eigentlich verdeckte Manipulationen, Erklärungen, Rechtfertigungen oder Anklagen sind. Das kann z. B. auf Warum-Fragen zutreffen, »Warum
hast du nicht …?«, auf die oft mit Rechtfertigungen reagiert wird. Deshalb wird
manchmal empfohlen, Fragen nicht mit »warum« zu beginnen, weil das zu solchen
Erklärungen und Rechtfertigungen einlädt. Man kann insofern zwischen *wirklichen*
und *steuernd-strategischen* Fragen unterscheiden – wobei die Zuteilung in die eine
oder andere Kategorie immer die Entscheidung eines Beobachters und hier vor allem
des Befragten ist. Vereinfacht gesagt kennzeichnet eine *wirkliche Frage,* dass der Fragende die Antwort nicht vorhersagen kann und auch nicht will und dass er insofern
selbst gespannt auf diese ist, weil sie für ihn eine Information darstellt im Sinne eines
Unterschiedes, der bei ihm dann weitere Unterschiede hervorrufen wird – und sei
das *nur* eine andere Art von Beziehung zum Befragten.

Karl Tom hat die in diesem Sinne *nichtwirklichen* Fragen »strategische Fragen«
genannt (2001). Mit ihnen sollen die Befragten zu ganz bestimmten Antworten
und damit verbundenen *Einsichten* gelangen. Das können therapeutisch wirkungsvolle Sprechakte sein. Sie stellen einen großen Teil der Wirkfaktoren der kognitiven Verhaltenstherapie dar, wo solche Fragen nach dem damit arbeitenden griechischen Philosophen Sokrates »sokratische« und deren Ergebnis »geleitetes Entdecken«
genannt werden (Stavemann, 2002, S. 88 f.). Sicher werden auch von anderen, z. B.
lösungsorientierten, Therapeuten oft Fragen gestellt mit der heimlichen Absicht,
die Klienten damit auf etwas hinzuweisen, ihre Sichtweise zu ändern oder sie etwas
erkennen zu lassen.

Krüger weist auf die Kehrseite hin, wenn Fragen oder Aussagen a priori ein ganz
bestimmtes Ziel verfolgen, das per definitionem zunächst verdeckt bleibt. Er bezieht
diese Kritik explizit auch auf bestimmte Varianten des ressourcenorientierten Sprechens.
So wichtig und hilfreich eine Ressourcenorientierung ist, kann eine vorprogrammierte,
bei der nur nach Ressourcen gefragt wird oder in jeder Frage eine verdeckte Ressourcenbotschaft eingebaut wird (»Wie haben Sie das nur geschafft?«), manchmal auch den
Zugang zum inneren Erleben der Befragten oder so Angesprochenen verbauen, zu
der ein Ressourcenerleben gerade nicht passt (Krüger, 2013, S. 41).

Das kann natürlich auch für die gegenteilige Orientierung gelten: Wenn ein Therapeut oder Berater aufgrund seiner Haltung oder seiner klinischen Sozialisation
sich ganz an diagnostisch-pathologischen Kategorien orientiert und daraus seine
Fragen ableitet, kann der so angesprochene Klient damit bewusst oder unbewusst
pathologisiert werden.

Abschließend eine Anmerkung zum zeitlichen Stellenwert des Fragens in
einem Dialog: Für Fragen in einem Dialog generell und für Klartextnachfragen im
Besonderen gilt, dass sie als Elemente in einem Gespräch inhaltlich und zeitlich
begrenzt sein müssen. Zum einen, weil das Fragenstellen eine Asymmetrie erzeugt,
die nicht auf Dauer gestellt werden kann: Einer berichtet und der andere fragt nach.
Und da zum anderen zu jedem gesprochenen Satz und fast zu jedem darin ent-

haltenen Wort nachgefragt werden könnte (»Was meinen Sie damit – an wen ist das gerichtet?«), muss man beim Nachfragen auswählen und das auf einige hypothetisch zentrale Sätze und Begriffe beschränken.

Und schließlich bedarf ein Dialog der zeitlichen Begrenzung von Fragen, weil ein auf Verständigung ausgerichtetes Gespräch, in dem eine Seite nur Fragen stellt und die andere nur berichtet, auf Dauer ineffektiv und unerträglich würde. Eine Verständigungsorientierung gehört neben anderen Merkmalen zum System Therapie/ Beratung/Supervision im Unterschied zu anderen Systemen wie etwa einer Zeugenbefragung vor Gericht oder einem Interview in der Medienwelt. Ein verständigungsorientiertes Gespräch ist nur dann hinreichend ausgewogen, wenn beide Seiten erzählen und nachfragen, auch wenn Klienten zu Letzterem oft erst aufgefordert oder ermutigt werden müssen. Auch wenn Therapeuten, Beraterinnen und Supervisorinnen in der Summe weitaus mehr Fragen an Klienten stellen als umgekehrt, enthalten gute therapeutische Gespräche eine gute Portion Mitteilungen von Experten an ihre Klienten (manchmal hier »Interventionen« genannt): über deren Hypothesen, Interpretationen und Deutungen und auch als Selbstoffenbarungen.

(!)
Zur Kommunikation gehören Aussagen und Fragen. Manche Fragen sagen viel und manche Aussagen beinhalten eigentlich eine Frage. Das eine lässt sich mit Gewinn in das andere transformieren.

Fragen oder Sagen: Wenn man in Therapie, Beratung und Supervision dafür sorgt, dass einmal Fragen gestellt statt Aussagen gemacht oder Aussagen gemacht statt Fragen gestellt werden, kann das einen Unterschied machen, der weitere Unterschiede hervorbringt.

(➡)
Fallbeispiel Teamsupervision »Fragen statt Sagen«: Im Team einer psychotherapeutischen Klinik stehen sich zwei *Lager* im Umgang mit Klienten gegenüber: das historisch ältere und in der Haltung härtere Lager mit einer strengen Beachtung der Hausordnung als Teil der Therapie – und das jüngere, hinsichtlich Ordnungsregeln sanftere und sich »patientenorientiert« nennende. In nahezu allen die Therapie des Hauses und die Hausordnung betreffenden Fragen standen sich diese Lager gegenüber, ein Konsens war nicht oder immer nur vorübergehend zu finden. Im Umgang miteinander teilte man sich die jeweiligen Sichtweisen mit einer negativen Bewertung der Sicht der anderen mit. Das ergab keine produktiven Resultate.

In der Supervision wurden diese beiden Gruppierungen einander gegenübergestellt mit der Aufgabe, sich gegenseitig darzulegen: (1) Was wollen wir der anderen Seite sagen? (2) Welche drei Fragen haben wir an die andere Seite? Ersteres war sehr gewohnt, Zweiteres musste mithilfe von supervisorischen Klartextfragen erst erarbeitet werden und führte schließlich zu weiterführenden neuen Optionen. Ein Beispiel einer gestellten Frage: »Wenn ich mit einem Klienten von mir so vorgehe, wie ich das hier in meiner Gruppe gut finde und wohl wissend, dass ihr (andere Seite) dem inhaltlich nicht zustimmt, tragt ihr dann meine Entscheidung im Umgang mit dem Klienten mit?« Das Ergebnis war eine größere Toleranz gegenüber der jeweils anderen Seite und eine gestiegene Akzeptanz der Unvereinbarkeiten mancher Sichtweisen anstelle der alten Versuche, die andere Seite von der eigenen Meinung zu überzeugen.

➡ Fallbeispiel »Aufforderung zum Fragen«: Ein Klient berichtet lange und ausführlich. Er bietet kaum Lücken, in denen ich fragend oder etwas sagend einsteigen könnte. Er wisse um diesen Kommunikationsstil, da er diesbezüglich bereits viele Rückmeldungen erhalten habe. Diese könne er für sich aber nicht produktiv verwerten. Im Therapieprozess hilfreich war hier die wiederholte und recht direkt formulierte Aufforderung: »Bitte machen Sie aus dem, was Sie mir da jetzt gerade berichten, eine Frage – machen Sie irgendeine Frage daraus – an mich, an andere oder an sich selbst.« In diesem Fall hatte der Klient eine wichtige Frage an sich selbst. Die Funktion seines vielen Redens konnte dahingehend rekonstruiert werden, dass er im Kreisen um diese Frage an sich selbst die anderen zu Zuhörern seiner Monologe machte und sich dadurch selbst ermöglichte, sich diese Frage weder selbst stellen noch beantworten zu müssen. Diese Frage lautete: »Was von mir persönlich will ich andere wirklich wissen lassen und was nicht?«

Sagen statt Fragen: Auch der umgekehrte Weg kann wichtig sein und zu neuen Optionen führen: sagen statt fragen. Es gibt zahlreiche Frageroutinen, die eigentlich etwas sagen wollen und das in einer Frage *verpacken*, z. B. die bereits erwähnten von Karl Tom »strategisch« genannten Fragen.

Manchmal gibt es in der therapeutisch-beraterischen Beziehung zu Klienten Symptome, die darauf verweisen, dass der Therapeut vom Fragen auf das Sagen umstellen sollte: Viele wertvolle therapeutische Hypothesen werden Klienten in Form von Fragen präsentiert – vor allem dann, wenn vermutet wird, dass eine Hypothese für ein Klientensystem zu konfrontativ wäre oder dort auf Ablehnung stoßen würde. Dann wird aus der Hypothese »Der Sohn zieht sich in seine Depression zurück, weil das der einzige Weg ist, den Erwartungen und Kritiken seiner Eltern zu entgehen« eine Frage wie diese an den Sohn: »Gibt es etwas, das Sie sich von Ihren Eltern wünschen?«

Das Problem an dieser eigentlich schönen Frage ist, dass Klienten die dahinterliegenden Hypothesen manchmal wittern und diese, da sie nicht offen formuliert sind, nicht offen kommentieren oder ablehnen können. Sie weichen dann in ihren Antworten auf eine spezifische Teilfrage aus, ob sie dem zustimmen oder diese These ablehnen. Das kann einen zähen und lähmenden Gesprächsverlauf nehmen. Dann wäre das Umschalten von aus Hypothesen abgeleiteten Fragen auf das »Sagen« in Form einer transparenten Darlegung der Hypothese indiziert (zum Ablauf einer solchen Hypothesentransparenz siehe Kapitel 7.2.3).

6.5.3 Klartextregeln des Sagens

In der Schriftform enden Aussagen grammatikalisch mit einem Punkt oder einem Ausrufezeichen und Fragen mit einem Fragezeichen. Im Sprechen unterscheiden sich Aussagen und Fragen durch die Tonlage am Ende eines Satzes. Sprechen kann sprachphilosophisch als Handeln im Sinne eines Sprechaktes angesehen werden. Aus der Logik des Klartexts lassen sich zum Sprechen bzw. zum Sprechakt einige Regeln aufstellen.

Man muss keinen Sprachkatechismus mit guten und schlechten Noten für therapeutisches oder beraterisches Sprechen entwickeln. Das würde die Kreativität der Sprecher und der Sprache lähmen. Umgekehrt gibt es sehr wohl einige Regeln, deren Befolgung dazu beiträgt, dass das, was ein Experte mitteilt, für den Klienten hinreichend klar ist. Im Folgenden werden diese vorgestellt.

Vollständigkeit des Satzbaus: Wohlgeformte Sätze enthalten eine hinreichend klare Benennung von Subjekt, Objekt und Prädikat. Ein Beispiel zum Subjekt: »*Ich* denke gerade über Sie …« ist in diesem Sinne wohlgeformter als »Man könnte über Sie denken …« Ein Beispiel zum Objekt: »*Mich* beeindruckt Ihre Fürsorge, von der Sie sich im Umgang mit Ihrem Sohn leiten lassen!« ist vollständiger formuliert als »Ich finde, Sie sind nett zu Ihrem Sohn!« Ein Beispiel zum Prädikat: »Was denken Sie über Ihren Partner, wenn er so mit Ihnen spricht?« ist konkreter als »Wie ist das für Sie?«

Therapeuten und Berater stellen permanent Hypothesen über ihre Klienten auf. Das wissen diese. Hypothesen sind die Quelle von vielen guten aus ihnen hervorgehenden Fragen und Interventionen. Es lassen sich Klartextregeln formulieren, wie solche Hypothesen einem einzelnen Klienten oder einem Klientensystem offen und transparent mitgeteilt werden können oder manchmal auch sollten. Das ist keine permanente Notwendigkeit, aber eine permanente Möglichkeit.

Mitteilen therapeutischer/beraterischer/supervisorischer Hypothesen: Experten interpretieren das, was Klienten berichten, vor dem Hintergrund ihrer Therapieschulen und ihrer Persönlichkeit. Auch wenn man sich im Sinne der Darlegungen in Kapitel 6.5.2 darum bemüht, nicht zu rasch (hypothesengeleitet) *zu verstehen,* sondern erst einmal genau nachzufragen, lässt sich die *hypothesengenerierende Maschine* in den Köpfen von Therapeutinnen, Beratern und Supervisorinnen nicht oder nur sehr schwer abstellen. In diesem Abschnitt geht es um eine spezifische und oft erfolgreiche Variante, mit solchen Hypothesen umzugehen.

Berichte von Problemen enthalten Aspekte der Erklärung (warum ist das so?), der Bewertung (was ist gut oder schlecht?) und der bloßen Beschreibung oder Benennung: Darauf können Therapeuten gar nicht anders reagieren, als das nun ihrerseits zu benennen, zu bewerten und vor allem hypothetisch zu erklären. Manchmal schreckt man als Therapeutin/Berater aus gutem Grund davor zurück, Klienten diese Hypothesen explizit wissen zu lassen. Man befürchtet, damit die Klienten, die therapeutische Beziehung oder sich selbst durch eine Hypothesentransparenz zu belasten. Sicher können manchmal konfrontative und dem bisherigen Denken von Klienten entgegenstehende Hypothesen herausfordern, provozieren und auch kränken.

Die Kehrseite von – aus guten Gründen – nicht mitgeteilten Hypothesen kann aber die sein: Klienten erahnen die Hypothesen ihrer Therapeuten und Berater oder erkennen sie an den gestellten Fragen, vor allem wenn sie in den bereits angesprochenen »strategischen Fragen« zum Ausdruck kommen. Dann kann es zu einem schwerfälligen Tanz kommen, in dem der Therapeut in Fragen versteckte Hypothesen präsentiert und die Klientin diese mehr indirekt als direkt abzulehnen versucht. Hilfreicher ist es dann, wenn die Hypothese (1) offen mitgeteilt und dabei (2) klar als Hypothese bzw. therapeutische Konstruktion und nicht als Wahrheit markiert wird. Außerdem sollten (3) der Klientin alle Rechte gegeben werden, diese Hypothese offen abzulehnen, ohne dafür eine Sanktion in der therapeutischen Beziehung befürchten zu müssen (wie genau man hierbei vorgehen kann, wird in Kapitel 7.2.3 beschrieben). Manchmal kann ein Klient auch mit einem oft belustigenden Effekt gefragt werden: »Was vermuten Sie, von welcher Spekulation über Sie ich bei meinen Fragen gerade ausgehe?«

> **(!)** *Schweigen und Klartext.* Schweigen ist zunächst Abwesenheit von Reden. Es wird von einem Beobachter nur dann als Schweigen wahrgenommen, wenn man annimmt, es könnte auch geredet werden. Offen über etwas zu reden, wird in der Welt von Therapie und Beratung oft besser bewertet als Schweigen oder gar ein »Ver-Schweigen«. Eine andere Herangehensweise an Schweigen sieht darin eine ebenso gute Möglichkeit wie im Reden mit etlichen Varianten von Anschlusskommunikationen an Schweigen.

Auf die Rolle von Schweigen und dessen potenzielle Funktionen in der Kommunikation als Abwesenheit von Reden, als Sprechakt, als Variante einer Musterunterbrechung in der Kommunikation oder als Moment der Reorganisation der Psyche wurde bereits ausführlich in Kapitel 4.1.2 eingegangen. Beobachten wir es im Rahmen eines Gesprächs, kann man Schweigen defizitorientiert beschreiben: Man könne über etwas *noch nicht* reden und müsse das erst lernen.

Für eine Klartextperspektive ist es wichtig, verschiedene Varianten des Schweigens zu unterscheiden und sie alle positiv zu konnotieren: Stille Momente in einem Gespräch, ein vermutetes Ver-Schweigen, ein »Dazu fehlen mir jetzt die Worte«-Schweigen. Man könnte auch ein Reden über etwas mit dem Ziel, über etwas anderes nicht reden zu müssen, als eine Form des »Schweigen über etwas« interpretieren. Schweigen in einer Beziehung kann diese auch definieren. Wenn auf eine durch ihre Fragen dominant wirkende Person mit einem Schweigen geantwortet wird, könnte das auch als Beziehungsdefinition gelesen werden: »Ich möchte dir gegenüber nicht in die Rolle des auf deine Fragen antworten Müssenden kommen.« Das klingt kompliziert, ist aber alltägliches Geschehen.

Es geht bei Klartext nicht darum, aus Schweigen unbedingt Sprechen zu machen, sondern darum, die jeweilige Variante des Schweigens als solche zu erkennen und konstruktiv damit umzugehen. Man kann dazu Hypothesen entwickeln und diese klären: »Habe ich das recht verstanden, dass Sie auf diese Frage nicht antworten können oder möchten?« Man kann Phasen der Stille im Gespräch explizit gutheißen und auch länger schweigen, auch wenn und gerade weil das in manchen Kontexten schwer auszuhalten ist. Im Schweigen entsteht vielleicht gerade etwas Wichtiges, Kreatives. Es lässt sich auch nachfragen: »Sie sind jetzt (eine Zeit lang) still. Darf ich wissen: Was geht da gerade in Ihnen vor?«

Reden über Probleme und dadurch generierte neue Optionen sind das Standardgeschäft der Psychotherapie und Beratung. Gerade deshalb kann es eine kreative Musterunterbrechung sein, wenn explizit einmal zu einer *Runde Schweigen* eingeladen wird.

Im sogenannten Drei-Welten-Modell (Kapitel 5) der Systemtheorie steht die Beziehung zwischen psychischem inneren Erleben und Interaktion und Kommunikation im Mittelpunkt. Inneres psychisches Erleben und Sprechen finden nacheinander, aber auch gleichzeitig statt. Beide Seiten beeinflussen sich gegenseitig. Das kann auch einmal negativ sein, wenn zu viel Reden wichtige innere Prozesse stoppt oder stört. Dann kann ein gezieltes Schweigen (vielleicht als Vorbereitung auf späteres Sprechen) nützlich sein. Sofern Therapeuten und Berater Normgeber für ihre Gespräche (vielleicht jetzt ergänzt um: »Geschweige«) sind, liegt es an Ihnen, Schweigen entsprechend positiv zu werten oder gar zu installieren.

Klartextfragen zum Schweigen sind bspw.: »Worüber haben Sie gerade geschwiegen bzw. worüber schweigen Sie gerade?« – »Nehmen wir an, mit Ihrem Schweigen teilen Sie etwas Wichtiges mit, was wäre das?« – »Sie haben jetzt länger geschwiegen. Das ist sicher wichtig. Gibt es etwas, das Sie zu Ihrem Schweigen sagen möchten?«

> (!) *Klartext bricht Regeln anderer Sprachspiele.* Wenn man in Klartext ein Sprachspiel
> neben anderen sieht und wenn man davon ausgeht, dass alle Sprachspiele ihre
> Regeln haben, dann verletzen Klartextregeln gelegentlich die anderer Sprachspiele.
> Es empfiehlt sich, die Tatsache eines Regelbruchs durch Klartext explizit zu mar-
> kieren. Wenn sich im Sinne des Aufeinandertreffens verschiedener Sprachen – als
> Differenzpraxis sensu Bourdieu – Klartext und andere Sprechweisen begegnen
> und das nicht zu koproduktiven und für Klienten nützlichen Ankoppelungen führt,
> sollte man von Klartext Abstand nehmen und ggf. über diese Koppelung selbst
> kommunizieren und sich abstimmen. Klartext sollte nicht zur für Klienten nicht-
> nützlichen »legitimen« Sprache in einer Therapie bzw. Beratung werden.

Wenn es zur Regel eines System gehört, dass bestimmte Themen nicht angesprochen oder manche Adressaten von Appellen nicht explizit benannt werden und Klartext genau danach fragt, unterbricht oder stört Klartext sonst übliche Routinen. Das hat eine potenziell kreativ-innovative und eine potenziell bedrohlich-konfliktträchtige Seite. Jede Person und jedes System wird auf eigene Art auf regelverletzenden Klartext reagieren.

Nicht jedes System lässt sich auf Klartext ein. Man kann auch mit Nebeltext auf Klartext antworten. Mit Meta-Klartext-Klarheit kann man das erkennen und dann diese Divergenzen markieren oder den anderen Stil akzeptieren. Aus einer Metaperspektive heraus gilt es, die jeweiligen kommunikativen Anschlüsse zu beobachten: In welchen Stil spricht eine Seite und wie reagiert die andere darauf – und welches Muster ergibt sich daraus?

Manchmal ist der Regelbruch von Klartext ganz offenkundig. Ein Beispiel: Ein Klient schildert seine Beschwerden und sein Leid. Er ist gewohnt und erwartet eine inhaltliche kommunikative Einlassung des Therapeuten auf den Inhalt seiner Erzählung. Möglicherweise wäre das eine Wiederholung vieler bereits hierzu statt-gefundener Dialoge. Der Therapeut wählt nun einen anderen Weg mit der Frage: »Was wollen Sie mir mit Ihrer Schilderung Ihres Leidens sagen? Was erwarten Sie jetzt von mir?« Man kann im erwähnten Beispiel dem Klienten erläutern, dass und warum man gerade anders nachfragt, als er es vielleicht gewohnt ist. Man kann zu Klartext über Klartext ermuntern und explizit darum bitten, dass Klienten offen sagen, wenn bestimmte Sprecharten des Therapeuten sie irritieren oder anderweitig unangenehm berühren.

> (➡) Fallbeispiel: Eine Klientin berichtet von einigen Belastungen in ihrem Leben (beruflich,
> Partnerschaft, pflegebedürftige Mutter) und verliert sich aus Sicht des Therapeuten
> in vielen Einzelheiten. Das ist auch der Fall, wenn der Therapeut versucht, an einem
> Thema zu bleiben. Er spricht dies offen an und holt sich die Erlaubnis der Klientin, das

Gespräch deutlicher führen zu dürfen, damit man für diese Sitzung auf ein therapie-relevant zentrales Thema kommen kann. Das ist dann auch der Fall, allerdings muss der Therapeut häufiger unterbrechen und wird insofern ziemlich direktiv. In dieser Sitzung vergewissert er sich zweimal, ob sich die Klientin dadurch bevormundet oder kritisiert fühlt, was sie explizit verneint. Sie bestätigt im Gegenteil, dass ihr diese Art von Gesprächsführung hilft und gut tut. In einem anderen Fall könnte die Antwort anders ausfallen und dann müsste der Therapeut zusammen mit dem Klienten einen anderen Weg wählen: Meta-Klartext-Klarheit.

6.5.4 Klartext als Metaebene: Meta-Klartext-Klarheit

Man kann unterscheiden zwischen den Ebenen der Sprache mit ihren Logiken und der realen Sprachperformanz. Die Meta-Klartext-Klarheit gehört zur Ersteren und beobachtet von dort aus einer sprachanalytischen Metaperspektive das konkrete Sprechen in konkreten Situationen. Eine explizit soziologische Perspektive auf die gesellschaftlichen Kontexte von Sprache und Sprechen kann die Erkenntnisse der Meta-Klartext-Klarheit unterfüttern und der darauf ruhenden Praxis zu mehr Effektivität verhelfen. Beobachtet werden dann metaperspektivisch die jeweiligen Sprachspiele und Sprachstile, die allgemeinen und erkenntnistheoretischen Prämissen ihrer Aussagen sowie die Rolle diesbezüglich relevanter gesellschaftlicher Kontexte.

Sprache und Macht – Distinktionssensibilität: Im Zentrum dieses Buchs stand und steht Sprache als Verständigung, Sprache als Weltkonstruktion, Sprache als Haus, in dem wir wohnen, und damit Sprache als Bedeutungsträger, Bedeutungsvermittler, als Sinngebung und Sinnstiftung. Diese Perspektive hat nach Bourdieu aber einen blinden Fleck, wenn sie verkennt, dass jede Sprache und jeder Sprechakt immer auch Ausdruck sozialer Verhältnisse ist. Es gibt immer eine herrschende legitimierte Sprache und davon abweichende Sprachen. Meta-Klartext-Klarheit ist sich dessen bewusst und beobachtet die zwischen Therapeuten, Beratern und Klientinnen ablaufenden Kommunikationen auch mit den von diesbezüglichen sozialkritischen Soziologen angefertigten Brillen (etwa der von Bourdieu in Kapitel 3.2.13): Wie werden die sozialen Positionen von Therapeutinnen, Beratern und Klientinnen durch Anwendung von Klartext in der Hand von Therapeutinnen, Beratern definiert mit welchen Kosten und Nutzen für beide Seiten? Mit welchen verbalen und nonverbalen Aspekten des sozialen Habitus reagieren Therapeutinnen und Klientinnen (bzw. Supervisoren und Supervisandinnen) aufeinander und in welchem damit einhergehenden sozial-kommunikativen Klima? Was geschieht auf sozialer Ebene, wenn verschiedene Sprachstile oder wenn eine offiziell legitime und eine davon abweichende Sprache

aufeinandertreffen? Die Beteiligten sind sich dieser Unterschiede dann mehr oder
weniger bewusst und müssen nun damit umgehen.

Das Aufeinandertreffen einer offiziell-legitimen und einer nichtoffiziell-nicht-
legitimierten Sprache und den bewussten Umgang damit nennt Bourdieu eine
»Distinktionspraxis«. Darin geübt zu sein, das zu erkennen, können wir daher eine
»Distinktionssensibilität« nennen, mit deren Hilfe Therapeuten, Beraterinnen und
Supervisoren aus der Perspektive der Meta-Klartext-Klarheit das Aufeinandertreffen verschiedener Sprachstile in den von ihnen geleiteten beruflichen Systemen
erkennen. Sie sind sich dann auch ihrer Macht in diesen Systemen bewusst. Sie können als Vertreter von Klartext die Sprechweisen anderer mithilfe der eigenen Sprachregeln beleuchten und auch im Hinblick auf deren Auswirkungen bewerten. Sie können Klienten oder Supervisanden zu Modifikationen ihres Sprechens anregen. Das
Befragen eines Klienten mithilfe von Klartext, der sich dann darauf einlässt, ist ein
gutes Beispiel dafür. Sie können dabei andere Sprechweisen offen oder verdeckt sanktionieren, sie akzeptieren und sich dieser ggf. auch selbst anpassen. Und sie kann mit
Klienten über die Begegnung beider Stile kommunizieren und über das gemeinsame
sprachliche weitere Prozedere sprechen. Wie immer man hier vorgeht, die realen und
symbolischen Machtverhältnisse kann man nicht aufheben.

In Sprechakten enthaltene Prämissen und Kontexte: Man kann mit der Sprachphilo-
sophin Sybille Krämer auf Sprechen in Therapie und Beratung mit dem von ihr
sogenannten »intellektualistischen Konzept« blicken (Krämer, 2017). Dieses kennzeichnet die Unterscheidung zwischen Sprache und Sprachperformanz. Im Folgenden
geht es um den Nutzen der Meta-Klartext-Klarheit für die Praxis. Dabei interessiert
nicht die Anwendung irgendeiner Regel oder Norm im Sinne eines Up-down-Prozes-
ses. Es geht vielmehr um eine Down-up-Perspektive, bei der man aus einem Satz oder
aus Sätzen auf Aspekte schließt, die den jeweiligen Sprechakten explizit oder implizit zugrunde liegen. Man kann so wertneutral bestimmte Sprachstile identifizieren,
z. B. klartextorientierte, metaphorische, ironisierende, vortragende, erklärende usw.
Man kann auch Hypothesen dazu bilden, welche Prämissen bestimmte darin jeweils
dominant verwendete Begriffe oder Aussagen enthalten. Das hat aus therapeutischer
Sicht natürlich nur dann Sinn, wenn sich daraus ein Nutzen für die weitere Therapie/
Beratung und damit am Ende für die Klienten ergibt.

Was die jeweiligen Prämissen von Aussagen betrifft, kommen wir erneut auf
den Logiker und Philosophen Gottlob Frege zurück (vgl. Kapitel 3.2.5). Nach ihm
beinhaltet jedes Sprechen immer etwas damit implizit Mit- oder auch Gesagtes. Zum
Beispiel beinhaltet die Aussage »Wir überlegen uns, ob wir uns ein Haus kaufen« die
Bedeutung, dass die zum Wir Gehörenden existieren, eine Art Gemeinschaft bilden
und offenbar über Kapital verfügen. Das ist eine aus dem Sprechakt erschließbare
Prämisse der Aussage. Mit einiger Übung kann man rasch relevante Hypothesen zu
solchen und dann auch weniger offensichtlichen Prämissen von Aussagen bilden und

damit weiterarbeiten. Das geschieht z. B. in der kognitiven Verhaltenstherapie, wenn Therapeuten aus einer Klientenäußerung (»So wie der kann man sich doch nicht verhalten!«) hypothetisch auf darin enthaltene Grundannahmen schließen (»Die Welt muss so sein, wie ich das will!«) und diese Hypothese dann prüfen.

Dem Ansatz, einzelne Äußerungen darauf hin zu analysieren, welche Prämissen sie enthalten, folgt Leibetseder im Bereich der kognitiven Verhaltenstherapie (Leibetseder, 2018, S. 262 f., S. 311 f.). Er bezieht sich dabei auf Chomsky (1981, 2002) und Skinner (1957). Mit einem sogenannten linguistischen Algorithmus werden wie bei Frege einzelne Äußerungen von Klienten dahingehend analysiert, welche Implikationen und Präsuppositionen (implizite Voraussetzungen) sie enthalten. Dazu gehören auch implizierte Hinweise auf Motive, Pläne oder Bedürfnisse. Z. B. enthält der Satz »Wie konnte ich nur hoffen, dass er mir helfen würde« Implikationen der Bedeutung der Hilfe, eine unterstellte Hilfsbedürftigkeit und wohl auch eine Enttäuschung (Leibetseder, 2018, S. 313). Leibetseder spricht von »stillschweigenden Schlussfolgerungen« und implizit enthaltenen Bedeutungen, die man als Zuhörer aus einem Satz ableiten könne. Das hat therapeutisch praktischen Nutzen: »In den therapeutischen Gesprächen werden die Implikaturen der einzelnen Sätze oder Begriffe identifiziert. Diese Implikaturen werden explizit gemacht. Sie werden auf ihre Angemessenheit hin untersucht. Durch Fragen werden Personen angeregt, ihre unüberprüften Annahmen zu erkennen. Die Personen sollen über die Beibehaltung oder Änderung selbst entscheiden (S. 312)«.

 Fallbeispiel aus einer Supervision: Zum Team einer psychotherapeutischen Kinderklinik gehören Pädagogen, Psychologen und Ärzte. In der Supervision sagt ein Pädagoge: »Ich muss am Abend ausbaden, was der Therapeut tagsüber entschieden hat.« Diese Aussage enthält mehrere reale oder potenzielle Prämissen: Eine Hierarchie zwischen Pädagogen und Therapeuten, die zeitliche Einteilung in Tag und Abend mit offensichtlich unterschiedlicher Präsenz der Berufsgruppen in diesen Zeiten und vor allem ein Verursacherprinzip (Therapeut am Tag bewirkt Problem von Pädagogen am Abend).

Mit Meta-Klartext-Klarheit kann man auf diese Prämissen hypothetisch schließen und durch Hypothesentestung zur weiteren Arbeit nutzen: »Heißt das, dass Sie in Entscheidungen von Therapeuten die Ursache von Belastungen von Pädagogen sehen? Und dass es zwischen beiden Berufsgruppen eine Hierarchie gibt?« Jede derartige Interpretation von Prämissen ist stets das Werk eines Sprachbeobachters oder Zuhörers mit einem großen Spektrum potenziell unterlegbarer Prämissen. Diese können z. B. darin enthaltene Beziehungsdefinitionen, Kausalannahmen, implizite Ge- und Verbote und vieles mehr betreffen und so womöglich erst offenbar machen. Der Vorteil für die Praxis ist, dass sie für die Sprecher so oft erst als Basis ihrer Problemkonzeptionen bewusst werden und man dann prüfen kann, welche man beibehalten und welche man ändern kann oder muss und wie man fortan damit umgehen will.

Zur soziologischen Unterfütterung der Meta-Klartext-Klarheit ist zu beachten, dass bestimmte Begriffe in bestimmten gesellschaftlichen Funktionsbereichen Verschiedenes bedeuten. Der Begriff »Therapie« oder »therapeutische Hilfe« hat bspw. auf einer Intensivstation in einem somatomedizinischen Krankenhaus eine andere Bedeutung als im Raum eines ambulanten Psychotherapeuten oder der Mitarbeiterin einer psychologischen Beratungsstelle.

Meta-Klartext-Klarheit kann manchmal erkennen und beschreiben, dass und wie in einem Dialog oft unbemerkt und unbewusst verschiedene derartige mit einem Begriff oder einer Sprachwendung verbundenen Prämissen verdeckt aufeinandertreffen. Das ist der Fall, wenn ein Klient (1) den Satz äußert »Ich bin depressiv und brauche Ihre Hilfe« und das seinem Therapeuten im Sinne eines somatomedizinischen Kontexts sagt und (2) der Therapeut automatisch »Therapie als Hilfe zur Selbsthilfe« definiert. Möglicherweise erkennen die beiden im weiteren Dialog gar nicht, von welch grundlegend verschiedenen Prämissen sie ausgehen oder merken das erst, wenn es Komplikationen in ihrer Zusammenarbeit gibt. Meta-Klartext-Klarheit erkennt und sieht diese Differenzen rechtzeitig und kann diese selbst sprachlich markieren, beschreiben und dadurch in Richtung einer fruchtbaren Kooperation aneinander anschlussfähig machen.

Beobachterunabhängig-ontologische vs. beobachterabhängig-reflexive Sprachspiele: Metaperspektivisch lassen sich diese beiden (bereits in Kapitel 4.1.3 ausgearbeiteten) Sprachspiele unterscheiden. Für die beobachterunabhängig-ontologische Sprechweise gibt es Dinge wirklich und *an sich,* die man dann der Etikettentheorie der Sprache folgend (siehe Kapitel 3.2.1) korrekt beschreiben und benennen kann. Alles hat seinen angemessenen Namen: Pauls Verhalten ist »aggressiv«, was Herrn Münter quält, ist eine »Depression«.

Die beobachterabhängig-reflexive Sprache ist demgegenüber prämissen- und kontextbewusst und geht davon aus, dass alles, was über die Welt oder über Personen gesagt wird, von einem Sprecher oder Beobachter konstruiert wird und dass diesen Konstruktionen immer bestimmte Vorstellungen, Konventionen und gesellschaftliche Regeln als Prämissen zugrunde liegen.

Besonders relevant für die Meta-Klartext-Klarheit ist, dass diese Prämissen ebenso in Worten und Begriffen zum Ausdruck kommen, wie sie durch diese Begriffe auch implantiert werden. Man hat also direkten Zugang zu ihnen, wenn man sie in der jeweils gesprochenen Sprache *hört,* durch gutes Nachfragen herausarbeitet und/oder gezielt Hypothesen dazu bildet, die man dann präsentieren oder durch Fragen überprüfen kann. Sie lassen sich nicht verbergen und liegen sozusagen beim und durch das Sprechen *auf dem Tisch.* Z. B. bringt die Aussage »Die heutigen Ängste *sind* durch frühe Erfahrungen verursacht« eine ontologische Sichtweise mit einer unterlegten Monokausalität zum Ausdruck: die Einheit »Angst« hat eine in der Vergangenheit liegende kausale Ursache. Demgegenüber ist folgende Aussage kontext- und prämissenbewusst: »Nach meiner aktuellen Vorstellung stelle ich mir Ihre Ängste als durch frühere Erfahrungen verursacht vor.« Für die einen machen diese beiden Formulierungen keinen relevanten Unterschied, für die anderen zeigen sich darin zwei ganz unterschiedliche Erkenntnistheorien. In Tabelle 1 in Kapitel 4.1.3 (S. 90) sind Sprechfiguren beider Sprachspiele einander gegenübergestellt.

Die Gegenbeobachtung anderer Sprachspiele durch Klartext. In der therapeutischen und beraterischen Praxis trifft Klartext auf andere Sprachspiele. Diese können mit der Brille von Klartext beobachtet und dann kann entschieden werden, wie sich mit ihnen bzw. mit der Koppelung beider Spiele aneinander produktiv umgehen lässt. Das gilt z. B. für die Sprachspiele Ironie, Nebeltext und Metaphorik.

Klartext und Ironie. Klartext sucht Eindeutigkeit, Ironie spielt mit der Grenze zwischen klar Verständlichem, Angedeutetem und Unverständlichem.

Unser Sprechen enthält zum Glück viele Aussagen, die den Merkmalen und Regeln von Klartext explizit nicht entsprechen. Dazu gehören die Ironie und das, was manchmal mit dem Begriff der Poesie umschrieben wird. Sie enthalten Figuren der Andeutung und Aussagen, die davon leben und deshalb reizvoll sind, weil in ihnen etwas mitschwingt, das nicht im Text und in den Aussagen selbst enthalten ist. Wer poetisch von einer »tragenden Stille« oder von einer »Gebärde des Entgegenkommens« spricht, sollte und muss nicht sagen, was er genau damit meint.

Die deutschen Romantiker, so Safranski in seinem Werk »Romantik: Eine deutsche Affäre« (2009), haben in ihrer Epoche die Ironie und die »progressive Universalpoesie« als geistige Basis angesehen. Im Geiste der Poesie sei alles mit allem verbunden, was in einem Satz oder Wort nicht zum Ausdruck, wohl aber mit ihm zum Schwingen gebracht werden kann. In der alltäglichen Form sei die Ironie eine sprachliche Figur, mit der man etwas sagt oder etwas andeutet und etwas ganz anderes oder sogar das Gegenteil meint. Poetisch im Sinne des Philosophen Schlegel, so dessen Darstellung bei Safranski, werde Sprache dadurch, dass jede Aussage relativiert werden kann, dass sie also »schwebe« (Safranski, 2008).

Klartext wäre aus dieser Perspektive eine Illusion, wenn damit verbunden würde, dass eine Aussage so klar formuliert werden soll oder kann, dass sie in sich vollständig verständlich ist. Damit sind wir wieder nahe bei Walser und all jenen Sprachphilosophen, für die Aussagen und Texte immer nur einen Teil des *Sagbaren* zum Ausdruck bringen können. Was für Klartext eine Herausforderung zur Klärung ist, ist für Ironie deren Basis: Sie spielt ganz bewusst mit dem Angedeuteten und vor allem mit dem Wissen darum. Sie geht immer von einer anderen Seite des Gesagten aus im Spiel mit den Grenzen zwischen Verständlichem, Angedeutetem und Unverständlichem. Als Sprechakte und Sprachspiele folgen Klartext und Ironie daher verschiedenen Sprachregeln.

Eine übergeordnete Meta-Klartext-Klarheit begnügt sich damit, die Ironie zu beobachten und in ihren starken und vor allem subtilen Varianten zu erkennen. Sie unterscheidet so das Ironische vom Nichtironischen und insbesondere vom Klartext. Vor allem bewertet sie die jeweiligen Spiele nicht a priori. Sie kann Sprachfiguren der Ironie, der Poesie und der Andeutung aber auch mit Klartext *befragen*. Die ironische Aussage »Das hat sie ja mal wieder toll gemacht!« folgt den Regeln der Ironie, wenn sie genau das Gegenteil meint.

Man muss dieses schöne Sprachspiel nicht unbedingt durch Klartext entzaubern. Aber man könnte das und das kann in Therapie und Beratung manchmal wichtig und nützlich sein. Der ironisch Sprechende kann dann – in voller Bewusstheit, dass damit nun die Regeln der Ironie verletzt werden – mit *inszenierter Naivität* befragt werden: »Meinen Sie das ernst? Was fanden Sie denn gut an dem, was Sie gemacht hat«? Oder man offenbart mit Klartext: »Ich verstehe das so, dass Sie mit diesem Satz auf ironische Weise eine Kritik ausdrücken. Wenn das zutrifft: Wie würde es sich anhören, wenn Sie das direkt sagen würden? Was befürchten Sie, wenn Sie so direkt sprächen?« Mit einer Metaklarheit über gesprochene Sprachspiele kann man auch im angebotenen Spiel mitspielen und auf die Aussage »Das hat sie ja mal wieder toll gemacht!« sagen: »Sie bringen die Dinge ja mal wieder auf den Punkt!«

Klartext und Nebeltext. Nebeltext ist zunächst all das, was Klartext nicht ist – also der Außenkreis des Klartextinnenkreises. Er hält Formen offen, wo Klartext sie schließt. In manchen Kulturen gehört das zum guten Stil. Es geht nicht um eine Entwertung von Nebeltext, sondern um eine konstruktive Gegenüberstellung und Koppelung von Klartext und Nebeltext.

Nebel kann beeindruckend schön sein und Stimmungen ganz besonderer Art erzeugen. Das gilt – mit Einschränkung – auch für den sprachlichen Bereich. Zum Außenkreis des Klartextinnenkreises gehört etwa, dass die Positionen zu einem Thema nicht deutlich werden, die Adresse eines Appells unbestimmt bleibt und Fragen nicht oder nur teilweise beantwortet werden. Derartige *Nebeltextsprachspiele* haben eine gute und notwendige Funktion für die Psyche (man kann ja auch mit sich selbst Klartext oder Nebeltext sprechen) und die soziale Interaktion.

Ironische und *vernebelnde* Texte unterscheiden sich in ihrer Logik. Ironie lässt sich positiv definieren als ein mehr oder weniger bewusstes sprachliches Manöver, bei dem gezielt etwas anderes gesagt wird als gemeint ist. Die nonverbalen Begleitäußerungen und der Kontext des Sprechens markieren in der Regel diese Differenz *mit einem Augenzwinkern* und machen das Ganze somit verständlich. Nebeltext wird hier demgegenüber negativ definiert durch Abwesenheit von klaren Aussagen, Positionierungen, sprachlichen Adressierungen. Er vermeidet das und hält sich insofern offen. Ich habe zusammen mit Barbara Brink den »vernebelnden Interaktionsstil« als einen von vier Stressstilen im Umgang mit Krisen beschrieben, in dessen Mittelpunkt das Vermeiden von Entscheidung und Festlegungen steht (Lieb, 2009; Brink u. Lieb, 2009). Nebeltext kann und darf sich nicht Nebeltext nennen, sonst ist er keiner mehr.

Nebeltext »durchkreuzt Berechenbarkeit, insofern unklar ist, an welchem Aspekt die Folge-Kommunikation anschließt. Das nebulöse Department kann für Betroffene durch seine Unberechenbarkeit schwierig werden: was sie sagen, wird gegen den Strich interpretiert« (Emlein, 2017, S. 158 f.).

Zum Sprachspiel des Nebeltexts gehört also, dass dieser weder vom Sprecher noch vom Hörer als solcher benannt und markiert wird – dann wäre es kein Nebeltext mehr –, etwa in dem Satz »Ich neble jetzt ein bisschen herum und versuche dabei nichts zu sagen!«. Der Vorteil für den Zuhörer ist, dass man freier ist, wie man an das zuvor nebelig Gesagte anschließen will. Nebeltexte sind in Partygesprächen angenehm, kreativ und manchmal fruchtbar. In bestimmten Kontexten gehört es zum sozialen Überleben, vernebelt, statt klar zu sprechen, z. B. als Schutz vor Sanktionen, die bei klarer Sprache folgen würden. Zum Nachteil gehört, dass sich beide Seiten im Verlauf des Gesprächs im Text *verlieren* können. Man kommt vom Hölzchen aufs Stöckchen und oft wissen beide Seiten irgendwann nicht mehr, wie das Gespräch begonnen hat. Dann führt der Nebeltext die Sprecher und nicht umgekehrt. Nachteilig kann auch ein Muster sein, bei dem eine Seite Klarheit zu einem Thema sucht und die andere genau das vermeidet und sich zwischen beiden Stilen eine symmetrische Dynamik entwickelt.

Der Unterscheidung zwischen Klartext und Meta-Klartext-Klarheit folgend kann man zweifach auf Nebeltext reagieren bzw. damit umgehen. In der einen nutzt man die erwähnten Klartextregeln, um aus dem Nebel herauszukommen: nachfragen nach Subjekt, Prädikat, Objekt, Sprachadressen usw. Das wird von im Nebeltext Gefangenen oft als Hilfe erlebt, aus dem Nebel herauszufinden – vor allem dann, wenn es mit Klartext möglich wird, jene Ängste zu formulieren, die in bestimmten sozialen Kontexten mit einer deutlichen Positionierung zu einem konfliktträchtigen Thema verbunden sind – auch und gerade auf dem Gebiet von Psychotherapie, Beratung und Supervision: »Ich drücke mich hier vage aus und springe sprachlich hin und her, weil ich Angst habe, dass man mich sonst auf etwas festlegt und dann dafür sanktioniert!«

Die andere Version identifiziert aus einer Metaperspektive den Nebeltext als solchen ohne Veränderungsintentionen. Man kann das, was hier mit Nebeltext gemeint ist, nicht an einem Satz und nicht an einigen wenigen aufeinanderfolgenden Sätzen oder Satzfolgen festmachen. Entscheidend ist die Beobachtung mehrerer Abfolgen kommunikativer Einheiten. Kennzeichnend ist dann, dass sie inhaltlich kaum oder wenig aneinander anschließen bzw. aufeinander eingehen. Es ist dann kein »roter Faden« erkennbar, oder der Versuch der einen Seite, einen solchen herauszuarbeiten, wird von der anderen Seite nicht aufgegriffen oder sprachlich unterlaufen.

Wenn man – warum auch immer – nicht mithilfe der Klartextregeln vom Nebeltext zu Klartext kommen kann oder will, bieten sich andere Möglichkeiten sprachlicher Ankoppelungen an. Man kann das diesbezügliche Nebeltext-Sprechverhalten positiv konnotieren: »Es ist gut, dass Sie/wir in unserem Gespräch hier Dinge offen lassen und keine voreiligen Festlegungen vornehmen.« Man kann auch bewusst selbst in den Nebeltext mit eintreten und – vielleicht mit zunehmendem Spaß daran – Themen wechseln, unklar adressieren und so das Nebelspiel mitspielen.

Für diesbezüglich interessierte Leser noch eine kurze Anmerkung: Wer als Beobachter eines Gesprächs zur Hypothese gelangt, dass Nebeltext gesprochen wird, konstruiert sich aus beobachteten sprachlichen Texten bzw. Sprechaktabfolgen Nebeltext als eine *Form*, die man dann als solche erkennen und wiedererkennen kann (vgl. zu diesem Theoriebaustein den Abschnitt zu Sprache, Medium Sinn und Selektion« in Kapitel 3.2.14). Sprachlogisch ist das dann ebenso eine Form wie die Form Klartext. Beide bedienen sich ja desselben Mediums: Sinn, Wörter, Sätze. Beide formen sich in der Welt der Sprache. Beide können sich gegenseitig beobachten.

In der Begegnung beider Formen in Therapie, Beratung oder Supervision kann etwas Neues entstehen. Die Frage wäre dann: Welches ist das härtere und welches das weichere Sprachspiel – das weichere System passt sich stets dem härteren an. So führen, vertreten und sprechen Therapeuten, Beraterinnen und Supervisoren in ihrer Rolle oft mit Klartext das Gespräch und die Klientinnen passen sich dem an. Es gibt auch die Möglichkeit, dass der Nebeltext in dieser Begegnung die stärkere Form bleibt und der Therapeut dann flexibel damit umgehen muss.

> *Klartext und Metaphern.* Klartext sagt »es ist«, die Metapher sagt »es ist als ob«. Klartext und Metaphorik können sich gegenseitig befördern und eine Liaison eingehen.

Auf Metaphern wurde bereits in Kapitel 4.2.5 eingegangen. Sie teilen etwas in einer Art Vergleich mit: »Es ist so, als wenn …« oder »als ob …«. Herr Müller geht mit Krisen in seinem Leben wie ein »Stehaufmännchen« um. Jeder versteht solche Analogien und weiß, dass Herr Müller kein Stehaufmännchen ist. Metaphern sind vieldeutig, bildlich, durch Fantasie *aufgeladen* und einprägsam. Wenn wir Herrn Müller treffen, erinnern wir uns vielleicht an diese Metapher und erleben ihn so. Mit dieser Bedeutungszentrierung können Metaphern insofern als klare Texte angesehen werden, als das Sprachspiel der Metapher klaren bekannten Prämissen und Spielregeln folgt. Es geht z. B. explizit nicht um die Präzision von Begriffsdefinitionen, weil das das Metaphernspiel untergraben würde.

Aber auch hier kann man mit Klartext den Als-ob-Charakter einer Metapher
zurückübersetzen auf das konkrete Leben und Verhalten der jeweiligen Personen:
»Was genau tut Herr Müller, wenn er sich wie ein Stehaufmännchen verhält?«

Klartext und Metaphern können sich gegenseitig befördern. Klienten können zur
Generierung einer Metapher angeregt werden: »Wenn Sie das, was in Ihrer Partnerschaft gerade geschieht, in einem Bild darstellen würden – welches (welche Metapher)
fällt Ihnen dazu ein? Und wenn Sie nun den erwünschten Zustand Ihrer Beziehung
in ein ebensolches Bild (Metapher) fassen würden: Welches wäre das – welche Metapher würde das zum Ausdruck bringen?« Therapeuten können ihre Hypothesen in
Form einer Metapher präsentieren: »Vor meinem inneren Auge sehe ich Sie und Ihr
Team gerade wie ein mittelalterliches Fürstentum, das sich gegen jede Beeinflussung
durch den König zur Wehr setzt.« (Ein Team fand diese zentrierte Beschreibung einer
zehnjährigen hochbelasteten Teamepoche als »das Ganze auf den Punkt gebracht«.)
Oft lohnt es sich, länger innerhalb einer Metapher zu verweilen, sie auszumalen und
sie weiterzuspinnen: »Wenn es der kämpfenden Mutterlöwin einmal zu anstrengend
würde, wer könnte sie entlasten? Welchen Preis zahlt eine Mutterlöwin, wenn sie zu
sehr in dieser Rolle gefangen ist?« Fischer (2003) meint, dass Metaphern selbst zentrale Elemente der Geschichte sind, die Menschen sich selbst und anderen erzählen,
und dass man darin auch gefangen sein kann: Die Metapher »Ich bin der Fels in der
Brandung« kann jemanden stärken, ihn aber auch in diesem Bild festhalten.

 Fallbeispiel zum Umschalten von Klartext auf Metapherntext: Ein Klient spricht
»ohne Punkt und Komma«, Themen werden rasch gewechselt und es fällt schwer,
darin einen roten Faden zu finden. Das sieht der Klient auch selbst so: »Ich verliere
mich beim Sprechen.« Der Versuch, das mit Klartext zu strukturieren und zu ordnen
(Was ist das zentrale Thema? Versuchsweise Zusammenfassung in wenigen Sätzen,
klares Herausarbeiten von Subjekt, Prädikat und Objekt etc.), ändert daran nichts.
Das wiederum erhöht die Frustration des Therapeuten auf der Suche nach Stringenz
und einem roten Faden.

Das bewusste und gezielte Umschalten auf eine Metaphernsprache war hier hilfreicher. Auf die Frage, wie es ihm selbst mit seinem Sprechen gehe, antwortet der Klient:
»In mir sind 1000 Schubladen, wenn man die öffnet, kommen 100 weitere Schubladen
zum Vorschein.« Auf die Frage, was ein optimaler Therapeut mit all diesen Schubladen
machen soll, antwortet er: »Er sollte sie ordnen!« Therapeut und Klient spielten dann
länger mit diesem Bild einer »Schubladen ordnenden Person«: Was kennzeichne eine
Person, die Schubladen ordnen kann? Welches Geschlecht hat sie? Wie kommt sie in
das Haus des Klienten und wie dort zu den Schubladen? Was tut der Klient in der Zeit, in
der die Person die Schubladen ordnet? Und nehmen wir an, sie wären dann hinreichend
geordnet: Wie geht es dem Klienten dann? Wo befindet er sich? Was tut er dann? Schon
allein diese metaphorische Sprache führte beim Klienten (und auch beim Therapeuten)
zu einer Ruhe inmitten einer dann insofern metaphorisch erwirkten Klarheit, als der

Klient diese Frage gut und ohne sich dabei wie sonst oft in Sprache zu verlieren beantworten konnte. Es soll aber nicht verschwiegen werden, dass es durchaus schwierig war,
diesen Zustand der Ruhe und Klarheit in das reale Leben des Klienten zu transferieren.

In Kapitel 4.2.5 wurde bereits darauf hingewiesen, dass es zum Umgang mit Metaphern in Therapie und Beratung wichtig ist, sich des Als-ob-Charakters jeder Metapher bewusst zu sein und im Spiel damit auch zu bleiben, weil man sonst die metaphorische Landkarte für das Land hält und aus der Beschreibung einer Ehe als
»Kampfplatz« auf einen realen Kampf schließt. Manchmal gehört dazu, eine Metapher eine Metapher zu nennen.

➡ Fallbeispiel: In einer Teamsupervision wählt jemand die Metapher: »Ich habe mich
nicht verbogen, um nach oben zu kommen.« Mit dem Klartextblick wird hier die Leitunterscheidung »verbiegen vs. nichtverbiegen« und die mitschwingende Bewertung
»verbiegen = schlecht, nichtverbiegen = gut« erkannt. Die daraus abgeleiteten Fragen,
was damit im konkreten Arbeitsleben des Sprechers gemeint ist, welchen Nutzen und
welchen Preis das hat, was es ermöglicht und was auch verhindert, führte dazu, dass für
die diese Metapher nutzende Person nun zwei Seiten und dann auch zwei statt vorher
einer Option möglich wurden: die Kraft, sich nicht anzupassen und sich selbst treu zu
bleiben, und nun auch die Last, die damit verbunden war, sich nie anpassen oder nachgeben zu dürfen, da das als Selbstverrat erlebt würde. So wurden auch Varianten der
Anpassung und des Nachgebens denkbar und sichtbar – aus dem kontextunabhängigen
Entweder-oder wurde eine kontextabhängiges Sowohl-als-auch.

7 Werkzeug Sprache: Sprache als Intervention

Wie bei vielen anderen Aussagen über die Sprache und Sprechen ist auch die Rede von der »Sprache als Werkzeug« gleichermaßen richtig und falsch. Falsch ist sie, weil sie einen Ort außerhalb der Sprache suggeriert, von dem heraus man Sprache als Werkzeug benutze. Diesen gibt es für uns nicht. Richtig ist sie, weil wir Sprache in Therapie, Beratung und Supervision ständig als Instrument nutzen und das oft auch so beschreiben. In der Ausbildung wird gelernt, wie man Sprache einsetzt, um etwas zu erreichen. Das kann man umso erfolgreicher tun, je mehr man sich der Rolle der Sprache, ihrer Bedeutung und ihrer Eigenlogiken bewusst ist. Dann kann, darf und muss man, nun sprachtheoretisch fundiert, das »Werkzeug Sprache« mit seinem Regelwerk beschreiben. Das angemessen zu verwenden, lässt sich lernen und üben. Im Sinne eines pragmatischen Resümees dieses Buchs über Sprache und Sprechen soll nun dieser Werkzeugkasten zusammengestellt werden.

Die Gliederung folgt einem diesem Buch immer wieder unterlegten sprachspezi-fischen Sowohl-als-auch: Sprache ist sowohl ein eigenes System bzw. eine eigene Welt mit ihren Normen, Regeln und Logiken als auch reales Sprechen bzw. Sprach-performanz. In Kapitel 3.3 wurde dargestellt, wie und warum auch die Sprachphilo-sophin Krämer zu diesem konzeptuell fundierten Sowohl-als-auch kommt. Konkretes Sprechen ist sowohl eine Anwendung der Regeln der Sprachwelt als auch eine eigene Praxiswelt, die nicht mit Blick auf irgendwelche Sprachregeln versucht, sprachlich regelkonform etwas zum Ausdruck zu bringen. Man spricht einfach. Andererseits kann man genau dieses praktische Sprechen, diese Sprachperformanz anhand der Normen, Regeln und Gesetze der Sprache beobachten und steuern. Diese beiden Perspektiven sollen im Folgenden für die Ausgestaltung des Werkzeugkastens Spra-che genutzt werden.

Im ersten Teil geht es um die Welt der Sprache und daraus abgeleitete »Denkwerk-zeuge«. Sie geben uns vor, was wir unabhängig von konkreten Sprechakten allgemein über Sprache und Sprechen denken und beachten sollten. Diese Metaperspektive wurde im Buch wiederholt als Meta-Klartext-Klarheit bezeichnet.

Im zweiten Teil geht es um konkrete Regeln und Vorschläge zu einzelnen Sprech-akten bzw. deren Rezeption. Das betrifft zum einen Regeln zum Hören und Fragen, also »Hör- und Fragewerkzeuge«, und zum anderen Regeln zur Formulierung von Aus-sagen, also »Sprechwerkzeuge«. Abbildung 8 stellt diese beiden Ebenen dar. Bei allen Angaben zu diesen Werkzeugen vermischen sich die Metaebenen der Reflexion und der Benennung von »Denkwerkzeugen« und die der Empfehlung konkreter Sprech-akte. Das zu trennen, ist nicht möglich und widerspräche der Sowohl-als-auch-Logik.

Die Gliederung der Sprachperformanzregeln in Teil II folgt – wohl wissend, dass sich auch das in der Praxis überschneidet – dem prototypischen Ablauf therapeutisch-beraterischer Gespräche: zuerst Aspekte des Hörens, Verstehens und der Erarbeitung relevanter Informationen, dann folgen Sprechakte, die Veränderungen initiieren sollen – zunächst Sprachfiguren, durch die Klienten angeregt werden, selbst Veränderungsoptionen zu generieren, und dann solche, mit denen Therapeutinnen bzw. Berater von sich aus spezifische Veränderungsoptionen einbringen und ggf. auch vorschlagen.

Alle diese Werkzeuge werden in Form von Regeln und direkten Anweisungen formuliert, denen man im Denken und Handeln folgen kann. Sie werden, der Leser möge mir das zugestehen, hier in einer direkten »Du-Anrede« formuliert. Wie bei allen nützlichen Regeln gilt: Sie zu befolgen, ist permanent möglich, aber keineswegs permanent hilfreich und schon gar nicht permanent notwendig. Es gehört zur Sprachsensibilität und Sprachkompetenz, die Entscheidung zu treffen, wann man welchen dieser Anregungen folgt und wann nicht.

Dem Blick in den Werkzeugkasten sollen noch drei Anmerkungen vorangestellt werden: eine sozialkritische, eine zur grundlegenden Blindheit von »Sprachwerkzeugbrillen« und eine allgemeine therapietheoretische.

Abbildung 8: Ebene Denkwerkzeug – Ebene Hör- und Sprechwerkzeug

Sozialkritische Anmerkung: Abbildung 8 stellt die dem Werkzeugkasten unterlegte Sicht auf Sprache dar. Es geht um Werkzeuge im binnentherapeutischen Sprachraum. Sie sind dafür bewusst auf Sprache als Mittel der Verständigung (mitteilen, verstehen) ausgerichtet. Die Abbildung zeigt sowohl den binnentherapeutischen Sprachraum als auch die Meta-Klartext-Klarheit-Ebene in Form der Beobachtung dieses Geschehens. Der Therapeut kann im Sinne einer Selbstbeobachtung diese reflexive Metaebene selbst einnehmen. Ist man sich der hier unterlegten Ausrichtung auf Sprache als Verständigung bewusst, weiß man um die damit einhergehenden blinden Flecken: Sprechakte können auch als Aktionen auf dem sozialen Markt sozialer Ungleichheiten, als Verteilung von Sozialkapital, als Komponenten von Sprache als symbolischer Macht gesehen werden. Man kann sich mit dieser Bewusstheit für diese sozialkritischen Perspektiven öffnen und einige spezifische Werkzeuge dazu in den Werkzeugkasten aufnehmen.

Anmerkung zur grundlegenden Blindheit der Sprachwerkzeugbrille: Wir können diese sozialkritischen Anmerkungen vollumfänglich auf die Anlage dieses Kapitels über das »Werkzeug Sprache« anwenden. Der Werkzeugbegriff suggeriert jemanden, der ein Werkzeug auf etwas anwendet. Das sind hier Therapeuten, Beraterinnen und Supervisorinnen, die das außer auf sich selbst und das Therapiesystem auch und gerade auf Klienten anwenden. Das unterstellt eine Subjekt-Objekt-Relation zwischen Experten und Klientinnen. Dieser Blickwinkel wurde und wird in diesem Buch aus guten Gründen immer wieder eingenommen.

Die Haltung, dass Experten Klienten beobachten, kategorisieren und hier bspw. mit sprachlichen Kategorien diagnostizieren und zu beeinflussen suchen, wurde und wird von mancher Seite als »interventionistischer Ansatz« mit einer dem zugrunde liegenden Asymmetrie bezeichnet (vgl. z. B. Schweitzer, 2012). Diese wird aufgehoben, wenn man theoretisch und praktisch in Rechnung stellt, wofür der Werkzeugblick sonst blind macht: dass jeder Klient ebenso seinen Therapeuten und seine Beraterin und jeder Supervisand seinen Supervisor mit genau den gleichen Kriterien und sprachlichen Beobachtungskategorien beobachten, bewerten kann wie umgekehrt und jeder Klient und Supervisor dann seine interaktionell sprachlichen und sonstigen Verhaltensweisen genau danach ausrichten und die Sprachwerkzeuge nun seinerseits einsetzen kann und muss. Man könnte dieses Kapitel über Sprachwerkzeuge daher auch aus Klientensicht schreiben und Anweisungen geben, wie Klienten und Supervisanden ihre Therapeutinnen, Berater oder Supervisorinnen beobachten können: ob deren Sätze den Kriterien der Vollständigkeit genügen, wo sie Tilgungen enthalten, welche Prämissen ihnen zugrunde liegen, welche nonverbalen Komponenten mit welcher Konsequenz eine Rolle spielen, welche Metaphern dominant sind, und sie könnten die Experten dann auch zu Verhaltensänderungen anregen. Sie kämen mit Sicherheit zu ebenso vielen und ebenso relevanten Ergebnissen wie umgekehrt die Experten über sie. Dass das nicht oder selten der Fall ist, liegt natürlich an den vorgegebenen gesellschaftlichen Rollen, die das für Klienten und Supervisanden so nicht vorsehen. D. h. aber nicht, dass das nicht auch stattfindet und möglich ist.

Eine andere Variante der Blindheit von Sprachwerkzeugbrillen besteht darin zu übersehen oder zu vergessen, dass Anwendung und vor allem Resultat aller hier genannter Denk- und Sprechwerkzeuge immer das Produkt tätiger Beobachter ist ohne jeden Anspruch auf objektive Erkenntnisse. Die Konsequenz daraus ist natürlich nicht, das deshalb sein zu lassen. Sie geht in eine ganz andere Richtung: Allgemein und vor allem wenn es um Probleme in Therapie, Beratung oder Supervision geht, kann und sollte sich der Experte von Kolleginnen, Supervisoren, Lehrtherapeuten, oder wie immer diese Rollen dann genannt werden, helfend bei ihren diesbezüglichen Aktivitäten und deren Resultate gegenbeobachten lassen. Das Ziel ist dann herauszufinden, auf welchen Prämissen, persönlichen Variablen und Ängsten und welchen jeweiligen Kontexten das jeweils ruht.

Therapietheoretische Anmerkung: Die Darstellung allgemeiner und spezifischer Regeln zum Werkzeug Sprache ist für sich allein genommen noch kein hinreichender therapeutischer Ansatz. Sprachkompetenz ist ein entscheidender Teil therapeutisch-beraterisch-supervisorischer Kompetenzen. Sie ist damit aber nicht identisch. Man kann mit sprachlicher Sensitivität und Fertigkeit viel bewirken, rasch auf den Punkt kommen und Optionsräume öffnen. Das kann aber Kenntnisse über menschliche Entwicklungsprozesse, Lerngesetze, Bedingungen von Partnerschaft und Familie, intrapsychische Konflikte und Vorgänge, Prinzipien der Beziehungsgestaltung und auch störungsspezifisches Wissen nicht ersetzen.

Umgekehrt gilt aber auch: Diese Wissens- und Kompetenzbereiche können die Notwendigkeit eines angemessenen klientenbezogenen Zuhörens, Nachfragens und dann sprachbezogenen Intervenierens nicht ersetzen. Alle sonstigen Wissens- und Erfahrungsbereiche sind im Sinne von Werkzeugen erfolgreicher, wenn man die Regeln kennt, die man bei ihrer sprachlichen Umsetzung beachten muss. Das hat einen schlichten Grund: Es gibt keine einzige therapeutische Aktion oder Intervention, die nicht sprachlich verfasst ist und nicht sprachlich transportiert werden muss.

Tabelle 3 gibt zusammenfassend den Inhalt des Werkzeugkastens wieder: die Denkwerkzeuge, die Sprechperformanzwerkzeuge um Hören und Sprechen sowie deren Themen:

Tabelle 3: Werkzeugkasten

Denkwerkzeuge: »Denk daran, dass ...«
... Therapie/Beratung ein Geschehen auf einem sozialen Markt mit vorgegebenen Machtstrukturen, Sprachnormen und symbolischen Mächten ist,
... Therapie/Beratung ein eigenes System mit eigenen Ritualen ist,
... Du immer gleichzeitig in realisierter Sprachperformanz *drin* bist und dieses Geschehen metaperspektivisch beobachten kannst,
... es eine Semiotik erster und eine solche zweiter Ordnung gibt – nutze das Potenzial der zweiten,
... alles, was du und der Klient sprachlich zum Ausdruck bringen, bereits sprachlich vorverfasst ist,
... du aus allem, was von dir oder anderen gesagt wird, Rückschlüsse auf die darin zum Ausdruck kommende Vorverfasstheit der Weltkonstruktion ziehen kannst,
... dass die Gesprächsteilnehmer ebenso das Gespräch führen wie das Gespräch diese führt,
... es Gegenwind geben kann, wenn du mit deinem Sprachspiel die Regeln anderer Spiele verletzt,
... du Metaphern registrieren und nutzen kannst im Bewusstsein ihres Als-ob-Charakters,
... sich soziales Leben in den drei Welten Körper, Psyche und Kommunikation abspielt, sich das im Sprechen darüber zeigt und zur Generierung von Lösungen genutzt werden kann,
... Verlauf und Ergebnis eines Gesprächs von den Konfigurationen seiner Anschlusskommunikationen abhängen.
Regeln zur Sprachperformanz
Hör- und Fragewerkzeuge: zuhören, verstehen, erfassen, Fragen stellen
Höre genau hin: Einzelne Sätze enthalten relevant gegebene oder relevant nicht gegebene Informationen, z. B. – präsentierte Subjekte, Prädikate und Objekte, – zentrale erfolgte oder unterlassene Handlungen, – historische Perspektive: explizit oder implizit erzählte Vorgeschichte oder Zukunftsperspektive? Wer ist dafür primär handelndes Subjekt?
Unterscheide zwischen Fragen und Verstehen.
Trenne logisch zwischen Fragen als fallbezogene Erkundigungen und als Lösungsorientierung.
Nutze das Vier-Ebenen-Modell der Kommunikation von Schulz von Thun.
Transformiere gelegentlich Fragen in Aussagen und Aussagen in Fragen.
Stelle deine Fragen korrekt – rege zu korrektem Fragen an: – Registriere bei von dir gestellten Fragen deren Abstraktionsebene. – Greife in deiner Frage die Wortwahl des Klienten auf. – Nutze im Sinne der Idiolektik die *Eigensprache* des Klienten. – Unterscheide hinsichtlich der Inhalte deiner Fragen mit Karl Tom zwischen Fakten-, strategischen, zirkulären und reflexiven Fragen.
Unterscheide sprachlich zwischen Fakten, Gefühl und Bedeutung.

Gehe mit der kausallogischen Figur von Warum-Fragen sorgsam um.
Beachte die Adressierungen jeweiliger Aussagen und Fragen.
Registriere: Ist die Antwort eines Klienten eine Antwort auf deine Frage?
Registriere im Gesprächsverlauf, ob es Anschluss-Kommunikationsmuster der Zustimmung oder Verneinung gibt.
Unterscheide Land und Landkarte.
Verdünne verdichtetes Sprechen: beschreiben, bewerten, erklären.
Registriere und nutze relevante Unterscheidungen und Leitunterscheidungen.
Vergleiche Sprachnorm und Sprechrealität: Satzbau, Grammatik, Signifikant und Signifikat, Subjekt, Prädikat, Objekt: – »Ich mein ja nur!«: Vollständigkeit des Satzbaus,   – Relation von Signifikant und Signifikat – Zeichen und Bezeichnetem,   – grammatikalischer Satzbau,   – Verb – Modi,   – Subjekt, Subjektkonstituierungen, Prädikat und Objekt,   – Tilgungen und Implizites.
Registriere und befrage verwendete Metaphern.
Registriere und befrage Sprachfloskeln.
Registriere und befrage sich selbst kommentierende Satzteile.
Registriere und befrage Sprechen mit sich selbst.
Sprechwerkzeuge: Klienten zu selbstgenerierten Veränderungen anregen
Unterscheide, markiere und rege Veränderungen an zu   – pathologieorientiertem vs. ressourcenorientiertem Sprechen,   – Doppelbotschaften, Paradoxien, Ambivalenzen, Widersprüchlichkeiten,   – ontologische vs. konstruktivistische Sprachfiguren.
Dekonstruiere offen und verdeckt verletzende Sprechakte – nutze die resignifikative Praxis.
Dekonstruiere Metaphern.
Vertraue darauf, dass gute Rekonstruktionen von allein zu Dekonstruktionen führen.
Sprechwerkzeuge: spezifische Veränderungen initiierendes Sprechen
Führe ein neues Sprachspiel ein.
Ordne Signifikant und Signifikat, Zeichen und Bezeichnetes möglichst genau zu.
Führe neue Unterscheidungen und Leitunterscheidungen ein.
Führe neue öffnende Metaphern ein.
Teile dem Klienten deine Hypothesen transparent mit: Hypothesentransparenz.
Reflexion von Machtstrukturen
Ergänzende Aspekte zur Sprachperformanz
Auf dem *Weg nach innen:* Registriere und befrage verwendete Schlüsselwörter aus der Eigensprache des Klienten.
Registriere Varianten von relevantem Schweigen und deren Anschlusskommunikationen – initiiere ggf. Schweigemomente.
Registriere, markiere und befrage ggf. relevante nonverbale Kommunikationen.

7.1 Denkwerkzeuge: Meta-Klartext-Klarheit

Es lohnt sich, sich der wichtigsten sprachwissenschaftlichen oder sprachphilosophischen Prämissen bewusst zu sein. Das verhilft dazu, gleichermaßen in der Sprache unterwegs zu sein und diese aus einer konzeptuell klaren Distanz heraus beobachten zu können. Solche Prämissen werden im Folgenden als Hinweise mit Aufforderungscharakter so formuliert:»Denk daran, dass …«

Denk daran, dass Therapie/Beratung ein Geschehen auf einem sozialen Markt mit vorgegebenen Machtstrukturen, Sprachnormen und symbolischen Mächten ist

Wenn Therapeuten und Berater mit Klientinnen[9] sprechen, ruht das auf einer vordefinierten Sozialstruktur mit vorgegebenen Rollen und damit verbunden evtl. unterschiedlichem Sozialkapital (was mal mehr auf Seiten des Therapeuten und mal mehr auf Seiten der Klientin liegen kann!).

Bewusst oder unbewusst sind Sprechakte auch soziale Positionierungen mit diesbezüglichen gegenseitigen Bestätigungen oder Nichtbestätigungen. Wenn ein Therapeut darin bestimmte Sprachnormen vertritt (Vollständigkeit von Sätzen, Klarheit von Prädikaten etc.), bewertet er die Sprache des Klienten implizit oder explizit anhand seiner Normen und erzeugt damit auf symbolischer Machtebene eine soziale Asymmetrie – die die Klientin akzeptieren oder verwerfen kann. Damit verbundene Vorgänge und auch Verhaltensweisen lassen sich beobachten und ggf. ansprechen. Das beginnt mit einem nicht immer notwendigen, aber immer möglichen transparenten Bekenntnis dazu, dass und welche Norm vom Therapeuten (z. B. Klartext) gerade vertreten wird. Der auf dieser Sprachnormebene im Therapiesystem eher *mächtigere* Therapeut kann Klienten offen einladen, diese Konstellation zu bewerten und ggf. einzelnen Aspekten zu widersprechen.

Wie immer er darüber kommuniziert und was er akzeptiert oder verändert, das soziale Gefüge selbst und damit einhergehende Positionen kann er nicht außer Kraft setzen. Wer z. B. eine Erlaubnis für etwas gibt oder eine Akzeptanz von etwas ausspricht, bestätigt damit die hierarchische Position des Erlaubens oder des Akzeptierens. Wenn man sich dessen bewusst ist, kann man gelegentliche nichtintendierte offene oder subtile Entwertungen von Klienten in ihrer Art zu sprechen oder sich zu verhalten erkennen und vermeiden.

Sensibilität statt Blindheit für diese Aspekte kann nicht nur zur Klärung der therapeutischen Beziehung beitragen, sondern manchmal ganz explizit darauf aufbauende Verständigungsprozesse ermöglichen und so wieder die Effektivität von

---

9   Wenn im Folgenden im Werkzeugkasten von einem Klienten im Singular gesprochen wird, kann das sinngemäß jedes Mal ergänzt oder ersetzt werden durch die Begriffe »Klientensystem« oder in den meisten Fällen auch durch »Supervisand« oder »supervidiertes Team«.

Therapie und Beratung erhöhen. (Im Werkzeugkasten »Sprachperformanz« wird in Kapitel 7.4 darauf noch einmal eingegangen.)

Denk daran, dass Therapie/Beratung ein eigenes System mit eigenen Ritualen ist

Das gilt mit einigen Besonderheiten auch für die Supervision. Bestimmte Rituale wiederholen Therapeutinnen und Klienten notgedrungen immer wieder. Man ist also immer Teil eines entsprechend rituellen Geschehens. Wenn und weil du das weißt und als solches beobachtest, kannst du gegen manche Rituale gezielt verstoßen oder einzelne Komponenten des Rituals unterbrechen. Zu diesem gehört etwa, dass Klienten über Probleme berichten und Therapeutinnen dazu jede Menge Fragen stellen. Du kannst im Einzelfall darauf achten, wie dadurch die Beziehung zwischen dir und Klienten (oder Supervisanden) geformt wird und mit welchen Konsequenzen für Inhalt und Ergebnis: etablierte Hierarchien zwischen Fragendem und Befragtem, positive Fürsorge und Neugier durch Fragen, Aspekte der Lähmung und Einengung durch feste Rollen-zuschreibungen in starren Ritualen, weil man immer gleich sitzt, jedes Gespräch gleich beginnt etc. Wer das erkennt, hat Mut zum Experiment der Musterunterbrechung.

Denk daran, dass du immer gleichzeitig in realisierter Sprachperformanz drin *bist und dieses Geschehen metaperspektivisch beobachten kannst*

Sprechen und Beobachtung von Sprache ist nicht dasselbe. Beobachte also das Sprach-spiel, an dem du zusammen mit deinen Klienten gerade teilnimmst. Verzichte dabei auf vorschnelle Bewertungen. Erstelle Hypothesen zu typischen Merkmalen des jeweils aktuellen Sprachspiels und seiner Sprachmuster. Als Fragestellungen dazu eignen sich z. B.: Welche Leitunterscheidungen werden von dir und oder den Klien-ten gerade explizit oder implizit verwendet? Wer hat in diesem Spiel aktuell welche Rolle und welche definitiv nicht? Prüfe, ob das hinreichend nützlich ist und, wenn nicht, wie du zu einer Verstörung oder Veränderung dessen beitragen kannst. Diese Gedanken können wir auch mit einer anderen Regel zum Ausdruck bringen.

Denk daran, dass es eine Semiotik erster und eine solche zweiter Ordnung gibt – nutze das Potenzial der zweiten

Die Semiotik zweiter Ordnung ist eine Art Sprechen über Sprechen und daher eine Beschreibung des Sprechens selbst. Im alltäglichen privaten und beruflichen Spre-chen befinden wir uns in der Semiotik erster Ordnung, wir sind *in der Sprache:* Wir hören zu, entwickeln unser Verständnis über das Gehörte, stellen Fragen und teilen etwas mit. Man nennt das auch die Beobachtung erster Ordnung.

In der Beobachtung zweiter Ordnung bzw. der Semiotik zweiter Ordnung beobachtest du diese Sprechakte selbst. Das kann und muss man nicht permanent tun – man wäre dann kein Teil des Lebens. Vor allem aber, wenn es in Therapie, Beratung und Supervision nicht gut läuft, nimm einmal die Position der Beobachtung zweiter Ordnung bzw. der Semiotik zweiter Ordnung ein und beantworte folgende Fragen: Welche Wörter werden gerade primär und immer wieder verwendet? Welche Rollen haben im Gespräch gerade (und vermutlich schon länger) der Klient oder Supervisand und welche du als Berater, Therapeutin oder Supervisor? Wie ist das Gesprächsklima? Was erscheint einer oder vor allem beiden Seiten gerade selbstverständlich, als wäre das unhinterfragbar gegeben? Was wäre, wenn man das einmal infrage stellen würde? Metaphorisch gesprochen: Stell dir vor, du siehst dir und dem Klienten beim Miteinandersprechen von außen zu: Was fällt dir oder euch beiden auf? Was würde anders laufen, wenn das gleiche Gespräch zwischen denselben Personen in einem ganz anderen Kontext stattfände: auf einer kürzeren Zugfahrt unter Fremden, die sich nie mehr wiedersehen, in einer Freundschaft, auf einer längeren Reise unter Reisegefährten?

Denk daran, dass alles, was du und der Klient sprachlich zum Ausdruck bringen, bereits sprachlich vorverfasst ist

Im Alltag gehen wir intuitiv davon aus, dass wir zuerst etwas in uns haben oder in uns erzeugen und dass wir das dann in Sprache fassen. Die vorsprachliche Verfassung dessen ist für uns während des Sprechens weder beobachtbar noch als solches erkennbar. Denn das würde voraussetzen, dass wir das aus einem Bereich ohne sprachliche Verfassung heraus beobachten könnten. Aber auch diese Beobachtung wäre wieder sprachlich verfasst. Diese Denkregel ließe sich daher auch so formulieren: Denk daran, dass du aus Sprache nie herauskommst. Bedenke also: Was immer du allgemein und speziell in Therapie, Beratung und Supervision denkst, an Fällen und Lösungen konzipierst – dein allgemeines und dein Therapeutendasein sind durch Begriffe deiner Theorien und deiner Lebenskonzepte im Sinne deines Sprachlich-in-der-Welt-Seins vorgeprägt.

Dies zu reflektieren, ist natürlich keine permanente Notwendigkeit, aber eine gute Möglichkeit, wenn etwas in einem Gespräch nicht wie erwünscht läuft. Reflektiere dann: Von welchen Konzepten, Ideen und vor allem dazugehörenden Begriffen lässt du dich bei der Problembeschreibung oder der Problemlösung gerade leiten? In welchem speziellen beruflichen oder auch privaten Kontext bist du damit gerade zu Hause? Dieses Denkgebot lässt sich mit praktischem Nutzen auch andersherum formulieren:

Denk daran, dass du aus allem, was von dir oder anderen gesagt wird, Rückschlüsse auf die darin zum Ausdruck kommende Vorverfasstheit der Weltkonstruktion ziehen kannst

Wenn wir dann davon ausgehen, dass alles sprachlich zum Ausdruck Gebrachte sprachlich vorverfasst ist, lässt sich das praktisch auch umdrehen: Dann verweisen einzelne Wörter und Sätze an entscheidender Stelle auch auf die zugrunde liegenden Prämissen, Annahmen und Weltkonstruktionen. Sie liegen sprachlich *zum Greifen nah* auf dem Tisch.

Daher empfiehlt sich (wieder nicht permanent notwendig, aber permanent möglich): Achte gelegentlich darauf, ob oder wie sich in der Sprache des Klienten und auch in deiner eigenen die je konstruierte und erlebte Welt zeigt. Wie z. B. werden Zeiten markiert, ist die Sprache etwa vergangenheits-, gegenwarts- oder zukunftsorientiert? Werden Kausallogiken (»weil«, »deshalb« …) dargeboten? Wird ein passives oder eher aktives Lebenskonzept präsentiert? Usw. Verzichte auf jeden Fall auf Apriori-Bewertungen dessen.

Denk daran, dass die Gesprächsteilnehmer ebenso das Gespräch führen, wie das Gespräch diese führt

Du führst das Gespräch mit dem Klienten nach deinen Vorstellungen, Intentionen und Konzepten. Das gleiche tut der Klient mit dir. Und das dabei entstehende Gespräch als Eigensystem (Sprachspiel, Interaktionsmuster, gemeinsam konstruierte Realitäten) führt nun auch dich bzw. euch. Wenn Verlauf und Resultat nützlich erscheinen – mach weiter so und lass dich vom Gespräch weiter leiten.

Wenn nicht, trage das deine zu einer Veränderung des Gesprächs bei. Schalte z. B. auf eine begrenzte selbstreflexive Gesprächsform um: Teile mit, wie du Klima und Nützlichkeit des Gesprächs gerade erlebst, und frage vor allem den Klienten, wie er das sieht. Was kennzeichnet gerade das Gespräch? Hilfreiche Fragen dazu können sein: Gibt es relevante Wiederholungen mit Musterbildungen? Treffen verschiedene Sprachspiele aufeinander, z. B. Klartext und Nebeltext, Problemorientierung vs. Lösungsorientierung, ontologische Sprachfiguren vs. konstruktivistische usw.?

Erwäge allein oder mit dem Klienten zusammen, welche Veränderung im Gesprächsmodus hilfreich wäre. Stelle auch Fragen an dich selbst und den Klienten als jeweils sprachlich Handelnde: Was genau will der Klient mitteilen und kommt das aus dessen Sicht bei dir an? Was umgekehrt willst du vermitteln und kommt das aus deiner Sicht an? Was soll von wem verstanden werden und wird aus Sicht des Senders oder auch des Empfängers nicht verstanden?

Denk daran, dass es Gegenwind geben kann, wenn du mit deinem Sprachspiel die Regeln anderer Spiele verletzt

Wenn du z. B. Klartext sprichst und das für deine Gesprächspartner neu und vielleicht sogar bedrohlich ist, richte dich auf Irritationen und potenzielle gegenseitige Verstörungen ein. Respektiere diesen Gegenwind. Frage, ob die andere Seite das als hilfreich und produktiv erlebt oder nicht. Hole dir das Einverständnis, mit deinem Sprachmodus weiterzumachen. Wenn das nicht möglich ist, ändere dein Sprachspiel.

Denk daran, dass du Metaphern registrieren und im Bewusstsein
ihres Als-ob-Charakters nutzen kannst

Metaphern kommen in jedem Gespräch an relevanten Stellen vor. Manchmal werden sie bewusst eingeführt, manchmal tauchen sie wie von selbst auf. Registriere sie und entscheide dann, wie du weiter damit umgehen willst: die Metapher aufgreifen, bewusst innerhalb ihres Raumes bleiben, gezielt damit spielen? Dann kannst du z. B. mit Klienten kokreieren, was innerhalb der Metapher möglich ist, noch möglich wird und wo sie den Optionsraum einengt. Wenn der Klient bspw. metaphorisch *ein Stück des Weges schon gegangen ist,* dann kannst du das und viele andere Konnotationen dazu mit ihm innerhalb der Metapher durchspielen. Bleib dir aber stets des Als-ob-Charakters einer Metapher bewusst und verliere dich nicht in ihr. Halte die metaphorische Landkarte nicht für das damit beschriebene Land. Vertraue einerseits der Kraft der Metapher und lass dich andererseits nicht von ihr hypnotisieren. Halte die metaphorische Lösung eines Problems innerhalb des Metaphernspiels nicht für die Lösung des Problems im realen Leben des Klienten.

Denk daran, dass sich soziales Leben in den drei Welten Körper,
Psyche und Kommunikation abspielt, sich das im Sprechen darüber
zeigt und zur Generierung von Lösungen genutzt werden kann

Du kannst gezielt beobachten, auf welche dieser Welten sich die Erzählung eines Klienten bzw. die von dir selbst sprachlich primär bezieht. Im Folgenden verbinden sich reflexive Fragen und Tipps zur konkreten Sprachperformanz auf diesem Gebiet.

Beachte, ob du in deinen Fragen und Aussagen an den Fokus des Klienten ankoppelst oder dabei bist, den Fokus zu verschieben (z. B. weg vom Körper hin zu psychischem Erleben oder zur sozialen Welt). Beachte, welche Interaktionen zwischen dir und Klient sich daraus ergeben. Bilde eine Hypothese dazu, welches System (Psyche, Körper, soziale Welt) beim Klienten gerade als das härtere bzw. weichere beschrieben wird und welches sich dabei welchem anpasst oder anpassen sollte (z. B. der Körper bzw. die soziale Welt den Vorstellungen der Psyche). Welches wird vom Klienten bzw. von dir als das zu Verändernde beschrieben? Wende die Idee härterer vs. weicherer Systeme auf das gerade von dir mitgestaltete Therapiesystem an: Passt sich dieses dem Klienten oder der Klient sich diesem an? Hat das nützliche oder wenig nützliche Effekte für dich bzw. für den Klienten?

Beachte, welche Rolle der *Körper* in den jeweiligen sprachlichen Darstellungen spielt: Werden körperbezogene Metaphern verwendet? Wenn ja, werden sie aufgegriffen? Wähle dann zwischen folgenden Möglichkeiten:

(1) spezifisch hören und aufgreifen, wenn im Sprechen deines Klienten der Körper *vorkommt,* (2) beziehe in deine Fragen und Aussagen den Körper oder das Körpererleben gezielt ein, indem du z. B. Instruktionen zur Körperwahrnehmung gibst,

hypothetische Instanzen *(Teile)* im Körper installierst oder zur Konstruktion von Lösungen gezielt den körperlichen Zustand induzierst, der mit einer guten Lösung des Problems einhergeht. Sofern das jeweils problemrelevant ist: Rekonstruiere die Beziehung des Klienten zu seinem Körper und vice versa. Nutze oder generiere das Konzept »sprechender Körper« (»Was teilt Ihnen der Körper mit seinen Symptomen mit?«) und beachte dabei die positiven Wirkungen ebenso wie potenzielle Nebenwirkungen solcher Konstruktionen.

Denk daran, dass Verlauf und Ergebnis eines Gesprächs von den Konfigurationen seiner Anschlusskommunikationen abhängen

Zu jeder Kommunikation gehört die Abfolge von Sprechakten. Wie diese aneinander anschließen, kennzeichnet jedes Gespräch. Registriere daher, wie die Beiträge von dir und deinem Klienten jeweils aneinander anschließen. Nutze dazu die diesbezügliche Leitunterscheidung zwischen *bejahendem, bestätigendem* und *verneinendem* Anschluss: Von wem werden zu wem bejahende und verneinende Anschlüsse gemacht? Reflektiere die sich daraus bildenden Ablaufmuster und registriere, welche positiven und/oder negativen Auswirkungen sie für das binnentherapeutische Gesprächsklima und vor allem für die Effekte deiner Therapie/Beratung haben. Wenn es negative Effekte gibt, prüfe, ob und wie du intervenieren könntest: Das metaperspektivisch kommentieren? Einen gezielt anderen Anschluss deinerseits erproben?

7.2 Regeln zur Sprachperformanz

Auch wenn zuhören, verstehen, erfassen und nachfragen auf der einen Seite und Anregungen zu Veränderungen bzw. gezielte Veränderungsinterventionen auf der anderen Seite ineinander übergehen, können doch jeweils spezifische Performanzregeln formuliert werden zu (1) zuhören, verstehen, erfassen, Fragen stellen, (2) Klienten zu selbstgenerierten Veränderungen anregen und (3) Klienten direkt spezifische Veränderungen vorschlagen. Auch wenn im Folgenden einzelne Regeln und Vorschläge einem dieser Bereiche zugeordnet werden, gelten sie oft auch für die anderen.

7.2.1 Hör- und Fragewerkzeuge: zuhören, verstehen, erfassen, Fragen stellen

Höre genau hin: Einzelne Sätze enthalten relevant gegebene oder relevant nichtgegebene Informationen

Jeder Satz von dir und deinem Klienten ist Teil des Gesamtgesprächs und erfährt nur in diesem Kontext seine jeweilige Bedeutung. Es gilt aber auch: Jeder Satz und die darin enthaltene Information können den Gehalt eines Gesamtgesprächs stark beeinflussen. Man kann Narrationen in ihrer Gesamtheit zuhören und diese ganzheitlich erfassen – man kann aber auch Details in einem Satz hören. Zu beiden lassen sich spezifische Fragen stellen. Das kann in vieler Hinsicht nützlich sein: für den Zugang zu zentralen Komponenten des erzählten Problems und des Problemerlebens oder für den zur psychischen Innenseite einer Erzählung, zu in einer Erzählung oder einem Satz enthaltene zentrale Botschaften an andere.

Diesem Ziel, die Essenzen einer Erzählung oder eines Satzes zu erfassen, dienen folgende spezifischere Hör- und Interpretationsregeln bzw. »Auswertfragen«:

- Welche Rollen werden in einer Erzählung präsentiert? Wer ist Subjekt (Täter), wer Objekt (Opfer), was sind die zentralen realisierten oder unterlassenen Handlungen?
- Historische Perspektive: Welche relevante Vergangenheit und Zukunft werden explizit oder implizit erzählt oder können in der Anschlusskommunikation dazu erfragt werden? Achte dabei auf Minimalhinweise einzelner Begriffe (»wieder mal«, »wenn nicht, dann …«).
- Was wird zukunftsbezogen als »Happy End«, was als »Worst Case« präsentiert?
- Wem wird die diesbezügliche primäre gestalterische Rolle zugesprochen?

Unterscheide zwischen Fragen und Verstehen

Verstehen ist eine Form der Interpretation. So wichtig es ist, Klienten ein Verstehen oder zumindest ein Bemühen darum zu vermitteln, so wichtig ist auch der bewusste Verzicht auf voreilige *Verstehensinterpretationen*. Vermittle das eine und tue das andere: Formuliere vom bewussten Nichtverstehen ausgehende Fragen zu dem, was der Klient berichtet: Was ist mit bestimmten Begriffen bei ihm gemeint? An wen sind Aussagen gerichtet? Prüfe, ob deine Interpretationen dem entsprechen, was der Klient mitteilen will. Sei sparsam mit der Idee, du verstündest den Klienten manchmal besser als dieser sich selbst.

Trenne logisch zwischen Fragen als fallbezogene Erkundigungen und als Ausdruck einer Lösungsorientierung

Die Vermittlung von Lösungsideen in Form von Fragen ist ein wichtiges therapeutisches Instrument. Viele lösungsorientierte reflexive Fragen (»angenommen, Sie würden …«) haben dieses Ziel. Manchmal dürfte aber die klare Trennung zwischen einer Frage und einem implizierten Lösungsvorschlag für Klienten klarer und nützlicher sein. Wenn Fragen implizite Veränderungssuggestionen enthalten, erspüren Klienten diese Implikationen und die ihnen zugrunde liegende Prämisse oft, sie könnten oder sollten selbst etwas ändern. Wenn ein Klient dieser Prämisse nicht zustimmt, wird die Anschlusskommunikation im Sinne einer expliziten Zustimmung oder Verneinung daran vielleicht schwierig. Dann lautet der Vorschlag: Markiere klar, dass du eine Lösung verfolgst, und erkundige dich, ob der Klient das auch will. Oder stelle stattdessen eine wirklich erkundende Frage ohne Lösungs- und Veränderungsintention. Eine solche Frage erkennt man bei sich selbst daran, dass man die Antwort nicht vorhersagen kann und jede Antwort gleichermaßen willkommen ist (was bei Verneinung implizit enthaltener Lösungsvorschläge nicht der Fall wäre).

Nutze das Vier-Ebenen-Modell der Kommunikation von Schulz von Thun

Betrachte einzelne Sätze oder die Gesamtheit der Äußerungen von Klienten daraufhin, was sie hinsichtlich dieser Ebenen primär zum Ausdruck bringen oder bringen wollen: Sachebene – Appellationsebene – Selbstaussage – Beziehungsdefinition. Stelle deine Hypothese dazu zur Verfügung oder frage gezielt nach, was der Klient auf welcher Ebene mitteilen will.

Transformiere gelegentlich Fragen in Aussagen und Aussagen in Fragen

Eine Frage ist eine Frage und endet mit einem Fragezeichen. Eine Aussage ist eine Aussage und endet mit einem Punkt oder einem Ausrufezeichen. Manchmal sind in Fragen relevante Aussagen und in Aussagen eher Fragen enthalten, die aufgrund der dazu nicht passenden grammatischen Figur als solche nicht erkannt werden. Biete oder rege dann Transfermöglichkeiten an: »Was möchten Sie mit Ihrer Frage zum Ausdruck bringen?« – »Welche Frage an wen ist gerade in Ihrer Aussage enthalten?« Das gilt auch in der Selbstanwendung: Steckt in deinen therapeutischen oder supervisorischen Fragen eine Aussage oder vice versa und wenn ja, äußere das deutlicher mit Klartext.

Stelle deine Fragen korrekt – rege zu korrektem Fragen an

Fragen sind das Kerngeschäft von Therapie und Beratung. Aus der Sicht von Klartext lassen sich dazu folgende Regeln formulieren:
- Registriere bei von dir gestellten Fragen deren Abstraktionsebene: Je abstrakter deine Frage ist, umso abstrakter wird die Antwort sein – je konkreter deine Frage, umso konkreter die Antwort. Bedenke auch, dass du mit der Wahl deiner Abstraktionsebene die Freiheitsgrade des Befragten mitsteuerst. Bedenke dabei: Je allgemeiner deine Frage ist, umso größer ist der Freiheitsgrad für die Antwort, je konkreter die Frage, umso geringer der Antwortfreiheitsgrad.
- Greife in deiner Frage die Wortwahl des Klienten auf.
- Nutze im Sinne der Idiolektik die Eigensprache des Klienten: »Was meinen Sie genau mit ...?« Damit kannst du rascher und gezielter zu innerlich relevanten Aspekten seiner Narrationen gelangen.
- Unterscheide hinsichtlich der Inhalte deiner Fragen mit Karl Tom zwischen Faktenfragen (»Wie alt sind Sie?«), strategischen bzw. sokratischen Fragen (»Wobei

hilft Ihnen der Gedanke, Sie hätten einen negativen Selbstwert?«), zirkulären (»Was tun die anderen, wenn Sie sich zurückziehen – was denken die dann über Sie?«) und reflexiven Fragen (»Angenommen, Sie würden sich hier von der Bestätigung anderer unabhängig machen – wie würde sich Ihr Leben ändern?«).

Faktenfragen geben dir Auskunft, mit strategischen versuchst du im Sinne eines *geleiteten Entdeckens* den Klienten zu lenken, mit zirkulären machst du interaktionelle Kreisläufe deutlich und mit reflexiven regst du neue Wirklichkeitskonstruktionen an.

Unterscheide sprachlich zwischen Fakten, Gefühl und Bedeutung

Fakten sind Tatbestände, die der Klient referieren kann. Gefühle beziehen sich auf ein subjektives emotionales Erleben. Fragen nach der Bedeutung von etwas für jemanden zielen auf die Exploration seines Wertesystems und das des Systems ab, zu dem er gehört. Bedeutung und Gefühl hängen zusammen, sind aber nicht identisch. Deshalb kann auch nach der Bedeutung eines Gefühls für eine Person gefragt werden. Auf jede dieser Fragen erhältst du eine spezifische Art von Information. Wenn du für dein Fallverstehen die eine brauchst, frag nicht nach der anderen.

Gehe mit der kausallogischen Figur von Warum-Fragen sorgsam um

Warum-Fragen suggerieren in der Regel eine Kausalität, meistens in der Form von bewussten oder unbewussten Motiven bzw. Gründen als Ursache für Handlungen. Fragen danach können wichtig sein. Bedenke aber: Das führt bei den Befragten häufig dazu, dass diese meinen, sie sollten sich erklären oder rechtfertigen.

Beachte die Adressierungen jeweiliger Aussagen und Fragen

Du kannst zu einem Dialog zwischen dir und anderen oder bei der Beobachtung von Dialogen anderer folgende Fragen stellen: Wer ist der Adressat einer Frage? An wen ist eine Aussage gerichtet – wer ist der gemeinte Empfänger? Nehmen diese Adressaten sich in ihren Anschlusskommunikationen dann auch als solche wahr? Wird der Adressat einer Frage hinreichend klar markiert? Frage bei Unklarheit ggf. nach der gemeinten Adresse der Frage, z. B. bei der Formulierung »Ich frage mich …« oder bei *in den Raum gestellten Fragen*. Frage dann ggf.: »Wem genau möchten Sie diese Frage stellen?« Prüfe gelegentlich: Passt die Adresse des Angefragten zum Inhalt der Frage? Das gilt auch für Adressen von Aussagen. Wenn ein Klient seinem Therapeuten mit Vehemenz erklärt, dass das Verhalten eines Familienmitgliedes unsensibel und vereinnahmend sei, lässt sich dazu die Frage stellen: »Wem sagen Sie das gerade? An wen ist der unüberhörbare Appell gerichtet?«

Mit der Außenbeobachtung eines Gesprächs kann man die Anschlusskommunikation nach Fragen und Aussagen registrieren und kommentieren: Werden Fragen beantwortet? Wird eine Frage mit einer Frage beantwortet? Wird die Beziehungsdefinition, die mit einer Frage verbunden ist, bestätigt oder direkt oder indirekt verworfen? Akzeptiert der mit einer Aussage Adressierte diese Adressierung – fühlt er sich überhaupt angesprochen?

Registriere: Ist die Antwort eines Klienten eine Antwort auf deine Frage?

Wenn deine Fragen unerwartet sind oder Tabubereiche berühren, ist eine Nichtantwort darauf der Normalfall. Registriere solche Nichtantworten mit folgenden kommunikativen Anschlussmöglichkeiten:
–   Wertschätze jede Reaktion auf deine Frage als wichtigen Beitrag.
–   Weise dann freundlich darauf hin, dass damit deine Frage noch nicht beantwortet ist, und wiederhole sie.
–   Als Faustregel gilt dann: Wenn deine Frage dreimal nicht beantwortet wird, wiederhole sie nicht, denn dann passt sie nicht zum Therapie- und Beratungsprozess.

Registriere, ob es im Gesprächsverlauf Anschluss-Kommunikationsmuster der Zustimmung oder Nichtzustimmung gibt

Was den Ablauf eines Gesprächs und die jeweiligen Anschlusskommunikationen der einen Seite an Äußerungen der anderen Seite betrifft, lässt sich die Leitunterscheidung »Zustimmung – Nichtzustimmung« für die Beobachtung nutzen. Registriere bei Gesprächen zwischen Klienten oder in einem Team bzw. zwischen dir und Klienten: Gibt es symmetrische Abfolgen von Zustimmung oder Nichtzustimmung? Wie explizit oder implizit wird das formuliert? Neigst du in einem Gespräch mehr zum einen oder zum anderen und wie ist die langfristige Wirkung dessen auf die Beziehung und den Klienten und auf den Effekt der Therapie/Beratung? Lassen sich indirekte Varianten von Zustimmung und vor allem Nichtzustimmung in direkte transformieren? Wann wäre eine diesbezügliche Musterunterbrechung indiziert und wenn ja, wann welche wie?

Unterscheide Land und Landkarte

Landkarten geben Lebenskonzepte, Programme und Prinzipien wieder, die auf das konkrete Leben (Land) angewendet und mit denen dieses beschrieben und bewertet wird. Sie sind sprachlich figuriert und enthalten immer zentrale Begriffe und Sprachwendungen. Demgegenüber geben Berichte über das Land das konkrete Geschehen bei einem Klienten und seinem System wieder auf der Ebene von Verhalten, Denken und Fühlen.

Land- und Landkartenberichte kann man sprachlich nicht strikt voneinander trennen. Das Wort »Angst« kann auf beides verweisen: auf konkretes Erleben im Land des Lebens und auf eine Landkarte, worum es da eigentlich gehe. Dennoch gilt: Bemühe dich um diese Unterscheidung und nutze sie für deine therapeutischen Explorationen und Interventionen. Frage z. B. danach, was konkret ein Klient mit Kartenbegriffen wie »gute Ehe«, »Gesundheit«, »gewaltfreie Kommunikation« »Gemeinheit« usw. meint. Geh nicht davon aus, das sei von vornherein klar oder gar eine Beschreibung des Landes.

Verdünne verdichtetes Sprechen: beschreiben, bewerten, erklären

Wenn über Probleme und Problemlösungen gesprochen wird, lässt sich unterscheiden: Wie wird ein Problem oder ein Lösungszustand benannt und beschrieben, wie jeweils bewertet und wie erklärt, dass es dazu kam oder kommen könnte? Verdichtete Sprechakte drücken alle drei Ebenen in einer einzigen Sprachwendung aus: »Er ist eben ein Populist!« Verdichtete teilen das auf und ermöglichen so in der Regel den Einstieg in Veränderungen auf den jeweiligen Ebenen: Neues beschreiben, Neues bewerten, neue Erklärungen mit sich daraus ergebenden neuen Verhaltensoptionen.

Registriere und nutze relevante Unterscheidungen und Leitunterscheidungen

Damit begibst du dich auf die Ebenen der Semiotik bzw. der Beobachtung zweiter Ordnung. Ob der Bedeutung dieser Regel für die therapeutische, beraterische und supervisorische Praxis wird darauf ausführlicher eingegangen. Jede Aussage und jede Erzählung ist Resultat getroffener Unterscheidungen. Diesen liegen explizite oder implizite Leitunterscheidungen zugrunde.

Nutze dazu diese konstruktivistische Perspektive und bilde Hypothesen: Welche Begriffe sind in einem bestimmten Satz oder einer Erzählung deines Klienten dominant und welche Leitunterscheidungen gehen damit einher? Wie können diese zusammen mit dem Klienten rekonstruiert und ggf. dekonstruiert werden? Welche neuen Unterscheidungen mit entsprechenden Begriffen und neuen Bewertungen könnten dann eingeführt werden?

Für die praktische Arbeit lässt sich das rezeptartig in folgende praktische Schritte gliedern:

1. Registriere die vom Klienten in dessen Erzählung verwendeten zentralen Begriffe oder bereits explizit vorgenommenen Unterscheidungen (z. B. zwischen »schuldig« und »unschuldig«, »treu« und »untreu«).
2. Erkunde beide Seiten der explizit oder implizit unterlegten Unterscheidungen. Tu das zunächst mit der begrifflichen *Innenseite* des explizit Genannten und Bezeichneten: Was ist z. B. mit »Schuld«, »Depression« oder mit »Untreue« gemeint? Tu

das mit der damit korrelierenden und in der Regel nicht oder weniger benannten oder bezeichnete *Außenseite:* Was genauer ist dann »nichtschuldig«, »nichtdepressiv« oder was die »Treue«?

3. Untersuche, in welchem Verhältnis die beiden Seiten der Unterscheidung in der Logik des Klienten zueinander stehen: in einem Entweder-oder oder in einem Sowohl-als-auch?

4. Im Sinne der Hypothesentransparenz kannst du transparent darlegen, welche Leitunterscheidung nun aus deiner Sicht bei der jeweiligen Problembeschreibung deines Klienten relevant ist, mit welcher Auswirkung auf die ihn und andere daran Beteiligte. Prüfe, ob der Klient sich darin wiedererkennt.

5. Erörtere ggf. mit dem Klienten zusammen: Könnten diese beiden Seiten anders benannt, bewertet oder erklärt werden (»risikobereit« statt »schuldig«? »Energiesparmodus« statt »Depression«? »Erotikwiederbelebungsversuch« statt »Untreue«?). Führe evtl. für das geschilderte Thema andere potenzielle Leitunterscheidungen ein (z. B. »Verantwortung – Nichtverantwortung« statt »Schuld – Unschuld«).

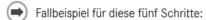 Fallbeispiel für diese fünf Schritte:

Ein 34-jähriger Klient lebt nach einer für ihn schmerzlichen Trennung vor etlichen Jahren allein, sehnt sich nach einer Partnerschaft, aber könne eine solche einfach nicht realisieren. In seinen Berichten dazu meint er wiederholt, er sei wohl »noch nicht bereit für eine Beziehung«.

Schritt 1: Ich greife diese Formulierung auf und stelle gegenüber: »bereit für eine Beziehung« – »nicht bereit für eine Beziehung«.

Schritt 2: Wir entwickeln eine genaue Beschreibung beider Seiten: Was gehört alles zur einen und was zur anderen Seite? Woran merkt er oder würde er merken, auf welcher Seite dieser Unterscheidung er sich gerade befindet? Mit welchen positiven oder unangenehmen Komponenten wäre das jeweils verbunden? Der Klient neigte dazu, die eine Seite (beziehungsbereit) nur positiv und die andere (nicht beziehungsbereit) nur negativ zu bewerten.

Schritt 3: Durch meine Fragen stellt der Klient fest, dass das für ihn dichotom ist: entweder gar keine Beziehungsbereitschaft und folglich gar keine Beziehung oder volle Bereitschaft und dann eine Beziehung mit allem drum und dran. Dieses Entweder-oder auf seiner Landkarte erweist sich als Hemmnis für sein reales Leben.

Schritt 4: Ich sage, dass und vor allem wie diese Dichotomie aus meiner Sicht in eine Sackgasse führt: weil für eine positive Entwicklung – gerade nach der erlebten schmerzlichen Trennung – beide Seiten wichtig sind. Der Klient versteht das und stimmt zu. Deshalb schreiben wir nun beiden Seiten einen spezifisch positiven Wert zu und entwickeln Ideen, wie ein Sowohl-als-auch aussehen könnte. Ein Beispiel wäre: sich mit einer Frau treffen, gemeinsame Unternehmungen, vielleicht bis hin zu Intimitäten, sich und ihr aber Zeit geben zu prüfen, was langfristig daraus wird.

Schritt 5: Ich schlage für diese beiden Seiten eine andere Benennung und Markierung vor. Die eine Seite stehe für »Unabhängigkeit und Autonomie« im Leben und die andere für »Verbundenheit«: Beide Seiten wollen berücksichtigt sein.

Vergleiche Sprachnorm und Sprechrealität: Satzbau, Grammatik, Signifikant und Signifikat, Subjekt, Prädikat, Objekt

Sprache als eigenes System gibt Regeln für *wohlgeformte Sätze* vor. Ebenso wichtig und kreativ ist es, diese Regeln manchmal nicht einzuhalten oder zu verletzen. Für die nachfolgend dargestellten Regeln gilt daher ganz besonders: Sie sind permanente Möglichkeiten, aber auf keinen Fall permanente Notwendigkeiten.

Für sprachsensible Therapeuten, Beraterinnen und Supervisoren lässt sich die übergeordnete Regel formulieren: Registriere für relevante Aussagen von dir oder deinem Klienten anhand dieser Sprachnormregeln, wann sie von dir selbst bzw. von deinen Klienten eingehalten werden und wann wie nicht. Du kannst dich selbst daran orientieren oder davon abweichen. Und vor allem kannst du sie nutzen, um gezielt nachzufragen und die Kenntnis einiger Sprachnormregeln zum Werkzeug deiner Therapie, Beratung und Supervision zu machen.

»Ich mein ja nur ...« – Vollständigkeit des Satzbaus: Beachte, ob und wie die Kernelemente vollständiger Sätze in einer wichtigen Aussage enthalten sind: Subjekt, Objekt, Prädikat (das »Tu-Wort«). Was meint hier »meinen«? Was genau wird gemeint? Und was besagt das »nur«? Frage nach dem, was im gesprochenen Satz noch offen bleibt.

Relation von Signifikant und Signifikat – Zeichen und Bezeichnetem: Diese Relation ist ähnlich der zwischen Landkarte und Land. Wie deutlich verweist ein vom Klienten (oder von dir selbst) verwendetes Wort (= Signifikant) auf das, was es zum Ausdruck bringen will (= Signifikat)? Das ist bei »Apfel« vermutlich recht einfach, bei »Schuldgefühl«, »Ehestreit« und »komisches Gefühl« aber schon schwieriger. Prüfe, ob der Signifikant sich primär auf etwas in der Welt da draußen bezieht (»mein Arbeitsplatz«), auf ein inneres psychisches Geschehen (»Erschöpfung«) oder oft auf beides (»Arbeitsstress«). Wenn der Signifikant trotz Kontextbezug vage bleibt (»das«, »so etwas«, »das Getue«, »ein Konflikt«), bekenne dich zu deinen diesbezüglichen Interpretationsnöten und frage nach, was damit gemeint ist.

Grammatikalischer Satzbau: Nimm die grammatikalische Form wichtiger Sätze wahr: Wird im Konjunktiv geredet? Im Imperativ? In der Gegenwarts- oder in der Vergangenheitsform (»Du warst mir wichtig« vs. »Du bist mir wichtig«). Du kannst Hypothesen dazu formulieren, warum das wohl so und nicht anders formuliert wird. Fruchtbarer dürfte sein, nachzufragen, was es mit diesen grammatikalischen Versio-

nen auf sich hat und was sich ändern würde, wenn sie verändert würden (»Ich würde
mir wünschen« vs. »Ich wünsche mir« vs. »Ich erwarte«).

Verb – Modi: Wird das Verb im Satz als Konjunktiv formuliert (»Ich könnte ja … tun«),
als Indikativ (»Ich werde … tun«) oder als Imperativ (»Lass mich mal … tun!«)? Du
kannst wieder nach der Bedeutung dessen fragen oder verschiedene Optionen aufzeigen: »Wie fühlt sich diese Formulierung an? Wie wirkt sie auf andere? Was bringt
sie zum Ausdruck? Welche Veränderung wäre mit einer Veränderung des Modus verbunden? Registriere beim Imperativ, ob ein direkter Imperativ gewählt wird (»Hör
mir jetzt zu!)«, ein indikativer (»Du hörst mir jetzt zu!«) oder ein indirekter (»Wie
wäre es mal mit Zuhören?«). Du kannst hier die Anschlusskommunikationen anderer darauf beobachten und registrieren, ob von den Gesprächspartnern nun die vorgegebene Beziehungsdefinition bestätigt oder verworfen wird und welche in ihren
Anschlusskommunikationen ggf. enthalten sind.

Subjekt, Subjektkonstituierungen, Prädikat und Objekt: »Bei uns geht das so nicht!«
Das Subjekt in diesem Satz ist genannt (das »das«), aber nicht näher bestimmt. Du
kannst die Subjektkonstituierungen bei Sätzen von Klienten ebenso und bei deinen
eigenen beobachten (»Da kommt wohl Ihre Vergangenheit zum Vorschein?« – »Lässt
das Ihr Stolz nicht zu?«).

   Manchmal lässt sich gezielt mit verschiedenen Varianten der Subjektkonstituierung
und -dekonstituierung spielen: »Das hat nicht er getan, das war seine Krankheit!«,
»Haben Sie das gesagt oder der Alkohol in Ihnen?« Manchmal werden gezielt handelnde Subjekte konstituiert, die die sonst üblichen Subjektkonstituierungen (»Person«, »ich«, »selbst«) ersetzen (»Da ist ein Teil von Ihnen aktiv!«). Es geht weniger
darum, bestimmte Subjektkonstituierungen zu bevorzugen oder gar zu installieren,
sondern die diesbezüglich gewählten und dazu alternative Optionen aufzuzeigen
und auf ihre Wirkungen hin zu beleuchten.

   Wird das Objekt direkt oder indirekt, klar oder vernebelt markiert: »Möchten Sie,
dass Sie von den anderen mehr akzeptiert werden?« vs. »Möchten Sie, dass andere
das Ausmaß Ihrer Trauer akzeptieren?« – »Ich möchte, dass du mich akzeptierst«
vs. »Ich möchte, dass du das Ausmaß meiner immer noch vorhandenen Traurigkeit
akzeptierst.«

   Viele Aussagen oder Narrationen enthalten die charakteristischen Verben
»haben« (»Ich *habe* eine Depression«), »sein« (»Du *bist* ein wahrer Freund, du
bist ein verschlossener Mensch«) und manchmal auch »versuchen« (»Ich *versuche*,
das zu tun« vs. »Ich werde das tun«). Wenn du solche an entscheidenden Stellen
registrierst, frage nach, was im erörterten Kontext damit spezifisch gemeint ist
und was anders wäre, würden diese Verben durch andere ersetzt, z. B. statt »Du
bist abweisend« »Du erfüllst mir meinen Wunsch nicht und zeigst mir dazu deine
abweisende Seite«.

Wundere dich bei solchen Fragen nicht, wenn die so Befragten erst einmal erstaunt, verwirrt und manchmal auch gereizt reagieren, weil du Fragen zu Sprechakten stellst, die sonst unhinterfragt bleiben.

Tilgungen und Implizites: Registriere mit Blick auf potenziell vollständige Sätze, ob Sätze Tilgungen oder Implizites enthaltenes (»Na ja!«, »Ich mein ja nur!«, »Dazu sage ich jetzt nichts!«) und erforsche bzw. erfrage das Getilgte oder frage nach dem, worauf implizit verwiesen wird: »Was meinen Sie mit ›Ich mein ja nur?‹«, »Was genau sagen Sie, wenn Sie sagen, dass Sie jetzt nichts sagen?«. Achte auf Tilgungen, wenn Sätze wichtige Elemente weglassen, z. B. ein Objekt: »Ich sage Nein!« lässt womöglich offen, zu was genau Nein gesagt wird.

Registriere und befrage verwendete Metaphern

In allen Berichten über Probleme und in den meisten Formulierungen von Problemlösungen sind Metaphern enthalten. Das ist so selbstverständlich, dass wir uns derer in der Regel nicht bewusst sind und auch gar bewusst nicht sein können: »Wo sind wir letztes Mal stehen geblieben?« enthält eine Wandermetapher. »Sie sind an dieser Aufgabe gewachsen« präsentiert eine biologische Gewächshaus- oder eine entwicklungspsychologische Metapher.

Das Bemühen, alle Metaphern in einem Gespräch bewusst zu registrieren, wäre ein unsinniges Unterfangen. Man kann die Aufmerksamkeit aber auf zentrale Metaphern in einer Erzählung richten und damit arbeiten. Dazu können folgende Regeln dienen: Registriere zentrale Metaphern in der Sprache des Klienten, in deiner eigenen und vor allem dann, wenn die gleiche Metapher von beiden Seiten verwendet wird. Nutze bereits verwendete Metaphern explizit, um dich weiter in ihnen zu bewegen – innerhalb der Gewächshausmetapher z. B. mit folgenden Fragen: »Was ist gewachsen? Was wird noch weiterwachsen? Wer hat wie das Wachstum gefördert, wer hier vielleicht gegossen?« Du kannst auch ganz gezielt Metaphern in die Beschreibung einer Problematik oder in die Konstruktion einer Lösung einbringen: »Nehmen wir an, das Gebäude, an dem wir nun schon länger arbeiten, ist fertiggestellt: Wie sieht es aus?« Oder du regst Klienten bewusst an, ihre eigenen Metaphern weiter auszubauen und mit ihnen zu spielen: »Wenn Sie täglich im Kampf mit Ihren Schmerzen liegen – wie sähe ein Frieden aus?« Und last, not least gilt für jedes therapeutisch-beraterisch-supervisorische Spiel mit Metaphern: Bleibe dir des Als-ob-Charakters der Metapher bewusst. Halte die metaphorische Beschreibungen von Problemen oder Formulierungen von Lösungen nicht für solche des Landes im Leben des Klienten.

Registriere und befrage Sprachfloskeln

»Nicht wahr?«, »Tja!«, »Na gut …«: Würde man solche sprachlichen Floskeln permanent registrieren und dann auch noch als solche markieren oder befragen, würde
man sicher bald zum unliebsamen Gesprächspartner. Machten Klienten das mit
unseren eigenen Floskeln, wäre das sicher unangenehm und ärgerlich. Umgekehrt
sollte man den potenziellen Nutzen dieser Möglichkeit in Therapie und Beratung
nicht unterschätzen.

Damit das möglich wird, sind folgende Regeln relevant: Die gegenseitige Beziehungsdefinition muss solche außergewöhnlichen Registrierungen und Markierungen
möglich machen und für den Klienten als dienlich ansehen. Wenn das gegeben ist:
Registriere eine solche Floskel, hol dir die Erlaubnis, dazu eine Frage stellen zu dürfen,
und frage (erst) dann: »Was meinen Sie mit …?« oder »Was bedeutet für Sie, wenn
Sie … sagen?« Vermittle dabei nicht die Norm, solche sich wiederholenden Sprachfloskeln seien ein Problem. Schreibe ihnen vielmehr etwas Positives zu. Das kann zu
relevanten Selbsterkenntnissen und Veränderungen führen und ein Gespräch beleben.

Registriere und befrage sich selbst kommentierende Satzteile

Manche Sätze oder Satzteile können als Kommentierung anderer selbst gesprochener
Sätze interpretiert werden. Als Regel könnte man dazu formulieren: Registriere
gelegentlich die diversen Varianten als Selbstkommentierung auslegbarer Satzteile
oder Verhaltensweisen: manchmal in Form von Sätzen oder Satzteilen, manchmal in Form einer Geste, die eine Aussage begleitet – eine *unterstreichende,* eine
bezweifelnde bis hin zu einer selbstentwertenden Geste. Andere Varianten dessen
können Konjunktivsätze sein, die man als Selbstkommentar interpretieren könnte:
»Ich würde das anders machen« kann gedeutet werden als »Ich präsentiere das mit
einem deutlichen Vorbehalt und wage es nicht, das deutlich und klar als Vorschlag
zu deklarieren« oder als »Ich präsentiere mich selbst damit als vorsichtig und möchte
nicht dominant erscheinen«. Man kann das gelegentlich auch auf sogenannte Füllwörter beziehen wie »eigentlich«. Wenn du solches beobachtest, halte derartige Interpretation nicht für a priori angemessen, bestehe nicht auf irgendeiner Deutung. Nutze
solche Beobachtungen stattdessen zu einer eventuellen weiteren Exploration: Was
könnte die inhaltliche Bedeutung sein oder, wenn das sogar eine Mitteilung wäre,
die *gemeinte Botschaft?*

Registriere und befrage »Sprechen mit sich selbst«

Manche Sprechakte sind direkt oder indirekt an sich selbst gerichtet, z. B. laut
ausgesprochene oder innere, von denen der Hörer nichts weiß: »Das hast du toll
gemacht!«, »Lass das jetzt mal lieber!«, »Jetzt mal ganz langsam!«. Selbstansprachen

können ermutigen, entmutigen und auch demoralisieren, was zentraler Teil ganzer therapeutischer Ansätze ist (z. B. Meichenbaum, 2003; Fliegel, 2005). Man kann sie als Übernahme von Sätzen ansehen, die (früher) andere zu mir gesagt haben und die ich nun an mich selbst richte.

Was auch immer die Quelle davon ist, im sprachlichen Umgang innerhalb therapeutischer Gespräche können dazu folgende Regeln hilfreich sein:

- Unterstelle eine alle unsere Aussagen begleitende permanente »Selbstreferenz« in dem Sinn, das alles andere Gesagte einen expliziten oder impliziten Bezug zu sich selbst enthält, den du erfragen kannst, aber nicht musst.
- Frage einmal explizit nach, ob oder zu wie viel Prozent das, was ein Klient gerade sagt, anderen gilt und zu wie viel Prozent sich selbst.
- Frage ggf. direkt: »Wenn Sie das jetzt sagen, was sagen Sie dabei zu oder über sich selbst?«
- Lösungsorientierte Perspektive: »Was würden Sie gern oder was müssten Sie zu sich selbst sagen, damit Sie das (… gut hinkriegen? Was würden Sie dazu einmal gern von sich selbst hören?«
- Registriere eindeutig formulierte Selbstkommentare: »Vielleicht sollte ich das nicht so sagen?!«, »Das muss ich jetzt mal sagen!« oder ein permanentes sprechbegleitendes Kopfschütteln oder Kopfnicken. Hol dir ggf. die Erlaubnis, das einmal anzusprechen, und frag nach, wie der Klient das selbst interpretiert.
- Frage ggf. explizit: Sprechen Sie manchmal zu sich selbst und wenn ja, in welcher Weise, in welchem Ton und mit welchem Effekt?

7.2.2 Sprechwerkzeuge: Klienten zu selbstgenerierten Veränderungen anregen

Die folgenden Sprechaktregeln und Vorschläge haben das Ziel, auf Seiten von Klienten Veränderungen anzuregen: in den Landkarten ihrer Problemkonstruktionen und in ihrem Denken und Verhalten in problemrelevanten Situationen. Das kann sich auf intrapsychische Komponenten, ihr Verhalten, Komponenten ihrer sozialen Systeme beziehen und auch auf deren Verhaltensweisen im Therapiesystem selbst.

Unterscheide, markiere und rege Veränderungen an zu pathologieorientiertem vs. ressourcenorientiertem Sprechen

Der über sein Leid berichtende Klient wird nicht damit beginnen, seine Ressourcen und seine Fähigkeiten dazu darzulegen. Er kann und muss in den Darstellungen seines Leidens ernst genommen werden. Das kann direkt oder direkt aufgegriffen und in eine Ressourcenperspektive transformiert werden. Als sprachliche Regeln lassen sich dazu formulieren:

- Tauche zuerst verstehensorientiert und nichtverstehend neugierig nachfragend in die Welt ein, von der der Klient berichtet.

- Frage gezielt nach Fertigkeiten und Ressourcen im Leben des Klienten, die sich auch oder zusätzlich zu seinen Problemberichten formulieren lassen.
- Verwandle durch entsprechende Sprechakte beschriebene Probleme und damit verbundene Denk- und Verhaltensweisen in Ressourcen, greife darin bereits enthaltene Ressourcen auf oder deute Problemverhalten als Ausdruck von Ressourcen. Wenn jemand bspw. beklagt, dass er »zu zurückhaltend« sei, kannst du darauf verweisen, dass das wohl auch die Fähigkeit zum Ausdruck bringe zuzuhören, bei sich zu bleiben oder anderen den Vortritt zu lassen. Jede negative Beschreibung lässt sich in Richtung auf darin verborgene potenzielle Ressourcen rekonstruieren. Als konzeptuelle Brücke zum Gebiet der Ressourcen kann die Idee dienlich sein, dass keine Person und kein System Verhaltensweisen entwickeln würde, die nicht (auch) für irgendetwas hilfreich, produktiv oder nützlich sind.

Unterscheide, markiere und rege Veränderungen zu Doppelbotschaften, Paradoxien, Ambivalenzen und Widersprüchlichkeiten an

Auch und gerade wenn man geneigt ist, angesichts dieser Aspekte in Erzählungen und Handlungen von Klienten auf Eindeutigkeit und Klarheit hin zu wirken, empfiehlt es sich, sie als normalen Bestandteil des Lebens zu werten und zu akzeptieren. Das ist umso wichtiger, je mehr Klienten selbst oder deren Umfeld meinen, sie müssten zu Eindeutigkeiten gelangen.

Das gilt bspw. für die beschriebenen Zustände in einer Partnerschaft: »Lieben wir uns noch: ja oder nein? Sind wir eigentlich noch ein Paar: ja oder nein?« Das gilt für viele Bewertungsvorgänge: Ist das Verhalten einer Person dominant oder tritt sie einfach nur klar auf? Meistens hilft es, vom Entweder-oder zum beide Seiten verbindenden und beide positiv wertschätzenden Sowohl-als-auch zu kommen.

Auch das Gegenteil kann einmal hilfreich sein, wenn ein System permanent im Sowohl-als-auch lebt und keine Position eingenommen werden kann, ohne das gleichzeitig zu relativieren. Erlaube dir dann, wenn inhaltlich passend und das nicht nur spielerisch ist, einmal eine einseitige Position einzunehmen und/oder spiele mit einem Klienten durch, wie es wäre, wenn er einmal aus der Ambivalenz aussteigen und sich auf eine Seite stellen würde.

Unterscheide, markiere und rege Veränderungen an zu ontologischen vs. konstruktivistischen Sprachfiguren

Beide gehören zum Leben und dienen dem Überleben: Wir müssen die Welt beschreiben, wie sie *ist* und vieles als gegeben ansehen. Auch Konstruktivisten können und müssen nicht permanent betonen, dass das ja immer nur eine Sichtweise ist. Trinken stillt den Durst: Dass das *so ist,* muss nicht jeweils als subjektive Meinung oder Erfahrung charakterisiert werden. In bestimmten Kontexten kann es dennoch von großer Bedeutung sein, diese Aussage zu hinterfragen: Was genau stillt eigentlich den Durst? Was heißt Durst stillen? Wo und wann findet der Übergang von durstig zu nicht mehr durstig statt? Manche ontologischen Sprechweisen legen fest, engen ein und verbauen den Weg zu weicheren, kreativeren und vielleicht friedlicheren Möglichkeiten des Sprechens. Das ist vor allem beim Sprechen über Probleme und Problemlösungen relevant. Daher lassen sich hierzu folgende Regeln formulieren:

–   Registriere, ob dein Klient bzw. dein Klientensystem oder du selbst gerade eher ontologisch oder konstruktivistisch sprichst und wo ein Wechsel vom einen zum anderen möglich erscheint: »Mein Vater *ist* gefühlskalt!« – »Heißt das, dass Ihr Vater Sie *aus Ihrer Sicht* wenig Anteil an seinem Innenleben haben lässt?«
–   Reformuliere ontologische Aussagen in Meinungen, Perspektiven oder Erfahrungen und damit in Konstruktionen, wie das bspw. in dieser Rückfrage des Therapeuten an den Klienten über dessen Vater geschieht.
–   Wenn zu viele konstruktivistische Sprechakte in einem System es schwer machen, bestimmte Positionen einzunehmen und damit vielleicht auch Konflikte zu riskieren, geh einmal den anderen Weg und transformiere multiperspektivische Äußerungen in Positionen bis hin zu ontologischen Aussagen: »Was mein Partner da tut, könnte man vielleicht als unsensibel und despektierlich beschreiben.« – »Sie meinen, Ihr Partner ist ein Trampel?«

Dekonstruiere offen und verdeckt verletzende Sprechakte –
nutze die resignifikative Praxis

Bei der von Judith Butler resignifikativ genannten Praxis geht es darum, Wörter und Sätze, die Menschen verletzen oder kränken, nicht direkt zu bekämpfen, sondern sie durch Befragen und Hinterfragen zu dekonstruieren und so vielleicht zu verändern oder ihren verletzenden Charakter offenzulegen. Wer eine Person oder eine ganze Gruppe mit entwertenden und hasserfüllten Begriffen belegt oder stigmatisiert, kann dieser Praxis folgend befragt werden: »Was führt Sie zu dieser Bewertung? Was bedeuten für Sie die von Ihnen verwendeten Begriffe? Welche spezifischen Erfahrungen in Ihrem Leben haben Sie gemacht, die Sie diese Sicht einnehmen und diese Wörter benutzen lassen? Haben Sie selbst auch mal die Erfahrung gemacht, von anderen entwertet zu werden? Wenn Sie der von Ihnen so negativ gewerteten Person oder Gruppe eine Frage stellen würden, welche wäre das? Was bräuchten Sie von dieser Gruppe, um ihr gegenüber freundlicher zu werden?« Es gibt natürlich keinerlei Garantie, dass diese Art von Dialogen von anderen konstruktiv aufgegriffen wird. Das ist im Einzelfall nicht vorherzusagen. Diese Ungewissheit darf aber nicht a priori gegen die Möglichkeit und die potenzielle Kraft der resignifikativen Praxis ins Feld geführt werden.

Manche verletzenden Sprechakte sind als solche direkt zu erkennen und auch explizit so gemeint. Andere erfolgen subtil und ohne jede verletzende oder entwertende Absicht der Sprecher. Dennoch können Sie subtil verletzen und kränken. Um das zu erkennen, bedarf es einer diesbezüglichen Sensibilität. Folgende Regeln dienen dazu, diese zu fördern: Beleuchte das Sprechen in Therapie, Beratung und Supervision (von anderen und von dir selbst) darauf hin, welche Personen oder Gruppen dabei ignoriert, negativ bewertet, abgewertet oder sogar entwertet werden. Das kann z. B. dadurch geschehen, dass einer Person oder Gruppe mit bestimmten Merkmalen ein allgemein positiver Wert zugeschrieben wird (was per se ja kein Problem ist) und dabei unbemerkt allen Personen und Gruppen, für die dieses Merkmal nicht zutrifft, ein negativer. Wenn bspw. der Begriff »gesund« oder »Gesundheit« durch bestimmte Verhaltensweisen, Denkweisen, Gewichtsbereiche und Konsumverhalten definiert wird und Personen, die sich daran orientieren, als »gesund« gelten, können damit alle, die diesen Merkmalen nicht entsprechen, subtil als »nicht gesund« (und dann vermutlich »krank«) bewertet und insofern auch pathologisiert werden. Wenn du das bemerkst: Sprich das an, frage danach, was die explizit oder implizit abgewerteten Personen oder Gruppierungen dazu sagen würden, und entwickle andere weniger stigmatisierende Beschreibungen und Wertungen.

Dekonstruiere Metaphern

Auf Metaphern sind wir bereits eingegangen. Hier geht es um ihre Veränderung durch Re- und Dekonstruktion. Diesbezügliche Regeln können an einem Beispiel verdeutlicht werden. In diesem von Fischer (2003, S. 72) beschriebenen sagt der Klient, er sei ein »Stehaufmännchen«, und der Therapeut merkt an, dass man damit allein nicht von der Stelle komme. Diese Äußerung folgt folgenden Regeln:

– Höre die Metapher, greife sie auf, verbleib zunächst im Rahmen der von ihr vorgegebenen Logik.
– Vergegenwärtige dir die Kraft und die Wirkung der Metapher.
– Beleuchte und bewerte die Metapher dann mit einem Blick von außen auf ihre positive und womöglich einengende, weil optionsbeschränkende Seite.
– Markiere beide Seiten und hinterfrage oder *unterwandere* die Metapher, sofern sie mit relevanten negativen Nebenwirkungen verbunden ist.

Selbstredend sollte das ein dialogisch mit dem Klienten zusammen gestalteter Prozess sein, der diesen als für sich nützlich und nicht als negative Bewertung seiner Sprache von außen ansehen muss.

Vertraue darauf, dass gute Rekonstruktionen von allein zu Dekonstruktionen führen

Man kann die Wirkung vieler effektiver therapeutisch-beraterischer Sprechakte damit erklären, dass sie das von Klienten Gesprochene und Erzählte so aufgreifen und das darin Enthaltene so rekonstruieren, dass damit automatisch Dekonstruktio-

nen einhergehen. Jede gute Rekonstruktion, jedes angemessene Hören und jedes
anregende Nachfragen gehört dazu. Dadurch werden alternative Möglichkeiten in
Sprechen, Denken und Handeln sichtbar. Rekonstruktionen führen über den Weg der
Dekonstruktion zu Neukonstruktionen von Perspektiven, Verhaltensmöglichkeiten
und Beziehungsgestaltungen. Dennoch sei im Folgenden dem Ansinnen, bewusst
bestimmte Veränderungen bei Klienten zu initiieren, noch ein eigenes Regelkapitel
gewidmet.

7.2.3 Sprechwerkzeuge: Spezifische Veränderungen initiierendes Sprechen

Mit Sprache oder Sprechen können wir bei anderen nicht instruktiv etwas verändern. Sprachliche Botschaften wirken auf andere nicht wie ein Medikament auf
den Organismus – obwohl es auch dabei eine Frage der Interpretation ist, ob das
Medikament die Wirkung instruktiv herstellt oder ob dieser Effekt vom autopoetisch
organisierten Körper als Antwort auf eine Medikation selbst hergestellt wird.

Therapeuten und Berater haben Vorstellungen darüber, was ein Klient ändern
könnte oder sollte, und können das sprachlich *rüberbringen*. Offene oder verdeckte Anregungen zu Veränderungen sind Bestandteil vieler therapeutischer und
beraterischer Äußerungen oder Erzählungen. Diese können in Fragen enthalten, in
Aussagen über Sachverhalte verpackt oder direkt formuliert sein als Ratschläge, Vorschläge bis hin zu imperativen Aussagen (»Bis zum nächsten Mal machen Sie …«).

Nachfolgende Hinweise oder Regeln können dazu verhelfen, dass Veränderungen
intendierende Sprechakte klar und deshalb möglichst effektiv sind. Im Unterschied
zum vorherigen Kapitel geht es hier nicht darum, Klienten zu selbstgenerierten
Varianten von Veränderungen anzuregen, sondern darum, dass Therapeuten oder
Beraterinnen dazu explizit eigene Ideen und Vorschläge ins Spiel bringen.

Führe ein neues Sprachspiel ein

Auch wenn klar ist, dass eine Person oder eine Instanz allein kein bestimmtes Spiel
oder interaktionelles Muster in einem System installieren kann, weil das immer
Resultat der Koproduktion aller ist, können Therapeuten, Berater und auch Super-
visoren in einem Team das Ihre tun, das zu ermöglichen. Einzelne Sätze sind immer
Bestandteil jeweils charakteristischer Sprachspiele innerhalb einer Therapie oder
Beratung.

Zum Ziel, ein neues Spiel anzuregen, gehören zwei Schritte: In Schritt 1 geht es
um die distanzierte (Selbst-)Beobachtung des gerade stattfindenden Sprachspiels zwischen Klientin und Therapeut oder innerhalb eines Klientensystems. Man befindet
sich auf einer beobachtenden Metaebene und kann sich folgende Fragen stellen: Was
sind die charakteristischen Merkmale des Sprachspiels bzw. Spielregeln? Wie könnte
man das Spiel nennen: Ist es z. B. ein Spiel, Recht haben zu wollen oder zu müssen?

Ist es ein Spiel mit extrem verteilten Rollen – hier der leidorientiert-pessimistische Klient, dort der lösungsorientiert-optimistische Therapeut? Lassen sich im Spiel charakteristische Rollen oder Muster identifizieren, z. B. Anklagen – Beschwichtigen? Symmetrische Eskalation gegenseitiger Vorwürfe?

In Schritt 2 startet man versuchsweise ein neues Sprachspiel – entweder mit dazu geeignet erscheinenden neuen Sprechhandlungen (etwa dem, anderen Recht zu geben, statt selbst Recht haben zu wollen) und/oder durch eine explizite Benennung und Beschreibung des bisherigen Sprachspiels mit expliziter Einführung eines neuen mit entsprechend neuen Regeln oder Vorgaben (z. B. eine Zeit lang Aussagen stets mit einer Frage an den Adressaten der Aussage verbinden). Oder der Therapeut fängt inmitten eines Sprachspiels, das Probleme beschreibt und die dafür Verantwortlichen nennt, plötzlich an, alle daran Beteiligten positiv zu beschreiben und deren gute Absichten zu würdigen. Möglicherweise lassen sich kreative Namen für das bisherige und das neue Sprachspiel finden und man kann bewusst vom einen zum anderen wechseln.

Sollte sich ein bisheriges Sprachspiel als fester Bestandteil eines Klientensystems erweisen, könnte man dem System statt Veränderungsideen zu generieren eher Beobachtungsaufgaben dazu geben, wann und wie das Spiel zu Hause abläuft.

Ordne Signifikant und Signifikat, Zeichen und Bezeichnetes, möglichst genau zu

Strebe bei deinen Instruktionen und Vorschlägen nach einer möglichst klaren Zuordnung der dabei verwendeten Wörter zu dem, was du konkret im Land des Klienten damit meinst. Überlass das im Sinne einer Low-Kontextsprache nicht zu sehr dem Kontext oder dem Klienten. Das gilt vor allem für die drei Hauptbestandteile der dabei von dir gesprochenen Sätze Subjekt, Prädikat und Objekt. Insofern gelten hier die bereits zum Bereich Hören – Verstehen – Erfassen genannten Regeln:

Achte darauf, wie genau du das Subjekt in deinen Instruktionen und Vorschlägen als handelnde Instanz formulierst (direkt den Klienten selbst, eine andere Person im Klientensystem, einen Teil oder eine Instanz im Klienten?). Gleiches gilt für deine Objektformulierungen: Es kann einen Unterschied ausmachen, ob du zu einem Vater sagst: »Haben Sie Vertrauen in Ihren Sohn« (Objekt: Sohn als ganze Person) oder »Haben Sie Vertrauen in die Fähigkeit Ihres Sohnes, seinen beruflichen Weg selbst zu finden (Objekt: berufliche Entscheidung des Sohnes).« Formuliere das Verbum bzw. Prädikat möglichst genau: Was genauer müsste dein Klient aus deiner Sicht tun oder unterlassen, wenn er deinem Vorschlag folgt? Beispiel: Statt »Geben Sie Ihrem Partner eine Rückmeldung« lässt sich das präziser formulieren: »Sagen Sie Ihrem Partner doch konkret, was Sie an ihm mögen (oder kritisieren).« Oder als gezielte therapeutische Rückmeldung mit Veränderungshinweis: »Ich finde, Sie zeigen Ihre liebende Zuneigung in einem schwer zu deutenden Lächeln und in guten Ratschlägen, statt einmal klar zu sagen ›Ich hab dich gern!‹.«

Führe neue Unterscheidungen und Leitunterscheidungen ein

Klienten und Therapeuten bewegen sich immer in einem Sprachraum, der mit relevanten Unterscheidungen operiert bzw. auf diesen ruht. Diese wiederum lassen sich in der Regel als Subunterscheidungen jeweils grundlegenderer Leitunterscheidung rekonstruieren. Jeder Dialog, jede Fallkonzeption, jedes Lösekonzept beruht auf bestimmten Prämissen, die mit diesen Unterscheidungen verbunden sind. Der Vorteil dieses Ansatzes ist, dass wir damit auf einem sprachlich gut zugänglichen Bereich sind. Anhand der sich sprachlich zeigenden Unterscheidungen lässt sich nachfragen und bei entsprechender Gesprächsführung zu den relevanten zugehörigen Prämissen *vordringen,* um einmal eine Bergbaumetapher in Anspruch zu nehmen. Eine der primären Leitunterscheidungen, auf der therapeutische und beraterische Ansätze aufbauen, ist die zwischen »Veränderung und Nichtveränderung« mit etlichen Subunterscheidungen wie »veränderungsmotiviert vs. nicht veränderungsmotiviert«, »veränderungswürdig vs. nicht veränderungswürdig«, »veränderbar vs. nicht veränderbar« oder »für Veränderung zuständig vs. nicht für Veränderung zuständig«. Man kann das immer weiter ausdifferenzieren und weitere Unterscheidungen einfügen wie »krank vs. gesund«, »Opfer vs. Täter« usw.

In diesem Kapitel geht es nicht nur darum, diese einem Gespräch oder einer Problemkonzeption unterliegenden Unterscheidungen zu erfassen und auch nicht wie vorher darum, Klienten zur Dekonstruktion und Neukonstruktion solcher (Leit-)Unterscheidungen anzuregen, sondern um die therapeutisch initiiert aktive und gezielte Einführung neuer (Leit-)Unterscheidungen mit neuen Prämissen, Sichtweisen, Optionen, Lösungen. Die Indikation dafür besteht natürlich nur dann, wenn sich die bisherigen Unterscheidungen und Leitunterscheidungen als hinderlich und einengend interpretieren lassen. Als Regel ließe sich dazu formulieren:

Bilde eine Hypothese, welche Leitunterscheidung in der Erzählung des Klienten, in deiner Narration oder im gemeinsamen Gespräch dominant ist und ob oder wie sie den Options- und Lösungsraum einengt. Wenn das der Fall ist: Finde dazu eine neue Leitunterscheidung und führe diese sprachlich explizit ein.

➡ Fallbeispiel Rekonstruktion und Neukonstruktion von Leitunterscheidungen durch den Therapeuten. In diesem Beispiel geht es um das differenzierte Herausarbeiten vom Klienten implizit verwendeter bzw. vom Therapeuten zur Beschreibung und Lösung der Probleme des Klienten (re-)konstruierter und dann so aufgezeigter leitender Unterscheidungen. Ich habe diese als Therapeut dann aktiv formuliert und das so explizit in den Dialog mit dem Klienten eingebracht. Ich habe dabei die aus meiner Sicht vom Klienten selbst implizit verwendeten Leitunterscheidungen aufgegriffen, sie explizit in Sprache gefasst und dadurch für ihn zuvor nicht erkennbare neue Optionen aufgezeigt.

Der allein lebende Klient leidet unter seiner real ausgelebten Sexualpräferenz, im Rahmen derer ihn bestimmte Stoffe mit bestimmten Farben erregen. Er könne das mittlerweile selbst als eine »fetischistische Orientierung« sehen und so benennen. Es lässt sich herausarbeiten, dass er das als unnormal und daher schlecht bewertet. Er sei zwar kein »moralischer Spießer«, leide aber doch erheblich darunter. Hierzu ließen sich folgende (Leit-)Unterscheidungen re- bzw. konstruieren. Diese sind hier relevant für seinen bisherigen und nun optional neuen Umgang mit seiner sexuellen Orientierung. Ich habe zunächst für mich jene Leitunterscheidungen rekonstruiert, die meines Erachtens in seinen Darlegungen implizit enthalten sind, und habe ihm das in verständlicher Form als meine hypothetische Konstruktion über seine Problemkonstruktion vorgestellt. Demnach stünden zwei Aspekte im Zentrum: Befriedigung oder Nichtbefriedigung der sexuellen Lust zum einen und zum anderen die jeweilige moralische Bewertung dieser beider Seiten.

Ich entwickelte angesichts dessen und der Schilderungen des Klienten über sein Leiden an seiner Situation folgende Option, die ich auf einem Flipchart visuell dargestellt habe; es gebe für ihn in der Zukunft drei unterschiedliche Optionen: (1) Er lebe seine »fetischistische« Sexualität weiter aus und bewerte sie negativ. Positiv daran sei, dass das eine Art Sowohl-als-auch sei, denn das beinhalte gleichzeitig eine erfüllte Sexualität mit Triebbefriedigung und durch seine Selbstkritik die Erfüllung einer für ihn wohl geltenden moralischen Norm. Negativ daran sei die fortbestehende Konfliktspannung zwischen beiden Seiten. (2) Er übe und trainiere sich darin, diese sexuelle Seite nicht mehr auszuleben, und lerne dabei z. B. von keuschen und ihre Sexualität zügelnden Mönchen. Positiv daran sei, dass er sich dann moralisch positiv bewerten könne, und negativ, dass er auf Sexualität und Triebbefriedigung verzichten müsse. (3) Er stehe zu seiner Art von Sexualität, lebe diese aus und werte das nicht mehr negativ oder sogar positiv. Dann könne er von jenen Menschen lernen, die diesen Weg bereits zu ihrer Zufriedenheit gegangen seien. Positiv seien dann die weitergelebte Sexualität und Akzeptanz. Negativ sei wohl, dass er damit bestimmte Varianten seiner bisherigen normorientierten Sexualmoral nicht mehr erfülle und von Vertretern dieser evtl. Kritik ertragen müsse und dass er ggf. die Aufgabe vor sich hätte, sich eine neue Sexualmoral zu erarbeiten.

Alle diese Positionen habe ich in diesem Fall als Therapeut aktiv eingeführt und erläutert. Der Klient konnte sie alle verstehen und mitgehen. Diesen Prozess wertete er einerseits mit einem Schmunzeln als enttäuschend, weil nach diesem Modell ihm die Entscheidung zufalle, welchen Weg er gehe, und der Therapeut nicht mehr wie von ihm ursprünglich erhofft als »Erlöser« zur Verfügung stehe. Er wertete das aber auch und primär als befreiend, weil ihm nun eigene Handlungsspielräume klar würden.

In der nächsten Stunde einen Monat später berichtete der Klient, er habe diese drei Alternativen visualisiert ständig mit sich herumgetragen und sie sich immer wieder angesehen. Er habe sich dann für Variante 2 (die Abstinenzvariante) entschieden und damit gehe es ihm jetzt sehr gut. Zu diesem positiven Gefühl gehöre vor allem, dass er auf diesem Gebiet eine bewusste Entscheidung getroffen habe und sich nicht als Opfer seiner inneren Dynamiken erlebe. Er bemitleide sich selbst nicht mehr. Er verwendete dazu eine Metapher: Früher sei er in einem Boot auf dem See herumgetrieben, heute entscheide er mit dem Ruder in der Hand, wohin er fahre.

Führe neue öffnende Metaphern ein

Jede Erzählung einer Klientin wird vom Therapeuten oder Berater auf seine Weise rekonstruiert. Eine Form der Rekonstruktion besteht darin, das Gehörte intuitiv oder bewusst oder in einer Metapher wiederzugeben, die man einer Klientin (System) dann gezielt zur Verfügung stellen kann. Ziel dabei ist nicht nur die metaphorische Rekonstruktion per se, sondern die damit verbundene Vision eines Perspektivenwechsels, einer Veränderung in Erleben, Denken und Handeln. Es muss natürlich geprüft werden, ob die vom Therapeuten eingebrachte Metapher bei Klientinnen anschlussfähig ist. Man kann dann von der Klientin als *einer tapferen Kriegerin,* einer *sich zwischen allen Fronten* Befindenden oder auch als einem zukünftig schönen Schmetterling sprechen, der sich noch im Status des Kokons befinde.

Teile dem Klienten deine Hypothesen transparent mit: Hypothesentransparenz

Hypothesen über Probleme von Klienten werden von Therapeuten, Beratern und Supervisoren zum einen aktiv generiert und stellen sich zum anderen von selbst ein. Letzteres wird manchmal gar nicht bemerkt, leitet dann aber die Fragen und Lösungsperspektiven. Die dahinterliegenden Hypothesen lassen sich aus therapeutischen Fragen oder Vorschlägen ableiten. Manche davon sind Klienten vertraut, manche neu und anregend, andere für sie ausgesprochen verstörend. Sie ruhen immer auf therapeutischen Vorkonzepten, können eher diagnostisch (Zuordnung eines Problems zu einer Diagnose) oder ressourcenorientiert angelegt sein (Rückschluss von Symptomen und Problemen auf klientenseitige Ressourcen). Systemisch orientierte Diagnosen beziehen relevante Mitglieder eines Systems oder deren Geschichte ein (z. B. im Sinne der Funktion eines Symptoms oder Symptomträgers für ein System).

Für unseren Kontext stellt sich die Frage, wie explizit oder implizit ein Therapeut vor sich und vor Klienten solche Hypothesen formuliert und vor allem, wie er sie transparent zum Ausdruck bringen und so für die Therapie nutzen kann. Vermutlich kann man eine Hypothese nicht nicht zum Ausdruck bringen. Man kann sie in Fragen umwandeln und sie in diesen verhüllen. Man kann sie auch offen und direkt zum Ausdruck zu bringen. Das stärkt in der Regel die therapeutische Beziehung, wenn man dabei folgenden Regeln zur Hypothesentransparenz folgt:

1. Teile dem Klienten(system) mit, dass du dir über ihn oder das System eine Hypothese (ein Bild, eine Vermutung) gebildet hast, und frage, ob er/das System diese hören möchte oder zumindest einverstanden ist, dass du sie mitteilst.
2. Formuliere die Hypothese mit sprachlicher Klarheit, zentriert und kurz. Orientiere dich mehr an der Klarheit der Sprache darüber und nicht primär an einer intendierten Wirkung auf andere, weil das oft zu verwässerten Hypothesenformulierungen führt und ihnen dadurch ihre Kraft nimmt.

3. Kläre zur sich nun weiterentwickelnden therapeutischen Beziehung und zu den
   weiteren Anschlussmöglichkeiten durch explizites Nachfragen:
   - »Wie finden Sie es, wenn ich so über Sie nachdenke?« Das ist bewusst keine
     Frage nach Zustimmung oder Ablehnung der Hypothese, sondern nach der
     grundsätzlichen Ankoppelungsmöglichkeit dieser Hypothese und nach der
     Beziehungsrelevanz, wenn sie offen präsentiert wird.
   - Teile dein explizites Einverständnis dafür mit, falls der Klient diese Hypothese
     von sich weist. Arbeite in diesem Fall mit dieser Hypothese nicht weiter.
4. Kläre, welche Konsequenzen man gemeinsam aus der Hypothese, wenn anschlussfähig, ziehen könnte.

7.3 Reflexion von Machtstrukturen

Nicht als permanente Notwendigkeit, wohl aber als permanente Möglichkeit können
Therapeuten, Beraterinnen und Supervisoren mit Klienten bzw. Supervisandinnen
gezielt über das aktuell sich zeigende oder realisierte soziale Machtgefüge kommunizieren – wohl wissend, dass sie damit nicht aus der vorhandenen Machtstruktur aussteigen können. Man kann das prophylaktisch tun oder dann, wenn man Symptome
registriert, die einem problemlosen und nützlichen Fortschreiten der aktuellen therapeutischen Kommunikation entgegenstehen und hypothetisch auf solche Aspekte
hinweisen könnten. Man kann auf eine gemeinsame Selbstreflexion der aktuellen
Machtstrukturen umschalten. Es lassen sich Fragen stellen wie diese: Wie geht es
dem Klienten (Supervisanden) mit seiner Rolle und mit der Art, wie die andere Seite
(Therapeut, Beraterin, Supervisor) sich in ihrer Rolle präsentiert? Wie geht es ihm
mit deren Sprechweisen und mit darin enthaltenen Begriffen und Bewertungen? Man
kann fragen, wie es dem Klienten/der Supervisandin mit Inhalt und Stil der Fragen
des Therapeuten/Supervisors geht – evtl. mit dem Vorschlag, der Klient könne auch
einmal Fragen zu diesen Themen an den Therapeuten richten. Es lässt sich dann aus-
handeln, in welcher Weise man im sprachlichen Miteinander weiter umgehen will.

7.4 Ergänzende Aspekte zur Sprachperformanz

Auf dem Weg nach innen: *Registriere und befrage verwendete Schlüsselwörter*
aus der Eigensprache des Klienten

Menschliches Leben spielt sich in den drei Systemen Biologie/Körper, psychisches
Leben bzw. Erleben und soziale Interaktion/Kommunikation ab. Psychotherapie und
Beratung konzentrieren sich mehr als andere Professionen auf die Erfassung und
Beschreibung des psychischen Innenlebens. Das kann mit zwei Problemen einher-

gehen: Das eine besteht darin, dass sprachliche Hinweise einer Person auf ihr Innenleben von anderen gar nicht oder in einer nicht nützlichen Weise aufgenommen werden. Sie fühlt sich dann womöglich unverstanden und alleingelassen. Das andere Problem betrifft die manchmal schwierige Trennung zwischen der Beschreibung des Innenlebens als Innenleben und Aussagen über andere, über die Umwelt. Theoretisch hat jede Aussage eine Selbstreferenz (Aussage über sich selbst) und eine Fremdreferenz (Aussage über etwas anderes). Wer sagt: »Du bist immer so freundlich zu mir!« macht gleichzeitig eine Aussage über den anderen (Zuschreibung von Freundlichkeit) und über sich selbst (Erleben dieser Freundlichkeit mit vermutlich positivem Effekt). Will man in Therapie und Beratung diese beiden Aspekte (Bericht über Innenleben als Teil der Kommunikation – angemessene Beschreibung des Innenlebens) im Auge haben und sich auf das psychotherapeutisch oft relevante Innenleben zentrieren, lassen sich dazu einige Vorschläge und Regeln formulieren. Sie lassen sich praktisch aus dem Konzept der Idiolektik ableiten, demzufolge jede Person in ihren relevanten Erzählungen zentrale Schlüsselwörter im Sinne einer »Eigensprache« nutzt, die sprachtheoretisch als Signifikanten (Zeichen) auf zentrale intrapsychische Aspekte als Signifikate (Bezeichnetes) verweisen. Der Vorteil dieses Ansatzes liegt darin, dass man durch Befragen dieser Schlüsselwörter rasch Zugang zu diesen inneren Aspekten bekommt (zum Konzept der Idiolektik vgl. Bindernagel, Krüger, Rentel u. Winkler, 2013).

Als Regelwerk lässt sich dazu formulieren: Registriere zentrale vom Klienten verwendete Begriffe und frage nach, was diese individuellen Signifikanten (Zeichen) an Erleben oder Innenleben des Klienten als Signifikaten (Bezeichnetes) zum Ausdruck bringen wollen. Ein Beispiel: Der Klient äußert unter anderem: »Ich fühle mich da total zurückgewiesen!« Der Therapeut greift das auf: »Was meinen Sie mit ›sich total zurückgewiesen fühlen‹? Was mit ›zurückgewiesen‹? Und was mit ›total‹?« Man kann auch generell fragen: »Was erleben Sie in sich, wenn Sie das so beschreiben?« Wichtig ist, dass man die nächsten Fragen auf das zentriert, was der Klient auf solche Fragen antwortet. Nach dieser Theorie werden darin weitere Schlüsselwörter verwendet. Metaphorisch gesprochen *angelt* man sich dabei mehr und mehr in das Innenleben einer Person hinein.

Man sollte sich aber bewusst bleiben, dass es sich dabei trotz aller sprachlicher Nähe zum Innenleben immer nur um eine sprachliche Beschreibung dessen im Kommunikationssystem »Psychotherapie« handelt und man auch dabei keinen direkten Zugang zum intrapsychischen Geschehen eines Klienten erhält. Man kann sich mit einem Klienten dann gemeinsam auf die Suche danach machen, wie und was er von seinem Innenleben zu einem Thema gern anderen mitteilen, in was er vor allem verstanden werden will. Hier kann der Therapeut auf der Basis eines dazu gebildeten Kontraktes mit einem Klienten auch zum »sprachlichen Geburtshelfer« dafür werden, Inneres zu *versprachlichen*. Ggf. lässt sich in einer Paartherapie oder in Rollenspielen üben, das anderen so mitzuteilen.

Registriere Varianten von relevantem Schweigen und deren
Anschlusskommunikationen – initiiere Schweigemomente

Es gibt verschiedene Möglichkeiten, Schweigen zu interpretieren: Als kürzere oder
längere Zwischenräume zwischen Sprechakten, als Zeiten intensiverer innerer psychischer Aktivitäten nach oder vor dem Sprechen, als »schweigender Sprechakt«
(dann sagt Schweigen etwas), als Verschweigen von etwas, als Beziehungsdefinition
(z. B. als Ablehnung eines dominant bis inquisitorisch erlebten Befragens). Als erste
Regel könnte daher gelten – permanent möglich, keineswegs permanent notwendig:
Registriere Schweigen, bilde Hypothesen, wie du dieses im Sinne der genannten
potenziellen Varianten interpretieren könntest, jedes Mal mit möglichst positiver
Wertung dessen, und bringe diese Hypothesen in die verständigungsorientierte
Kommunikation ein.

Auch wenn selten notwendig oder indiziert, so könnte es potenziell doch gelegentlich nützlich sein, passende Formen der Anschlusskommunikation an Schweigen
zu kreieren. Wenn ein klientenseitiges Schweigen sehr lang anhält, muss es im Rahmen von Therapie und Beratung wohl irgendwann unterbrochen werden. Das kann
prinzipiell zweifach geschehen: Man greift ein Thema (wieder) auf oder beginnt ein
neues. Oder man macht die Phase des Schweigens selbst zum Thema. Im Folgenden Vorschläge zum Umgang mit relevantem Schweigen in Therapie und Beratung:

–   Erfrage den Sinngehalt des Schweigens, statt davon auszugehen, ihn zu kennen:
    »Habe ich das richtig verstanden, dass Sie auf diese Frage nicht antworten kön-
    nen oder möchten/innerlich mit etwas beschäftigt sind, bevor Sie sprechen/jetzt
    erst mal über etwas nachdenken?«
–   Bei längerem Schweigen: »Sie sind jetzt längere Zeit still. Darf ich wissen: Was
    geht gerade in Ihnen vor?«
–   »Darf ich wissen: Worüber haben Sie gerade geschwiegen oder schweigen Sie
    gerade?«
–   »Sie haben nun länger geschwiegen. Das ist sicher wichtig. Gibt es etwas, das Sie
    zu Ihrem oder über Ihr Schweigen sagen können oder möchten?«

Bei der Beobachtung der Abfolge im Gespräch, wann ein längeres Schweigen auftritt,
kann beobachtet werden: Auf welche Äußerung des Therapeuten oder in einem Paar-
oder Familiengespräch bzw. in einer Teamsupervison folgt ein längeres Schweigen?
Man kann solche Beobachtungen mitteilen und die Sicht oder Interpretationen des
Klientensystems dazu erfragen.

Manchmal kann ein Klient es als hilfreich erleben, wenn der Therapeut nicht
gleich jedes Schweigen mit Sprechen unterbricht und Schweigen akzeptiert. Ein
längeres gemeinsames und dann konstruktiv und wohlwollend erlebtes Schweigen
kann der Psyche inneren Raum geben bei expliziter Anwesenheit einer anderen wohl-
wollenden und diesen Prozess nicht durch Reden störenden Person.

Registriere, markiere und befrage ggf. relevante nonverbale Kommunikationen

Nonverbales Verhalten als Handlung bzw. als Kommunikation zu deuten, ist stets die Entscheidung eines Beobachters. Man kann alle möglichen Gesten, Tonlagen, Mimiken, Körperhaltungen und Bewegungen so deuten. Wenn der Therapeut das tut und das versprachlicht, gilt als Regel: Sei dir bewusst, dass das Ansprechen nonverbaler Komponenten einen Eingriff in die Intimität deines Gegenübers ist, für das du dir die Erlaubnis oder Legitimation holen solltest.

Man kann nonverbale Komponenten als einen nonverbalen kommunikativen Akt interpretieren und diesen eigene *Botschaften* unterstellen. Man kann in ihnen Sekundärkommentierungen des verbal Gesagten sehen. Man kann sie auch als körperliche Ereignisse ansehen, denen man keine Bedeutung im Medium Sinn zusprechen muss oder sollte. Wofür immer man sich entscheidet – es ist die Entscheidung und Wertung eines Beobachters zu einem sehr intimen Bereich einer anderen Person.

Wenn man Nonverbalem eine kommunikative Bedeutung zuweist und diese These mit Respekt und Neugier anspricht und sie prüft, kann man nonverbale Aspekte in den Bereich bewusster Kommunikation mit Klienten transformieren. Oft lassen sich dann Quintessenzen dessen erarbeiten, was ein Klient erzählen oder berichten will, z. B. kann ein klagend-anklagender Tonfall eine eigentlich auch gemeinte Botschaft »Ich klage an« zum Ausdruck bringen, die dem parallelen verbalen Teil nicht oder nur vage zu entnehmen ist. Ein Seufzer kann die damit zum Ausdruck gebrachte Last, eine geballte Faust eine im Zaum gehaltene Wut ausdrücken und nun sprachlich zugänglich machen. Wenn der Klient einverstanden ist, dass ein nonverbaler Aspekt seines Verhaltens angesprochen wird, sollte man offen sagen oder zeigen, was genau man meint an Tonfall, Mimik oder Gestik, Handbewegungen, physiologischen Reaktionen usw. Dazu lässt sich fragen: »Was drückt das … vielleicht aus?« Oder man kann eine Deutung vornehmen und fragen, ob das zutrifft: »Aus meiner Sicht hat Ihre Stimme einen anklagenden Ton – klagen Sie an oder möchten Sie jemand anklagen?« – »Sie seufzen immer wieder: Sind Sie erschöpft, lastet etwas auf Ihnen?«

8 Nochmal: Sätze, die es in sich haben

Im Folgenden werden fünf Sätze, die es in sich haben, aus Kapitel 2 erneut aufgegriffen. Ich lade den Leser nach der Lektüre des Buches ein zu entscheiden, wie er sie aus der Position der Meta-Klartext-Klarheit einschätzt und bewertet und wie er kommunikativ daran anschließen würde. Ich formuliere im Folgenden jeweils Fragen dazu, die man sich selbst bzw. dem Sprecher der jeweiligen Sätze stellen könnte. Übergeordnet geht es dabei um folgende Fragen: Wie werden jeweils Subjekt, Objekt und Prädikat formuliert? Gibt es Getilgtes oder implizit Enthaltenes? Was sind Schlüsselwörter im Satz? Auf welche Prämisse oder Leitunterscheidung baut dieser Satz wohl auf? Welche Fragen ließen sich demzufolge an den Sprecher stellen? Die Antworten darauf ließen sich durch Kenntnis des Kontexts der Sätze beantworten. Hier beobachten wir sie aber ganz explizit im Sinne einer Low-Kontextlogik: Was sagt der Satz in sich selbst aus und was bleibt offen?

*Das raubt mir alle Kraft.« Die Klientin, von der dieser Satz stammt, wurde in Kapitel 6.5.2 (S. 260) bereits vorgestellt. Fragen, die man sich zu diesem Satz stellen kann, wären: Wer ist das Subjekt im Satz? Was ist mit »rauben« konkret gemeint, was mit »Kraft« bzw. was ist der Unterschied zwischen »Kraft« und »alle Kraft«?

Nachfolgend noch einmal eine kurze Darstellung des Falls und wie in der Therapie mit diesem Satz der Klientin umgegangen wurde:

> ⮕ Fallbeispiel: Eine 67-jährige Klientin leidet an den schweren Folgen eines Verkehrsunfalls: organisch bedingte Unbeweglichkeit mit hoher Einschränkung ihrer Mobilität und damit ihres Lebensraums und anhaltende Schmerzzustände. In der Stunde wird herausgearbeitet, dass sie vor einer schweren Entscheidung stehe: entweder allein im alten großen Haus weiterleben (ihr Ehemann war bei dem genannten Unfall ums Leben gekommen) – oder ein Umzug in eine kleinere Wohnung. Beide Perspektiven sind negativ besetzt. In diesem Zusammenhang sagt sie den Satz: »Das raubt mir alle Kraft!« Wir rekonstruieren das Subjekt dieses Satzes (das »das«). Dabei wird herausgearbeitet: Das »das« ist ihr eigenes Hin und Her zwischen diesen beiden Entscheidungen bei permanent belastendem Appell an sich selbst, sie solle doch endlich eine Entscheidung treffen. Wir installieren dann ein neues Subjekt, nämlich sie selbst im Umgang mit dieser Entscheidungssituation. Das Ergebnis war: (1) Sie wolle sich bewusst ein Jahr Zeit lassen für diese Entscheidung. Sie entwickelt dabei die Idee, dass sie dafür vier Wochen am Meer verbringe: Wind und Wetter am Meer, so wisse sie, wehten sie immer durch und gäben ihr Kraft für Entscheidungen. (2) Wir verdeutlichen die beiden Alternativen, die zur Verfügung stehen, mehr als sie das bisher getan hat, vor allem die von ihr bisher *weggeschobene* Variante eines Umzugs in eine kleinere Wohnung. Dies wird imaginativ ausgemalt: Wie müsste diese Wohnung aussehen, damit sie auch *gewollt* sein könnte.

Dieser Prozess dauerte eine Therapiestunde und die Klientin betonte am Ende, dass sie sich durch diese Arbeit (Re- und Neukonstituierung des Subjektes, Installation von ihr als handelndem Subjekt, imaginative Ausgestaltung einer bisher wenig konkretisierten Entscheidungsalternative) gestärkt fühle.

»Ich weiß nicht …« Was ist das Objekt? Dieses wird nur angedeutet. Was genauer ist das *Nichtgewusste?* Welchen Unterschied macht es für den Sprecher dieses Satzes, zu wissen oder nicht zu wissen? Man könnte provokativ fragen: »Nehmen Sie an, Sie wüssten es – wie wäre das und was würde das für Sie bedeuten?« Oder man könnte nach dem Adressaten des Satzes fragen: »Wem sagen Sie dies und was wollen Sie diese Person sonst noch alles wissen lassen?«

»Ich kann mir das nicht vorstellen!« Das Objekt der Nichtvorstellung (das »das«) wird nur angedeutet: Was genau kann sich der Sprecher nicht vorstellen? Paradoxerweise könnte sich der Sprecher als Prämisse dieses Satzes das vorstellen, wovon er sagt, er könne sich das nicht vorstellen. Was ist mit Vorstellen und Nichtvorstellen jeweils gemeint: ein innerliches Sehen von etwas? Dem sich Vorgestellten nicht zustimmen oder es ablehnen? Etwas ganz anderes?

»Also wenn das hier so weitergeht, dann weiß ich nicht …« Das ist ein konditionaler Satz mit einer Wenn-dann-Logik. Es ist ein Satz mit einem Nebensatz. Das Subjekt im Hauptsatz (wieder ein »das«) bleibt unmarkiert: Wer steckt hinter dem Subjekt? Wer ist verantwortlich dafür, ob »das« weitergeht oder nicht weitergeht? Das Subjekt im Nebensatz ist das »ich«. Das Objekt des Nebensatzes bleibt vage: Was genau weiß das »ich« nicht? Man könnte auch fragen: Wenn das »ich« das eine nicht weiß – was weiß es bestimmt? (Leitunterscheidung wäre dann »Wissen – Nichtwissen«). Das Prädikat des Hauptsatzes ist »weitergehen«: Was genau ist hier damit gemeint – was wäre ein »Weitergehen« und was ein »Nichtweitergehen«? Es könnte nach all diesen Inhalten gefragt werden und auch: Was wäre anders, wenn das »ich« das laut jetziger Aussage »Nichtgewusste« plötzlich wissen würde? »Vielleicht wissen Sie das ja innerlich schon und haben es nur noch nicht gemerkt!?«

»Das geht definitiv nicht!« Was ist hier mit »definitiv« gemeint? Was wäre für den Sprecher der Unterschied zwischen »nicht gehen« und »definitiv nicht gehen«? Zum Verb oder Prädikat ließe sich fragen: Was genauer bedeutet für ihn »gehen« bzw. »nicht gehen«? Ist vielleicht ein Akzeptieren vs. Nichtakzeptieren von etwas gemeint? Die Aussage klingt deklarativ imperativ: An wen ist sie gerichtet und was ist der Appell – was soll der so Angesprochene tun oder nicht tun? Es könnte auch ein Nein zu etwas gemeint sein. Wird auf der Zeitschiene implizit etwas angekündigt oder mit etwas gedroht? Wenn ja, womit? Was wird der Sprecher tun, wenn es doch so »geht«? Vor welcher Entscheidung stünde er dann? Und wenn man hypothetisch eine Not unterstellen würde, die in diesem Satz zum Ausdruck kommt, welche wäre das – was bräuchte der Sprecher dann von wem zur Linderung dieser Not oder zur *Erlösung* daraus?

Lieber Leserin, lieber Leser,

für welche Einschätzung dieser hier bewusst kontextlosen Sätze, für welche Fragen oder für welche Kommentare dazu Sie sich auch immer entscheiden: Sie sind damit mitten im Haus der Sprache. Und hier geht es nicht darum, die richtigen Einschätzungen, Kommentare oder Fragen zu finden, sondern darum, den expliziten und impliziten Reichtum dieser Sprachwelt zu kennen, zu erfahren, zu erforschen und zu nutzen und so – nicht nur mit Klienten – in einen energetisiert lebendigen sprachlichen Austausch zu treten und darin zu bleiben.

Literatur

Allen, J. G., Fonagy, P. (Hrsg.) (2009). Mentalisierungsgestützte Therapie. Das MBT-Handbuch – Konzepte und Praxis. Stuttgart: Klett-Cotta.

Alloa, E., Fischer, M. (2013). Leib und Sprache. Zur Reflexivität verkörperter Ausdrucksformen. Weilerswist: Velbrück Wissenschaft.

Alsheimer, G. (1968). Vietnamesische Lehrjahre. Sechs Jahre als deutscher Arzt in Vietnam 1961–1967. Frankfurt a. M.: Suhrkamp.

Andersen, T. (1990). Das reflektierende Team. Dialoge und Dialoge über Dialoge. Dortmund: Modernes Lernen.

Anzieu, D. (1982). Psychoanalyse und Sprache. Vom Körper zum Sprechen. Paderborn: Junfermann.

Asch, S. (1946). Forming impressions of personality. Journal of Abnormal and Social Psychology, 41, 258–290.

Austin, J. L. (1955). Zur Theorie der Sprechakte (How to do things with words) (2. Aufl.). Stuttgart: Reclam.

Baecker, D. (2012). System. In J. Wirth, H. Kleve, H. (Hrsg.), Lexikon des systemischen Arbeitens. Grundbegriffe der systemischen Praxis, Methodik und Theorie (S. 408–411). Heidelberg: Carl-Auer Verlag.

Bateson, G. (1979/2002). Geist und Natur. Eine notwendige Einheit. Frankfurt a. M.: Suhrkamp.

Bateson, G. (1985a). Ökologie des Geistes. Frankfurt a. M.: Suhrkamp.

Bateson, G. (1985b). Die Kybernetik des »Selbst«. Eine Theorie des Alkoholismus. In G. Bateson, Ökologie des Geistes (S. 400–435). Frankfurt a. M.: Suhrkamp.

Baumgartner, H. M., Gerhardt, G., Konhardt, K., Schönrich, G. (1976). Kategorie, Kategorienlehre. In K. Gründer (Hrsg.). Historisches Wörterbuch der Philosophie. Bd. 4 (S. 714–776). Darmstadt: Wissenschaftliche Buchgesellschaft.

Bay, R. H. (2014). Erfolgreiche Gespräche durch aktives Zuhören. Renningen: Expert.

Beckermann, A. (2008). Das Leib-Seele-Problem. Eine Einführung in die Philosophie des Geistes. München: Wilhelm Fink.

Berman, P., Goodall, J. (2004). Reason for hope: A spiritual journey. Washington: Post Book World.

Bindernagel, D., Krüger, E., Rentel, T., Winkler, P. (Hrsg.) (2013). Schlüsselworte. Idiolektische Gesprächsführung in Therapie, Beratung und Coaching. Heidelberg: Carl-Auer Verlag.

Bohne, M., Ohler, M., Schmidt, G., Trenkle, B. (Hrsg.) (2016). Reden reicht nicht!? Bifokal-multisensorische Interventionsstrategien für Therapie und Beratung. Heidelberg: Carl-Auer Verlag.

Bohus, M., Wolf-Arehult, M. (2013). Interaktives Skillstraining für Borderline-Patienten. Das Therapiemanual (2. Aufl.). Stuttgart: Schattauer.

Bourdieu, P. (1992). Von den Regeln zu den Strategien. In P. Bourdieu, Rede und Antwort (S. 99–110). Frankfurt a. M.: Suhrkamp.

Bourdieu, P. (2005). Was heißt sprechen? Zur Ökonomie des sprachlichen Tausches. Wien: Wilhelm Braumüller Universitäts-Verlagsbuchhandlung.

Brink, B., Lieb, H. (2009). Krisen: Herausforderung und Chance. Teil 2: Krisenbewältigungstypen: Merkmale und Therapie. Systhema, 23 (02), 151–165.

Buchheim, T., Hermanni, F. (Hrsg.) (2006). Das Leib-Seele-Problem. Antwortversuche aus medizinisch-naturwissenschaftlicher, philosophischer und theologischer Sicht. München: Wilhelm Fink.

Buchholz, M. B. (2003). Metaphern und ihre Analyse im therapeutischen Dialog. Familiendynamik, 28 (01), 64–93.

Buchholz, M. B. (2014). Metaphern und der therapeutische Dialog. In T. Levold, M. Wirsching (Hrsg.), Systemische Therapie und Beratung – das große Lehrbuch (S. 121–130). Heidelberg: Carl-Auer Verlag.

Buchinger, K., Schober, H. (2006). Das Odysseus-Prinzip. Leadership revisited. Stuttgart: Klett-Cotta.

Bunge, M. (1984). Das Leib-Seele-Problem. Tübingen: Mohr.

Butler, J. (1997). Hass spricht. Zur Politik des Performativen. Frankfurt a. M.: Suhrkamp.

Cantieni, B., Hüther, G., Storch, M., Tschacher, W. (2007). Embodiment. Die Wechselwirkung von Körper und Psyche verstehen und nutzen. Bern: Huber.

Chomsky, N. (1968). Language and mind. New York: Harcourt, Brace & World.

Chomsky, N. (1981). Regeln und Repräsentationen. Frankfurt a. M.: Suhrkamp.

Chomsky, N. (1986). Knowledge of language. Its nature, origin and use. New York: Präger.

Chomsky, N. (1999.) Sprache und Geist. Frankfurt a. M.: Suhrkamp.

Chomsky, N. (2002). Syntactic structures. Berlin: de Gruyter.

Cecchin, G., Conen, M. L. (2018). Wie kann ich Ihnen helfen, mich wieder loszuwerden? Therapie und Beratung mit unmotivierten Patienten und in Zwangskontexten (6. Aufl.). Heidelberg: Carl-Auer Verlag.

Clark, D. M., Ehlers, A., Stangier, U. (2006). Soziale Phobie. Göttingen: Hogrefe.

Clement, U., Simon, F. B., Stierlin, H. (2004). Die Sprache der Familientherapie. Ein Vokabular. Kritischer Überblick und Integration systemtherapeutischer Begriffe, Konzepte und Methoden. Stuttgart: Klett-Cotta.

Dahlke, R., Dethlefsen, T. (2015). Krankheit als Weg: Deutung und Bedeutung der Krankheitsbilder (Neuaufl.). München: Goldmann.

Edelson, M. (1975). Language and interpretation in psycho-analysis. New Haven: Yale University Press.

Eder, L. (2008). Systemische Psychosomatik. Familiendynamik, 33 (1), 90–105.

Eder, L. (2019). Psychosomatik. In U. Borst, K. von Südow (Hrsg.), Systemische Therapie in der Praxis (S. 508–515). Weinheim: Beltz.

Emlein, G. (2012). Sinn. In H. Kleve, J. V. Wirth (Hrsg.), Lexikon des systemischen Arbeitens. Grundbegriffe der systemischen Praxis, Methodik und Theorie (S. 372–374). Heidelberg: Carl-Auer Verlag.

Emlein, G. (2017). Das Sinnsystem Seelsorge. Eine Studie zur Frage: Wer tut was, wenn man sagt, dass man sich um die Seele sorgt? Göttingen: Vandenhoeck & Ruprecht.

Engel, G. L. (1977). The need for a new medical model: a challenge for biomedicine. Science, 196 (4286), 129–136.

Epston, D., White, M. (2013). Die Zähmung der Monster. Der narrative Ansatz in der Familientherapie (7. Aufl.). Heidelberg: Carl-Auer Verlag.

Eurich, C. (2016). Aufstand für das Leben: Vision für eine lebenswerte Erde. Petersberg: Vianova.

Fiedler, P. (Hrsg.) (2018). Varianten psychotherapeutischer Beziehung. Transdiagnostische Befunde, Konzepte, Perspektiven. Lengerich: Pabst Science Publishers.

Fiore, Q., McLuhan, M. (2016). Das Medium ist die Massage. Stuttgart: Tropen-Klett Cotta.

Fischer, H. R. (1990). Sprachspiele und Geschichten. Zur Rolle der Sprache in der Therapie. Familiendynamik, 15 (03), 190–211.

Fischer, H. R. (2003). Metaphern – Sinnreservoire der Psychotherapie. Familiendynamik, 28 (1), 9–46.

Flatschner, M., Posselt, G. (2016). Sprachphilosophie. Eine Einführung. Facultas: Wien.

Fliegel, S. (2005). Selbstverbalisation und Selbstinstruktion. In M. Linden, M. Hautzinger (Hrsg.), Verhaltenstherapiemanual. Berlin/Heidelberg: Springer.

Freyberger, H. J., Spitzer, C. (2007). Somatoforme und dissoziative Störungen. In E. Leibing, W. Hiller, S. Sulz (Hrsg.), Lehrbuch der Psychotherapie, Bd. 3. Verhaltenstherapie. München: CIP-Medien.

Goeppert, H., Goeppert, S. (1973). Sprache und Psychoanalyse. Reinbek: Rowohlt.

Geuter, U. (2019). Praxis Körperpsychotherapie. 10 Prinzipien der Arbeit im therapeutischen Prozess. Heidelberg: Springer.

Fuchs, P. (2003). Der Eigen-Sinn des Bewußtseins. Die Person, die Psyche, die Signatur. Bielefeld: Transcript.

Fuchs, P. (2005). Studien zur Innenwelt der Außenwelt der Innenwelt. Weilerswist: Velbrück Wissenschaft.

Fuchs, P. (2010). Das System SELBST. Eine Studie zur Frage: Wer liebt wen, wenn jemand sagt: »Ich liebe dich!«?. Weilerswist: Velbrück Wissenschaft.

Fuchs, P. (2012). Körper. In H. Kleve, J. V. Wirth (Hrsg.), Lexikon des Systemischen Arbeitens. Grundbegriffe der systemischen Praxis, Methodik und Theorie. Heidelberg: Carl-Auer Verlag.

Fuchs, P. (2015). DAS Sinnsystem. Prospekt einer allgemeinen Theorie. Weilerswist: Velbrück Wissenschaft.

Luhmann, N., Fuchs, P. (1989). Reden und Schweigen. Frankfurt a. M.: Suhrkamp.

Gadamer, H.-G. (1960/1990). Wahrheit und Methode. Grundzüge einer philosophischen Hermeneutik. In H.-G. Gadamer, Gesammelte Werke, Bd. 1. Tübingen: Mohr Siebeck.

Gauger, H.-M. (1979). Sprache und Sprechen im Werk Sigmund Freuds. In Carl Friedrich von Siemens Stiftung (Hrsg.), Der Mensch und seine Sprache (S. 48–80). Berlin/Frankfurt a. M./Wien: Ullstein.

Gebser, J. (1999). Gesamtausgabe. Schaffhausen: Novalis.

Geertz, C. (2003). Dichte Beschreibung. Beiträge zum Verstehen kultureller Systeme (2. Aufl.). Frankfurt a. M.: Suhrkamp.

Gendlin, E. T. (1993). Die umfassende Rolle des Körpergefühls im Denken und Sprechen. Deutsche Zeitschrift für Philosophie, 4, 693–706.

Gendlin, E. T., Wiltschko, J. (2007). Focusing in der Praxis. Eine schulenübergreifende Methode für Psychotherapie und Alltag. Stuttgart: Klett-Cotta.

Gondek, H.-D., Hofmann, R., Lohmann, H.-M. (Hrsg.) (2001). Jacques Lacan – Wege zu seinem Werk. Stuttgart: Klett-Cotta.

Grawe, K., Orlinsky, D. E., Parks, B. K. (1994). Process and outcome in psychotherapy. In A. E. Bergin, S. L. Garfield (Eds.), Handbook of psychotherapy and behavior change. New York: Wiley.

Grewendorf, G. (2006). Noam Chomsky. Biographie, Werkanalyse, Rezeption, Zeittafel, Bibliographie. München: Beck.

Grote, B. (2015). Metaphern. Ausbildungsmaterialien des IFW – Institut für Familientherapie Weinheim zu Metaphern.

Haag, A. (2011). Versuch über die moderne Seele Chinas. Eindrücke einer Psychoanalytikerin. Gießen: Psychosozial.

Habermas, J. (1981). Theorie des kommunikativen Handelns. 2 Bände. Frankfurt a. M.: Suhrkamp.

Habermas, J. (1984). Was heißt Universalpragmatik? In J. Habermas, Vorstudien und Ergänzungen zur Theorie des kommunikativen Handelns (S. 353–440). Frankfurt a. M.: Suhrkamp.

Haken, H., Schiepek, G. (2010). Synergetik in der Psychologie. Selbstorganisation verstehen und gestalten. Göttingen: Hogrefe.

Hall, E. T. (1959). The silent language. New York: Garden City.

Hall, E. T. (1966). The hidden dimension. New York: Garden City.

Hall, E. T. (1976). Beyond culture. New York: Anchor Books.

Hall, E. T., Hall, M. R. (1990). Understanding cultural differences. Yarmouth: Maine.

Haller, R. (1971). Begriff. In J. Ritter (Hrsg.), Historisches Wörterbuch der Philosophie, Bd. 1 (S. 780–785). Basel: Schwabe.

Hamburger, A. (2014). Sprache, Sprachentwicklung. In W. Mertens (Hrsg.), Handbuch psychoanalytischer Grundbegriffe (S. 889–896). Stuttgart: Kohlhammer.

Hargens, J., Schlippe, A. von (Hrsg.) (1998). Das Spiel der Ideen. Reflektierendes Team und systemische Praxis. Dortmund: Borgmann.

Hastedt, H. (1990). Das Leib-Seele-Problem. Frankfurt a. M: Suhrkamp.

Hayes, S. C., Strosahl, K. D., Wilson, K. G. (2004). Akzeptanz und Commitment-Therapie. Ein erlebnisorientierter Ansatz zur Verhaltensänderung. München: CIP-Medien.

Hegel, G. W. F. (1970). Wissenschaft der Logik II. In G. W. F. Hegel, Werke in 20 Bänden, Bd 6. Hrsg. von E. Moldenhauer u. K. M. Michel. Frankfurt a. M.: Suhrkamp.

Heidegger, M. (1934). Logik als die Frage nach dem Wesen der Sprache (Sommersemester 1934). In M. Heidegger, Gesamtausgabe, Bd. 38. Hrsg. von G. Solbold. Frankfurt a. M.: Klostermann.

Heidegger, M. (1927). Sein und Zeit. Tübingen: Niemeyer.

Heidenreich, T., Michalak, J. (Hrsg.) (2004). Achtsamkeit und Akzeptanz in der Psychotherapie. Ein Handbuch. Tübingen: DGVT-Verlag.

Heider, F. (1927/2005). Ding und Medium. Berlin: Kadmos Verlag.

Heider, F. (1944). Social perception and phenomenal causality. Psychological Review, 51, 358–347.

Herder, J. G. (1986). Abhandlung über den Ursprung der Sprache. Stuttgart: Reclam.

Hiller, W., Rief, W. (2012). Somatisierungsstörung. Göttingen: Hogrefe.

Hoegl, F. (2012). Sprache. In H. Kleve, J. V. Wirth (Hrsg.), Lexikon des systemischen Arbeitens. Grundbegriffe der systemischen Praxis, Methodik und Theorie (S. 396–399). Heidelberg: Carl-Auer Verlag.

Humboldt, W. von (1995). Einleitung zum Kawi-Werk. Über die Verschiedenheit des menschlichen Sprachbaues und ihren Einfluß auf die geistige Entwicklung des Menschengeschlechts. In W. von Humboldt, Schriften zur Sprache. Hrsg. v. B. Michael (S. 30–207). Stuttgart: Reclam.

Isele, G., Stauß, H. (2018). Beziehung und Prozess. Die therapeutische Beziehung in der Personzentrierten Gesprächspsychotherapie. In P. Fiedler (Hrsg.), Varianten psychotherapeutischer Beziehung. Transdiagnostische Befunde, Konzepte, Perspektiven (S. 99–118). Lengerich: Pabst Science Publishers.

Jappe, G. (1971). Über Wort und Sprache in der Psychoanalyse. Frankfurt a. M.: Fischer.

Kant, I. (1787/1995). Kritik der reinen Vernunft. In I. Kant, Werke in sechs Bänden, Bd. 2. Hrsg. v. R. Toman. Köln: Könemann.

Kleve, H. (2014). Arbeit mit Skulpturen und Aufstellungen. In T. Levold, M. Wirsching (Hrsg.), Systemische Therapie und Beratung – das große Lehrbuch (S. 234–240). Heidelberg: Carl-Auer Verlag.

Korzybski, A. H. S. (1933). Science and sanity: An introduction to Non-Aristotelian systems and general semantics. Englewood: Institute of General Semantics.

Kraiker, Ch. (1980). Psychoanalyse. Behaviorismus. Handlungstheorie. Theoriekonflikte in der Psychologie. München: Kindler.

Krämer, S. (2017). Sprache, Sprechakt, Kommunikation – Sprachtheoretische Positionen des 20. Jahrhunderts. Frankfurt a. M.: Suhrkamp.

Kriz, J. (1992). Grundkonzepte der Systemtheorie. Bd. 1: Chaos und Struktur. München: Quintessenz.

Kriz, J. (2006). Grundkonzepte der Psychotherapie (6. Aufl.). Weinheim: Beltz.

Kriz, J. (2014). Systemtheorie ist mehr als »Autopoiese«. Familiendynamik, 39 (3), 267–270.

Kriz, J. (2017). Subjekt und Lebenswelt. Personzentrierte Systemtherapie für Psychotherapie, Beratung und Coaching. Göttingen: Vandenhoeck & Ruprecht.

Kronbichler, R. (2014). Narrative Therapie. In T. Levold (Hrsg.), Systemische Therapie und Beratung – das große Lehrbuch (S. 71–75). Heidelberg: Carl-Auer Verlag.

Krüger, E. (2013). Die Kunst des Fragens. In D. Bindernagel, E. Krüger, T. Rentel, P. Winkler (Hrsg.), Schlüsselworte. Idiolektische Gesprächsführung in Therapie, Beratung und Coaching (S. 27–46). Heidelberg: Carl-Auer Verlag.

Kuhl, J. (2001). Motivation und Persönlichkeit. Interaktionen psychischer Systeme. Göttingen: Hogrefe.

Lacan, J. (1956). Funktion und Feld des Sprechens und der Sprache in der Psychoanalyse. In J. Lacan, Schriften I (S. 71–170). Olten: Walter.

Lacan, J. (1973). Die vier Grundbegriffe der Psychoanalyse. Das Seminar, Buch XI. Hrsg. v. J. A. Miller. Wien: Turia + Kant.

Lakoff, G., Wehling, W. (2016). Auf leisen Sohlen ins Gehirn. Politische Sprache und ihre heimliche Macht. Heidelberg: Carl-Auer Verlag.

Lang, H. (1986). Die Sprache und das Unbewußte: Jacques Lacans Grundlegung der Psychonalyse. Frankfurt a. M.: Suhrkamp.

Langlotz-Weis, M. (2019). Körperorientierte Verhaltenstherapie. München: Reinhardt.

Leibetseder, M. (Hrsg.) (2018). Grundlagenbuch Verhaltenstherapie. Diagnostik, Methoden, Anwendungsbereiche, Sprachanalysen. Lengerich: Pabst Science Publishers.

Leibniz, G. W. (1677/1996). Dialog. In G. W. Leibniz (Hrsg.), Schriften zur Logik und zur philosophischen Grundlegung von Mathematik und Naturwissenschaft. Philosophische Schriften, Bd. 4. (S. 23–37). Hamburg: Meiner.

Lenk, H. (1977). Handlungstheorien interdisziplinär. Bd. 4: Sozialwissenschaftliche Handlungstheorien und spezielle systemwissenschaftliche Ansätze. München: W. Fink Verlag.

Lenk, H. (1978). Handlungstheorien interdisziplinär. Bd. 2, Halbbd. 1. Handlungserklärungen und philosophische Handlungsinterpretation. München: W. Fink Verlag.

Lenk, H. (1979). Handlungstheorien interdisziplinär. Bd. 2, Halbbd. 2. Handlungserklärungen und philosophische Handlungsinterpretation. München: W. Fink Verlag.

Lenk, H. (1981). Handlungstheorien interdisziplinär. Bd. 3. Halbbd. 1. Verhaltenswissenschaftliche und psychologische Handlungstheorien. München: W. Fink Verlag.

Lenk, H. (1984). Handlungstheorien interdisziplinär. Bd. 3. Halbbd. 2. Verhaltenswissenschaftliche und psychologische Handlungstheorien. München: W. Fink Verlag.

Levold, T., Wirsching, M. (Hrsg.) (2014). Systemische Therapie und Beratung – das große Lehrbuch. Heidelberg: Carl-Auer Verlag.

Lieb, H. (2009). Teleologisch-Funktionale Verhaltensanalyse: Der systemisch-interaktionelle Ansatz in Diagnostik und Therapie. Verhaltenstherapie und Verhaltensmedizin, 30 (1), 69–88.

Lieb, H. (2009a). Krise: Herausforderung und Chance. Teil 1: Krisenbewältigung als schöpferischer Prozess. Systhema, 23 (1), 25–39.

Lieb, H. (2009b). Teleologisch-Funktionale Verhaltensanalyse: Der systemisch-interaktionelle Ansatz in Diagnostik und Therapie. Verhaltenstherapie und Verhaltensmedizin, 30 (1), 69–88.

Lieb, H. (2014a). Störungsspezifische Systemtherapie. Konzepte und Behandlung. Heidelberg: Carl-Auer Verlag.

Lieb, H. (2014b). Störungsspezifische Systemtherapie – Systemtherapie im Kontext Gesundheitswesen. Systhema, 28 (2), 137–166.

Lieb, H. (2015). Was muss eine Systemtherapie im Gesundheitswesen bewältigen, um eine Systemtherapie im Gesundheitswesen zu bleiben? Systhema, 29 (1), 5–22.

Lieb, H. (2016). Zeigen als Lehrmethode: Theorie und Praxis. In D. Rohr, A. Hummelsheim, M. Volker (Hrsg.), Beratung lehren. Erfahrungen, Geschichten, Reflexionen aus der Praxis von 30 Lehrenden (S. 251–263). Weinheim: Beltz.

Lieb, H. (2018). Die therapeutische Beziehung aus systemischer Sicht. In P. Fiedler (Hrsg.), Varianten psychotherapeutischer Beziehung. Transdiagnostische Befunde, Konzepte, Perspektiven (S. 191–212). Lengerich: Pabst Science Publishers.

Lieb, H. (2019, im Druck). Therapeutische Fallkonzeptionen: Zum Verhältnis von Individualität und Verallgemeinerung in Fallverstehen (Diagnostik) und Problemlösung (Intervention). In M. Rufer, C. Flückiger (Hrsg.), Essentials der Psychotherapie. Praxis und Forschung im Diskurs. Göttingen: Hogrefe.

Lieb, H., Pein, A. von (2009). Der kranke Gesunde. Stuttgart: Trias.

Liebscher, H. (1996). Stichwort »Begriff«. In H. Hörz, H. Liebscher (Hrsg.), Philosophie und Naturwissenschaften. Wörterbuch. Wiesbaden: Fourier-Verlag.

List, E. (2009). Psychoanalyse. Geschichte, Theorien, Anwendungen. Wien: Facultas.

Locke, J. (1690/1960). Versuch über den menschlichen Verstand. Hamburg: Meiner.

Lorenzer, A. (1973). Über den Gegenstand der Psychoanalyse oder Sprache und Interaktion. Frankfurt a. M.: Suhrkamp.

Lorenzer, A. (1974). Die Wahrheit der psychoanalytischen Erkenntnis. Frankfurt a. M.: Suhrkamp.

Lorenzer, A., Prokop, U. (2002). Die Sprache, der Sinn, das Unbewusste. Psychoanalytisches Grundverständnis und Naturwissenschaften. Stuttgart: Klett-Cotta.

Loth, W. (2014). Kurze Skizze eines langen Weges – Versuch über den systemischen Umgang mit Ungewissem. Zeitschrift für systemische Therapie und Beratung, 32 (4), 51–62.

Luhmann, N. (1975). Macht. Stuttgart: Klett-Cotta.

Luhmann, N. (1984). Soziale Systeme. Frankfurt a. M.: Suhrkamp.

Luhmann, N. (1985). Die Autopoiese des Bewußtseins. Soziale Welt, 4, 402–446.

Luhmann, N. (1988a). Was ist Kommunikation? In F. B. Simon (Hrsg.), Lebende Systeme. Wirklichkeitskonstruktionen in der systemischen Therapie. Franfurt a. M.: Suhrkamp.

Luhmann, N. (1988b). Soziale Systeme. Grundriß einer allgemeinen Theorie. Frankfurt a. M.: Suhrkamp.

Luhmann, N. (1988c). Wie ist Bewusstsein an Kommunikation beteiligt? In H. Gumbrecht, R. Pfeiffer (Hrsg.), Materialität der Kommunikation (S. 884–905). Frankfurt a. M.: Suhrkamp.

Luhmann, N. (2002). Einführung in die Systemtheorie. Heidelberg: Carl-Auer Verlag.

Luhmann, N. (2001). Was ist Kommunikation? In N. Luhmann, Short Cuts. Frankfurt a. M.: Verlag Zweitausendeins.

Margraf, J., Schneider, S. (2017). Agoraphobie und Panikstörung. Fortschritte der Psychotherapie. Göttingen: Hogrefe.

Maturana, H. R., Varela, F. J. (1985). Der Baum der Erkenntnis. Die biologischen Wurzeln des menschlichen Erkennens. München/Bern/Wien: Scherz.

Meichenbaum, D. (2003). Intervention bei Stress. Anwendung und Wirkung des Stressimpfungstrainings (2. Aufl.). Bern: Huber.

Mertens, W. (Hrsg.) (2014). Handbuch psychoanalytischer Grundbegriffe. Stuttgart: Kohlhammer.

Metz-Göckel, H. (2014). Über Bezugsphänomene: Wie ein Sachverhalt durch den Bezug auf einen Anderen seine besonderen Merkmale erhält. Gestalttheoretische Grundlagen und Anwendungen im Bereich der Kultur und der Sprache. Gestalt Theory, 36 (4), 355–386.

Mickley, M. (2017). Sprachsensibilisierungsliste. Sozialpädiatrisches Zentrum Universitätsmedizin Rostock, Kinder- und Jugendklinik. Unveröffentlichtes Manuskript.

Moeller, M. L. (2014). Die Wahrheit beginnt zu zweit. Paare im Gespräch. Reinbek: Rowohlt.

Müller, W. (1984). Archaische Sprachen und archaisches Sprechen. Scheidewege, Jahresschrift für skeptisches Denken, 14, 256–269.

Ort, N. (2014). Das Symbolische und das Signifikante: Eine Einführung in Lacans Zeichentheorie. Wien: Turia + Kant.

Palmowski, W. (2018). Sagen wir mal so! Informative Sprache in der systemischen Pädagogik, Diagnostik und Beratung. Dortmund: Verlag modernes Lernen.

Pörksen, B. (Hrsg.) (2015). Schlüsselwerke des Konstruktivismus (2. Aufl.). Heidelberg: Springer.

Retzer, A. (1994). Psychose und Familie. Zum Zusammenhang von Familieninteraktion und Psychopathologie bei schizophrenen, schizoaffektiven und manisch-depressiven Psychosen. Stuttgart/Jena: Fischer.

Retzer, A. (2002). Systemische Therapie der Psychosen. Psychotherapie im Dialog, 3 (3), 235–242.

Retzer, A. (2004). Systemische Familientherapie der Psychosen. Göttingen/Bern/Toronto/Seattle: Hogrefe.

Retzer, A., Weber, G. (1991). Praxis der systemischen Therapie psychotischen Verhaltens. In A. Retzer (Hrsg.), Die Behandlung psychotischen Verhaltens (S. 214–257). Heidelberg: Carl-Auer Verlag.

Rogers, C. R. (1959/2009). Eine Theorie der Psychotherapie, der Persönlichkeit und der zwischenmenschlichen Beziehungen. München: Reinhardt.

Rosen, V. H. (1972). Sprache und Psychoanalyse. Psyche – Zeitschrift für Psychoanalyse und ihre Anwendungen, 2, 81–88.

Rotthaus, W. (2015). Ängste von Kindern und Jugendlichen. Reihe: Störungen systemisch behandeln. Heidelberg: Carl-Auer Verlag.

Ruf, G. D. (2012). Systemische Psychiatrie. Ein Ressourcen-orientiertes Lehrbuch. Stuttgart: Klett-Cotta.

Safranski, R. (2008). Romantik: Eine deutsche Affäre. Gekürzte Hörbuchfassung. Frankfurt a. M.: Fischer.

Schäfer, M. (2010). Im Hier und Jetzt. Das kleine Amazonasvolk der Pierer. Die Rheinpfalz, 10. Oktober 2010, S. 20.

Schleiffer, R. (2012). Das System der Abweichungen. Eine systemtheoretische Neubegründung der Psychopathologie. Heidelberg: Carl-Auer Verlag.

Schlippe A. von, Schweitzer J. (2012). Lehrbuch der systemischen Therapie und Beratung I. Göttingen: Vandenhoeck & Ruprecht.

Schmidt-Traub, S. (2003). Schwerpunktthema: Der Patient in der Psychotherapie. Therapeutische Beziehung – ein Überblick. Psychotherapeutische Praxis, 3, 111–129.

Schramm, S., Wüstenhagen, C. (2015). Das Alphabet des Denkens. Wie Sprache unsere Gedanken und Gefühle prägt. Reinbek: Rowohlt.

Schröer, N. (2002). Was heißt hier »Sprechen«? Lässt sich Bourdieus »Ökonomie des sprachlichen Tausches« für eine Theorie kommunikativer Verständigung nutzen? Österreichische Zeitschrift für Soziologie, 27 (3), 37–52.

Schulz von Thun, F. (1981). Miteinander reden. Störungen und Klärungen. Psychologie der zwischenmenschlichen Kommunikation. Reinbek: Rowohlt.

Schweitzer, J. (2012). Systemische Therapie. In W. Senf, M. Broda (Hrsg.), Praxis der Psychotherapie (S. 244–252). Stuttgart: Thieme.

Sendera, A., Sendera, M. (2007). Skills-Training bei Borderline- und Posttraumatischer Belastungsstörung. Heidelberg: Springer.

Simon, F. B. (1987). Unterschiede, die Unterschiede machen. Heidelberg. Springer.

Simon, F. B. (1988). Lebende Systeme. Wirklichkeitskonstruktionen in der systemischen Therapie. Berlin: Springer.

Simon, F. B. (1990). Meine Psychose, mein Fahrrad und Ich. Heidelberg: Carl-Auer Verlag.

Simon, F. B. (1993). Unterschiede, die Unterschiede machen. Klinische Epistemologie: Grundlage einer systemischen Psychiatrie und Psychosomatik: Frankfurt a. M.: Suhrkamp.

Simon, F. B. (1994). Die Form der Psyche. Psychoanalyse und neuere Systemtheorie. Psyche – Zeitschrift für Psychoanalyse und ihre Anwendungen, 48, 50–79.

Simon, F. B. (2004). Zur Systemtheorie der Emotionen. Soziale Systeme, 10 (1), 111–139.

Simon, F. B. (2006). Einführung in Systemtheorie und Konstruktivismus. Heidelberg: Carl-Auer Verlag.

Simon, F. B. (2012). Die andere Seite der »Gesundheit«. Ansätze einer systemischen Krankheits- und Therapietheorie. Heidelberg: Carl-Auer Verlag.

Simon, F. B., Clement, U., Stierlin, H. (2004). Die Sprache der Familientherapie. Ein Vokabular. Kritischer Überblick und Integration systemtherapeutischer Begriffe, Konzepte und Methoden (6., überarb. u. erw. Aufl.). Stuttgart: Klett-Cotta.

Simon, F. B. (2018). Formen. Zur Kopplung von Organismus, Psyche und sozialen Systemen. Heidelberg: Carl-Auer Verlag.

Simon, F. B. (2019). Anleitung zum Populismus – oder: Ergreifen Sie die Macht! Heidelberg: Carl-Auer Verlag.

Skinner, B. F. (1957). Verbal behavior. Englewood Cliffs, N. J.: Prentice-Hall.

Sparrer, I. (2006). Systemische Strukturaufstellungen. Theorie und Praxis. Heidelberg: Carl-Auer Verlag.

Sparrer, I., Varga von Kibéd, M. (2011). Ganz im Gegenteil. Tetralemmaarbeit und andere Grundformen systemischer Strukturaufstellungen – für Querdenker und solche, die es werden wollen. Heidelberg: Carl-Auer Verlag.

Spencer-Brown, G. (1969). Laws of form. London: Allen and Unwin.

Stavemann, H. H. (Hrsg.) (2002). Sokratische Gesprächsführung in Therapie und Beratung. Weinheim: Beltz.

Stern, D. (2003). Die Lebenserfahrung des Säuglings. Stuttgart: Klett Cotta.

Sternberger, D., Storz, G., Süskind, W. E. (1998). Aus dem Wörterbuch des Unmenschen. Frankfurt a. M.: Ullstein.

Thompson, J. B. (2015). Einführung. In P. Bourdieu, Was heißt sprechen? Zur Ökonomie des sprachlichen Tausches. Wien: New Academic Press.

Tomm, K. (2001). Die Fragen des Beobachters. Schritte zu einer Kybernetik zweiter Ordnung in der systemischen Therapie. Heidelberg: Carl-Auer Verlag.

Valentin, B. (2007). »Du bleibst da, und zwar sofort!«. Mein Vater Karl Valentin. München: Piper.

Vollmer, J. B. (2014). Der Darm-IQ: Wie das Bauchhirn unser körperliches und seelisches Wohlbefinden steuert. München: Integral Verlag.

Waldenfels, B. (2000). Das leibliche Selbst. Vorlesungen zur Phänomenologie des Leibes. Frankfurt a. M.: Suhrkamp.

Walser, M. (1999). Sprache, sonst nichts. Die Zeit, 30. Oktober 1999.

Watzlawick, P., Beavin, J. H., Jackson, D. D. (2011). Menschliche Kommunikation. Formen, Störungen, Paradoxien (12. Aufl.). Bern: Huber.

Wittgenstein, L. (1984). Philosophische Untersuchungen. In L. Wittgenstein, Werkausgabe, Bd. 1. Hrsg. v. J. Schulte (S. 103–133). Frankfurt a. M.: Suhrkamp.

Wittgenstein, L. (2001). Philosophische Untersuchungen. Kritisch-genetische Edition. Frankfurt a. M.: Suhrkamp.

Wohlleben, P. (2015). Das geheime Leben der Bäume. Was sie fühlen, wie sie kommunizieren – die Entdeckung einer verborgenen Welt. Kiel: Ludwig.

Wolf, M. (2014). Szene, szenisches Verstehen. In W. Mertens (Hrsg.), Handbuch psychoanalytischer Grundbegriffe (S. 934–938). Kohlhammer: Stuttgart.

Wright, G. H. von (1991). Erklären und Verstehen. Königstein: Athenäum-Verlag.

Personenregister

Sachregister